罗马千年征战史

全三卷·第Ⅲ卷

刘威 编著

民主与建设出版社
·北京·

37

第三十七章 西罗马后的『世界格局』

意大利王国的兴替

公元 476 年，罗慕路斯·奥古斯都宣布退位，标志着西罗马帝国的终结。42 岁的蛮族将军奥多亚克入主拉文纳，并自称意大利国王，从此开启了第一个意大利王国的统治。

奥多亚克出身低微，早年的他饱尝艰辛，带着为数不多的追随者在潘诺尼亚一带艰难度日，他曾为东罗马帝国效力，但一直难有出头之日，直到在占卜者那里得到了"前往西方"的"神谕"后，他转而投奔西罗马帝国，并最终取代拉文纳的统治者，掌控了整个意大利地区。

奥多亚克的意大利政权虽然是以蛮族为主的地方性势力，但奥多亚克及其追随者并不排斥罗马人和他们的文化，他们非常明白，单靠自己的武力是不能长期统治意大利的，所以奥多亚克建国后的政策只有 4 个字——维持原状。

奥多亚克全盘接手了西罗马政府的一切，承认并保留了元老院、基督教会，留用了几乎所有愿意继续为他效力的罗马官员，除了要求意大利居民交出三分之一的财产供养蛮族"主人"外，奥多亚克保留了罗马时期制定的税收政策，这一时期的意大利税赋竟然因为蛮族人的公正执法而变得非常轻，人民的生活反而变得更好了。

在奥多亚克治下，罗马人依然按照罗马法生存，而蛮族人则按照自己的习俗生活，政治和经济全都交给罗马人，蛮族人只需负责军事防卫即可。人们惊讶地发现，蛮族政权取代西罗马政府后，意大利竟然变得比过去更加安全，经济复苏，人口增长，只不过，没有西罗马的西部世界进入了蛮族称王称霸的战国时代。

奥多亚克从未有过自立为帝的想法，为巩固统治地位，他决定向东罗马帝国臣服，扮演帝国总督的角色，只不过这些都是名义上的说辞罢了。当时的东罗马帝国并非不想出兵攻打意大利，只是因为之前大举讨伐北非的失败让帝国损兵折将、府库空虚，颜面尽失的东罗马帝国不得不考量继续用兵的风险。

公元 474 年，东罗马帝国皇帝利奥一世驾崩，帝国皇位继承问题又一次摆上了台面。利奥一世统治下的东罗马帝国还算稳定，只可惜他只有女儿没有生下男性继承人，所以临终前他决定将皇位交给外孙小利奥，但是这一决定让小利奥的父亲芝诺有了可乘之机。

芝诺野心很大，试图夺取政权并当上共治皇帝，而利奥一世的皇后沃里娜却想把皇位控制在自己娘家人手里，故而利奥一世死后的东罗马帝国围绕皇位问题明争暗斗，甚至爆发了好几次内战，芝诺因此两度登上皇位，东罗马帝国根本没有精力发起一场大规模的战争，这等于承认了意大利政权。然而，东罗马政府虽然没有精力出征意大利，但其他蛮族却非常乐意代替帝国出征。

狄奥多里克，东哥特王子，生于公元454年。在摆脱匈人独立后，东哥特人便加入了东罗马帝国的阵营，他们效仿其他蛮族与帝国签订同盟协议，在战争时期为帝国冲锋陷阵。为了表示对东罗马帝国的忠诚，按照协议，狄奥多里克在8岁的时候被送往君士坦丁堡充当人质，罗马人用"同化"的方式教育、培养异国王子，以期他成年后能成为亲罗马的国王，因此，狄奥多里克在君士坦丁堡过着留学生一样的生活。这次人质经历长达10年，20岁那一年，狄奥多里克才成为东哥特之主。

狄奥多里克即位后，东哥特便表现出强烈的扩张倾向，年轻的领袖带着他的追随者们东征西讨，击败了那些不愿意听命于他的哥特人势力，还将触角伸入了多瑙河以北地区。在这一时期，狄奥多里克一直保持着东罗马帝国盟友的身份，也曾协助芝诺镇压反叛，因而赢得了芝诺的好感，被授予"贵族"和"执政官"的称号。

30岁之后，羽翼丰满的狄奥多里克看透了东罗马帝国的虚弱，他同样眼红那些已经独立建国的日耳曼国王，逐渐萌生了摆脱东罗马帝国的想法，而意大利王国的建立正好给了他这个机会。

公元488年，34岁的狄奥多里克以帮东罗马帝国收复意大利为名，起兵30万西征意大利。不过，这号称30万之众的东哥特大军并非全部都是士兵，其中大多数都是家眷，这一特征表明，狄奥多里克并非为了东罗马帝国而战，他是要举族迁入意大利定居。

公元489年，东哥特大军攻入意大利，年过半百的奥多亚克不得不率部迎战，双方恶战连连，互有胜负，奥多亚克一度击败东哥特，将其包围在帕维亚，若不是西哥特人的支援，奥多亚克绝对不会退守拉文纳。最终整个波河平原都被东哥特人占领了。

狄奥多里克挟大胜之势进围拉文纳城，但艰苦的攻城战并未取得决定性胜利。事实证明西罗马当年选择新首都的眼光还是相当不错的，临海且有沼泽包围的拉文纳易守难攻，东哥特人竟然在城下连续打了两年之久，依然不克。

长时间的战争逐渐让东哥特人失去了优势，30万大军的补给需求极大，他们不得不从意大利居民那里征集粮草，可是奥多亚克的政权并不让人反感，大多数意大利人都持观望态度，并不支持东哥特的军队，时间一久，狄奥多里克担心意大利人会起来反抗他的入侵，一旦他们断绝了粮草供应并与奥多亚克联合，东哥特人可能会前功尽弃，所以狄奥多里克决定媾和。

公元493年3月，双方展开谈判，教会提出了狄奥多里克和奥多亚克共同治理意大利的主张，被困两年之久的奥多亚克精疲力竭，只能接受。5月5日，东哥特人的军队开进了拉文纳城。然而，这一切不过是狄奥多里克骗开城门的诡计，10天之后，东哥特王在宴会上杀死奥多亚克，结束了意大利国王长达17年的统治。

狄奥多里克杀掉奥多亚克后，对方的军队也被他一并纳入麾下。这一年，狄奥多里克称王，东哥特王国建立。狄奥多里克的政权同样也向东罗马帝国称臣，他也以东罗马总督自居，全盘接手了奥多亚克的政策，同样也是那4个字——维持原状。

事实证明这4个字在意大利非常好用，过去的臣民立刻就向新的主人表示了效忠，元老院、教会、政府，一切都没有发生改变。狄奥多里克除了对前朝政策照单全收外，还广纳各族有才之士，各尽其才，在意大利建立了一个多民族王国，各族勇士相继投奔其麾下，不到10年时间，狄奥多里克的东哥特军队已经控弦20万，强悍非常。

狄奥多里克除了在战争上让人刮目相看，在外交手腕上同样让人不敢轻视。自立为王后，狄奥多里克摆出一副忠于芝诺皇帝的样子，事事汇报请示，另一边却广结同盟，通过政治联姻巩固自己的新王国。狄奥多里克通过迎娶法兰克公主，与日渐崛起的法兰克建立了联盟，又通过把女儿、姐妹嫁到各国王室，实现了与汪达尔、西哥特、勃艮第三国的政治联姻，从而实现了全局"笑脸"的外交环境。纵观整个原西罗马地域，东哥特几乎与所有国家都建立了联盟，任谁也不敢轻易找意大利的麻烦。不仅如此，狄奥多里克还成了西部各国的"争端调解人"，拥有极高的话语权。

东罗马帝国对狄奥多里克的崛起没有清醒的认识，自以为是祸水西引的高招，故而芝诺皇帝默许了东哥特人对意大利的统治，还授予东哥特国王各种荣誉，并在君士坦丁堡为他塑了一座骑马雕像，此举明显有笼络之意，东哥特国王可谓荣宠至极。

一代强王狄奥多里克也非常长寿，活到了72岁，在位长达33年。公元526年8月30日，东哥特国王狄奥多里克驾崩，王位顺利传给了他的孙子，至此，意大利算是彻底进入了东哥特时代。不过这还不算是意大利的最终结局。

罗马帝国的时局

东哥特王国崛起时，意大利北侧的高卢也正经历着巨变。高卢作为罗马化最成功的行省，数百年来一直是帝国兵源、粮秣、赋税的大后方，但蛮族入侵后，高卢被日耳曼人撕得粉碎，西哥特、巴高达、勃艮第、法兰克、罗马遗民各据一方。其中最强大的非西哥特莫属，他们不仅占据着高卢西南部的阿基坦，还在西班牙北部打下了一片天地，实力雄厚，兵强马壮。所有人都以为西哥特会最终制霸整个高卢，然而，命运甚是有趣，高卢最终的主人却不是他们。

高卢的新主人

盘踞在高卢东北部的法兰克人曾是罗马帝国的盟友，在蛮族大迁徙之前，他们就获准居住在高卢东北部地区。法兰克人一直未建立一个统一的王国，他们分为很多部族，每个部族都有自己的首领，但几乎都来自同一个祖先，偶尔也会诞生一个能号召整个民族的王，可绝大多数时候，各部落相对独立，所以法兰克人要想像哥特人那样建立统一的国家，就必须先完成本民族的统一。

公元481年，一个名叫克洛维的少年走到了历史最前沿，他的父亲是萨利安法兰克人的首领，该部族在法兰克人里算不上强大，靠着罗马皇帝的敕封，占据着图尔奈周边狭小的地盘。父亲希尔戴里克走得早，年仅15岁的克洛维就挑起了整个部族的重担。当时的人们很难想到，这个少年将把高卢搅得天翻地覆。

克洛维是典型的日耳曼武士，勇敢、好斗、冷酷、记仇，但也深谋远虑，他刚刚继位的时候，法兰克人各自为政，萨利安内部也不算太稳定，普通少年肯定很难驾驭，但克洛维不是一般人，他从小就立下大志，长大后心机深沉、手段狠辣，凡是敢于反抗自己的人，他只有一种处置方式——杀。还不到20岁的克洛维便统一了法兰克各部，并公开使用"法兰克国王"的名号。

称王并统一各部只是克洛维人生野望的第一步。在西罗马帝国灭亡后，残留在高卢、西班牙等地的罗马飞地成了无人关心的肥肉，东罗马帝国不可能插手如此遥远的土地，所以当地人只能靠自己捍卫最后的西罗马疆土。

当时，前高卢大元帅埃吉迪乌斯在合法皇帝马约里安被杀后公开与里西默的傀儡政权决裂，割据高卢地区。西罗马灭亡后，他便在高卢建国，成为第一个自称罗马王的人。他死后，其子西阿格里乌斯继承了他的军队和地盘，继续自称"罗马人的国王"。

现如今，法兰克王克洛维已经结束了与罗马帝国的同盟关系，自然没有必要照顾高卢最后的罗马国王。公元486年，克洛维率军攻入西阿格里乌斯的地盘，双方主力在巴黎南部的苏瓦松展开决战，罗马人在高卢最后的政权就此灭亡，法兰克人顺势攻下了巴黎及卢瓦尔河以北的大片土地，克洛维的实力由此成倍增长，俨然成了北高卢的霸主。

称霸北高卢后，克洛维把目光投向了南方的三个日耳曼王国——阿勒曼尼、勃艮第和西哥特。公元496年，克洛维和阿勒曼尼人决战，所部大败，一度陷入绝境。关键时刻，战争的走向意外地发生改变，阿勒曼尼国王突然战死，法兰克人彻底击溃了阿勒曼尼人。

公元500年，勃艮第爆发兄弟阋墙的内战，克洛维趁机对勃艮第王贡多巴德宣战，一举攻陷了第戎，并将勃艮第王逼到了阿维尼翁。如果不是东哥特王狄奥多里克为了平衡高卢而出手干预，勃艮第可能因此亡国。公元507年，克洛维借口解决宗教争端对西哥特宣战，于武耶平原阵斩了西哥特国王阿拉里克二世，进而攻克了西哥特首都图卢兹，占领了奥弗涅和阿基坦的所有城市。

至此，克洛维建立了高卢四分有其三的法兰克基业。这片土地从此再也不叫高卢了，它有了一个全新的名字——法兰西。

不列颠的陷落

在法兰克人占据高卢、西哥特人统治西班牙、汪达尔人控制北非的同时，西罗马帝国不列颠行省的遭遇恐怕更让人触目惊心。在西罗马帝国灭亡之前，拉文纳政府就已经失去了对不列颠的掌控，于是霍诺里乌斯干脆下诏抛弃不列颠，罗马驻不列颠的军团因而离开了这座岛屿，把整个不列颠彻底送到了蛮族的屠刀之下。这等于是要不列颠的罗马人自生自灭。

一直被罗马人压制在喀里多尼亚的蛮族怎么可能放弃如此良机，他们再次越境南下，袭击了罗马人的城市，当地人也不是他们的对手，愚蠢地使用"驱虎引狼"之策，请那些住在北海的盎格鲁-撒克逊人前来支援。

北海海盗乘船而来，意外地发现罗马人和凯尔特人都不足为虑，于是他们反客为主，甚至还联合喀里多尼亚的蛮族一起掠劫罗马城市和村庄，后悔不迭的罗马遗民不得不逃离海岛，投奔了高卢。盎格鲁-撒克逊人则鸠占鹊巢，接管了不列颠，开启了七国混战的不列颠时代。

西罗马帝国灭亡后的西部世界算是被蛮族瓜分完毕，那东罗马帝国呢？东罗马帝国依旧保持着与萨珊王朝你攻我守的战略常态，同时也深陷你争我夺的内部权力争斗中。

东罗马帝国的内斗

东罗马皇帝利奥一世驾崩后，皇位传给了他的外孙，史称"利奥二世"。利奥二世继位时不过10岁，这么小的年纪自然不能统治如此庞大的帝国，于是小皇帝的父亲、先帝驸马芝诺担任共治皇帝。此后不到10个月，小皇帝利奥二世就离奇死亡，芝诺由此成为东罗马帝国唯一的皇帝。

当时的帝国高层对此充满猜忌，不少贵族纷纷指责芝诺是谋杀利奥二世的凶手，严重损伤了芝诺的威望，而首都人民普遍憎恨芝诺，因为此人出身伊苏里亚，当地人素有恶名，芝诺将大量跋扈的伊苏里亚人安插到首都，贵族和教会因此认为自己被蛮族统治了。太后沃里娜意图拉女婿下马，她的兄弟巴西利斯库斯也试图谋夺大位，暗藏野心的大将军伊鲁斯同样怀有反心，三人结为同盟，于公元475年11月发动政变。

芝诺一世缺乏支持又没有足够的军队，只好逃到伊苏里亚山区。君士坦丁堡的伊苏里亚人惨遭屠杀，兵败北非的巴西利斯库斯就此成了新的东罗马帝国皇帝。可是，新皇帝的统治并不牢固，继位又缺乏正统性，而他推行的政策更是倒行逆施。

伊鲁斯堪称东罗马时代的"三姓家奴"，见新皇帝失去人心后立马投奔了芝诺。芝诺绝处逢生，得到伊鲁斯支持后，他四处寻求支持、招兵买马，不到2年时间，芝诺便起兵杀回了君士坦丁堡，巴西利斯库斯政府旋即垮台，芝诺一世复辟。

芝诺虽然复辟，但内战却远远没有结束。公元482年，利昂提奥斯在叙利亚叛乱，伊鲁斯领兵平叛，却因为与芝诺兄弟朗基努斯争夺指挥权，被芝诺宣称为国家公敌。大将军反复无常，当然又反了，他联合利昂提奥斯搬出了太后沃里娜，三人在安条克另立政府，以利昂提奥斯为帝、伊鲁斯为大将军，叛军共计7万余人。

面对如此规模的叛乱，芝诺不得不向各地有实力的军阀寻求支持，东哥特的狄奥多里克抓住了机遇，历时4年，击败了叛军。作为回报，芝诺允许东哥特永远占据意大利。

芝诺一世执掌东罗马帝国的那些年，东罗马帝国内战不断，东哥特王国在意大利建立，法兰克国王也日渐崛起，汪达尔一如既往地肆虐地中海，一片混乱。公元491年，芝诺一世驾崩，同样没有男性后嗣，东罗马的皇位再次成为各大贵族瞩目的焦点。

作为先帝利奥一世的女儿、少帝利奥二世的母亲，同时也是芝诺一世的皇后，奥古斯塔亚历阿迪尼（又译作阿里阿德涅）无疑是整个东罗马帝国最尊贵的皇室成员。但身为一个女人，她不太可能独自统治东罗马帝国。所以，为了维持政权的稳定，亚历阿迪尼决定再嫁。她选中了已经61岁的阿纳斯塔修斯为新的丈夫，阿纳斯塔修斯因此登上皇位，史称"阿纳斯塔修斯一世"。

阿纳斯塔修斯一世老成持重，致力于休养生息，继位伊始便禁止铺张浪费，并取缔各种竞技比赛，严厉打击贪污腐败，使得帝国财税大增、国库充盈。他统治的东罗马帝国类似于汉景帝统治的西汉王朝，虽然国家内忧外患，但帝国的国力依然在不断增长，国库的岁币不减反增，东罗马帝国的财力进一步增长，与西罗马帝国晚期的财政窘迫完全相反。

老皇帝虽然致力于改革帝国内政，但他的执政生涯同样伴随着内战和叛乱。以芝诺兄弟朗基努斯为主的伊苏里亚军阀公开反叛，东罗马帝国军队与叛军鏖战7年才平定了叛乱。后来，因为阿纳斯塔修斯一世公开支持"一性论"，帝国又爆发了宗教内战，帝国政府不得不花费大量的精力来平定叛乱。这些内战多少延缓了东罗马帝国的复兴。

除了内战不断外，老皇帝阿纳斯塔修斯一世还不得不应对萨珊波斯的威胁，这一时期，萨珊波斯再次成为东罗马帝国的头号大敌。

东罗马的萨珊波斯战争

早在东罗马皇帝阿卡迪乌斯驾崩前，皇帝因担心幼子狄奥多西二世的统治难以稳固，一方面暗示弟弟霍诺里乌斯可以来君士坦丁堡辅政，另一方面又求助于当时的波斯皇帝，希望萨珊波斯担任遗嘱执行人，波斯皇帝对此欣然应允。到狄奥多西二世成年后，罗马帝国与萨珊波斯签订了一份友好协议，规定双方都不得在两国边界修建堡垒要塞。后来，罗马帝国忙着防御蛮族入侵，而波斯人也被来自高加索以北的白匈人搞得焦头烂额，双方的和平竟然维持了很长时间。

如果说匈人是罗马人的噩梦，那白匈人同样也是波斯人的噩梦。据说白匈人是匈人的一支，但皮肤白皙、相貌俊美，与阿提拉等匈人相去甚远，而且白匈人的生活方式不同于其他匈人，他们不喜欢过游牧生活，反而同罗马人、波斯人一样都习惯于定居生活，在与萨珊波斯交界的地方修建了一座名为戈尔戈的城市。从这两点来看，他们与匈人绝不是同一个祖先。

白匈人除了习惯定居生活外，作战更注重使用谋略，波斯皇帝波尔泽斯率军征讨白匈人的时候，白匈王佯装败逃，诱使波斯军队冒失地钻进了设伏的山谷，俘虏了波尔泽斯，波斯被迫向白匈人称臣方才逃过一劫。

不久之后，波斯皇帝撕毁和约再次出兵攻打白匈人。白匈王故技重施，在阵地前的平原上深挖陷阱，只在陷阱中间留出一条狭窄的道路，然后铺上芦苇，再盖上土。白匈人故意派出一队骑兵攻击波斯人，毫无悬念，这队骑兵再次败逃，溃兵沿着陷阱中间的道路退到后方，而波斯皇帝不知有诈，指挥全军急速追击，结果大军一冲到陷阱处就人仰马翻，坠入陷阱中，皇帝波尔泽斯和他的儿子们当场阵亡，波斯大军全军覆没。

公元484年，波斯两败于白匈人后，终于老实地当上了蛮族的臣属，波尔泽斯年幼的儿子科巴德继位。这个叫科巴德的皇子本来还有很多哥哥，要不是波尔泽斯在出征白匈人时把他们全部带去送死了，皇位可能还轮不到他。科巴德继位后不施德政，只不过2年时间，他就因为出台了一项允许波斯男人共享他人妻子的荒唐法令而被推翻，他的弟弟布拉泽斯夺过了皇位。

然而布拉泽斯在要不要处死哥哥的问题上过于仁慈，只是幽禁了科巴德。在幽禁期间，科巴德的妻子不惜将身体出卖给负责看守的侍卫，利用一次探视的机会，与丈夫互换了衣服，然后假装成科巴德背对门口坐在房间里，真正的科巴德则穿着女装逃出生天。

科巴德出逃到白匈人那里，请求白匈人国王帮他恢复皇位，他向对方承诺了极大的好处。作为宗主国国王的白匈王自然不愿意放过趁火打劫的机会，当即派兵大举攻入波斯。白匈人的威名令波斯人闻风丧胆，不少波斯将军和官员相继投降到科巴德一方，波斯首都因而再次落入科巴德之手。

不久之后，白匈人的使者前来讨要科巴德承诺的"回报"，这让刚刚复辟的科巴德有点儿犯难，他的国库似乎凑不到这么一大笔钱，于是他派人去找当时的东罗马皇帝阿纳斯塔修斯，企图让东罗马帝国来承担这笔巨额费用。听闻如此蛮横的要求，阿纳斯塔修斯勃然大怒。要知道国与国之间的信誉是最不可靠的，要是罗马同意借给波斯人这笔巨款，一旦日后两国交恶，这笔钱百分之百会打水漂。罗马皇帝又不是傻子，怎么可能同意。

科巴德听闻罗马皇帝拒绝借钱，同样也是勃然大怒，他以此为借口宣战东罗马帝国。波斯大军一路攻杀，包围了东罗马帝国的重镇阿米达城。这座城市虽然守军不足，但城防坚固，可以说是仅次于尼西比斯的坚固要塞，在罗马割让尼西比斯后，阿米达堪称东罗马帝国在亚洲的头号堡垒。阿纳斯塔修斯得知波斯犯境，赶紧组织了一支军队驰援阿米达城。大军兵分三路，分别由阿雷欧宾杜斯、帕特里丘和禁卫军长官塞勒率领。

波斯这边对阿米达城是志在必得，先是通过攻城器械强攻阿米达，用巨大的攻城锤反复撞击坚固的城墙，但罗马军队非常熟悉守城之术，他们利用长矛等武器不断骚扰并破坏敌军的攻城器械，使得波斯军队根本无法攻破城墙。接着，波斯人又试图搭建一个高于阿米达城墙的土山，然后利用土山从上往下射击罗马守军，但罗马军队不止一次见过这样的战术，他们派人从城内挖地道，一步一步接近土山底部，使得整个波斯土山的地基处于悬空状态。随后，罗马守军再放火烧掉支撑土山的支架，土山轰然坍塌，波斯士兵死伤无数。

波斯皇帝科巴德一度打算撤军，但连续的胜利让骄傲的罗马人有些得意忘形，人们站在城墙上嘲弄波斯皇帝，一些妓女甚至脱光了衣服来羞辱波斯皇帝，盛怒的波斯人决定继续围攻阿米达。

不久后，一个波斯士兵发现了一处塔楼的废弃地道，虽然地道用乱石堵着，但能通过这里进入城内，这个士兵亲自试了一次后便把这个重要的情报上报给了科巴德。于是，波斯人利用罗马人庆祝宗教节日的时机，派了一队精兵悄悄接近这座塔楼。恰巧负责守备塔楼的是一些战力不佳的教士，庆祝活动之后，他们早已精疲力竭，此时正呼呼大睡，波斯人由此登上城墙并处决了他们。大军随即开始攻城，罗马守军不得不集中力量支援。

科巴德对此城志在必得，亲自抽刀来到城下督战，凡是退而不攻的人一律处死，于是阿米达城在艰难挣扎了80天后落入波斯人之手。赶来支援的罗马军队还远未抵达前线，这些人缺乏统一指挥，各自为战，互不统属且行动迟缓，行军也毫无计划和组织，三路大军缺乏呼应，首尾难以兼顾。

本来波斯人已经打算见好就收，但科巴德听闻罗马军队竟然如此混乱，便放弃了回国的打算。他急速行军突袭了阿雷欧宾杜斯的大营，惊慌失措的罗马将军居然放弃了坚固的营寨，落荒而逃。波斯人趁势掩杀过去，大败罗马人。

紧接着，科巴德又把目标锁定到帕特里丘的军队。这一路的罗马军队正沉浸在歼灭儿百名敌军的"伟大胜利"里，他们来到河边，脱去了铠甲和头盔，肆意洗澡、戏水、纳凉。而波斯军队正好赶到了河流的下游，科巴德看着混浊的河水，当即判断罗马人正在河里且毫无防备，于是毫不犹豫地杀了过去，全歼了他们。

最后一路由塞勒指挥的罗马军队在象征性地掠劫了几个村庄后，也逃回了东罗马帝国的行省。三路大军的威胁就此全部解除，科巴德的声威由此大振。

恰巧白匈人此时引兵攻打波斯领土，科巴德不得不回国与白匈人鏖战，阿米达便只剩下一支人数不多的守军。大败后满腔怒火的东罗马军队在败军之将的统率下，于冬季再次兵发阿米达城，然而坚固的城墙怎么也攻不破，罗马人遇到了与波斯人当初相同的问题，所以他们采用持久战，打算包围到城内粮草告竭为止。

波斯守军当然明白罗马人的意图，遂装出一副粮草充足的模样，和罗马人玩起了心理战，大家就这么耗着，直到都坚持不住时，波斯人便提出：只要罗马人支付1000磅黄金作为赎城金，波斯就归还阿米达。罗马人被城内粮草充足的假象所蒙蔽，答应了这个条件，直到他们入城后才发现城内的粮食几乎已消耗殆尽，除了波斯士兵还有7天的口粮外，城内的平民早就到了吃树皮、草根，乃至吃人的地步。

在与波斯人的战争里，东罗马帝国并没有占到多少便宜，波斯人总是利用骑兵的高机动性，迅速攻入罗马行省大肆抢掠一番，又在罗马援军赶到之前迅速撤军回国，不但没有损失多少人马，还抢了很多财物，而罗马非但没取得任何战果，还白白损失了1000磅黄金。阿纳斯塔修斯一世痛定思痛，认为这一切都缘于罗马割让了尼西比斯。

尼西比斯曾是罗马人控制美索不达米亚的坚固要塞，犹如一颗钉子牢牢地扎在两国之间，波斯人曾在几年间数次围攻尼西比斯城，却从未攻陷过该城，使得波斯帝国一直如鲠在喉，直到罗马皇帝尤里安在远征波斯的前线暴毙，新继位的皇帝为了让远征军安全撤退回国，才将这座堪称"山海关"的要塞割让给了波斯，波斯自此控制了从美索不达米亚到亚美尼亚的大片地区。

故而阿纳斯塔修斯一世决定收复尼西比斯城，即便不能收复，也要重新修筑一个能够替代尼西比斯的坚固堡垒。东罗马皇帝先是在紧靠着尼西比斯的达拉筑城，接着又在亚美尼亚与波斯交界的佩尔萨门尼亚修建堡垒。对波斯来说，罗马修建在边境的堡垒既是罗马进攻波斯的桥头堡，又是抵御波斯的坚固防线，拔除罗马堡垒是势在必行的事情，这一战迟早都是要来的。

第三十八章 查士丁尼的霸业

开启新王朝

公元 518 年，东罗马帝国皇帝阿纳斯塔修斯一世驾崩，老皇帝临终前还有很多事情没有完成。首先，君士坦丁堡城外，因坚决反对先帝的"一性论"而举起叛旗的维塔里安正在四处掠劫，首都军民都很紧张。其次，罗马与波斯帝国的战争随时都可能爆发，科巴德对拔除罗马修建在边境的堡垒志在必得，而东罗马帝国内部似乎还找不到一个能够独自抵挡波斯皇帝的优秀将军。当然，这些比起皇位的传承都显得微不足道。

东罗马帝国自利奥一世开始，利奥二世、芝诺、阿纳斯塔修斯一世都在离世前找不到合适的男性继承人，等到需要交出皇位时，他们都成了孤家寡人。

如此敏感的时候通常都是投机者控制政权的最佳时机，当时的宫廷大宦官阿曼提乌斯试图通过收买禁卫军的方式推举中意的人选。这个宦官梦想着像里西默一样控制一个只能听命于他的傀儡皇帝，却不知道里西默是因手握兵权才得以执掌政权。而此时他想要控制军队并没那么容易。

当时的禁卫军长官名叫查士丁，此人是来自色雷斯的农民，早年投军，因身材魁梧、体格强健，很快就在军中脱颖而出，后来多次参与帝国的重大战争，包括阿纳斯塔修斯一世在位时期的波斯战争。查士丁在战场上勇敢、狠辣，屡立战功，平民出身的他还获得了元老院议员的席位，并成了巡夜团长官，到老皇帝病危时，整个禁卫军都唯查士丁马首是瞻。

为了获得军队的支持，阿曼提乌斯找到了看起来寡言少语、老实巴交的查士丁，并送去了巨款，大宦官试图用这些金钱来收买军队的忠诚，却不想查士丁表面上表示要追随阿曼提乌斯，私下却以自己的名义把这些赏金全部分给了部下，于是，首都禁卫军马上宣布拥护已经 70 岁的查士丁为帝。查士丁就这样登上了皇位，史称"查士丁一世"。

查士丁一世登上皇位后，终于不再掩饰其内心深处的冷酷。为了巩固自己的皇位，新皇帝将阿曼提乌斯一党全部处死，同时将那些试图与他竞争皇位的潜在对手一一除去，手段非常狠辣，不留一丝情面。人们完全没有想到，这场血雨腥风的皇位更迭战竟意外地开启了一个全新的王朝——查士丁尼王朝。

查士丁是一个实打实的文盲，据说连自己的名字都写不出来，只能通过印章来代替签名。对于治理国家，查士丁更是毫无经验可言。这样的局面意味着查士丁无法独自统治庞大的东罗马帝国，他必须找到合适的助手。对位高权重的皇帝来说，合适的助手非常多，到处都是学识丰富的臣民，但是查士丁却不敢用他们，因为靠政变夺取皇位的他同样担心被不怀好意的下属架空，所以他只能在自己的亲人里寻求支持。

恰好查士丁还真有一个能力和学识出众的亲侄子，此人名叫弗拉维斯·彼得努斯·萨巴提乌斯，出生于色雷斯的陶里西乌姆，虽然家境贫寒，但胸怀大志，坚持认为自己是罗马人，而不是希腊人。等到叔父查士丁进入帝国高层后，弗拉维斯也被送到君士坦丁堡学习和培养，俨然一颗政坛新星。查士丁非常看好侄儿，收其为养子，赐名查士丁尼。

30来岁的查士丁尼没有辜负叔父的厚望，上台伊始便一手策划了一场"鸿门宴"，他假装与维塔里安的叛军达成谅解，授予维塔里安执政官的高位，并邀请他进入君士坦丁堡。7个月后，维塔里安在宴会上被连捅17刀而死。

查士丁一世在位9年，据说最后6年其实都是查士丁尼在发号施令。不过，治理好一个庞大的帝国，光靠查士丁尼一个人肯定是不行的，内政、外交、军事等等，这些重要问题都不是查士丁尼一个人可以独立解决的。

事实证明，每一个优秀的领导者往往都有一个庞大的幕后团队，他们分工合作，各尽所能地为领导者鞍前马后，这些人都是不同方面的能手，正因为领导者能够有效且合理地使用这些人，最终才成就自己的事业，所以查士丁尼也需要自己的帮手，一是需要能保障王朝行政高效运行的良臣文吏，二是需要能为皇帝开疆拓土、抵御外敌的将军。查士丁尼在众多优秀人才里逐渐发掘并组建了自己的幕僚团队，其中就包括来自卡帕多西亚的约翰和来自色雷斯的贝利撒留。

约翰，卡帕多西亚人，此人是一个善于敛财的酷吏，其卓越的财政能力为查士丁尼王朝的运转提供了不可或缺的动力，相当于查士丁尼的后勤部长，为帝国政府提供了足够的金钱和粮秣。他能够恰到好处地执行皇帝的税收政策，从而保证了国库的充盈。但同时他也是个野心勃勃的贪官污吏，不过，查士丁尼把约翰用得恰到好处，丝毫没有影响自己的帝位。

贝利撒留，色雷斯人，武艺高强、年轻且富有进取精神，不但相貌英俊、作战勇敢，还工于谋略，既是一个优秀的战士，又是战场上狡猾的狐狸。他早年从军，曾是查士丁尼的侍卫，但他的勇敢和才华很快就让他在查士丁尼的幕僚中脱颖而出，并最终成为东罗马帝国的首席名将，是查士丁尼复兴罗马的长矛利剑。

除了贝利撒留和约翰，查士丁尼还遇到了一个影响东罗马帝国和他一生的传奇女性——狄奥多拉。此女出身贫寒，父亲阿卡修斯是一名驯兽师，受雇于赛车绿党，母亲是杂技演员。狄奥多拉很小的时候就和另外 2 个姐妹登台表演低俗喜剧。成年后的狄奥多拉有美丽的脸庞、姣好的身材、白皙的皮肤、优雅的举止，很快就成了男人们争相追逐的目标，在君士坦丁堡的"娱乐圈"里声名鹊起。不过，她有着聪明的头脑和顽强的意志，无论处于多么可怕的逆境，也不会向命运屈服，她最终坚持从良并俘获了查士丁尼的心，成了帝国幕后的"摄政女皇"。

查士丁尼在幕僚和贤内助的协助下，通过收买、拉拢、煽动等各种手段来集中帝国的权力，不过几年时间，查士丁一世就被侄儿给架空了。直到有一天，皇帝查士丁一世突然收到元老院送来的决议，要求皇帝承认查士丁尼共治者地位，还要授予他"尊贵者"的称号。这实际上就是要求查士丁一世尽快任命查士丁尼担任共治皇帝。

老皇帝也许有些不快，但他也无能为力，更别无选择，毕竟将皇位交给与自己有血缘关系的侄子总好过被其他贵族夺走。公元 527 年，查士丁一世正式任命查士丁尼为"恺撒"。

查士丁尼年轻且精力充沛，并不是一个纨绔子弟，相反，他内心深处向往着五贤帝时期的罗马帝国，毕生宏愿就是恢复大一统的罗马帝国，只是在西罗马曾经的土地上，法兰克、东哥特、西哥特、汪达尔等蛮族王国群雄并立，并非轻易就能征服。而且最重要的是，时断时续的波斯战争让东罗马帝国难以西顾。所以，查士丁尼要实现复兴罗马的伟大目标，还有非常远的路要走。

我们不禁要问，这一时期的东罗马军团是否具备复兴罗马的能力？

查士丁尼时期的东罗马军队与帝国晚期大不相同。东罗马帝国军队最典型的三大标志分别是小规模、多弓矢、重蛮族，也就是说，东罗马帝国不会组建图拉真时期的10万大军，也不会依靠罗马军团的利剑、方盾，更没有大量的公民兵入伍，他们看中的是"质量"而非"数量"。战法吸收了游牧民族的骑射，更喜欢招募擅长骑马作战的蛮族，因此东罗马军队主力是一群喜欢骑射的弓骑兵，就连当时的步兵也配备了弓箭。

在建制上，东罗马帝国军队延续了戴克里先的改革，分为边防军、野战军、中央军，每个军团编制为400~1200人，骑兵队通常不超过500人，步兵队多在1000人左右，但也不完全固定，他们会根据需要调整数量，很多时候也不超过500人。除了以上三大军种外，东罗马帝国也有皇帝直属的"御林军"，即皇室骑兵团或皇室卫队，这是一支清一色的骑兵军团，共有7个团，每团500骑，共3500骑，装备精良、训练有素，帝国的高级指挥官多诞生其中。

根据《百官志》记载，从戴克里先开始，罗马地方总督不再掌兵，皇帝会让直接听命于他的"禁卫军执政官"管理行省，但他们全是文官，只管行政不掌兵权，相当于省长。至于兵权，皇帝在边疆行省安排有13个统兵大将和2个枢密督军，他们主要掌管边防军和野战军。在统兵大将和枢密督军之上，东罗马帝国还设有5位大都督，直属于皇帝，能节制各自辖区的军队。

5位大都督分别是中央1军大都督、中央2军大都督、东部军大都督、色雷斯军大都督、伊利里亚军大都督。5位大都督的地位相同，但辖下兵力并不相同：两位中央军大都督分别有12个骑兵团、24个步兵团，东部军大都督有10个骑兵团、21个步兵团，色雷斯军大都督有7个骑兵团、21个步兵团，伊利里亚军大都督有2个骑兵团、24个步兵团。他们便是东罗马帝国的常备军，总兵力13万~15万，和戴克里先时期的60万大军相去甚远。

可以看出，东罗马军队为适应新时期的战争做了很大的改革，他们已经完全抛弃了传统，融合成类似于波斯、帕提亚的东方军队，建制更小，更重视骑兵和弓箭，因此对将领的要求也会更高、更苛刻。

也许人们会疑惑，为什么东罗马军团的数量不增反减，要光复西部不是应该组建数量更多的军队吗？其实这很大程度上是因为公民兵源的消失，传统的罗马人不适应新时期的战术，也不愿意从军，大多数人难以成为精锐的骑兵，只有人数较少的蛮族才能达到要求。因此，未来的东罗马帝国将依靠这些少而精的"小部队"实现他们的霸业。

新主与萨珊波斯的较量

查士丁尼时期的东方局势非常紧张，罗马与波斯的边境摩擦已经深入黑海，位于高加索山区的伊比利亚王国是波斯帝国的臣属国，不过这个国家信奉基督教，他们与罗马人的生活习惯、信仰更加接近，对波斯人的宗教和习惯比较排斥。

罗马和波斯的关系越发紧张后，波斯担心伊比利亚会成为东罗马帝国的内应，甚至倒戈相向，于是强迫伊比利亚举国改宗，废除土葬传统，改为天葬。这过于蛮横的命令终于逼反了伊比利亚国王，他正式请求并入东罗马帝国。查士丁尼自然是举双手欢迎，于是波斯与罗马的战争不可避免地开始了。

公元526年，查士丁尼派遣两支军队驰援伊比利亚人，波斯皇帝也派出一支精锐军队。波斯人可能对伊比利亚更加了解，他们的军队一攻入该国就势如破竹，杀得东罗马军队丢盔弃甲、节节败退，伊比利亚人不得不举国迁入东罗马避难，土地则被波斯人攻占。东罗马在这场草率的战争里非但没有占到便宜，还损失了兵马和钱粮。两国交战的第一回合，东罗马帝国先丢了一分。

伊比利亚失利后，查士丁尼并不甘心，他派心腹贝利撒留和西塔斯领兵出征，目标是波斯人的铁杆附庸佩尔萨门尼亚；另外还派利贝拉里乌斯攻打尼西比斯。然而，两支军队的表现相去甚远，贝利撒留和西塔斯一部锐不可当、连战连捷，攻占了佩尔萨门尼亚大部分地区，并俘虏了很多敌军士兵。至于利贝拉里乌斯所部，他们在尼西比斯城下不战自溃，毫无斩获。

随后，查士丁尼令贝利撒留在尼西比斯城西侧明杜欧斯建立一座新的城池，以此作为夺取尼西比斯的桥头堡。波斯皇帝当然不会坐视贝利撒留修好要塞，旋即派兵前去破坏新城。贝利撒留因兵力不足只能请求查士丁尼派兵增援，查士丁尼立即派色雷斯将领库泽斯和布泽斯兄弟领兵救援，结果两个色雷斯将军过于冒进，反被波斯军队杀得大败而逃，连统帅库泽斯也被俘虏了，新城因此被波斯人捣毁。

公元530年，查士丁尼盛怒之下终于授权贝利撒留全权负责波斯战事，新的统帅得以指挥2.5万人的罗马军队。走马上任的贝利撒留得知4万波斯大军已经逼近达拉城，其拔除罗马要塞的目的不言自明。贝利撒留当即率军赶赴达拉城防卫，达拉之战拉开了序幕。

达拉城紧邻尼西比斯，遥遥望去几乎可以看见彼此城池的轮廓。贝利撒留不打算留在城内抵御敌军，他命军队在城墙外侧面向尼西比斯的方向深挖壕沟，这些壕沟按照凹形挖掘，中间的沟壑靠后，两侧的沟壑则相对靠前，而且还在两侧与中央的壕沟之间又挖了一道垂直的沟壑。

贝利撒留将军队分成三个部分，他本人率领自己的 2500 名私人重骑兵和大多数步兵列阵于中央防线，两翼则分别布置了布泽斯、法拉斯和苏尼卡斯等人率领的骑兵军队，另外贝利撒留还在左翼旁的小山上埋伏了数百骑兵作为奇兵。

波斯方面的统兵大将是拥有"米拉尼斯"称号的波尔泽斯，麾下也有皮提亚克斯、卡狄森尼和独眼将军巴莱斯马纳斯等波斯名将，他们排成两列阵线，前面的作为攻击主力，后面的军队则作为替换的预备队，不仅有大量的铁甲骑兵，还拥有战力极高的"不死军"。由此来看，波斯人有很大的优势，也难怪波斯统帅波尔泽斯狂傲地宣称：让贝利撒留尽快准备好洗澡水吧，因为第二天我们要到他的府邸沐浴。

会战的第一天，双方都很谨慎，波斯方面仅派出他们的右翼骑兵，试探性地攻击贝利撒留的左翼。负责罗马军左翼的布泽斯和法拉斯率部退后，波斯骑兵反倒因为罗马骑兵的后退而不敢冒进。此时位于中央的罗马骑兵顺势攻击波斯人的侧翼，波斯人方才意识到罗马人意图包抄他们，于是丢下 7 具尸体后逃回了本阵。

其后，双方再次进入僵持状态，一个英勇的波斯骑兵策马来到两军阵前叫嚣。罗马方面也不甘示弱，一个名叫安德烈亚斯的摔跤教练也策马挺枪迎战，他一路急驰，直奔波斯骑兵而去，对方还没来得及询问姓名，就被安德烈亚斯一枪击中，罗马军团方面顿时欢声雷动。

波斯人同样也不甘示弱，派出了一员体格魁梧的老将，此人挥舞着马鞭杀奔安德烈亚斯。双方实力都很强，他们的头盔在激战中双双落地，连战马也撞在一起，两个勇士都翻身落马。不过，安德烈亚斯身体轻盈且熟知摔跤技巧，在体格庞大的波斯老将还没站起来时，抢先翻身而起，一枪刺死了波斯勇士，罗马军队又是一阵欢呼。连败两员大将，波斯人士气大跌，当日双方没有再发生更多的战斗，各自收兵回营。

次日，从尼西比斯赶来了1万波斯援军，这让波尔泽斯的军力达到了5万人马，比贝利撒留整整多出了一倍，波斯大军因而士气大增，急于求战。贝利撒留采纳部下的建议，故意示弱求和，目的就是用缓兵之计延缓决战时间，以避免与士气正旺的波斯人决战，这与兵法上常说的避其锋芒是一个效果。到了第三日，波斯统帅波尔泽斯识破了贝利撒留之计，决战已经不可避免了。

两军各自列阵，直到中午双方都没有轻举妄动。法拉斯向贝利撒留献计道："这样的对峙难分胜负，不如派兵设伏于山坡之上，待波斯人攻来后，再截断他们的退路，届时可放箭重创他们。"

贝利撒留闻之大喜，依计而行。

中午过后，波斯人立刻摆出决战的阵势，因为他们知道罗马人习惯在午后吃饭，而波斯人习惯在晚上吃饭，所以波尔泽斯决定在中午开战，这样贝利撒留的军队一定处于饥饿状态，必定难以持久。

波斯大军浩浩荡荡地杀奔罗马阵前，首先以远程步兵发起第一轮进攻，箭矢密集如雨，这些弓箭手不但人数众多而且分成两条战线，可以相互补充、替换，使得波斯的远程攻击完全看不到要结束的迹象。而对罗马人来说，自己的弓箭步兵要少得多，但罗马弓兵处于顺风的位置，射出去的都是重型箭，威力比波斯人所使用的轻弓大得多，故而双方在远程对射中处于势均力敌的状态。

待到弓箭打击即将结束之时，波斯的步、骑终于杀向罗马人的阵地。他们仍然以右翼为先锋，猛攻贝利撒留的左翼，其攻击力颇为强悍，竟然杀得罗马左翼乱成一团，死伤惨重。贝利撒留赶紧命苏尼卡斯率部驰援己方阵地，于是罗马骑兵直奔波斯人的侧翼，径直把对方后卫军队截杀一空。攻击过于深入的波斯骑兵发现后方和侧翼已经被罗马骑兵包围，赶紧向本阵撤退，这一撤退使得他们阵脚大乱，苏尼卡斯所部联合左翼其他军队合围而击，大破波斯右翼，斩首3000名敌军。

右翼溃败后，波斯统帅波尔泽斯下令全线进攻，波斯大军因而全部压向罗马阵地。波尔泽斯故意将他引以为傲的"不死军"布置在中央靠左的位置，意图通过他们困住贝利撒留的中央主力，好让波斯左翼歼灭罗马人的右翼军团。

不久后，波斯独眼将军巴莱斯马纳斯猛攻罗马右翼，取得战果，罗马人抵挡不住竟然连连后退。贝利撒留看穿了对手的意图，赶紧命悍将苏尼卡斯回来增援，而他自己则率领自己的将卫重骑兵一起杀向己方右翼。

强悍的重骑兵结成楔形阵，犹如飞速射来的利箭，一举将波斯人截成两段，波斯人大为恐慌，而后退的罗马右翼看到友军增援后也停下脚步重新集结，然后配合贝利撒留的主力杀了一个回马枪。罗马悍将苏尼卡斯更是一马当先，率部冲破敌军层层阻碍，将位于敌军深处的左翼大将巴莱斯马纳斯挑于马下。

波斯左翼见大将被杀士气全无，纷纷逃窜，罗马大军顺势斩杀溃军5000余人，波斯战线全线动摇，他们无法攻破罗马人的防线，自己的将军又相继阵亡，指挥系统乱成一团，而罗马人的各条战线却开始有序追击波斯侧翼，甚至试图包抄波斯人，于是波斯人全线溃逃，贝利撒留的骑兵取得了不俗的战果。不过在这关键时刻，贝利撒留却下令停止追击，用兵谨慎的贝利撒留担心贸然追击会遭到敌军的伏击，故而见好就收。

达拉之战，贝利撒留以2.5万人马击溃了波斯5万大军，重创了波斯最强悍的铁甲军团，阵斩了数员大将，这是东罗马帝国近年来首次取得的辉煌胜利，不仅鼓舞了东部战线的官兵，更让波斯皇帝科巴德意识到，当今的罗马统帅已经不是阿纳斯塔修斯一世时期的泛泛之辈了，要想赢得与查士丁尼王朝的战争绝非易事。

公元531年春，波斯皇帝科巴德不甘心达拉之战的失败，决心将战争进行到底。他问计于群臣，其中萨拉森国王阿拉芒达拉斯进言道："万王之王，您每次出兵总是先攻打美索不达米亚，这里离罗马帝国的驻军很近，他们的要塞不但坚固而且还容易补给，如果我们越过幼发拉底河直逼叙利亚，在罗马人来不及反应时就可以攻破安条克，到时候我们再携带战利品迅速撤退，罗马人将无可奈何。"

科巴德闻之甚喜，便以阿拉芒达拉斯为主帅，领兵1.5万奇袭安条克。阿拉芒达拉斯所部很快越过幼发拉底河，突袭了科马格纳，当地的罗马城市几乎处于不设防状态。贝利撒留听闻战报后，当即率领2万援军火速驰援，很快就追到了阿拉芒达拉斯军附近。波斯人见贝利撒留来得这么快，便改变了作战计划,因为他们不想与达拉之战的胜利者正面较量,于是阿拉芒达拉斯放弃了奇袭的计划,立刻撤兵回国。

贝利撒留其实也无意与敌军决战,对他来说,手里为数不多的军队是东罗马帝国唯一能够抵挡波斯人的资本,一旦损失将难以补充,而且波斯人虽然掠劫了几个村镇,但并未攻取帝国的大城市,所以逼退波斯人也算是达到了战略目的,故而贝利撒留始终与敌军保持一天路程。不久之后,双方便来到了幼发拉底河河畔的卡利奈孔城附近,两军隔河相望,依然如前。

此时正值基督教的复活节,所有基督教徒都必须禁食,当他们看到河对岸的波斯人大吃大喝、欢乐非常后,不少官兵都感到了憋屈,很多人还沉浸在达拉之战的胜利之中,纷纷劝贝利撒留出兵决战,就连查士丁尼派到军中的使者也建议贝利撒留出兵。贝利撒留本想拒绝,但这遭到了士兵的鄙夷,甚至说他是懦弱之辈。眼见军中的求战欲已经不能控制,贝利撒留不得不接受士兵们的请求——出兵。

公元531年4月19日,两军旋即列阵决战。贝利撒留把步兵布置在左翼,骑兵布置在中央,将战力最弱的萨拉森军布置在右翼的山坡上,他希望有利的地形能提升萨拉森人的战斗力。阿拉芒达拉斯这边的布阵与贝利撒留针锋相对,他把自己的萨拉森军队布置在左翼,波斯人则安排在右翼。

会战开始后,双方都发挥出惊人的战斗力,特别是远程部队的攻击造成了大量的伤亡。就在双方的交战进入白热化阶段后,波斯人突然改变了战术,集中精锐攻击罗马一方的萨拉森人,这些萨拉森人战斗意志薄弱,在波斯大军的猛攻下竟然率先逃跑了。右翼一逃跑,贝利撒留的侧翼便完全暴露,阿拉芒达拉斯的军队旋即包围并攻击贝利撒留的军队,不少罗马士兵战死,更有人开始逃离战场,罗马军队的战线濒临崩溃。

危急时刻,贝利撒留让骑兵下马作战,自己则率领为数不多的亲兵猛攻敌军。此举如强心针般激发了罗马士兵的斗志,乱作一团的士兵看到主帅后,纷纷集结在他周围重新列阵迎战,贝利撒留带着这些人马边战边退,最后来到了河岸边,一些罗马溃兵已经游到河中间的小岛上,但更多的人还来不及撤退。

贝利撒留只能鼓舞他们,命令军队结成密集阵形,前排布置盾枪步兵,后排则为弓箭手。利用这一阵形,贝利撒留的军队拼命抵挡波斯骑兵的攻击,不断用盾牌的撞击声吓退波斯人的战马，同时又用连续不断的箭雨射死试图冲锋的波斯士兵。

夜幕降临后，波斯人不得不退兵，贝利撒留的背水一战总算是挽回了败局，但他不敢大意，当即调来了运兵船，将罗马溃兵运到河对岸，迅速撤退回国。此战，波斯人虽然取得了胜利，但他们并未达成掠劫叙利亚的战略意图，还白白损失了大量士兵，因而科巴德非常愤怒，免除了败军之将的职务。

卡利奈孔之战严重打击了东罗马的士气，无论是波斯皇帝还是查士丁尼都意识到，双方的国力不相上下，谁都不可能轻易击败对手，这样的战争简直就是消耗战。查士丁尼虽然对贝利撒留的卓越指挥才能感到满意，但他也发现，先击败波斯再收复西罗马故土的战略计划实施起来非常困难，要想打到波斯主动求和恐怕还需要更多的时间，而查士丁尼已经非常急切地想发动收复故土的战争，他不想在波斯人身上再浪费时间了。

于是，查士丁尼下达了召回贝利撒留的命令，同时委派心腹西塔斯接替他的职务。之后，查士丁尼任命贝利撒留为西部战线的"总司令"，第一个目标就是占据北非的汪达尔王国。然而，就在查士丁尼准备发动新的战争时，首都君士坦丁堡却突然发生了巨变。

议和萨珊波斯，尼卡暴乱

公元477年，汪达尔开国君主根西里克去世，王位由他的儿子霍诺里克继承，由于新王统治过于残暴，而且强迫曾经的盟友摩尔人放弃阿里乌派信仰，致使摩尔人发动反抗战争。霍诺里克死后，王位传给了侄子贡拉芒杜斯，此人对基督徒的迫害更加令人发指，摩尔人的反抗也更加激烈。在与汪达尔人进行多次战争后，摩尔人赢得了事实上的独立。之后的汪达尔王特拉萨杜芒斯虽然一度改变严酷的政策，甚至迎娶东哥特公主以稳固统治，但汪达尔还是被摩尔人击败，国家已经不像根西里克时代那般强势了。

公元523年，霍诺里克之子希尔德里克继承汪达尔王位。这位国王继承了先王特拉萨杜芒斯宽容的宗教政策，而且为人心胸宽广、平易近人，不再强迫其他人改宗，国家政策终于不再那么冷酷无情。国王还广交朋友，与查士丁尼建立了一定程度的私人友谊。但希尔德里克统治期间，摩尔人又击败了汪达尔军队，使得汪达尔内部依然动荡不安。

战争上的失败严重影响了希尔德里克的威望，汪达尔王子盖里莫尔勇武好战、工于心计，他以战争失败为由攻击国王，并私下拉帮结派密谋政变。不久后，盖里莫尔召集贵族，称国王要把整个王国送给查士丁尼。公元530年，不明真相的贵族加入了盖里莫尔的反动阵营，废除了希尔德里克，盖里莫尔成了新的汪达尔国王。

汪达尔的政变让查士丁尼找到了干涉北非内政的借口，他以希尔德里克朋友和友邦君主的身份，写信要求盖里莫尔释放旧王，但盖里莫尔傲慢地回复道："别人的事不用阁下瞎操心。"

盖里莫尔的回复正合查士丁尼之意，他可不指望盖里莫尔真的把王位还给希尔德里克，只有这种挑衅意味十足的回信才能让他说服帝国群臣同意撕毁与汪达尔的和平协议。对查士丁尼来说，要光复西罗马就必须先收复北非，但财务大臣约翰并不支持查士丁尼与汪达尔人开战，因为两线作战是极为危险的，如果不是被同时入侵而被迫两线作战，实在没必要主动制造一个新的敌人，而且北非与东罗马帝国交通不便、相去甚远，如果战事不利，消息传回首都至少要一年时间。

查士丁尼也明白两线作战的危险，但汪达尔发生的政变是天赐的宣战良机，此时的汪达尔王国应该处于政局不稳的状态，如果查士丁尼不及时把握时机，等到盖里莫尔的政权稳固，再想收复北非就不那么容易了。

恰在此时，美索不达米亚前线传来了卡利奈孔之战的消息，查士丁尼失望之余决定放弃彻底击败波斯后再引兵西向的计划，而波斯皇帝科巴德也在公元531年驾崩，幼子霍斯劳（库思老）继承王位，无意与东罗马继续缠斗，双方君主都有尽快结束战争的想法。公元532年，查士丁尼在做出了极大的让步后，终于得到了一份和平协议：东罗马帝国每年向波斯进贡1.1万磅黄金，两国各自退出已侵占的对方土地，东罗马必须从法兰吉姆和博伦姆撤军，而且不得在达拉城驻军，伊比利亚人则按照他们的意愿自由选择罗马或是波斯。

查士丁尼的计划如其所愿地进行着，使团已经与波斯皇帝达成了和平共识，首席名将贝利撒留正率部返回君士坦丁堡，引兵西指的日子仿佛近在眼前了，然而他完全没有想到，巨大的危机就在他的身边悄然形成。

一直以来，君士坦丁堡因赛马竞技而分成了蓝党和绿党，两派起初只是抢抢座位、打打群架，但现在两党的成员刀兵相向，有时是买凶杀人，有时是公开行凶，他们抱团作恶，完全不顾及帝国的法律，政府对群体性暴力显得有心无力，而查士丁尼早年为了他的政治目的，私下倾向于蓝党，这使得蓝党成员们有恃无恐。

随着暴力的升级，两党成员公开抢劫平民，不少无辜市民死于暴徒之手，首都已经变得非常混乱，连一般的治安都难以维持了。查士丁尼登上皇位后，当即抛弃了蓝党，宣称要建立一个公正的帝国，决不偏袒任何违反法令的党徒，这不可避免地又得罪了蓝党。"公正"并没有取得任何效果，首都依然处于两党相互攻伐的混乱之中。

公元532年1月11日，查士丁尼如往常一样出席了当日的赛马竞技。看见皇帝到来的蓝绿两党像被点燃的火药桶顿时"爆炸"，他们高声喊叫、咒骂。查士丁尼也被激怒了，愤怒地要求他们闭嘴，结果却适得其反。冲突就在这一刻爆发，两党成员相互攻击，有武器的人甚至大肆砍杀起来，局势终于失控。查士丁尼这时才发现情况不妙，赶紧通过皇帝的私人通道返回了皇宫。而两党暴徒已经将战场延伸到了街道上。

1月13日，首都长官为了稳定混乱的局势，不得不强势处决7个带头挑事的党徒，这既包括绿党成员，也包括蓝党成员，可就在最后两个暴徒将被执行绞刑之时，绳子却意外断裂了数次，于是两党成员便把这看成是上帝的旨意，争相拥进刑场解救自己的同伴，还袭击了政府官员，打伤了现场的卫兵。君士坦丁堡的局势变得更加混乱。

经过这次事件，蓝党暴徒竟然把矛头指向了查士丁尼，指责皇帝忘恩负义，两党居然奇迹般地达成了谅解，在赛马场上齐声讨伐查士丁尼。这是极不寻常的信号，皇帝只好喊停比赛，但两党依旧不满，纷纷拥上街头，高呼"尼卡，尼卡"（意为胜利）的口号。1月14日，两党暴徒包围了皇宫，要求皇帝罢免当时的两个执政官，其中就包括查士丁尼的心腹约翰。

查士丁尼不得不同意两党的要求，亲自前往竞技场，宣布罢免约翰等人的决定。但这并没有起到任何作用，狂热的民众依然不依不饶，查士丁尼第一次感到了害怕，他见自己根本不能安抚愤怒的民众，便匆忙逃回了皇宫。两党暴徒见皇帝中途退场，竟然聚集起来试图攻占皇宫。

暴徒的威胁已经变得不可控制，连街道也变得混乱不堪，他们先是打砸店铺，接着又纵火焚烧，还攻占监狱释放囚犯。维持治安的士兵试图控制局势时，暴徒反而当场杀死了他们。混战在首都随处可见，大火很快蔓延至各处，竞技场、索菲亚大教堂、大浴场相继陷入火海，烈焰从皇宫大门一直烧到了战神祭坛，整个君士坦丁堡都被无政府、无秩序的恐怖所笼罩。

随着局势进一步恶化，暴徒越发猖狂起来，试图推翻查士丁尼政府，他们将前皇帝阿纳斯塔修斯的侄子海帕提乌斯强行架到广场上，山呼"奥古斯都万岁"，因为找不到皇冠，人们便把一项借来的金圈戴在海帕提乌斯的头上，然后宣布他是东罗马帝国的皇帝。一些元老院议员也加入了暴徒的队伍，尼卡暴乱完全演变成了叛乱。

叛军在打起海帕提乌斯这面旗帜后，再次包围了查士丁尼的皇宫。躲在宫内的皇帝已经能够清晰地听见外面的叫喊声和兵器碰撞声，不少大臣建议皇帝赶紧从皇宫的港口乘船逃离君士坦丁堡，这也符合查士丁尼的想法，但他仍然没有下定决心。就在皇帝犹豫不决的时候，皇后狄奥多拉突然站了起来，她义正词严地说道："大家都认为一个女人不应该对男人发号施令，不应该在大家惊慌失措时发表意见，但现在局势紧迫，容不得我们来讨论是否应该这么做。我们必须认清，逃跑是不合时宜的，尽管它可保性命无忧，然而，身为皇帝，又怎么可以逃走呢？我希望永不脱下我的紫袍，永不放弃我的尊号，因为那样的日子我无法忍受。我的君主，如果您想苟且偷生，并不难办，我们的财富就在那里，海洋就在那里，我们的战舰就在那里。但您首先要想想，您脱离险境之后，会不会后悔？会不会宁愿选择死亡？至于我，我坚信古人的教诲——紫袍是最高贵的裹尸布。"

皇后越说越激动，在场的男人无不感到羞愧，也因狄奥多拉的话而热血沸腾。查士丁尼终于做出了决定——坚守皇宫，镇压叛乱。

皇帝派大宦官纳尔西斯带着金银细软秘密出宫，一方面，去拜访那些查士丁尼曾经支持的蓝党领袖，用这些黄金、珠宝重新收买他们，让他们立刻与绿党决裂；另一方面，皇帝把"勤王"之令交到了贝利撒留和蒙顿手中，两人刚好握有一支军队。武装镇压的计划已经形成。

当时，尼卡暴徒正簇拥着伪帝海帕提乌斯在竞技场上观看赛马。贝利撒留和蒙顿各自率部悄悄接近了竞技场，突然杀入观众聚集之处。手无寸铁的观众哪里敌得过训练有素的军队，纷纷倒毙于长矛之下。蒙顿迅速封锁了竞技场的出口，阻止人们逃走，竞技场上顿时乱成一片，鲜血很快把地面染成了红色，多达3万人在这场屠杀中毙命。

至于海帕提乌斯，皇帝立刻处决了他和他的兄弟，然后把尸体丢进大海。那些加入叛乱的元老院议员也被通通处决并抄没家产。尼卡暴乱终于在皇帝的强势镇压下平息了下来，但是大量的民房、商铺、教堂、剧院付之一炬，到处都是大火过后的废墟，著名的圣索菲亚大教堂也轰然倒塌，君士坦丁堡的繁荣消失不见，曾经喧闹的街市只剩下一片寂静。

这场恐怖的暴乱缘于查士丁尼偏袒蓝党的政策，最终，皇帝不得不为自己的"不公正"买单，重建首都的耗费何止百万。但事情总有两面，经过这次暴乱，查士丁尼决心重塑帝国法律的权威，他决定把罗马自古以来的法令汇编成书，以公正的法律来统治自己的帝国。同时，查士丁尼也借此除去了那些反对他西征北非的元老院贵族，从而更加集中了帝国的权力，因祸得福的远征计划没有了阻力，一场新的战争就要来临了。

起航，兵发北非

东罗马帝国将何去何从？是否会步西罗马的后尘呢？这恐怕是所有罗马人民共同的问题。令人欣慰的是，东罗马帝国与旧罗马帝国相比，已经发生了很大的变化，除了制度上更加东方化外，军队也变得独具特色。自利奥、芝诺时起，东罗马帝国在"抛弃步兵"的道路上越走越远，可以说是采用了原帕提亚帝国的骑兵制度，另外结合帝国与游牧民族交战的经验，独创了一套自己的新军制。在这套制度中，东罗马帝国的核心力量是两类骑兵——重装骑兵和弓箭轻骑兵（弓骑兵），他们按照一定比例编成骑兵军团。

作战时，重骑兵在前，弓骑兵在后，通常先由弓骑兵实施远程打击，待敌军被杀伤、军队阵形变得混乱后，再由重骑兵的冲锋彻底打乱敌军阵线，其中长枪重骑负责打穿敌阵，钝锤重骑专事锤杀敌军重步兵。至于步兵，除了用于驻防外，几乎别无用处。

为了组织起高效的骑兵军团，东罗马帝国还采用了日耳曼式的骑兵制度，允许骑兵指挥官自募骑兵并组建私人卫队，一些类似于"家臣"的骑兵卫队在东罗马帝国出现。这些军队虽由国家支付薪水，却由指挥官负责晋升、任命、分配战利品，不少卫队的装备也由指挥官负责，因此在国家财力不足的情况下，私人骑兵卫队的装备、战力均高于普通骑兵，其中名将贝利撒留就有一支7000人的将卫重装骑兵，他们便是镇压尼卡暴乱的中坚力量。

有了这些改变，东罗马帝国是否已经适应了新时代？是否有可能恢复往日的罗马帝国呢？这很快就会有答案。

客观地看，远征北非的胜算很小，汪达尔人拥有战力极强的海军舰队，东罗马海军在利奥一世时期就败于汪达尔人，再次挑战汪达尔海军未必有胜算。假如侥幸登陆成功，陆军也必须面对客场作战的险境，在辽阔的北非，东罗马是没有任何盟友的，如果汪达尔人坚壁清野袭击罗马人的补给线，远征军未必能保证自己的粮草，一旦陷入困境，波涛汹涌的大海隔绝了任何增援的可能，这场战争很可能会失败。

查士丁尼也明白这场冒险的艰难，一旦发动战争，和平就很难恢复，而且远征还有太多不确定因素，海战、登陆、补给都是罗马远征军面临的巨大难题。即便如此，查士丁尼依然决心远征北非，而他选中的指挥官便是刚刚镇压了尼卡暴乱的贝利撒留，交付给他的军队包括步兵1万名、骑兵5000名、舰船500艘（其中有92艘是战舰）和水手3万名。

这支远征军的兵力虽然不多，但他们都是百战精锐，其中1万名步兵里就有不少"外籍士兵"，而远征军的王牌无疑是5000名精锐骑兵，其中包括在波斯战场上立功无数的600名马萨格泰游牧骑兵与400名赫鲁利轻骑兵，由久经战阵的法拉斯指挥，剩下的骑兵都是东罗马帝国打造的新式骑兵，特别是一支直属于贝利撒留的将卫重骑兵。

需要说明的是,将卫重骑兵是一种人马俱甲的具装骑兵,不但善于使用长矛利剑,还配备有一定数量的弓箭,既能够像弓骑兵一样进行远程打击,又能利用其强悍的冲撞力担当冲击骑兵,而且中间不乏优秀将领,经验丰富,比如贝利撒留的家臣约翰等人。

反观这一时期的汪达尔军队,安逸的生活腐化了他们,战术毫无改进,还屡次被摩尔土著击败。陈旧的汪达尔陆军依然依靠当年那种使用长剑的轻装骑兵,既忽视装甲的防御力,又不重视弓箭和标枪的远程打击能力,虽然机动性很好,但是完全不具备东罗马具装骑兵的多功能用途。显然,两军骑兵在质量上已经拉开了至少一个世纪的距离。

不但如此,查士丁尼远征北非的时机也恰到好处:当时的汪达尔王位屡次更替,国家政局非常不稳,北非的黎波里就爆发了由普登提乌斯领导的反汪达尔人起义,义军派人向查士丁尼求援,并表示整个的黎波里都会加入东罗马帝国。查士丁尼闻之大喜,立刻派塔蒂姆特率领一支军队前往,他们会合了的黎波里的叛军,驱逐了汪达尔人在当地的势力,算是为北非远征博了一个好彩头。

正当汪达尔国王因叛乱焦头烂额时,他委派的撒丁尼亚总督戈达斯竟然举兵自立了,这个叛臣不但自封为撒丁尼亚国王,还派人请求查士丁尼支援。皇帝当然不会放弃任何削弱汪达尔的机会,他马上派人赶赴撒丁尼亚支援叛军。

面对北线和东线两头的叛乱,盖里莫尔怒火中烧,他本想同时收复两个行省,但的黎波里太远了,而且罗马人在这里已经建立了防线,故而国王只好先集中力量攻打撒丁尼亚,派兄弟察宗率领 5000 人马和 120 艘战舰渡海北上。然而,盖里莫尔低估了查士丁尼对北非的野心,他完全没有意识到此刻的东罗马帝国已经派出了一支精锐的远征军,由最优秀的将军统率,目标既不是撒丁尼亚,也不是的黎波里,而是汪达尔的首都——迦太基。

公元 533 年,贝利撒留起航远征,整支舰队的规模看起来非常庞大,但有海战经验的人却不多,所以对贝利撒留来说,远征舰队的首要任务就是要避开汪达尔海军,在最合适的地方登上北非大陆。

为了不使如此规模的舰队在海上迷路,贝利撒留把领航船舰的桅杆和船帆的三分之一都涂上了鲜亮的红色，同时在船头立起了一根很长的木杆，上面挂着明灯。这样一来，无论是白天还是黑夜，领航舰都是那样显眼，在阴晴不定的地中海上，这支500艘舰船的舰队无一掉队、遇险。

舰队很快就开到了西西里岛，军中顾问普罗科比带来了振奋人心的消息：由于汪达尔的120艘主力战舰全部派去征讨撒丁尼亚，此时的北非海岸线几乎是不设防的，加上汪达尔在北非不施德政，导致北非民众对他们的统治深恶痛绝，双方互不信任，所以汪达尔人拆除了迦太基城以外所有城市的城墙，以为这样就能避免当地人据城叛乱。这一幕与第一次布匿战争非常相似。

贝利撒留的远征军因汪达尔人的所作所为士气大振，他们立刻从西西里起航，在距迦太基城140千米的东部海岸悄然登陆。果然如情报显示，罗马的远征舰队没有遇到任何敌军船只。上岸后的贝利撒留当即率部朝迦太基方向进军。

远征军为了得到当地人的支持，严禁士兵滋扰民众，大军纪律严明，与民秋毫无犯。贝利撒留派人在军队行动前提前宣示各城：罗马人是来解救北非的。这极大地安抚了当地民众的不安情绪，当他们发现罗马军队的确纪律严明后，不但主动提供粮食补给，还当起了罗马人的向导，滨海城市西莱克图斯等城相继投降，迦太基门户洞开。

汪达尔王盖里莫尔当时正在赫尔米欧尼，他得知贝利撒留的军队从天而降后，赶紧派人处死了前国王希尔德里克及其支持者，同时诏令远征撒丁尼亚的军队返回北非御敌，他自己则率军急速回援迦太基城。虽然他距迦太基城还很遥远，但他根据阿德底斯姆隘口的险要地形制订了一个看似绝妙的作战计划。

阿德底斯姆隘口大致位于迦太基城的西南侧，它的旁边是一处盐湖和丘陵，其东侧与海岸相邻处只有一条极为狭窄的通道。盖里莫尔计划兵分三路围歼贝利撒留，第一路由兄弟阿曼塔斯率领首都的6000人马埋伏于隘口之中；第二路由侄子吉巴穆德率领2000名先锋进军隘口盐田的西侧，他们与阿曼塔斯的军队隔着盐田和丘陵，这一路是为了阻止贝利撒留绕过隘口从盐田西侧通过；第三路则是盖里莫尔本人率领的7000人主力，计划等贝利撒留被另两路军队挡住后，再突袭罗马人的后方，从而实现三面夹击的战术效果。

一场汪达尔和东罗马的生死决战开始了。

贝利撒留一方并不知道汪达尔人设下的陷阱，他派自己的副将亚美尼亚人约翰率领精锐的 300 名具装重骑兵去侦察隘口的情况，同时还派了 600 名马萨格泰游骑兵在其侧翼掩护行动。至于贝利撒留本人，他率领其余军队紧靠着海岸线慢慢推进。恰是这不经意的部署，居然打出了完全意想不到的效果。

盖里莫尔的部署看似如同一个口袋等着贝利撒留来投，但由于山地和丘陵的限制，三路汪达尔军队的视野非常有限，既看不到远处战场的情况，也弄不清贝利撒留的部署。作为冷兵器战争最重要的一环，情报侦察的详细程度往往决定战场的胜负，汪达尔似乎没有做好情报收集工作，在尚未搞清楚东罗马军队位置的情况下，贸然将自己置于不确定的危险中，反倒打乱了部署。

约翰的先锋骑兵赶到隘口后，决定兵分两路越过隘口，其中 600 名马萨格泰游骑兵选择从隘口西侧的盐田道路北上，他们在这里遇到了吉巴穆德率领的 2000 名汪达尔先锋，别看人数上双方差距很大，但马萨格泰游骑兵毫无畏惧地主动攻击，利用弓箭反复射击敌军，同时还试图从侧翼包围汪达尔人，2000 名汪达尔人从未与弓骑兵交过手，结果被射得人仰马翻，全军覆没。

另一路由约翰率领的 300 名具装骑兵同样勇猛，他们在隘口里遭遇了阿曼塔斯率领的 6000 人马，这本是一场以卵击石的战斗，但让阿曼塔斯没有想到的是，东罗马帝国的重装骑兵拥有强悍的单兵作战能力，而隘口狭窄的通道限制了汪达尔军队的展开，他们只能派有限的军队迎战罗马骑兵，剩下的人只能在后方观望。

这样的局面无疑是有利于约翰的，300 名重骑兵竟然接连击败汪达尔人的军队。随着友军的战败，后续部队陷入混乱，约翰等人如巨石落山一样难以抵挡，汪达尔指挥官阿曼塔斯当场阵亡，其残部被约翰一路追逐至迦太基城下。

此时，无论是贝利撒留还是盖里莫尔都不知道隘口发生的战斗，贝利撒留派了 800 人去查看约翰的侦察情况，而盖里莫尔刚好赶至隘口，双方不期而遇，罗马军队因寡不敌众被盖里莫尔击退，从隘口外侧逃回贝利撒留的本阵。

在清理战场时，盖里莫尔发现了弟弟阿曼塔斯的尸体，汪达尔王抱着尸体跪地大哭，还花费了大量的时间为弟弟举行葬礼。东罗马史学家普罗柯比直言不讳地称：若是盖里莫尔迅速出兵追击 800 名罗马逃兵，就算是贝利撒留也未必能赢得会战。可惜汪达尔王没有这么做。等一切结束后，盖里莫尔判断弟弟阿曼塔斯一定是遭遇了贝利撒留的主力，否则数千人马不可能死伤殆尽。

盖里莫尔决定北上追击贝利撒留的主力。恰在此时，溃逃回营的罗马士兵将隘口的情况告诉了贝利撒留，统帅当机立断率领全部人马杀向隘口，在会合了马萨格泰游骑兵后，突然出现在盖里莫尔身后。

由于汪达尔人以为贝利撒留已经通过了隘口，所以他们没有防备自己的后方，结果恰是后卫遭到了贝利撒留主力的突然袭击。这突如其来的袭击彻底打蒙了盖里莫尔，他完全不知道到底哪一边才是贝利撒留的主力，原计划的三面围歼反而变成了自己被围歼。

此战，贝利撒留的重装骑兵大显神威，杀得汪达尔人人仰马翻、血流成河，汪达尔王盖里莫尔不得不放弃保卫迦太基的计划，一路向西撤退。9月15日，贝利撒留占领了没有驻军的迦太基城，当地居民自然是喜迎王师，这是自汪达尔人占领北非后罗马人首次回到迦太基。

夺回迦太基城后，贝利撒留马上着手部署守城事宜，他判断盖里莫尔一定会率领规模更大的军队卷土重来。不久之后，讨伐撒丁尼亚归来的5000名汪达尔精锐也加入了盖里莫尔的队伍，汪达尔国王从各处征集了一支规模更大的军队重新杀向迦太基城。

包围迦太基后，盖里莫尔一方面派人秘密潜入城池，利用己方对城市的熟悉破坏了城市的供水系统，另一方面又派间谍秘密接触贝利撒留麾下的匈人外籍兵团，试图花钱收买他们。这些外籍骑兵热衷于掠劫，而贝利撒留强令他们不得掠劫迦太基城，这让双方颇为不快。贝利撒留似乎察觉了外籍骑兵的秘密，宁可带着他们出城野战，也不敢留在城内，毕竟又缺水又有叛徒的守城战胜算很小。

盖里莫尔率领全部主力部署在特利卡马隆附近，双方隔着一条小溪对峙。贝利撒留方面，左翼是马丁努斯等人率领的外籍军团，右翼是帕鲁斯率领的罗马骑兵，中央部署了重装骑兵和步兵，由贝利撒留和副将约翰指挥。值得一提的是，匈人部队没有与罗马人混编，而是单独布阵，明眼人都能看出来，匈人打算随时加入获胜的一方。至于汪达尔方面，两翼是由千夫长率领的千人队，坐镇中央的是察宗，后面是摩尔人和盖里莫尔。

交战伊始，贝利撒留命令约翰率部首先发动进攻，目标是察宗指挥的汪达尔中军。虽然两军隔着一条小溪，但由于小溪过浅，丝毫没有阻碍东罗马的军事行动。不过，盖里莫尔有备而来，他们专挑中午开战，就是考虑到了罗马人喜欢在午后吃饭，饥肠辘辘的罗马军队急于结束战斗，盖里莫尔却偏偏不进攻，只打算原地防守，慢慢拖垮罗马人。因此，前两波进攻中，汪达尔人以逸待劳，两次都击退了东罗马军队。

在这样的情况下，贝利撒留不得不改变作战计划，他吃定了敌军无意主动进攻，于是大胆地率领全部主力一起冲锋，战场上顿时响起了震耳欲聋的嘶鸣声，马蹄踏得地面震颤不已。盖里莫尔拔剑迎战，试图在罗马骑兵半渡的时候挡住贝利撒留的攻势，但汪达尔王又一次失算了，汪达尔轻骑兵比起罗马重骑兵，就如同摩托车遇到了坦克，汪达尔人根本不能阻挡罗马人的冲击。悍将约翰挥舞着战刀直奔察宗，在激烈的撞击声中，约翰阵斩了察宗，汪达尔骑兵随即全线溃败。

不久之后，汪达尔的两翼全被罗马骑兵淹没，位于中央的汪达尔主力也跟着一起逃跑，盖里莫尔只好带着溃兵退守后方的营寨。大概在黄昏的时候，罗马步兵也赶到战场，贝利撒留命其反复攻打敌军营寨，盖里莫尔彻底绝望了，除了放弃营寨夺路而逃，他想不到任何办法。战场上只剩下汪达尔人的尸体和罗马人的欢呼声。

公元 534 年 3 月，贝利撒留征服了北非大多数地区，盖里莫尔最终在伤病与绝望中举手投降。唯一可惜的是副将约翰在追击盖里莫尔时被友军弓矢误杀。至此，东罗马帝国终于灭亡了汪达尔王国，重新收复了阿非利加和撒丁尼亚行省，罗马帝国的北非粮仓再次飘扬起金色的鹰旗，汪达尔人的政权不复存在。

北非乱起

征服汪达尔的贝利撒留成了整个帝国的焦点，待到他擒获盖里莫尔后，查士丁尼便召贝利撒留返回君士坦丁堡，授予他执政官的殊荣，并为他举行了盛大的凯旋式。此时的贝利撒留无疑是一颗冉冉升起的巨星，随着他向群众抛出大把大把的金币，贝利撒留在人民心中的威望也急速上升，这甚至让查士丁尼都感到了一丝嫉妒。

贝利撒留离开北非后，查士丁尼任命宦官将领所罗门为新的北非总督，此举意味深长。不少人怀疑查士丁尼担心贝利撒留独掌北非后拥兵自重，所以才以举行凯旋式为名召回了他。事实上，查士丁尼的确受到了不少谗言的影响，一些嫉妒贝利撒留功绩的谗臣借机向查士丁尼进言，说贝利撒留控制北非后大有建立独立王国的可能，于是查士丁尼送去了一封信，要贝利撒留自己选择是带着战利品回到首都，还是留在北非。贝利撒留明白这是皇帝的试探，毫不犹豫地动身返回君士坦丁堡。

只是查士丁尼也太过着急了，他不该这么快召回贝利撒留，因为北非并未完全平定，在汪达尔政权后期，摩尔人屡次击败他们，实际上已经实现了独立，这些人本来就不是东罗马的盟友，加上查士丁尼一占领北非，马上就推行强势的宗教政策和税收政策，使得信奉阿里乌教派的摩尔人大为恼怒，贝利撒留离开后，双方很快就爆发了战争。

马萨格泰统帅艾根和色雷斯将领鲁菲努斯为了阻止摩尔人在巴扎西姆掠劫，本打算在一处关口伏击摩尔人的军队，结果反被敌军包围，两个将军相继阵亡，罗马在巴扎西姆的军队被一扫而空。阿非利加的西部几乎处于无防备状态，这里频繁遭到摩尔人的袭击，不少村庄和人民都成了动乱的牺牲品。

提起宦官，我们都会想到一副卑躬屈膝、尖嘴猴腮的样子，但东罗马的宦官却不是这副模样，上文提到的那个叫所罗门的宦官将领绝不是泛泛之辈，他之前一直追随贝利撒留四处征战，已经有了非常丰富的作战经验，当他得知罗马在巴扎西姆的军队被歼灭，他立刻点齐兵马杀向巴扎西姆。

此时，数倍于罗马人的摩尔军队已经在达马莫斯扎下营寨，他们选择了一处有悬崖掩护的高地布阵，把骆驼围成一圈，妇女儿童坐圈内，男人们一部分站在骆驼之间，手中拿着盾、剑和短矛，还有一些人骑着马站在山上列阵。摩尔人的意图非常明显，他们以守代攻，打算在罗马军队攻打骆驼圆形阵时夹击罗马人。

所罗门虽然看出了敌军的意图，但他不想示弱，便鼓励士兵们发起冲锋，罗马骑兵疯狂地朝骆驼阵攻杀而去。然而，罗马人没想到的是，自己的战马居然犹豫不前，骆驼的嘶鸣甚至吓得战马掉头逃窜，不少罗马士兵摔下马来。摩尔人趁机用弓箭和标枪袭击混乱的罗马军队,罗马士兵纷纷中箭落马,形势危急。

所罗门见状,当机立断跳下战马,命令所有骑兵放弃马匹改为步战,士兵们按照统帅的命令结成步兵方阵,用盾牌列成紧密的盾墙,抵挡远处射来的弓箭和标枪。待形势稳定后,所罗门亲率500名勇士杀到骆驼圆形阵前,疯狂地砍杀敌军的骆驼,终于从侧翼突破了敌军的阵形,从缺口杀入圆形阵。

摩尔人不喜欢穿戴盔甲,因而在单兵作战中被罗马人聚歼,超过1万摩尔人丧命,妇女和儿童都成了所罗门的俘虏,巴扎西姆暂时恢复了宁静。所罗门得以凯旋,回到迦太基城。

战争并没有马上结束,失败的摩尔人并不甘心,不久之后又召集了一支规模更大的军队,重新杀入巴扎西姆。摩尔人这次来势汹汹,更加残暴,他们逢人就杀,见屋就焚,巴扎西姆沦为地狱。所罗门虽然只有数千人的军队,但依然点齐兵马赶往巴扎西姆。

摩尔人吸取了上次会战的教训,不敢与罗马军队正面硬碰硬,而是把军队驻扎在布尔加昂山上,这座山的东侧是悬崖峭壁,极难攀登,而西侧是一个缓坡,没有防守,摩尔人在半山腰处扎营,企图等所罗门从缓坡攻山时,利用地形优势从山上射击罗马人,如果战事不利再骑马逃跑。

所罗门派皇家卫队统帅狄奥佐罗斯率领1000名步兵和一些旗手在傍晚时分秘密来到布尔加昂山的东侧,他们冒着跌落悬崖的危险慢慢攀爬上山。摩尔人认为罗马人不可能登上悬崖峭壁便没有在山顶设防。第二日黎明,罗马人的旗帜突然出现在山顶上,摩尔人大惊失色。

罗马军队如洪水决堤一般从山顶冲杀下来,所罗门也率领主力佯攻山坡,摩尔军队虽然超过罗马人好几倍,但他们被这种前后夹击的攻势吓得斗志全无,罗马军队得以大杀四方,阵斩了数员敌军大将。慌乱的摩尔人前无去路,后有追兵,不是被自己人践踏而死,就是跌落悬崖摔死。

布尔加昂山之战,超过5万摩尔人身首异处,更多的妇女和儿童成了罗马人的战利品,所罗门赢得了一场史诗级的会战,不少巴扎西姆的摩尔人被迫投降或逃跑。此后,所罗门用重金拉拢了一部分摩尔人,使得摩尔人的联盟出现了分裂。双方又缠斗了一段时间,虽各有胜负,但都没有取得什么大的战果。

然而，所罗门怎么都不会想到，处于明处的摩尔人并不可怕，真正可怕的敌人是藏在暗处的自己人。

因为查士丁尼强势的宗教政策，罗马军队中那些阿里乌教派的罗马士兵遭到了排挤，既不能参加宗教仪式，也不能被公平对待，加上一部分士兵迎娶了汪达尔人为妻，理论上，他们应该拥有妻子的地产，但查士丁尼否认了这种继承，酷吏们试图把所有土地都纳入帝国公地，这让不少罗马士兵萌生了反心。

公元536年3月23日、24日两天的宗教仪式上，密谋叛乱的士兵两次试图刺杀所罗门，但由于宗教礼仪的神圣和对统帅的敬服，刺客们居然怎么也下不了手。无奈之下，叛乱的士兵们退出了迦太基城，大肆抢掠附近的村镇。所罗门本打算和平解决这个问题，派狄奥佐罗斯好言安抚叛军，哪知叛军居然强迫狄奥佐罗斯当他们的将军，反攻迦太基。抵抗的士兵和将军都被杀死，城市迅速陷落。

总督所罗门不得不逃到一个教堂里避难，叛军基于宗教信仰不敢攻打教堂。深夜时分，所罗门和其他将军才悄悄从教堂里出来，冒着生命危险去见狄奥佐罗斯。狄奥佐罗斯并没有落井下石，而是给所罗门等人准备了食物和船只，护送他们离开了迦太基。所罗门逃出生天后，便乘船直奔西西里，因为他的老上司贝利撒留正在此处。现在，人们只能指望凯旋将军贝利撒留能挽回北非的局势了。

此后的形势进一步恶化，叛军洗劫迦太基后出城聚集在希拉平原上，他们推举了一个叫斯托察斯的人为王，试图让整个阿非利加都独立出来。狄奥佐罗斯并没有跟随这些叛军，他带着一些心腹留在了迦太基城，待叛军暂时离开后便重新控制了全城，还关闭城门抵御叛军。

贝利撒留见事情紧急，也顾不得请示查士丁尼，只挑选了100个亲卫便渡海前往迦太基城。斯托察斯聚集了8000人的叛军，又召集了1000人和一些奴隶，大致拥有了上万人马，这些人志在夺取整个阿非利加，很快杀回了迦太基。

狄奥佐罗斯紧闭城门，拒不投降，叛军只能包围城池猛攻城墙。就在迦太基城即将陷落时，贝利撒留率领100名骑兵在迦太基登陆了，他的到来在叛军内部引起了不小的骚动，这些人都曾是贝利撒留的部下，一听说大将军回来了，竟然不敢攻城，全部撤走了。狄奥佐罗斯把迦太基交给了贝利撒留，凯旋将军得以组织起2000人的军队反攻叛军。

贝利撒留军团小得可怜，但统帅毫无惧色，在整顿兵马后，他当即出城追击叛军，他说道："两军交战看的不是谁的人多，而是谁更有勇气，谁更训练有素，1万叛军在我眼里不过是土鸡瓦狗，根本不是我麾下骑兵的对手。"

贝利撒留在芒布尔萨追上了斯托察斯的叛军。大战开始后，突然狂风大作，满天的黄沙都朝着叛军袭来，这不但使得叛军的弓箭被吹得乱窜，也让贝利撒留的远程攻击威力大增。斯托察斯的叛军担心正面交战会遭到惨败，便放弃了正面阵地，朝着两翼移动，目的是要移动到侧翼顺风的位置。这一切都被贝利撒留看在眼里，优秀的统帅能抓住稍纵即逝的战机。

贝利撒留命令骑兵朝叛军阵地奔袭而去。随着贝利撒留的攻势席卷而来，斯托察斯的叛军阵脚大乱，还没完成侧翼的移动便被杀得四散而逃，整条战线都崩溃了，斯托察斯不得不带着残兵败将一个劲儿地朝努米底亚逃跑。贝利撒留总算是把叛军驱逐了出去，但是叛军领袖斯托察斯的脱逃意味着北非的叛乱还没有真正平息。

贝利撒留本计划追剿叛军，但他刚刚攻下的西西里也发生了叛乱，这让他非常为难，因为查士丁尼给贝利撒留的任务是尽快攻下意大利，所以他回到北非是擅离职守，因此贝利撒留不能不顾及西西里的叛乱，他只好把迦太基重新委托给狄奥佐罗斯等人，自己再次渡海回到西西里平叛。

斯托察斯的叛军在努米底亚境内重新聚集起来，转而进攻努米底亚，试图先在这里建立根据地，再反攻阿非利加。努米底亚总督马塞勒斯以为叛军兵力不足，亲率主力直奔斯托察斯所在的加佐弗拉。

两军即将决战前，斯托察斯策马来到两军中间，他用极具煽动性的演讲挑起罗马士兵对政府的不满，被长期欠薪的士兵感同身受，战场上的两军士兵竟然一起欢呼起来。马塞勒斯见势不对，赶紧逃进了加佐弗拉的教堂。斯托察斯轻松兼并了努米底亚的罗马军队，用谎言骗出了马塞勒斯，并将其斩首示众，努米底亚就此落入了斯托察斯之手。

北非叛乱让查士丁尼大为震惊，他派侄子日耳曼努斯率领一支精兵赶去收拾残局。日耳曼努斯到了迦太基后发现敌军人数众多，自己却缺兵少将，于是他用公开赦免叛军的方式呼吁叛军回到帝国军队中。宽大的政策赢得了一部分叛军的信任，这些叛军都是因为帝国拖欠薪水才怒而起兵的，一旦帝国公开原谅他们，他们还是更愿意回到罗马军队中。不多时，差不多有一半的叛军又重新倒戈到日耳曼努斯这边。

斯托察斯担心时间一久会有更多人倒向日耳曼努斯，便故作自信地告诉士兵们，那些投到日耳曼努斯军中的叛军士兵都是派去扰乱敌军的，一旦开战，那些人又会回到自己这边，同时还会反戈一击。叛军们虽然怀疑但还是相信了斯托察斯的话。

斯托察斯不敢耽搁时间，他要在更多人投奔敌人前主动杀入阿非利加，为此还与一些摩尔人结为同盟，哪知两军阵前对决时，斯托察斯所说的情况完全没有出现，士兵们都知道自己被骗了，不少人还没交战就逃回了努米底亚。日耳曼努斯军士气大振，旋即攻入努米底亚，双方展开决战。

斯托察斯亲率主力猛攻罗马军队的侧翼，一度杀得罗马侧翼溃败而逃，但主帅日耳曼努斯的英勇拯救了全军，他挥舞着长剑杀入敌军阵地，他的战马被击杀倒地，自己也险些被杀，但胜利的天平最终还是倒向了罗马人这边，叛军全线溃败，生者寥寥。

斯托察斯边战边退，困守在大营，日耳曼努斯立刻对敌军营寨发起猛攻。一直观望的摩尔人见罗马人取得了优势，便抛弃了他们的盟友，也加入了日耳曼努斯的队伍。斯托察斯几乎是仅以身免，最后逃去了遥远的毛里塔尼亚，而他率领的叛军不是被杀就是投降，北非之乱这才暂时平息下来。

此后，查士丁尼又召回了日耳曼努斯等人，所罗门再次成为北非总督，但罗马和摩尔人之间的战争却完全没有停止的迹象，更多的摩尔人开始掠劫罗马的行省，双方恶战连连，所罗门在一次战斗里阵亡，查士丁尼不得不一次又一次地派军队前往北非平叛，双方互有胜负。富饶的北非在战火的反复蹂躏下变得残破不堪，这里再也不是罗马帝国的大粮仓，查士丁尼费尽心思夺回的北非只剩下沙漠和废墟。

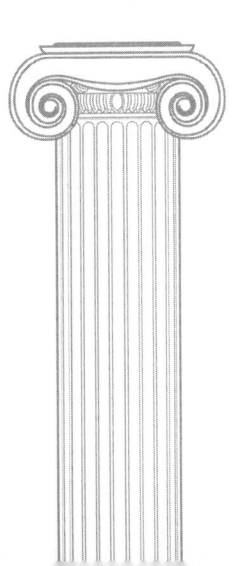

第三十九章 意大利争夺战

宣战东哥特

征服汪达尔人后，东哥特王国很快也给查士丁尼送来了发动战争的借口。说起东哥特王国，自芝诺一世起就一直与东罗马帝国保持着友好关系，狄奥多里克当年就是打着芝诺一世的旗号才征服了意大利，同时也被授予了执政官的称号，在名义上仍是东罗马的意大利行政长官。然而时光荏苒，斗转星移，公元526年，东哥特国王狄奥多里克崩逝，王位传给了他的外孙阿塔拉里克，由于新国王只有8岁，东哥特的大权落入了他的母亲阿玛拉松塔公主之手。

女人掌权要是发生在东方王朝倒也不算稀奇，但东哥特人是典型的男权社会，这个民族好勇斗狠、不喜文墨，长期让一个女人统治肯定会惹来非议，阿玛拉松塔的统治很快就引起了贵族的不满，关于小国王的教育问题就成了点燃君臣矛盾的导火索。阿玛拉松塔希望儿子学习罗马文化，以一个罗马王子的形象统治国家，她为此请来了3个德高望重的长者教导小阿塔拉里克。可是东哥特贵族不喜欢这样的国王，他们认为哥特的国王必须学习刀剑格斗之术，这样才能像他外公那样领兵打仗，而语言文字只会侵蚀勇士的志气，应该被抛弃，于是东哥特的贵族组成了一个强大的联盟声讨阿玛拉松塔，双方的矛盾愈演愈烈。

此后，东哥特贵族一再限制女王阿玛拉松塔的权力，甚至打算将她从王宫里驱逐出去，而日渐长大的儿子体弱多病，整日沉溺于饮酒作乐和赌博狎妓，女王深恐自己的统治会被推翻，思来想去，终于下定了和贵族世家开战的决心。

她首先派人前往东罗马帝国求见查士丁尼皇帝，请求东罗马帝国收留他们孤儿寡母。查士丁尼没有理由拒绝，当时的东罗马正和东哥特争夺西西里的利利巴厄姆，此地本是东哥特公主下嫁汪达尔王子的嫁妆，贝利撒留征服汪达尔人后，查士丁尼便准备一起接收该地区，但东哥特人抢先攻占了这里，所以查士丁尼试图插手东哥特政局来达到收复利利巴厄姆的目的。

得到东罗马皇帝的承诺后，女王阿玛拉松塔终于有了底气，她计划把贵族联盟中带头的三个大贵族派往三个不同的地方担任总督，然后再派刺客将他们通通刺杀在任上。按照计划，如果刺杀不能完全成功，哪怕只有一个人没被杀死，她就立刻带上自己的身家乘船逃往东罗马帝国，如果三个人都被杀掉，她便可以安坐王位。上帝似乎是眷顾她的，三个贵族首领全都身首异处。这次冒险行动虽然很成功，但也进一步激化了君臣之间的矛盾。

公元534年10月10日，阿塔拉里克病逝。他这一死，女王的统治就面临倒台的危险，她的家族除了表亲狄奥达图斯还有点狄奥多里克的血统，整个东哥特已经没有合适的王室继承人了。阿玛拉松塔并不信任狄奥达图斯，此人只是半个东哥特人，父亲是汪达尔王子，严格地说，狄奥达图斯应该是汪达尔人，而且他从未上阵杀敌，只热衷于当伊特鲁里亚（今托斯卡纳）的土皇帝。可眼下女王没有多余的选择，只能与狄奥达图斯合作。狡猾的狄奥达图斯表面上同意，等他继承王位后，却默许东哥特贵族发动政变，囚禁并处决了阿玛拉松塔。

东哥特王国发生的政变给了查士丁尼干涉意大利的借口，他以女王阿玛拉松塔的朋友和盟友的身份声讨狄奥达图斯，并要求东哥特把西西里的利利巴厄姆归还给东罗马帝国，这自然遭到了哥特人的拒绝，查士丁尼便正式对东哥特王国宣战。

公元535年，查士丁尼皇帝计划兵分两路讨伐东哥特人。一路由将军蒙顿率军从巴尔干半岛出兵达尔马提亚，另一路由贝利撒留率领4000名远征军渡海攻打西西里。

蒙顿这一路非常顺利，大破东哥特军队，轻松攻占了达尔马提亚重镇萨洛尼斯城，伊利里亚地区重新回到帝国手里。贝利撒留这一路同样顺利，很快就攻陷了卡塔纳，还从海上攻取了易守难攻的帕诺尔莫斯城，西西里大多数城市都主动投降了贝利撒留。在他执政官任期的最后一天，贝利撒留征服了整个西西里。

狄奥达图斯被东罗马帝国的攻势给吓坏了，他告诉东罗马帝国的使者，如果查士丁尼皇帝同意给他年收入1200磅黄金的地产，他就率领整个东哥特王国投降。查士丁尼一听有这等好事，当然拍手同意，只花少量的钱就可以光复整个意大利，这可是天大的好买卖。可是天有不测风云，光复大罗马帝国的征途不会真的这么容易。不久，达尔马提亚前线突然传来了蒙顿将军战死的消息。

彼时，蒙顿基本上光复了达尔马提亚，而且他的军队比东哥特有更大的优势，但不幸的是，蒙顿的儿子毛里西乌斯在一次外出巡逻时意外遭遇了东哥特的主力，当场阵亡。悲愤交加的蒙顿为了给儿子报仇，不顾查士丁尼的命令，一意孤行追击这些东哥特人，杀得东哥特人大败而逃。本来这已经是一场完美的胜利，但蒙顿怒火攻心，根本不管敌军是否投降，见人就杀，逢人便砍，绝望的败军因而奋起反抗，蒙顿反被击杀。

统帅一死，达尔马提亚的东罗马军队只能固守在萨洛尼斯城，于是东哥特人卷土重来，先是放着萨洛尼斯城不管，把它周围的城市、要塞一一攻陷，待到罗马军队成了汪洋里的孤岛后，东哥特将军格里帕斯才袭破了萨洛尼斯，又重新收复了达尔马提亚。胜利的消息传到拉文纳，狄奥达图斯又变得傲慢起来，赶走了查士丁尼的使者，准备和东罗马帝国死磕到底。

查士丁尼得知东哥特王出尔反尔，异常震怒，他派侍卫长官康斯坦提亚努斯率军再次攻向达尔马提亚。新统帅本来没有多少兵马，但他沿途虚张声势，使得东哥特人以为他有2万~3万人的兵力。康斯坦提亚努斯还没到达萨洛尼斯城，格里帕斯就带着东哥特人逃之夭夭了，萨洛尼斯再次回到东罗马帝国手中，达尔马提亚这才算是完全光复了。

另一条战线上，贝利撒留立刻渡过墨西拿海峡杀入了意大利。当地城市缺乏守备，基本都是不战而降，远征军很快就来到了意大利南部重镇那不勒斯城下。那不勒斯有东哥特派来的重兵把守，当地居民普遍愿意投降，但守军用暴力手段镇压了城里的亲罗马党人，坚决要和贝利撒留一较高低。

那不勒斯濒临海洋，若无水陆夹击是不会被攻陷的，贝利撒留的军队不过4000余人，虽然包围了陆地上的城墙，却围不住那不勒斯的海港，守军有很多水井和粮食足够他们长时间抵抗下去。贝利撒留只好下令强攻。可坚固的城墙怎么也攻不破，罗马军队伤亡惨重，整整20天都毫无进展。

贝利撒留本打算放弃那不勒斯，但忽然有一天他的侍卫告诉他，一个伊苏里亚士兵发现了进城的通道，贝利撒留马上命人将那个士兵带进大帐。这个士兵告诉贝利撒留，就在前不久，他好奇地沿着城外被破坏的导水管查看时，不知不觉就来到了城墙处，这里被一整块石头挡住，水流能通过石头侧面的缝隙流进去，这表示石头后面是通的，只要能够打通这块石头，就能沿着里面的导水管进入城内。

贝利撒留大喜，马上命人跟着这个士兵来到他所说的城墙处，工兵趁夜悄悄凿开了这块石头，然后贝利撒留从军中选了 400 名勇士，顺着水管通道悄悄潜入。这些人来到城内一处民居，那里只有一个女人并无士兵，罗马人由此处登上了城墙，干净利落地杀死了巡逻的士兵，然后高举火把，吹响号角。

等到突袭小队的信号出现，罗马军队便架起云梯登上城墙。守军被这突然到来的攻击给弄蒙了，城墙很快就被攻陷。街道上到处都是罗马士兵，他们杀得守军丢盔弃甲，守军被迫放弃城池。贝利撒留的军队乘胜大肆抢掠那不勒斯，直到第二天才恢复秩序。

如此一来，包括坎帕尼亚、卡拉布里亚和阿普利亚在内的整个南意大利都被贝利撒留的远征军征服了。公元 536 年，随着那不勒斯的光复，贝利撒留的军队已经深入意大利中部，永恒之都罗马城近在眼前了。

罗马城攻防战

那不勒斯的失陷极大地震撼了东哥特人，狄奥达图斯本就没什么威望，这次失败后，几乎所有的贵族都指责是狄奥达图斯消极抵抗才让那不勒斯轻易失陷，当东哥特人得知他曾私下向查士丁尼投降后，所有人都被激怒了，人们聚集在泰拉奇纳，推举维蒂吉斯为新的东哥特王，此人与狄奥多里克并无任何血缘关系，但他是军中有名的将军，不但与其他哥特勇士一起出生入死，还在征服意大利的过程中立下了赫赫战功。

维蒂吉斯的登基标志着东哥特反攻的开始，新王很快就处决了不得人心的狄奥达图斯，还强娶了女王阿玛拉松塔的小女儿玛塔松塔，各地的东哥特军队开始集结在新王周围。贝利撒留夺取了那不勒斯后便挥师北上，兵锋直逼永恒之都。由于刚刚继位的维蒂吉斯尚未集结起足够的兵力，所以他只给了罗马城守将莱乌德里斯 5000 人马。

此时无论是罗马城外的居民，还是罗马城内的守军，都没有抵抗贝利撒留的斗志，特别是在维蒂吉斯的主力撤到拉文纳后，人们更关心的是如何逃走，而不是如何抵抗，罗马城内人心惶惶。贝利撒留逼近罗马城时，哥特守军相继从弗拉米尼城门逃走，守将莱乌德里斯害怕被维蒂吉斯处罚，便投降了贝利撒留。罗马军队在哥特人撤走的同一天进驻罗马城，这一天是公元536年12月9日。

贝利撒留虽然光复了罗马城，但他并没有因此得意忘形，他是个很有远见的统帅，深知敌军反攻城池是早晚的事情，所以进城后他立刻命人修缮城墙、征集粮草。他的军令一道接着一道地下发出去，人们有一种大战即将来临的感觉。同时，贝利撒留为了扩大防御纵深，避免困守孤城，把军队中有限的兵力分出一部分交给了大将贝萨、康斯坦提亚努斯，分别让两人向北攻略城池，以延缓东哥特人南下的速度。康斯坦提亚努斯随后攻取了斯波莱提厄姆、佩鲁西亚等城，贝萨则攻陷了修筑在山上的纳尼亚城，两军分别驻扎在佩鲁西亚和纳尼亚，如同贝利撒留打出去的两个拳头，随时都可以继续扩大战果，也能牵制东哥特军队。

维蒂吉斯在拉文纳建立了大本营，一边召回驻守在南高卢地区的哥特军队，一边派兵反攻伊特鲁里亚一带的城市，但高卢的哥特军队迟迟没有赶来，而派去收复失地的军队反而被罗马军队给击溃了。之后，维蒂吉斯又派军队去攻打萨洛尼斯，但依然没有结果。等到他弄清了贝利撒留的真实兵力后，哥特国王才发现自己贻误了战机，于是亲提步骑15万南下，而且特意绕过了佩鲁西亚和纳尼亚，行动非常迅速。

贝利撒留闻讯后，当即命令两员大将留下守备力量后迅速赶回罗马城。为了延缓敌军到来的时间，尽可能多地征集粮草，贝利撒留命人在罗马以北的米尔维安桥修建了防御塔，并留下150人的守备力量。贝利撒留知道这百人规模的军队不足以挡住15万哥特大军，但他坚信此处的险要地形能够为友军返回争取足够的时间。

然而贝利撒留的部署并未得到有效执行，派驻米尔维安桥的守军见哥特军队规模庞大，竟然无一人敢坚守防御塔，在没有报告贝利撒留的情况下就抛弃了自己的阵地，维蒂吉斯的先锋部队轻易占领了米尔维安桥。此时，贝利撒留对前面发生的事情完全不知情，他正率领1000名骑兵前往米尔维安桥视察，他来到这里时，迎接他的不是友军而是恶狠狠的东哥特人。

贝利撒留被堵了个猝不及防，转身已经来不及了。哥特人大吼着杀向贝利撒留，罗马人只能聚集在一起抵抗敌军的疯狂进攻，不知是不是贝利撒留太过于显眼，哥特人很快就发现了他并高呼"杀死那个骑白马的"，纷纷拥向贝利撒留。贝利撒留挥剑勇敢地战斗，铠甲和斗篷满是鲜血，敌人的利剑长矛好几次差点击中他，要不是他那些不顾生死的侍卫替他挡住，统帅恐怕会当场阵亡。

所幸，在部下们的拼死力战下，贝利撒留终于杀出了一条血路，直奔罗马城门。贝利撒留等人撤到城门口时，守城的士兵害怕哥特军队会趁机冲进城，竟然拒绝给贝利撒留开门。前面是紧闭的城门和坚固的城墙，后面是一眼望不到尽头的哥特追兵。毫无疑问，此时的贝利撒留已经到了征战生涯里最险恶的时刻。

将士们无言地望着自己的统帅，每个人都浑身是血，不知道是自己的还是敌人的。突然，所有人眼中出现了一种无畏生死的凛然，贝利撒留也释怀了，他掉转马头迎着敌军，大吼道："就算死也要死得光荣，死得像个罗马人，所有人，列阵！"

罗马骑兵们齐声回复道："列阵！"

这一声如惊雷一般震动了天地，只见这数百人马并排而立，马蹄随着贝利撒留的前进缓缓奔踏起来，"嘚，嘚嘚，嘚嘚嘚"，罗马骑兵在贝利撒留的率领下急速奔驰起来，很快便列成楔形阵朝着东哥特人冲杀过去。这一幕不仅震撼了拒开城门的守军，更震撼了追杀过来的哥特人。贝利撒留和他的勇士们挥舞着长矛刺穿了一个又一个哥特人，他们的攻击凌厉又决绝，阵斩了超过1000名哥特精锐，势不可挡。

哥特人不敢死战，以为这些冲锋的骑兵是从城内出来支援贝利撒留的生力军，惊慌之下竟然相继逃跑。贝利撒留等人又追杀了一阵，见敌军已经溃退，便再次撤回到城门下。守军这时爆发出激烈的欢呼，他们终于打开了城门，迎接统帅和他的勇士们。

贝利撒留死里逃生后，发现自己的兵力已不足5000人，他给麾下每个将军指派了一处防线，分兵据守全城各处，而他亲自负责萨拉里安门，因为那里的压力最大。不久后，维蒂吉斯的东哥特主力全数渡过了米尔维安大桥，分成7座大营驻扎在台伯河两岸，每个大营都深挖壕沟还插上了木桩，如同要塞一般。维蒂吉斯并不了解贝利撒留，起初他还打算劝降罗马人，但贝利撒留只回复道:"要战便战。"东哥特人旋即围住罗马城,准备强攻。

东哥特人准备非常充足,打造了大量的攻城器械,包括攻城塔、云梯和攻城锤。此刻,这些攻城器械挨个推到城墙前,给人一种末日即将来临的紧张感。贝利撒留一方当然也不甘示弱,他把大量的弩炮抬上了城墙,还给守军装备了一些投石机。罗马人的武器装备向来是地中海沿岸国家中最先进的,射程和威力都不在东哥特之下。

围城的第十八天,罗马攻防战开始。

维蒂吉斯驱动着数座庞大的攻城塔缓缓接近城墙,远远望去很是可怕,士兵们都非常紧张,贝利撒留见军队有些畏惧便大笑数声,快步来到城墙边上。只见他单脚跨踩着墙壁,抬手举弓,引弓如满月,对着攻城的哥特人连射两箭,两箭都正中哥特人的指挥官,城墙上顿时响起了激动的欢呼,守军为之士气大振。

贝利撒留发现哥特人的攻城塔前都有很多牛,很快就明白这些牛是用来牵引攻城塔的,于是他命人用弩炮和弓箭射击这些牛。大量的牛中箭倒毙,所有的攻城塔都停了下来。维蒂吉斯见攻城塔不顶用,便打算来个声东击西。他派弓箭手故意进攻贝利撒留所在的城墙,另外派人袭击远处的哈德良陵墓和被罗马人称为"蓄水池"的城墙。这两处防线被认为是罗马城最薄弱的地方,哥特人用攻城锤猛攻城墙,又搭起云梯攀登,还用弓矢牵制守军,罗马人因此非常被动。

哈德良陵本来是独立于罗马城外的要塞,为了保护它,罗马人又修了一段简易城墙把它围了起来,因此该处城墙并不牢靠。哥特人用远程步兵压制守军后,近战步兵便气势汹汹地朝城墙进攻,布置在这里的弩炮无法射中太近的敌人。眼看哥特人就要占领城墙了,勇敢的罗马人突然想到了办法,砸坏了哈德良陵上的雕像,用巨大的落石攻击敌人,这才把哥特人一个接一个地砸了下去。等到敌人开始后撤,弩炮终于能击中混乱的敌军,哈德良陵防线才算保住了。

另一条防线上,东哥特人用同样的方式攻城,那里的城墙据说是为了避免平原狮进入罗马而修建,同样也不怎么结实,在哥特人疯狂的攻击下,守军渐渐不支。这时守将想到了办法,他从城墙上撤下了大多数人,让他们在即将被攻破的位置埋伏起来,当哥特人突破防线攻杀进来时,伏兵四起,杀得哥特人溃败而逃。守军见势打开城门冲杀出去，不但杀死了不少的哥特人，还把攻城器械也通通焚毁了。守卫萨拉里安门的贝利撒留同样取得了不错的战果，据说当日共斩杀了3万人之多。

罗马攻防战首战告捷，但贝利撒留很清楚战争艰巨且持久，他一边派人赶回君士坦丁堡求援，另一边用船疏散了城内的老弱妇孺，从而减轻了城内的粮食消耗。为了长时间地坚持下去，贝利撒留从留下的市民中招募人手守城，为了避免守军倒戈，他让各城门的守军按时换防，并随时更换城门钥匙。

屡次攻城都不能得手，这让东哥特王怒不可遏，他把挟持到拉文纳的元老院议员通通处死，同时派兵扫荡罗马城的外围，攻陷了奥斯提亚港。维蒂吉斯的目的不言自明，就是要封锁罗马城，饿死贝利撒留。只可惜罗马城过于庞大，维蒂吉斯的人马虽多却不能封锁住罗马的每一个角落。不久之后，查士丁尼派来的1600骑就钻进了罗马城。

有了生力军骑兵，贝利撒留计划主动攻击东哥特人。为此，他制定了袭扰敌军的战术，每次从军中精选出200~300名骑兵，让他们带够弓箭，主动到敌军营寨外射击，待到东哥特人被激怒而出战，这些骑兵便退守到附近的小山上继续用弓箭袭击对方，但就是不与敌军短兵相接，直到弓箭被耗尽后才快马加鞭地撤回城内。敌军追到城墙边时，早就严阵以待的弩炮就可以大显身手了。

这种战术曾是帕提亚骑兵和波斯骑兵的拿手好戏，现在，东罗马帝国已经把它变成了自己的常规战术。至于东哥特人，他们喜欢白刃战，并不怎么重视弓箭和标枪，这让他们在被罗马弓骑兵射击时毫无还手之力。贝利撒留连用3次这样的战术，又射杀了超过4000名哥特人。维蒂吉斯仍不甘心，继续派哥特骑兵反击，一度登上了罗马骑兵屡次占据的小山，但罗马骑兵边移动边射击，压迫着哥特骑兵退回平原，又一次歼灭了他们。

连续的胜利鼓舞了守城的罗马士兵，战意高昂的他们纷纷要求决战。贝利撒留本不同意，但禁不住众将士的一再请求，更不敢打击军心，只好出城决战。维蒂吉斯早已不胜其扰，见贝利撒留主动前来决战，自然是率领全部军队出寨迎战。他们按照传统布阵，中央是步兵，两翼是骑兵。

贝利撒留将军队分成两部，一部为决战主力，由他亲自指挥攻打维蒂吉斯的本阵，另一部由少量骑兵和普通民兵组成，任务是在哥特人出寨决战时偷袭他们的营寨。贝利撒留这边兵力不足，特别是步兵非常稀缺，所以他把军队排成了两排，前面是骑兵后面是步兵，这样一来，如果前面的骑兵抵挡不住，后面的步兵还可以上前支援。

决战很快就打响了。罗马骑兵最大的优势就是弓箭，他们用远程打击一再击杀哥特士兵，战场的主动权起初在罗马人一方，骑兵射去的漫天箭雨把哥特人逼退到了大营附近，但哥特人毕竟人数众多，每死一个人马上就会有人补充上来，罗马骑兵虽然射杀了不少敌军，但维蒂吉斯的战线并没有动摇的迹象。

另一边的战场上，留在营地里的哥特守军见罗马军队人多势众，便撤到旁边的高地坚守，负责偷袭哥特大营的罗马人居然忘记追击，只顾着抢夺敌营的财宝，等到他们因劫掠而陷入混乱，哥特人又反杀回来，斩杀了不少罗马人。这群乌合之众不但没有削弱哥特人的优势，反而重挫了己方的士气。

正面战场随着时间的推移变得越来越不乐观。哥特人的军队似乎怎么射也射不完，不久就冲杀到贝利撒留的面前，短兵相接，罗马军队的数量劣势暴露无遗，骑兵在四面打击下很快崩溃，而守在后面的步兵也同样不是哥特人的对手，在抵挡了一阵后也跟着骑兵一起逃跑了。一些骑兵迅速逃进了城，但步兵却被敌军包围在城墙边，要不是安装在城墙上的弩炮及时发动，恐怕这一部分人会被全数围歼。

决战的失利打击了罗马人的信心，他们这才明白贝利撒留坚持袭扰战术的原因，再也没有人敢违背统帅的命令。此后，贝利撒留继续用袭扰之术消耗敌军，双方都因为长期的战斗变得非常疲惫。东哥特人试图饿死贝利撒留，实施起来却没那么容易。贝利撒留派人四散而出，攻打防备空虚的周边要塞。

等到罗马人重新夺回附近的要塞，贝利撒留就以此为基地不停地袭扰东哥特人的补给线，这给维蒂吉斯带来了不小的麻烦。因为罗马骑兵来无影去无踪，不少外出运粮的士兵被杀死，反而让东哥特人的补给越来越少，真是以彼之道还施彼身。

另外，贝利撒留还利用敌军的大意轻敌，派约翰（非贝利撒留家臣）率领2000人马突出重围，奔袭拉文纳，战争的天平开始倒向贝利撒留。无奈之下，维蒂吉斯提出停战3个月，其间却试图通过水渠突袭罗马城，但那里的通道早就被罗马人堵死了，东哥特人一筹莫展。

突出重围的约翰突袭了里米尼城，这里距东哥特首都拉文纳很近，如同它的门户。维蒂吉斯听说里米尼失陷，被惊得哑口无言，再加上贝利撒留不断袭扰，东哥特军早已是人困马乏，战力锐减。维蒂吉斯害怕大本营被攻占，不得已只能率部撤退。

贝利撒留旋即开城追击，趁哥特军队半数渡过米尔维安桥时发动奇袭。惊慌失措的哥特人不是相互践踏而死，就是被挤下桥淹死，更多的人还来不及上桥就被后面追来的罗马人射死、砍死，米尔维安桥上尸体堆积、鲜血横流。至此，历时1年零9天的罗马城攻防战结束，15万哥特大军损兵折将，元气大伤的维蒂吉斯不得不退守拉文纳一线，东罗马从此转入战略反攻，东哥特战争迈入了又一个阶段。

进军拉文纳

罗马城攻防战给东哥特人带来了巨大的损失，15万大军不是被贝利撒留军杀死，就是被饥饿和瘟疫折磨而死。到最后，维蒂吉斯手里的军队已所剩无几，不得不在里米尼失守后撤回拉文纳固守。此后，维蒂吉斯由攻转守，分兵防守各地的城池和要塞，企图以此阻挡罗马军队北上。

罗马城解围后，贝利撒留终于松了一口气，现在他和他的军队都非常振奋，因为他们已经得知皇帝查士丁尼派了一支精锐军队驰援意大利战场，其中有不少是贝利撒留期盼已久的骑兵。不仅如此，利古里亚首府米兰的亲罗马派也愿意献出城池，贝利撒留有了大展拳脚的机会。不过和东哥特人的数万军队比起来，罗马军队依然显得非常弱小，所以统帅必须精心设计自己的作战计划。

按照贝利撒留的最初意图，约翰所部突入东哥特腹地的目的在于扰乱敌军后方，威胁其补给线，从而逼迫维蒂吉斯撤围。约翰独自领兵远征前，贝利撒留曾对其千叮咛万嘱咐，要他务必稳扎稳打，不得冒进，可约翰一外放后就如脱缰的野马自行其是，他首先兵临重镇奥克西姆和乌尔比诺，但由于当地的险恶地形和坚固城防，约翰自知难以克城，便绕过敌城攻克了亲罗马的里米尼。

这样一来，约翰就跑到了拉文纳的眼皮子底下，把自己置于被包围的危险位置，身后的奥克西姆等城完全可以阻断他和贝利撒留的联系，维蒂吉斯也能够轻易包围这座孤城，而约翰手里的 2000 名精锐骑兵是贝利撒留所不能失去的核心力量。

东哥特视约翰为插在心脏旁的钉子，维蒂吉斯自然不能允许他人酣睡在卧榻之侧，很快就围住了里米尼。这座城池地处平原，无险可守，并非拉文纳和奥克西姆那样的坚固要塞，若非约翰也是一员悍将，恐怕千余骑兵根本不能长期坚守里米尼，更不要说威胁拉文纳了。然而维蒂吉斯的策略是长期围困，饿死约翰和他的军队，约翰若不突围，死亡是唯一的结局。

罗马人这边，贝利撒留派家臣蒙蒂拉斯率领 1000 人马取道海路登陆热那亚，击溃了出城迎战的帕维亚守军，直抵米兰城下。城内的亲罗马派配合蒙蒂拉斯攻取了米兰城，哥特人在利古里亚的要塞城池相继被蒙蒂拉斯攻占。另外，贝利撒留还派伊尔迪戈尔和马丁努斯北上里米尼，沿途攻占了佩特拉城，还征调了驻守安科纳的军队，准备接上约翰撤回南部大本营。贝利撒留本人则带着余下的主力攻取了图德拉和克鲁喜厄姆。

意外发生了，这次倒不是东哥特人给贝利撒留造成了麻烦，反而是他自己的将军。伊尔迪戈尔和马丁努斯赶到里米尼后，立即出示了贝利撒留的命令，但约翰根本不领情，拒不执行统帅的军令，反而劝其他人一起留在里米尼坚守，这意味着约翰的 2000 名精骑听宣不听调了，这打乱了贝利撒留的部署。

果不其然，维蒂吉斯开始反击。东哥特兵分三路讨伐各地的罗马军队。第一路由他的侄子乌莱亚斯率领数万人马，会同 1 万勃艮第军队攻打米兰城，很快就夺回了米兰城外的要塞，困住了蒙蒂拉斯军团。第二路由维蒂吉斯亲自统率，直接包围了坚守里米尼的约翰，城内的粮草日渐匮乏。第三路试图攻占兵力空虚的安科纳，目的是打通进军罗马的交通线。

正当贝利撒留为如何解救米兰和里米尼发愁时，查士丁尼派来的援军终于抵达了意大利。援军由两支人马组成，分别是纳尔西斯的 5000 名罗马军队和 2000 名埃吕利人外援，他们与贝利撒留会师于费尔莫城。让贝利撒留没想到的是，援军的到来非但没有改善自己的处境，反而给他带来了新的问题。

纳尔西斯，君士坦丁堡大宦官，曾是查士丁尼的大总管，此人与贝利撒留是老相识，虽然他是个宦官，但智慧和勇气远超常人。尼卡暴乱时，正是纳尔西斯深入虎穴策反了蓝党，才使得贝利撒留的突袭取得成效。危急时刻往往最能看出一个人的勇气和魄力，纳尔西斯的表现让人看不出他的宦官出身，反而更像一个颇有胆识的将军。

援军到来后，贝利撒留与纳尔西斯商讨解围之策，在是否要救援约翰的问题上，军中大多数将军都反对去里米尼，因为他们不愿意饶恕独断专行的约翰，但纳尔西斯是约翰的朋友，执意要出兵解救约翰。贝利撒留在经过反复权衡后，最终还是力排众议出兵里米尼。

为了达到不战而屈人之兵的效果，贝利撒留使出了虚张声势之计。他首先派阿拉蒂乌斯率领1000人马在奥克西姆近海处扎营，只监视守军却不主动接战。其次，他让伊尔迪戈尔率领海军舰队沿着海岸线缓慢进军，让马丁努斯率领陆军在海岸上策应，沿途到处点燃篝火，制造大军来袭的假象。最后，贝利撒留会同纳尔西斯，从内陆较远的道路进军里米尼，故意亮出了贝利撒留的军旗，丝毫不回避东哥特人的间谍。

三路大军各自行动，声势非常。东哥特人听闻罗马人前来救援里米尼，本打算在城外与之会战，但他们的斥候在夜间看到了罗马壮观的陆军营火、遍及海面的舰队，以及贝利撒留的军旗，这些人以为罗马军队的规模极其庞大，吓得军心大乱，不少人不顾军令私下撤回了拉文纳，最后连东哥特统帅也不得不解围而去，伊尔迪戈尔和马丁努斯这才顺利进入了里米尼，约翰之围终于得解。

死里逃生的约翰本该自感羞愧，但他丝毫不感激贝利撒留的救援，反而称这一切都是纳尔西斯的功劳，只接受纳尔西斯的指挥，更宣称身为皇帝近臣的纳尔西斯比贝利撒留更适合统领全军，那些跟随纳尔西斯赶到意大利的军队也表示愿意听命于大总管，远征军的分裂已现端倪。

贝利撒留和纳尔西斯两位统帅变得非常不和，贝利撒留想救援米兰，纳尔西斯却认为应该先占领埃米利亚。为此，贝利撒留公开出示皇帝的亲笔信，上面写道："贝利撒留是唯一的统帅。"这才勉强保住了他的指挥权，但明显惹怒了纳尔西斯。此后，贝利撒留攻打乌尔比诺，该城位于一座山上，除了固定的通道，四周都是悬崖峭壁。纳尔西斯认为贝利撒留的行动是完全不切实际的，竟然带着自己的支持者解围而去，罗马军队算是正式分裂成两派。

纳尔西斯本打算看贝利撒留的笑话，但让他没有想到的是，贝利撒留在失去了一半军力后仍然攻陷了乌尔比诺，还大胆地兵分两路，一路由马丁努斯北上救援米兰，另一路包围乌尔维文图斯。反倒是约翰所部大败，连盟友埃吕利人首领帕尼修斯也战死沙场，这让纳尔西斯恼怒不已。

然而，米兰前线的情况也不容乐观，那里有数万敌军肆虐。马丁努斯渡过波河后，见敌军势大竟然不敢继续进军，他们只好向贝利撒留求援，于是贝利撒留再次以最高统帅的身份命令约翰驰援米兰，但这依然遭到约翰的拒绝。贝利撒留气得怒斥纳尔西斯从中作梗，这才勉强让约翰动身前往，哪知约翰中途"生病"，致使行程一拖再拖。

米兰的形势日益严峻，城内的粮草早已断绝，不少人被饿死，守将蒙蒂拉斯终于因援军迟迟不到开城投降。疯狂的哥特人为了报复早前的失败，冲入城内大肆屠杀，30万米兰人在这场屠杀中丧生，意大利第二大城市就此毁灭。消息传到贝利撒留处，无人不震惊，无人不叹息，盛怒的统帅只好上奏弹劾纳尔西斯，查士丁尼权衡利弊后召回了纳尔西斯，仍命贝利撒留为唯一的统帅。

贝利撒留独立指挥1.1万人的军队后，准备拔除背后的哥特城池，于是兵分两路攻打奥克西姆和费苏拉。这两座城池都不容易攻陷，其中奥克西姆是一座修建在高山上的城市，而且还有维蒂吉斯派来的重兵把守。贝利撒留曾在敌军出城夜袭时进行反击，将对方赶到了半山腰，只可惜地形太过险恶，他无法破城而入。此后，贝利撒留改变策略，用围困的方式包围奥克西姆和费苏拉。

两座城池都向维蒂吉斯求援，可东哥特国王却在如此关键的时候变得优柔寡断，加上法兰克人突然背弃盟约，10万法兰克人越过阿尔卑斯山，同时击败了罗马人和东哥特人在波河以北的军队，东哥特国王彻底失去了抵抗的勇气，贝利撒留破城已成定局。至此，拉文纳的门户全失。

形势彻底倒向了罗马人。贝利撒留率军正式包围了拉文纳，并派军队进入波河流域一带，轻易截获了从利古里亚运往拉文纳的粮草物资，还封锁了波河的航运，致使维蒂吉斯失去了所有的外援。另外，贝利撒留还用重金收买了一个拉文纳人，烧毁了拉文纳的仓库，守军的物资越发捉襟见肘，城池陷落已成定局。维蒂吉斯再也无计可施，只能放弃尊严，派使者去君士坦丁堡求和。

查士丁尼对已获得的战果非常满意，在处置意大利的问题上，查士丁尼有着自己的考量。作为一个统筹全局的皇帝，查士丁尼早已预料到帝国与法兰克之间的战争。不过，东罗马帝国刚刚占领大半个意大利，手里的军队连分散守备各城都很吃紧，更不要说马上和法兰克人开战，所以对查士丁尼来说，最好的方式就是保留东哥特王国，让他们统治波河流域，作为东罗马和法兰克之间的缓冲，等帝国军力充足时再吞并这两个蛮族王国。

故而，皇帝给出了一份非常宽松的停战协议，规定波河以南属于罗马帝国，波河以北则继续由东哥特人统治。维蒂吉斯当然同意这份协议。但贝利撒留不同意，他深知拉文纳城已经危如累卵，只要再坚持几天就能够取得对东哥特的全胜，至于皇帝在战略上的考量，贝利撒留可没想那么多，所以他拒不执行皇帝的命令，继续包围拉文纳。

东哥特人见贝利撒留根本不买皇帝的账，怀疑他可能另有打算，于是提议拥护贝利撒留为西罗马帝国皇帝，或者支持他成为新的意大利国王。贝利撒留故意对该提议表现出极大的兴趣，甚至称其本就打算发动政变，还发誓称一定不会伤害东哥特人，拉文纳的城门终于为贝利撒留打开了。然而，这一切都是贝利撒留布下的骗局，他根本没有背叛查士丁尼的打算，一进城他就违背了誓言，不但拒不称王，还抓获了维蒂吉斯等东哥特贵族，迅速控制了局势。

然而，贝利撒留骗开城门的计策触碰了查士丁尼的底线，皇帝不能容忍任何试图称王称帝的行为，即便这只是一种计策。贝利撒留公开违背查士丁尼答应东哥特人的协议，还接受了对方送上的王冠，对查士丁尼来说，这一切都是叛乱的先兆。更可气的是，贝利撒留强取拉文纳，让罗马帝国的疆域和强大的法兰克王国接壤，这无疑破坏了皇帝的战略构想，使得罗马—法兰克战争提前到来。

查士丁尼非常愤怒，对贝利撒留的态度已经不同以往了。一些前线的将领也对贝利撒留的行为感到诧异，担心贝利撒留可能真的有异心，也不再像曾经那样尊敬自己的统帅了。可悲的贝利撒留虽然实现了收复意大利的伟业，但他没发现自己失去了帝国上下的信任，他的事业也随着拉文纳的陷落而一落千丈。

托提拉的绝地反击

拉文纳的陷落严重打击了东哥特王国的势力,整个意大利只剩波河以北还有少数土地掌握在他们手中。维蒂吉斯的侄子乌莱亚斯听闻首都告急后,立刻派4000名利古里亚人和阿尔卑斯山要塞的精锐士兵驰援拉文纳,哪知道他们刚刚离开大本营,留守后方的哥特将军西斯吉斯就投降了贝利撒留。

乌莱亚斯的军队担心家人的安全,只好折返阿尔卑斯山要塞,结果约翰率领一支人马突袭了阿尔卑斯山要塞,俘虏了哥特军队的家眷,如此一来,东哥特军队的士气土崩瓦解,大部分人都逃走了,除了维罗纳和提西纳姆,东哥特已无任何地盘。

在君士坦丁堡政府看来,意大利战争的大局已定,仅剩不过千人的东哥特残余势力如风中残烛,早晚都会被帝国吹灭。反倒是来自东方的萨珊波斯再次成为帝国的肘腋之患。波斯皇帝霍斯劳本来就对和平没有兴趣,加上早先维蒂吉斯的煽动,霍斯劳便于公元540年春悍然入侵东罗马帝国,攻陷了苏拉城并纵兵大掠。当年6月,波斯军队又突袭了安条克,这座东方第一大城再次惨遭屠戮,惨象触目惊心。

查士丁尼不放心波斯,对贝利撒留也心生猜忌,波斯的入侵正好给了他收回意大利兵权的机会。皇帝马上以增援东部战场为由,解除了贝利撒留的意大利最高统帅一职,急召他返回了君士坦丁堡。

贝利撒留是帝国人尽皆知的大明星,他每到一个地方就会引起当地人的围观,少女们倾慕,男人们顶礼膜拜。他押解着东哥特国王维蒂吉斯回到君士坦丁堡时,群众激动地围住他,就像见到亲人回家一样高兴。但贝利撒留没有得意忘形,待人接物彬彬有礼,不时抛撒金币以回馈罗马人民的支持,首都上下都在传颂贝利撒留的伟大功绩,连查士丁尼也不得不顾及民众对统帅的崇拜。

贝利撒留一回到首都就进宫面圣,查士丁尼端坐高位,表情冷峻。贝利撒留赶紧跪倒在皇帝脚下,坦然向皇帝请罪。查士丁尼犹豫片刻后,主动起身扶起了贝利撒留,君臣之间相视一笑,仿佛一切误会都已解除,然而深藏内心的猜忌却不会这么轻易消去。

东罗马帝国虽然攻破了拉文纳，也俘虏了东哥特王，但东哥特残余势力完全没有放弃抵抗的打算，他们起初拥立乌莱亚斯为王，但乌莱亚斯称自己难担大任，反而推荐勇将伊尔迪巴杜斯为王。新国王名为东哥特王，实际能统治的地盘也就一座城池而已。当他得知贝利撒留已经离开意大利，不甘心失败的他带领着东哥特人立即举兵反攻。

另一方面，查士丁尼派到意大利的财务官亚历山大不顾民间疾苦，用各种苛捐杂税压榨意大利人民，使得当地人的生活境况非但没有好转，反而变得更加艰难，人们把这种愤怒归咎于查士丁尼，纷纷响应伊尔迪巴杜斯的号召，整个利古里亚和维尼提亚再次回到东哥特阵营。

贝利撒留走后的意大利军团陷入各自为政的状态，他们分为6部，由6个将军分别镇守一个军区，互不统属。其中康斯坦提亚努斯守备拉文纳，约翰守备罗马城，贝萨守备斯波莱提厄姆，查士丁守备伊特鲁里亚，西普里安守备佩鲁西亚，科农守备那不勒斯。这些将军缺乏统一的指挥，只顾眼前的一亩三分地，根本无视日渐壮大的东哥特残余势力，结果东哥特人在特雷维索一带击败了东罗马帝国的军队，各地反罗马势力也开始活跃起来。

不过，伊尔迪巴杜斯领导的东哥特抵抗势力并不强大，这些人依然分成两部分，一部分追随伊尔迪巴杜斯，另一部分人聚集在乌莱亚斯麾下，这引发了两人的矛盾。恰在这个时候，乌莱亚斯之妻因在沐浴时嘲讽伊尔迪巴杜斯的王后，说新后穿着穷酸，终于惹怒了伊尔迪巴杜斯。国王随便找了个借口处决了乌莱亚斯，结果引起了众怒，毕竟王位是乌莱亚斯主动让给伊尔迪巴杜斯的。

心怀不满的乌莱亚斯一党在一次宴会上砍掉伊尔迪巴杜斯的头颅，东哥特抵抗势力顿时大乱。最后，乌莱亚斯之侄——特雷维索统帅托提拉在王位角逐中获胜，继位为王，东哥特抵抗势力由此变得强大起来。

托提拉，继位称王时不过25岁，虽然年轻，但他有着超过这个年龄的成熟稳重，不仅胸怀大志，还颇为足智多谋。更重要的是，托提拉比罗马留在意大利的任何统帅都懂得收买人心。称王伊始，托提拉就用宽松的政策拉拢了不少不满东罗马帝国暴政的民众，他既不报复那些投降罗马的哥特人，也不残忍对待与之为敌的罗马人，他的作风颇有骑士精神，他胸怀宽广、信守承诺、执法公正、赏罚分明，而且轻徭薄役，与查士丁尼的暴政形成鲜明对比，但凡是思维健全的人都知道该投奔谁。

查士丁尼从不认为自己的统治是暴政，更不知道民心所向是什么，他责令各地的罗马统帅迅速剿灭叛军。惶恐的将军们不得不齐聚拉文纳，组建了一支1.2万人的军队，打算先夺取维罗纳，再消灭盘踞在提西纳姆的托提拉。

托提拉此时的军队远比罗马人弱小，东拼西凑才勉强拉起一支5000人的队伍，然而就是这5000人马，竟然在托提拉的指挥下实现了以少围多的壮举。托提拉用300名骑兵渡河绕到罗马军队的后方，进行夹击，一举击溃了罗马大军，不少罗马人被杀，连帝国军旗也被托提拉夺走，几个罗马统帅只能各自逃回辖区固守不出，这和贝利撒留作为统帅时的战斗力简直是天差地别。

声名大噪的托提拉由此转守为攻，用招降纳叛之策一路壮大自己的队伍，伊特鲁里亚一带的不少城池都选择了投降，查士丁守备的佛罗伦萨也被包围了起来，战况紧急。约翰、贝萨、西普里安等将紧急驰援佛罗伦萨，却不想先锋约翰轻易就被击溃了，败兵夺路而逃，还到处散布"约翰已死"的谣言，各路援军吓得争相逃跑。托提拉趁势掩杀，大获全胜。

此后，托提拉再接再厉，从北意大利一直打到了南意大利，凯森纳、佩特拉、贝内文托、布鲁提、卢卡尼、阿普利亚和卡拉布里亚各地相继沦陷，东哥特军队由此扩张至5万人，整个南意大利就只剩下那不勒斯一座孤城还在坚守。

查士丁尼紧急任命马克西姆努斯为新的意大利行政长官，此人率领一支庞大的舰队驰援那不勒斯，然而查士丁尼所用非人，马克西姆努斯从未上过战场，不仅不懂带兵打仗，更是畏敌如虎。毫无悬念，罗马的海军舰队被人数远少于他们的哥特快船击败，失去外援的那不勒斯只能在公元543年冬季投降。

至此，除了拉文纳、罗马等重镇还在东罗马帝国手里，整个意大利都被托提拉收复，贝利撒留的战果几乎丢失殆尽。

视线转到波斯战场上，贝利撒留虽然被任命为东方军团的统帅，但查士丁尼交给他的军队连1万人都不到，而他的对手霍斯劳却拥有数万大军。波斯人到处肆虐，遇到防备空虚的城池就攻陷，遇到抵抗强烈的地方就勒索。公元541年，波斯人在科尔基斯叛徒的引导下，突袭了北部重镇佩特拉城。贝利撒留手里虽没多少军队，但他还是主动出击，攻占了波斯境内坚固的西绍拉农要塞，报复了波斯人对罗马城镇的暴行。

公元 542 年春，波斯人第三次入侵东罗马，贝利撒留再次披挂上阵。这次他摆了一道"迷魂阵"，先是派 5000 名壮硕的勇士在营寨外打猎，然后又让 1000 名骑兵占据了波斯大军回国的渡口，状似要发动前后合围。这些惑敌之举吓退了波斯皇帝霍斯劳，毕竟贝利撒留的大名如雷贯耳，连霍斯劳的首席名将也败于其手，波斯皇帝摸不清虚实，只好暂时退兵。

也是这一年，帝国的东方，最富庶的埃及暴发了可怕的瘟疫，恐怖的瘟疫始于一个叫佩鲁西昂的地方，蔓延速度非常快，整个埃及包括亚历山大里亚等城迅速沦陷，大量的百姓死于瘟疫。可能由于帝国繁荣的贸易和广泛的人员流动，瘟疫迅速北上巴勒斯坦和叙利亚，接着小亚细亚各地也开始暴发，地方政府根本没有能力控制疫情的蔓延。

霍斯劳很快就发现了瘟疫的可怕，他本就因为贝利撒留的到来而骑虎难下，此刻更无意在东罗马境内逗留，因为他害怕自己的军队也感染瘟疫，于是波斯提出将原定的贡金数额增加至每年 5500 磅黄金的议和条件。查士丁尼被突如其来的天灾弄得焦头烂额，再加上他急于收复失去的意大利，自然对波斯人的提议全盘接受，虽然皇帝也知道波斯人并无议和的诚意，但他也顾不上那些了，能和平一年是一年。

波斯问题解决后，查士丁尼马上又召回了贝利撒留，重新任命他为意大利军团的最高统帅，匆匆派他赶赴意大利收拾托提拉制造的烂摊子。然而皇帝的处境非常糟糕，可怕的瘟疫很快就渡过了赫勒斯滂海峡，首都的疫情全面暴发，不少人死于瘟疫，所以他抽不出一兵一卒给贝利撒留，只能让统帅自己征募军队。就这样，手无精兵的贝利撒留又一次接下了最困难的任务，急匆匆地渡海前往意大利。

艰难的东罗马帝国

公元 542 年暴发的这场瘟疫，史称"查士丁尼瘟疫"。普遍认为这是一种鼠疫，按照普罗柯比的描述，瘟疫传染得很快，发病也非常突然，有的人几乎是毫无征兆地突然发病,一些人出现精神萎靡,另一些却会亢奋并出现幻觉,到后来,他们身上会长出黑色的脓包,最后脓包溃烂,病人吐血而死。

疫病最早在穷人身上发作,由于缺乏粮食和照料,他们很快就会死亡,接着处理尸体的人、邻居,甚至一些完全没有接触过尸体的人也会突然感染发病。在巴勒斯坦的一些城市和村庄,所有的人都因瘟疫死去,有的地方竟成了无人村,从叙利亚到色雷斯广袤的土地上,收获季节里居然看不到收割庄稼的农民,城市的街道上也看不到人影。

在首都君士坦丁堡城内,疫情发展得非常快,据说它流行了大概4个月时间,每天都会有5000人死于瘟疫,有时甚至达到单日1万人的规模,而最高纪录竟是单日1.6万人。这么多的尸体该怎么处理?墓地、湖泊、池塘、废墟,乃至西耶要塞的塔楼全都用于掩埋尸体,到后来处理尸体的人也感染疫病死亡,尸体便被胡乱地丢在街上,到处都是尸体腐烂的恶臭,就连查士丁尼本人也一度被感染,好在治疗及时,最后安然无恙。

恐怖的瘟疫让帝国行政陷入瘫痪,贵族和官员只能躲在家里,要事无人过问,很多工作都陷入停摆,加上没有前人经验可循,人们根本不知道如何控制疫情。随着感染人数的增加,城市手工业几乎停滞,而农业人口的大量减少又导致城乡粮食供应不足,饥荒伴随着瘟疫一起肆虐帝国各地,超过三分之一的人在瘟疫中死亡,在当时的人看来,这无疑是末日。

史学界普遍认为这场瘟疫造成了帝国职业军队的大规模减员,在查士丁尼统治的早期,东罗马帝国还有15万人的军队,到后期就只剩下5万~7万人,还是加上了辅助军的人数。行政、手工业、商业、农业、军事都被瘟疫重创,这自然让罗马帝国光复西部的大业备受打击,所以贝利撒留只勉强招募了4000名乌合之众开赴前线。曾几何时,利奥一世提笔一挥就能出动10万人马讨伐北非,如今偌大的东罗马帝国竟然不得不依靠几千非正规军去对付快速崛起的托提拉,实在令人唏嘘。

无论帝国的瘟疫如何骇人,查士丁尼皇帝都不会停止他光复帝国西部的伟业。但是查士丁尼面临的窘境不只是瘟疫,还有东西两方不容小觑的对手。东部,波斯人虽然同意停战议和,但他们仍在各地肆虐,战争冲突不时发生;西部,一代雄主托提拉快速崛起,不但在战争中接连光复失地,还善于笼络人心，对失败者和敌人都很宽容，连西罗马遗民也愿意投靠他的阵营。反观东罗马帝国，留在意大利的罗马统帅和士兵都在抢劫平民的财产，统帅们与情妇在要塞中饮酒狂欢，士兵们无视军令军规，不但不以当缩头乌龟为耻，反而跟着将军一起勒索平民大众，这让意大利人更加渴望托提拉的到来。

回到意大利的贝利撒留发现军队人数稀少、士气低迷，但他并未气馁，依然鼓励人们打起精神，并尽可能地去收复埃米利亚的城池。但托提拉的军队在博洛尼亚击败并俘房了维塔留斯的军队，还攻陷了坚守多时的奥克西姆，更多的城市被东哥特军队攻取，贝利撒留很难用现有资源平定意大利。

终于，托提拉的军队兵临罗马城下。当时的罗马总督是贝萨，此人和贝利撒留势同水火，根本无视统帅的命令，在托提拉刚到来时曾策划了一次突袭，但遭到了惨败，从此龟缩城内，坚决不肯出来。托提拉没有强攻城池，而是派人控制了罗马城周边的要塞，还斩断了从海路向城内运粮的交通线，罗马城很快就陷入了饥荒。

值此危急之时，贝萨不但不思解围之策，反而将城内的粮食高价卖给富人们，据说3~4千克的粮食就要1个金币。穷人根本买不起粮食，只能在城墙和废墟里收集荨麻果腹，连荨麻也找不到后，一些人只能吃别人的粪便，即使是这样，贝萨还是无动于衷，他甚至都不希望解围，因为这会让他失去高价兜售粮食的机会。

贝利撒留为了救援罗马城，派了一些军队去突袭围城的托提拉，而且还提前告诉了贝萨，指望双方能里应外合，可无心战事的贝萨始终按兵不动，使得救援计划一败再败。麻烦的是，贝利撒留再次与老冤家约翰杠上了，约翰主张从陆地攻向罗马城，而贝利撒留却认为应该从海路直抵罗马外港，双方意见难以达成一致，只能分开行动。约翰的军队并不顺利，前后都遭到了托提拉的堵截，而他本人也因为怯敌，连只有300人守卫的卡普亚也不敢进攻，之后便一直按兵不动。

贝利撒留倒是率领有限的军队进抵罗马外港波图斯，可托提拉早就全面封锁了罗马城，他在台伯河岸的两侧各修建了一座木塔，还在河上拉起了锁链，罗马的船只根本不能从台伯河上进出。为此，贝利撒留命部将伊萨克守备波图斯港，自己亲率一支运粮的突袭船队直奔东哥特的木塔。

贝利撒留精心设计了一艘突袭船,将两条很宽的大船绑在一起,在上面修了一个高出哥特木塔的支架,上面架着一艘满载沥青、硫黄、松脂和其他可燃物的小船。其他200艘快船则搭起了木墙,留出了可供射击的缺口,用以掩护突袭船。

这支突袭船队沿河而上,用投枪逼退了守卫木塔的哥特士兵,冒着敌军箭矢交加的危险,强行拔下了阻断河流的铁索,然后把引燃的小船抛到了哥特木塔上,守卫该塔的哥特士兵连同指挥官都被活活烧死。在贝利撒留凌厉的攻势下,东哥特人被杀得四散而逃,罗马军队顺利进入了罗马城,可是贝萨依旧不为所动。

眼看贝利撒留的计划已经得手,后方却突然传来了波图斯守将伊萨克被俘的消息,报信的士兵还没说完就晕厥过去。原来,贝利撒留出征前曾要求伊萨克坚守波图斯港,但贝利撒留突破托提拉木塔的消息传到后方时,备受鼓舞的伊萨克居然忘记了统帅的命令,贸然率部突袭了一处哥特人的营地,结果他们刚攻破营寨,增援的哥特人就回来了,伊萨克军大败,他本人也被敌人俘虏了。

贝利撒留一听说伊萨克被俘,以为外港遭到了哥特人的袭击,于是他不顾一切地匆忙撤退,想要在敌军立足未稳时击退他们,结果他回到波图斯时发现这里并没有失陷,伊萨克完全是因为冒进而被俘。贝利撒留无比气恼,但也于事无补,罗马城再次被托提拉死死围了起来。

随着时间的推移,贝利撒留迟迟不能攻入罗马城,饥荒让许多罗马人濒临死亡,一些伊苏里亚人终于忍不住,暗中投降了托提拉。托提拉因而从伊苏里亚人守卫的阿辛纳里亚门突入,城内顿时陷入大乱,罗马军队怯战而逃。次日,托提拉占领了全城,贝萨高价贩卖粮食所得的黄金都成了托提拉的战利品。

夺取罗马后,托提拉开始清算那些元老院的墙头草,从他们的腰包里搜刮了大量的黄金白银,还把能找到的富人通通洗劫了一遍,东哥特国王甚至打算把罗马城夷为平地,但他最终没有这么做,不过他把所有的罗马人赶出了城,还逼迫元老院议员随军出征,而他们的妻女则沦为人质送去了坎帕尼亚,罗马因而变成了一座空城,贝利撒留拯救罗马的行动算是失败了。

传奇谢幕

贝利撒留军团，东罗马帝国最强军队的代号，是贝利撒留的私人卫队，他们人数不多，只有7000余人，但在贝利撒留的指挥下，这支具装骑兵战无不胜，屡创辉煌。如果汪达尔人还记得的话，当年正是这支战力超强的军团征服了整个北非王国；如果东哥特人还记得的话，也是这支人数不多的骑兵军团一举击退了东哥特的15万人马。

然而时过境迁，东罗马最精锐的骑兵军团已经被拆分得不成样子，一部分优秀的指挥官战死疆场，践行了忠于帝国的誓言，另一部分人被皇帝强行夺走，成了看守皇宫的侍卫，而这一切都缘于贝利撒留的功高震主，缘于皇帝对他的猜忌，更缘于贝利撒留的愚忠。

贝利撒留无疑是那个时代罗马人中最完美的代表，他身材高大，相貌英俊，待人接物谦逊有礼，为人不卑不亢。作为一名军人，贝利撒留拥有很多古罗马人的优秀品质，他胆大却不莽撞，他重视荣誉却不贪功，他珍惜士兵的生命，从不做无谓的牺牲，他总是会关心士兵的福祉，及时奖励他们的功绩，对受伤的士兵，他关怀备至，对失去装备的人，他也及时补上，正因为他对军队倍加珍惜，贝利撒留才赢得了人们的拥护和崇拜，纵然人数不多，却总是能获得一场又一场以少胜多的"史诗级胜利"。

贝利撒留看重军队，却不放纵军队，他十分重视军纪，严格执法，从不徇私。他的军队与同时代的其他军队相比，"与民秋毫不犯"绝对是他们引以为傲的准则。按照普罗柯比的说法，贝利撒留经过的地方，农民都会因为与他交易而变得富裕；每当贝利撒留攻陷一座城池，他总是会约束士兵，绝对不让他们进行掠劫或是屠城。所以贝利撒留每到一处，人们都会非常放心，战争并不会影响平民百姓的生活。只可惜，在意大利的土地上也出现了一个与他相同的指挥官，这人就是托提拉。

贝利撒留的光环在托提拉出现后开始慢慢褪去。托提拉同样爱民如子、仁慈宽厚，起兵时还不足5000人，但这些年下来，除了拉文纳还在东罗马帝国手里，意大利绝大多数地方都已经投降了他，各地的守军或是军阀也在招降纳叛下悉数归降。反观贝利撒留，皇帝始终不肯拿出超过1万人的军队，贝利撒留驰援意大利时，手里的几千人马还全是他自己招募的，皇帝似乎想让他收复意大利，却又不给他足够的支持，这使得意大利战争迁延日久，毫无结束的迹象。

托提拉攻陷罗马城后并没有占领它，他前脚一走，贝利撒留后脚就占领了罗马城。贝利撒留找来了很多石头，命人加班加点修复城墙和城门，虽然不能完全恢复罗马的城墙，但他还是用这些石头把城墙给补了起来。25天后，罗马城再次恢复了防御能力。

托提拉只好再次率兵攻打城池，但换了指挥官的罗马守军就是不一样，不管托提拉用什么样的手段攻打罗马城，始终不能攻下城墙。贝利撒留把手里的乌合之众发挥到了极致，牢牢地占据着城墙。最终，托提拉放弃了再次强攻罗马的打算，将军队转移到沿海港口，企图通过断粮逼降罗马城。

贝利撒留苦于手里的兵力不足，不得不向查士丁尼求援，他的妻子安东尼娜也被派往君士坦丁堡，本想从狄奥多拉皇后那里争取些许支持，可是安东尼娜匆匆赶到首都后，她所听到的却是一个噩耗。

公元548年6月28日，传奇皇后狄奥多拉病逝。狄奥多拉皇后生前不仅是皇帝的妻子，也是东罗马帝国的另一个掌舵人，查士丁尼性格上的缺陷全靠狄奥多拉弥补，在一些关键问题上，狄奥多拉比皇帝更加果决。她时而宽容大度，时而心狠手辣，很多人认为东罗马帝国的政策在狄奥多拉死后发生的改变充分证实了狄奥多拉生前对帝国政策的巨大影响力。

贝利撒留的妻子安东尼娜和皇后有着同样的出身，两人是非常要好的朋友。在贝利撒留因功高震主被查士丁尼猜忌时，多亏了安东尼娜从中斡旋，狄奥多拉才屡屡为贝利撒留开脱。但安东尼娜公开与养子通奸，贝利撒留很难若无其事地被当成笑柄，夫妻关系便开始恶化，贝利撒留一度被解除兵权，私人卫队被全部剥夺，还被查封了家产，皇帝甚至派了一个委员会调查贝利撒留的"叛行"。有冤无处说的他只能再次请不忠的妻子帮忙，狄奥多拉皇后以安东尼娜在皇室发挥了重要作用为由，赦免了贝利撒留，但要他去意大利证明自己的忠诚。多么讽刺，一个屡次为国立下汗马功劳的将军，竟然不及出轨的妻子重要。贝利撒留虽然倍感羞辱，但还是去了意大利。可帝国并没有全力支持他，贝利撒留早已察觉，只不过他从未起过二心，即便独自待在意大利也没有起兵自立的想法，依旧尽最大的努力与托提拉战斗。

直到狄奥多拉去世，安东尼娜的作用再也发挥不出来了，贝利撒留再次成为查士丁尼猜忌的对象，常胜将军从此再也没有被皇帝重用过。

狄奥多拉的逝世是查士丁尼王朝的重大转折，帝国的政策发生了很大的变化，一直是帝国首席名将的贝利撒留被解职召回首都，意大利的局势立刻恶化，托提拉在贝利撒留走后又一次攻陷了罗马城。

大概在公元559年冬，活跃在多瑙河北岸的斯拉夫人大规模入侵东罗马帝国。这一年的多瑙河结了很厚的冰，斯拉夫人得以踏着厚冰侵入色雷斯各地，如同当年入侵的日耳曼人一样四处劫掠，其中一部分人在保加尔人的带领下兵临君士坦丁堡。查士丁尼疯狂的对外征战导致首都一带缺兵少将。国家危难之时，查士丁尼不得不再次请出他的首席名将——贝利撒留。

贝利撒留已然赋闲在家多年，也衰老了不少，但常胜将军的英姿不减当年，他披挂伫立之处依然能让人看到胜利的希望。如同往昔，贝利撒留手里并没有多少军队，如果非要加以统计的话，也就300名老兵，可敌军却是数万人马。巧妇难为无米之炊，如果换成别人恐怕会一筹莫展，但贝利撒留不是普通人，他接手防务后充分动员了城内的市民，让这些并无战斗力的民众都来到城墙上虚张声势。远处的斯拉夫人并不知道东罗马的虚实，只是肉眼望去，城墙上站满了"士兵"。

交战当日，贝利撒留让热情高涨的1万首都市民手持武器出城列队，这些人全都按照军队的样子列阵迎战，并按照贝利撒留的指示不停地欢呼、呐喊，故意营造出强大的声势。斯拉夫人果然被这种虚张声势的策略欺骗，士气大跌。

贝利撒留亲率精锐的300名老兵迎着斯拉夫人袭杀过去，当即阵斩了400人。斯拉夫人见贝利撒留老当益壮，不敢硬拼，全数撤退了。后来他们因为贝利撒留的威名而放弃了掠劫东罗马帝国的计划，再次退回到多瑙河以北。然而胜利并不属于贝利撒留，皇帝对获胜的将军更加忌惮，冷漠地接见了自己的大将军，之后再次将贝利撒留雪藏，此战便成了贝利撒留戎马生涯的最后一战。

公元563年，贝利撒留的家臣因为牵连到一起谋害查士丁尼的阴谋中，皇帝在没有证据的前提下软禁了贝利撒留，籍没了他的全部财产，官职和荣衔也都被通通剥夺，贝利撒留忧愤成疾。8个月后，没有证据的皇帝释放了贝利撒留，但英雄早已在这段日子里被折磨得不成样子了。

公元565年3月13日，贝利撒留病逝。8个月后，一代雄主查士丁尼大帝驾崩。一个属于查士丁尼和贝利撒留的时代宣告结束。君臣两人可真是一对冤家，皇帝生前既想用贝利撒留，却又不信任他，天才般的统帅从未得到帝国资源的全力支持，如果皇帝并未处处掣肘贝利撒留，也许北非的叛乱会被快速平定，意大利战争也会提前结束。至于帝国收复西部的伟大事业，查士丁尼决定另派他人前往，哥特战争会有怎样的发展？是就此结束，还是另有转机？

平定意大利

随着东哥特战争进入第三阶段，意大利成了各方势力角逐的大战场。为了全力对付东罗马帝国，托提拉不惜把哥特人在南高卢的领土全数割让给法兰克，两国暂时结为友好邻邦。此前，法兰克人在完成对高卢的统一后也将触角伸向了意大利，出兵攻占了几乎整个威尼提亚，截断了东罗马帝国支援意大利战场的陆上交通。

东罗马帝国这边当然也在寻找盟友，他们起初有意联络格皮德人，但蛮族却趁机控制了西尔米乌姆到达契亚的大片土地，皇帝转而结盟伦巴第人，并把潘诺尼亚行省交给了他们，伦巴第人因此迁入该地区并快速崛起，还赢得了与格皮德的战争，从此成了一股全新的蛮族势力。

公元550年，查士丁尼皇帝派利贝里乌斯统率一支庞大的舰队驰援西西里战场，可等到舰队出征后，皇帝临场换将，让阿塔巴尼斯接替利贝里乌斯的职务。结果这支舰队对西西里战场毫无帮助，不仅指挥混乱，而且毫无战绩，最后阿塔巴尼斯借口补给不足将舰队全数撤走，托提拉得以大掠西西里。

查士丁尼经过多年胶着的战争依然不改初心，收复意大利成了他执政的第一要务，不管花掉多少黄金白银也坚决不罢手。查士丁尼雪藏贝利撒留后决定不再起用他，转而任命素有威望的日耳曼努斯为新的意大利最高统帅，虽然依旧没提供多少兵力，但皇帝拨付了大量的军费，这些是贝利撒留从未得到过的支持。日耳曼努斯的大名想必在北非已家喻户晓，他曾在那里镇压了叛乱，可见此人也是颇有将才的猛将。

日耳曼努斯走马上任后非常积极，首先迎娶了东哥特公主玛塔松塔，成了名义上的东哥特王室成员，军队自然也扯起了东哥特王室的旗帜。这的确很有号召力，因为无论托提拉如何雄才大略，他都不是狄奥多里克的后代，东罗马帝国这边手握着真正的王室血脉。

日耳曼努斯的募兵工作也非常成功，正所谓"重赏之下必有勇夫"，各地的罗马人和蛮族人纷纷投入他的麾下，盟友伦巴第人也派来1000名援军，他在萨第斯（今索菲亚附近）的大本营热闹非常，很快就组建起一支庞大的多民族部队。

恰逢斯拉夫人再次入侵东罗马帝国，企图占领塞萨洛尼基，日耳曼努斯拉着新建的队伍小试牛刀，轻松击败了这些小字辈蛮族，帝国军心大振。正当日耳曼努斯要攻向意大利的时候，这个威望仅次于贝利撒留的统帅却突然去世，皇帝立刻派大宦官纳尔西斯接过了日耳曼努斯的兵权。

坊间传闻，查士丁尼同样也不信任日耳曼努斯，因为日耳曼努斯是皇帝的表亲，有资格登上皇位，皇帝意识到他也可能威胁到自己时，便后悔让他出任意大利的最高统帅，于是在一连串阴谋的作用下，宫廷总管纳尔西斯成了新的意大利最高统帅，毕竟宦官是不可能称帝的。

纳尔西斯执掌兵权之初多遭人嘲笑："偌大的东罗马帝国竟然已经到了没有男人的地步，居然让太监领兵打仗！"然而让人想不到的是，纳尔西斯领兵却是查士丁尼这些年里做出的最正确的决策。

纳尔西斯此人其貌不扬却老练世故，颇有勇气和谋略，已经积累了尼卡暴乱和意大利战争的经验，为人重义轻财，有功必赏，毫不吝啬，这种性格让他很快就得到了军队的支持，骄傲的军队并没有因为纳尔西斯的身份而轻视他，反而因为他的军令严明而甘效死命。

查士丁尼允许纳尔西斯动员帝国的一切资源招兵买马、打造军备，加上日耳曼努斯已经组建的军队，纳尔西斯立刻成了2万大军的指挥官，这与贝利撒留每次出征只有数千人的情况相去甚远。纳尔西斯率领军队沿着亚得里亚海进军，在拉文纳休整了数日后，便长驱直入，抵达塔吉那地区。新统帅并不执着于一城一地的争夺，他期望能与托提拉的主力打一场决战，从根本上结束意大利战争。

塔吉那位于亚平宁山脉中部，此处北面是高山。托提拉本打算将罗马军队阻挡在山口，但纳尔西斯却从一条小路绕了过去，突然出现在山脉西侧的山脚下。托提拉率领 1.5 万人的主力及时赶到，抢先封锁了谷底的出口，把纳尔西斯的军队夹在了中间，如此一来，决战便不可避免了。

罗马联军是典型的多民族部队，有着数量相当的步兵和骑兵，其中伦巴第人和埃吕利人组成了步兵和轻骑兵阵线，罗马人组成了弓骑兵阵线。东哥特军队以骑兵为主，擅长使用长矛利剑，以高速冲锋为主要攻击方式。

纳尔西斯的兵力多于托提拉，他傲慢地要求托提拉早点投降，但同样骄傲的东哥特国王严词拒绝，并称将在第八天与之决战。可聪明的纳尔西斯识破了托提拉的计谋，他判断东哥特人绝对不会等到第八天才开战，于是在次日就命军队列阵迎战。果不其然，托提拉当日就率领主力倾巢出动，塔吉那之战正式开始。

纳尔西斯将 8000 名伦巴第人和埃吕利人布置在中央，以 8000 名弓箭手为两翼，骑兵则在后方为他们提供保护。纳尔西斯提前派步兵抢占了位于左翼前方的小丘陵，在此处安排了一定数量的弓箭手，意在通过远程打击掩护大军的侧翼。托提拉同样也发现了丘陵的重要性，在双方会战前就尝试派骑兵驱逐罗马人，然而罗马弓箭手接连三次击退了哥特骑兵，远处的友军为此士气大振。

托提拉一方的布阵以骑兵在前步兵在后。从布阵上看，托提拉打算通过骑兵的冲锋瓦解罗马人的阵形，然后再利用步兵去收割混乱的溃兵。决战开始前，托提拉身着华丽的金甲策马奔驰到两军阵前，他挥舞长矛挑衅罗马人，还派人出阵与罗马人决斗，这消耗了大量的时间。不久后，纳尔西斯便得知这是托提拉的缓兵之计，因为敌军的 2000 名援军很快就抵达了战场。

中午时分正是罗马人习惯就餐的时间，托提拉当然知道罗马人这个习惯，他决定趁罗马人饥饿时发起决战，于是东哥特大军在托提拉的率领下疯狂地朝罗马人的阵地杀了过去。这些哥特骑兵士气很高，同样心气也很高，他们完全无视罗马两翼的弓箭手和弓骑兵，不管不顾地直奔罗马中央阵地。

托提拉也许打算一口气击溃中部的敌军,从而将罗马人截成两段,然后再分割包围对方。然而罗马远程攻击的威力巨大,哥特骑兵还没杀到罗马人面前就被大量射杀。他们冲到罗马军队中央时,伦巴第人和埃吕利人早已组成骑枪方阵严阵以待,哥特骑兵直接撞向长矛,霎时间人仰马翻,攻势立刻停滞。

对骑兵来说,最可怕的就是停下不动。哥特骑兵进退不得时,罗马两翼的弓箭手和弓骑兵开始朝敌人的侧翼移动,不停地引弓射击,哥特人都成了活靶子,密集的箭雨从天而降,无数哥特骑兵倒地身亡。但东哥特骑兵仍不死心,反复尝试攻破东罗马的中军,然而到黄昏时分,被击溃的却是他们自己。

此时,纳尔西斯才下达全军出击的命令,中央和两翼的罗马军队从三面追击哥特败兵,其中一直留在后方养精蓄锐的罗马骑兵最为勇猛,他们不断驱赶着哥特人的骑兵,惊慌失措的哥特骑兵只能强行碾压自己的步兵逃命。哥特人全线溃败,阵亡者多达6000余人,国王托提拉身受重伤逃之夭夭,不久后就因伤势过重而死。

东哥特势力被意外地连根拔起,失去托提拉的东哥特人由虎成猫,毫无还手之力。纳尔西斯分兵攻取了伊特鲁里亚地区,然后重新攻陷了罗马城,残余的抵抗政权只能龟缩在坎帕尼亚。公元553年,纳尔西斯取得了库米之战的胜利,东哥特最后的抵抗势力被彻底击溃,各地城池相继投降纳尔西斯。时隔多年,意大利又一次回到罗马帝国的怀抱,东哥特王国终于被彻底征服。然而意大利战争并未就此结束。

东哥特势力在灭亡前夕曾花重金请求法兰克增援,野心勃勃的法兰克人不愿意东罗马帝国收复意大利。公元553年8月,法兰克王国派洛泰尔和布塞林兄弟领兵7.8万入侵略意大利,这些人于帕尔马突袭了驻守波河一带的罗马军队,阵斩将领弗卡里斯。纳尔西斯闻讯,亲率300名骑兵自里米尼发起反击,一战击杀了2000名法兰克士兵。通过与法兰克人的小规模冲突,纳尔西斯掌握了法兰克军队的构成和实力。

法兰克大军兵分两路入侵,布塞林取道伊特鲁里亚、坎帕尼亚,沿着意大利西海岸南下,洛泰尔则取道翁布里亚、阿普利亚和卡拉布里亚,沿着意大利东海岸南下。当年的整个冬天,纳尔西斯都不曾展开任何军事行动,他一方面令各地军队立刻朝自己集中,另一方面则加紧训练军队。公元554年开春后,纳尔西斯提兵1.8万追击布塞林的3万军队,双方终于爆发了卡西利努姆会战。

布塞林用木车在军队四周搭起防御工事,企图等到兄弟洛泰尔的军队赶来后再围歼罗马人的军队。可惜,布塞林左等右等就是等不来洛泰尔。纳尔西斯可不会放弃各个击破的绝佳战机,他派骑兵反复袭扰法兰克人的营地,用弓箭引燃了一座防御木塔。法兰克人终于被激怒了,3万人马倾巢出动。不过有意思的是,法兰克的兵种非常单一,大多数都是步兵,这正合纳尔西斯之意。

罗马人的布阵依然如同塔吉那之战,纳尔西斯将近战步兵布置在中央,弓箭步兵居于他们后面,两翼则是罗马弓骑兵和蛮盟轻骑兵。会战开始前,纳尔西斯严厉处罚了一个埃吕利人首领,使得埃吕利人临阵退出战斗。纳尔西斯丝毫不肯退让,也无意安抚其他埃吕利人,一些埃吕利人便跑到法兰克军中告诉布塞林埃吕利人反叛的消息。布塞林见罗马军队内讧,立刻指挥全军发起决战。

法兰克军队组成了一种楔形阵,犹如一把利剑直插罗马军队的中央。他们的作战意图似乎与托提拉无二,都想先击溃中央再分割包围两翼。纳尔西斯的布阵正好能克制这种战术,法兰克人疯狂朝罗马中军杀来时,位于中央的罗马步兵和弓箭手立刻就被击退了,法兰克人误以为自己取得了绝对的优势,便继续追击罗马人的军队,却不想位于两翼的罗马弓骑兵始终未与他们短兵相接,反而徐徐后撤,如同翅膀一样展开到法兰克人的侧翼。

战术如前,罗马弓骑兵不断用弓箭射击法兰克人,两翼的法兰克人被突然射来的箭雨激怒了,转而朝罗马人的两翼杀去,但罗马骑兵就是不和他们近战,一边后退一边射击,法兰克步兵的机动能力远不如罗马骑兵,暴露在箭雨下的他们死伤惨重。

中央的法兰克步兵同样遭遇重创,刚刚还不肯上场的埃吕利人突然从正面杀了出来,他们的出现挡住了法兰克的攻势,而败退的罗马步兵也重组战线反身杀了回来。一部分法兰克人开始后撤,阵形变得混乱无比,而两翼的罗马弓骑兵也由后退变成了包围,快速移动到法兰克人的后方,试图合围这些步兵。一些行动较快的法兰克人疯狂逃跑,他们一部分人渡河时被淹死,另一部分被射杀在岸上。罗马弓骑兵完成合围后,等待法兰克人的只有死亡一途了。

此战,纳尔西斯再次取得了以少胜多的辉煌战绩,据说3万法兰克人死伤殆尽,只有5个士兵逃出。而洛泰尔始终没有赶到战场,这些人遭遇了严重的瘟疫，洛泰尔死于疫病，军队只能沿着原路撤退回国，他们离开意大利时，浩浩荡荡的大军已经所剩无几了。至此，近8万法兰克大军几乎全军覆没。纳尔西斯终于为东罗马帝国的意大利战争画上了句号，查士丁尼成了这里独一无二的主人，罗马城再次飘扬起鹰旗。

然而，经过多年战争的意大利早已满目疮痍，元老院在战火里被洗劫一空，繁荣的城市和村庄被摧毁，农田成了荒地，意大利人民死伤无数。不仅如此，恢复和平的意大利马上又遭到查士丁尼派来的酷吏的压榨，这里并没有因为回归罗马而变得繁荣昌盛，相反，意大利人民只剩下苦难和不安。这就是查士丁尼损兵折将、耗费巨资收复的西部行省，人们不禁要问：这到底值不值得？

查士丁尼王朝无疑是东罗马帝国疆域最广阔的时代，也是最接近光复古罗马帝国的时代，客观地说，这一时期的成就确实值得骄傲，曾经肆虐罗马的日耳曼蛮族多败于东罗马帝国，汪达尔、东哥特、法兰克、西哥特无不如此。然而，遗憾的是，查士丁尼耗费大量钱粮所收复的土地既不繁荣更不稳定，而且皇帝至死都没能彻底光复高卢和西班牙全境。不得不说，客观的原因固然很多，但查士丁尼性格上的缺陷恐怕才是霸业未成的根本原因。

查士丁尼大帝此人善妒多疑，猜忌心极重，一方面很想把手里的大臣用到极致，另一方面又不信任自己的将军，总是想方设法限制他们，以避免他们拥兵自重，贝利撒留、日耳曼努斯的悲剧均缘于皇帝的多疑，若不是查士丁尼处处掣肘，收复西罗马的战争可能会提前完成，甚至光复高卢、不列颠也不是不可能。

由此看来，查士丁尼徒有大帝之名，却不是重现罗马霸业的雄主。遗憾的是，这一时期的东罗马帝国原本最有可能重新统一地中海——一来蛮族各国建立不久，根基尚不稳固；二来埃及、叙利亚等地既能提供钱粮，又能提供兵源，如果是图拉真、君士坦丁一类的君主，想必光复西罗马并非难事。这一黄金时期一旦过去，罗马可用的战略资源相继失去，再想收复西部便如痴人说梦。

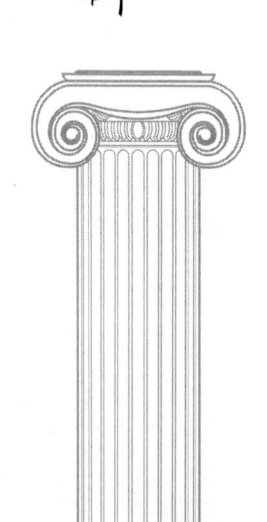

40

第四十章 普世帝国梦碎

改弦更张，意大利失守

自西罗马帝国灭亡后，罗马人最大的梦想便是恢复曾经的地中海帝国，这不仅是查士丁尼的梦想，也是大多数罗马人的梦想，然而要实现这个梦想却是那样的艰难，不知多少罗马人为此付出了生命，又有多少人为此妻离子散。

公元565年11月14日，东罗马帝国皇帝查士丁尼驾崩，在位38年，终年83岁，后世尊其为"大帝"。

查士丁尼大帝毕生致力于恢复西罗马帝国的疆土，为此不惜花费巨资与波斯媾和，全力征讨西罗马故土上的日耳曼诸国，北非的汪达尔和意大利的东哥特先后被帝国灭亡，此后东罗马帝国还从地中海出兵西哥特王国所盘踞的西班牙，收复了以塔纳戈纳为中心的西班牙东南部地区，当地被罗马人又统治了数十年。

查士丁尼大帝离世时的东罗马帝国疆域庞大，比他即位时几乎扩张了一倍，除了高卢、不列颠和部分西班牙外，帝国西部大致得以恢复。

可惜，暴发于埃及的鼠疫最终毁掉了查士丁尼的霸业，直接造成帝国人口减少了三分之一，帝国职业军队直接减少了7成，各行各业均遭受重大打击，特别是农业人口的减少，使得粮食产量大幅度降低，各地均暴发饥荒，帝国税收和经济降到了历史最低点。

即便这样，查士丁尼依然坚持用黄金贿赂波斯，并反复增兵意大利战场，强行拿下了只有象征意义的罗马城。这些举措使得军费节节攀升，逼得查士丁尼朝民间"借贷"打白条。帝国承担了巨大的压力，非但没有因为战争的胜利而变得更强大，反而在战争里透支了帝国最后一点家底，埋下了巨大的隐患。到查士丁尼驾崩时，国库已然空空如也。这样的征服有何意义？

可叹可悲，致力于恢复大罗马帝国的查士丁尼并未留下子嗣，如此庞大的遗产只能交给外人。但从另一个角度看，这摊子遗产还不如不要。部分资料认为，查士丁尼的首选是表亲日耳曼努斯，但他的威望过高，多疑好猜忌的皇帝最终踢掉了他，以至于驾崩时仍未敲定继承人。元老院经过商讨，选出的新皇帝是大帝的另外一个侄儿——查士丁。

深夜时分，元老院的显贵们急促地叩开了查士丁的府门。

"陛下已经驾崩，作为先帝最看重的王室成员，请您速登大位。"

在众人的簇拥下，查士丁连夜入宫控制了局势，皇家卫队已经做好了向新皇帝效忠的准备。次日，查士丁在君士坦丁堡大教长的主持下被涂上圣油，加冕为帝，史称"查士丁二世"。

查士丁二世有抱负、有志向，为人宽和、仁慈，别看他的名字很像查士丁尼的继承人，但他却视查士丁尼的统治为弊政，因为查士丁尼光复旧帝国全靠黄金和白骨，百姓被剥削得食不果腹，皇帝却大兴土木、穷奢极欲，这些无一不是人们憎恶查士丁尼的理由，所以大多数人迫切期望革除弊政。

查士丁二世继位后力图扭转财政赤字的局面，他一方面尽可能地开源节流，缩减不必要支出，另一方面还通过皇后索菲亚大搞慈善，帮助穷人，特别是帮助中产阶级摆脱贫困。前朝的奢靡之风得到了有效遏制，贪污腐败的行为也因皇帝的清正作风而有所收敛。

在对外问题上，查士丁二世对割地纳贡非常抗拒，全盘推翻了查士丁尼的政策，不再为了光复西部而屈服于其他外敌，简单而言就两个字——强硬。

当时，位于多瑙河以北的阿瓦尔人日渐强大，试图入侵帝国。他们在查士丁二世继位之初就派使节前来刺探罗马人的实力。查士丁二世识破了对方的意图，故意用最盛大的排场和最强大的军队迎接阿瓦尔使节，这些虚张声势的举动的确让阿瓦尔人非常震撼，而皇帝在接见使节时表现出一副不卑不亢的态度，言语中似乎在威胁阿瓦尔人——要战便战，无须多言。

阿瓦尔王不清楚东罗马帝国外强中干的虚实，不敢轻启战端，只好放弃了向查士丁二世索要贡金的计划，转而去攻打相对"弱小"的法兰克王国，东罗马帝国由此避免了多瑙河北面的战事。

对阿瓦尔的强硬政策无疑是一次成功的政治冒险，但东罗马帝国所面临的麻烦远不止多瑙河北面的阿瓦尔人，意大利和美索不达米亚前线都需要支付巨额的军费，前者是为了体面地统治光复的土地，后者是为了换取波斯人的中立，两者都是花钱打水漂，无论投入多少，收益一概为零。

可即便是耗资靡费，体面的统治也维持不住。

意大利自被纳尔西斯平定后便由他管理，他这个意大利大都督的含金量非常高，查士丁尼大帝给了他等同于共和国时期总督的权力，兼具军、政、财三项大权，相当于意大利的土皇帝。

和贝利撒留一样，坐镇一方的纳尔西斯同样遭到首都大臣的构陷，好在他是宦官出身，大帝怎么也不相信对纳尔西斯的构陷，这才使得纳尔西斯能够独自统治意大利长达15年。可新帝继位后情况就不同了。

查士丁二世与纳尔西斯的关系远不如先帝，这可能缘于大宦官长期飞扬跋扈，没少欺负继位前的查士丁。新帝并不认为纳尔西斯会乖乖听命于新政权，加上嫉妒纳尔西斯的那帮官员趁机煽风点火，查士丁二世认为让纳尔西斯坐镇意大利简直就是对君士坦丁堡的威胁，所以新帝以纳尔西斯年迈为由，派了一个叫朗基鲁斯的官员取代他的职位，同时诏令纳尔西斯回宫"伺候"。

纳尔西斯当然清楚皇帝召他回宫的目的，此去不是被侮辱就是被砍头，所以他拒不奉诏，竟然一个人跑到那不勒斯隐居起来。其实纳尔西斯之所以会被免职，多少跳不出"一朝天子一朝臣"的政治定律，而且查士丁二世尚未掌权时就非常钦佩甚至是崇拜贝利撒留，纳尔西斯等人屡屡构陷贝利撒留，致使统帅晚景凄凉，自然令查士丁愤愤不平，如今正是为贝利撒留报仇的时候。

纳尔西斯走后，意大利就开始发生动乱。新到的总督朗基鲁斯既不了解意大利的社会又不熟悉意大利的军队，他一边用严刑峻法搜刮民脂民膏，使得十室九空，哀鸿遍野，另一边又控制不住军队，令各地的防务形同虚设。

对帝国来说，意大利的收复并不彻底，军队慑于纳尔西斯的威望而效忠他本人，当地民众对皇帝的忠诚也是表面文章，皇帝还需要很长时间去整合光复的行省，可无论是查士丁二世还是朗基鲁斯，都还没意识到这个问题，一个更危险的敌人正在接近，罢免纳尔西斯的行为无疑是自毁长城。

伦巴第人是日耳曼人的一支，他们曾居住在多瑙河以北地区，在东罗马帝国"拉一派打一派"的策略下，伦巴第人曾被罗马人视为敌人，遭到了帝国和格皮德人的夹击。查士丁尼时期，东罗马帝国却又在伦巴第人和格皮德人的战争里支持伦巴第人，使得伦巴第人击败了格皮德人，后来伦巴第人作为盟友随东罗马帝国的远征军进军意大利，弄清楚了意大利的山川河流，为下一步的入侵奠定了基础。

在伦巴第人和格皮德人的战争里，谁的盟友更多谁就更有优势。当时伦巴第国王阿尔博因就非常懂得结盟的意义，他深知自己无力单独对阵罗马人和格皮德人，所以不断示好当时日渐崛起的阿瓦尔人，在承诺将所有格皮德领地都交给阿瓦尔人后，双方终于结成同盟。

在这样的国际局势下，格皮德人本该尽最大努力维护自己与东罗马帝国的关系，但他们还是和帝国闹翻了。阿尔博因看准时机发动了对格皮德人的战争，阿瓦尔人也从背后攻打格皮德人，失去东罗马帝国支援的格皮德大败，国王库尼蒙德战死，格皮德人的领地全被阿瓦尔人占领，阿瓦尔汗国因而成了瓦拉几亚、摩尔达维亚（摩尔多瓦）、匈牙利地区的主人。

战后，伦巴第国王阿尔博因强娶了库尼蒙德的女儿罗莎蒙德，还把她父亲的头骨做成酒杯炫耀，这极大地刺激了罗莎蒙德。

得胜后的伦巴第没能获得格皮德人的土地，不过他们并不在乎，因为他们早就有了新的目标——意大利。

阿尔博因鼓励所有伦巴第人迁入意大利生活，他的热情召集起了一支由伦巴第人、萨尔马提亚人、阿瓦尔人以及撒克逊人等民族组成的蛮族联军，其中仅撒克逊人就有2万人，而数十万伦巴第人更是举族迁移，规模空前庞大。

公元568年，伦巴第联军翻越阿尔卑斯山杀入意大利。此时的北意大利因常年征战而一片狼藉，当地的罗马军队也少得可怜，几乎可以说是完全没有防备。伦巴第联军一路过关斩将，势如破竹，先后攻陷了维罗纳、维琴察，并于次年攻克米兰城，除了帕维亚死守不降，北意大利大多数城池都选择了投降。

可惜顽强的帕维亚未能坚持下去，伦巴第人围攻三年后该城终于被攻陷。起初，愤怒的阿尔博因打算将该城夷为平地，可当他骑马入城时坐骑却突然倒地不起，迷信的人们以为这是神的惩罚，于是阿尔博因赦免了帕维亚，还宣布成立伦巴第王国，国都就定在帕维亚。

公元571年，伦巴第人继续南下占领了托斯卡纳及意大利中东部大片土地，成立了斯波莱托公国和贝内文托公国。从此，东罗马帝国在意大利的独裁统治被伦巴第人彻底打破。无能的罗马总督只能坚守而不敢反击，但得益于拉文纳等地险要的地形，罗马总督依旧保有大本营，只是再也无力收复失地，不得不承认伦巴第王国。

意大利失守得如此迅速，这和当地人民的背叛也有一定关系，虽说东罗马军队号称"罗马军团",是意大利人的王师,但迎回王师的他们却发现东罗马帝国的贪官污吏比蛮族更加可怕,所以宁可投降伦巴第,也不愿意再被皇帝的税务官剥削。这就是查士丁尼费力打下的土地,他的暴政根本不可能得到民心,失去民心的帝国势必失去征服的土地,这也是意料之中的事。

麻烦并未结束,西方出事的同时,东方问题也摆上了桌面。

公元561年,东罗马帝国与萨珊波斯签订了50年和约,查士丁尼大帝以支付年贡的方式换来了对拉齐卡(又译拉兹卡)地区的统治权,但也给东罗马带来了不小的财政压力。这份和平协议让两国的较量由明面上转到了暗处,而斗争的焦点也从高加索转到了阿拉伯半岛南部,即今天的也门地区。

也门之所以能引起两国的关注,红海的贸易是最主要的原因。两国都试图扶植一个亲自己的政权以便打击对方的贸易,东罗马帝国支持位于今天埃塞俄比亚的阿比西尼亚人,他们于公元522年、公元525年两次渡海进攻也门的希姆亚利特人,还杀死了对方的国王。这些军事行动严重削弱了萨珊波斯在当地的影响力,霍斯劳一世遂决定武力干涉红海地区的战争。

一支8000人组建的波斯军队在8艘运输船的运送下冒险登陆也门,大风暴毁掉了不少船,安全上岸的只有800人,但这800人一度击败了阿比西尼亚人,还扶植了一个傀儡政权。此后,阿比西尼亚发动反击,但波斯的第二波入侵再次击败了他们,彻底控制了也门地区。这次间接较量的失败引起了东罗马政府的严重不满,恰逢突厥人与波斯人闹翻,寻求与东罗马结盟,查士丁二世决定与之联手,从东、西两线压迫波斯,两国的矛盾已经到了不可调和的地步。

公元572年,东罗马帝国断然拒绝支付此前签订的50年和约所规定的年贡。查士丁二世和大多数人都认为纳贡是帝国的耻辱,是在侮辱罗马人,所以不管帝国局势如何,终止纳贡是势在必行的,查士丁二世因而再次强硬起来,势要找回罗马人的尊严。

波斯万王之王霍斯劳对维持两国和平一直没有诚意,再加上波斯东北部的白匈人日渐衰落,霍斯劳基本平定了波斯的外患,他手里的军队很多,完全有能力与东罗马帝国再启战端,查士丁二世的强硬政策能吓退阿瓦尔,却未必吓得住波斯。如今贝利撒留已逝,东罗马与波斯的战争该由谁主持大局呢?

萨珊波斯、东罗马生死之战的开始

查士丁尼虽然把主要精力都集中在收复西罗马故土这一件事上，但并不代表东罗马对波斯不管不顾。事实上，两国始终在暗自较劲，其中东罗马与波斯东面的强敌突厥人建立了联系，出于夹击波斯的战略意图，双方建立攻守同盟。有了突厥同盟的帮助，东罗马帝国就能牵制不少波斯人的军队。

为了反制罗马人，波斯主动找上了日渐崛起的阿瓦尔汗国，两国也结为同盟，反过来又威胁东罗马的多瑙河防线。被压了一头的东罗马帝国当然不甘心，遂利用基督教插手波斯帝国所控制的地区，成功策动了佩尔萨门尼亚的反波斯暴动，由于当地人大多信仰基督教，所以东罗马帝国以保护基督教同胞为由，插手当地事务，这让波斯如鲠在喉，东罗马帝国借此扳回一分。

公元 572 年，波斯要求罗马人按照和约规定支付约定的贡金，查士丁二世强硬拒绝，此举标志着东罗马—波斯战争的重启。让人意外的是，首先开启战端的居然不是波斯帝国，而是东罗马帝国。当年夏季，新任东方军团最高统帅马尔西安领兵 3000 人杀入波斯境内。这支军队人数不多，目的并非攻城略地，而是威慑波斯人。这一年，霍斯劳并未立刻反击，他似乎在集结军队和补给，以便在来年发动全面的战争。

公元 573 年，真正的战争方才开始。马尔西安亲率数万人马声势浩大地越过边境，于萨尔加顿击破波斯守军，包围了坚固的尼西比斯城。对于熟知罗马帝国战争史的人来说，尼西比斯已是耳熟能详，这里本是罗马帝国抵御波斯人的桥头堡，要不是罗马人主动割让该要塞，恐怕波斯人的势力依然会被该城遏制住。

然而，坚固的尼西比斯是波斯不可逾越的障碍，对罗马人同样也是。马尔西安的数万大军虽然将该城围得水泄不通，但他们反复攻城也未能撼动城墙一分一毫，战事反而被拖住了。此时，波斯皇帝霍斯劳的军队已经集结完毕，很快就越过了底格里斯河，但他们并没有选择容易行进的道路，而是全部进入沙漠，利用地形隐蔽军队的行踪。霍斯劳把军队一分为二，其中 6000 余人奉命奇袭东罗马帝国的行省，剩下的主力则突然杀向尼西比斯。

有资料认为，罗马盟友加萨尼国王哈里斯在此时病故，王子孟迪尔继位，史称"孟迪尔三世"，两国关系迅速由热转凉。原因不外乎查士丁二世偏执的宗教态度，因为新继位的孟迪尔是基督一性论的推崇者，这在东罗马帝国被视为异端，查士丁二世一贯强硬的作风驱使他密谋除掉孟迪尔，这等于是撕毁了几代人的盟约。年轻的加萨尼国王根本不缺乏市场，波斯、莱赫米（奈斯尔）都上门寻求结盟，孟迪尔遂允许他们经自己的领地穿过沙漠，目的是证明自己对东罗马的价值。

没了加萨尼这堵屏障，波斯军队的6000人马成功突袭了叙利亚，当地居民完全没想到敌军会从天而降，自然是毫无抵抗能力，整个叙利亚都成了入侵军掠劫的乐园，不但安条克的郊区被焚毁，连阿帕米亚城都付之一炬。大约29万人被俘，其中还有2000名美女被送入了突厥王庭，使得突厥汗国不好意思插手罗马与波斯的战争，这真是借罗马的"花"献自己的"佛"。

公元574年，霍斯劳集结主力围攻东罗马在美索不达米亚的门户达拉城。该城本是罗马人为了弥补割让尼西比斯而修建的防御性要塞，它离尼西比斯很近，战略位置险要，贝利撒留曾在此处击败了波斯人的主力，赢得了达拉之战的辉煌胜利。

可惜现在的东方战线已经没有贝利撒留了，马尔西安的能力远不如贝利撒留，对于达拉被围困，无论是他还是他的继任者都无法解围，5个月后，骄傲的万王之王终于攻陷了这座坚固的要塞。从此，罗马人在东部地区已经无险可守，波斯人随时都可以入侵叙利亚甚至是小亚细亚。

达拉城的失陷对帝国影响巨大，这代表查士丁尼及其前任所构筑的亚洲防线被波斯人撕开了口子，其产生的国际效应也远超帝国自己的评估。一直与波斯帝国眉来眼去的阿瓦尔汗国见东罗马在战争中屡屡失败，终于不再相信查士丁二世那虚张声势的恫吓，数万大军越过多瑙河侵入了麦西亚行省，帝国境内成了血与火的世界，阿瓦尔骑兵攻到了可以看见君士坦丁堡城墙的地方。

国与国的战争往往都是这样，当你连连告捷的时候，即便是敌人也会主动和你修好，当你在战争里连连败退时，就算是盟友也可能背后捅你一刀。客观地说，查士丁二世是个有理想、有抱负的君王，但他在政治上往往过于激进，其强硬的对外政策虽然能迎合鹰派的胃口，却不得不承受相应的恶果。

短短数年时间，东罗马帝国的疆土连连失陷：西面，十室九空的意大利成了伦巴第人的国土；北面，新崛起的阿瓦尔汗国越过了多瑙河；南面，摩尔人为独占北非再次起兵；东面，波斯人的铁蹄随时都可以进入叙利亚和小亚细亚。现在的东罗马帝国几乎到了生死存亡的关键时刻，很难相信几年前它还是地中海最强大的帝国。

对外政策的失败以及领兵将领的无能断送了查士丁尼征服的成果，也极大地刺激了查士丁二世的神经。民间一直流传查士丁二世是个精神脆弱的人，他这些年被内忧外患折磨得更加憔悴，精神几乎崩溃，有时甚至会像动物一样咬人。此时的查士丁二世已经失去了理政能力，也许他自己也意识到了问题的严重性。

在皇后索菲亚及元老院的建议下，查士丁二世决定任命一个共治"恺撒"代替自己执掌帝国，出身良好且功勋卓著的皇家卫队长官提比略被索菲亚选中，此人有很好的前线作战经验，索菲亚更是打算在查士丁二世驾崩后改嫁给提比略。就这样，提比略便被查士丁二世授予了"恺撒"之位，皇帝本人永远地退到了幕后。4年后，查士丁二世病逝，提比略正式登基称帝，史称"提比略二世"。

新皇帝一掌握政权便加速推动与波斯人的议和，查士丁二世不愿支付的年贡，提比略二世大方同意，加上达拉城的占领以及叙利亚的掠劫，波斯皇帝可谓赚了个盆丰钵满。另外，提比略二世也着手结束西线战事，同意向阿瓦尔汗国支付每年8万金币的年贡。这些举措看似软弱，实则是为战略反击蓄力。

可惜，帝国与波斯的停战协议并不长久。公元576年，波斯的万王之王霍斯劳决定扩大战果，制订了一个更加大胆的作战计划，不再把精力集中在叙利亚或是巴勒斯坦一带，而是试图北上攻打小亚细亚。不过，利用短暂的休战期，东罗马帝国重组了中央军和防线，并不畏惧再次开战。

这一年的东部军大都督早已不是马尔西安了，新的最高统帅是日耳曼努斯之子查士丁尼，此人出身高贵，拥有查士丁尼皇室的血统，其父日耳曼努斯曾是最有资格继承皇位的人，而且战功赫赫，查士丁尼本人也常年随父征战，积累了大量的带兵经验，是帝国高层里具有谋略的将才。单看查士丁尼的履历就知道波斯皇帝这一年的对手远比马尔西安难缠。

霍斯劳的作战计划非常冒险，要知道波斯帝国的主要战斗力量就是萨珊重骑兵，而最适合骑兵作战的地形就是平原，一旦将他们丢到山区就不再令人害怕了。卡帕多西亚至亚美尼亚一线恰恰是群山环绕、地形崎岖，查士丁尼将军判断，只要将波斯的骑兵遏制在群山里，霍斯劳便不足为虑。果然，在查士丁尼的袭扰下，霍斯劳在攻城战里根本占不到便宜，反而被罗马人设置的障碍挡住，已成骑虎难下之势。

提比略二世非常看重此次与波斯皇帝的较量，这是他执政以来最大的战争，自然不能如同儿戏一般。为了保证胜利，他将多瑙河防线的军队调入小亚细亚地区，据说当时集结的罗马军队已经达到了15万之众。不过，结合大瘟疫的数据来看，东罗马很难集结这么庞大的军队，除非得到了亚洲各小国的支援。

波斯皇帝就不相信15万这一夸张的数字，在与贝利撒留的多年较量中，他深知罗马人喜欢虚张声势，所以完全不顾危险继续进军，直到他的军队补给断绝且攻势受阻，霍斯劳才发现自己太过草率。

查士丁尼统帅见波斯攻势受阻，意识到交战的时机已经到来，当即亲率本部人马寻着波斯人的足迹接近。不久之后，东罗马军队在梅利泰内河谷咬住了波斯人的尾巴，梅利泰内会战爆发。

决战开始后，双方都不甘示弱。波斯军队故意把战线拉得很长，意在虚张声势，迷惑对手。查士丁尼并未上当，仍加强了阵形的厚度，使得自己坚不可摧。事实上，正如查士丁尼预料的那样，万王之王的战术是用两翼包抄，然后再夹击合围，但是刻意拉长的阵形让整条战线都很脆弱，只要集中力量于一点进行突破，庞大的战线势必土崩瓦解。

决战首先从波斯人的弓箭开始，漫天箭雨几乎遮住了太阳，罗马人不得不顶着箭雨反击，双方步兵很快就厮杀起来。让霍斯劳想不到的是，一支布置在罗马右翼的西徐亚骑兵连冲带撞，竟然强行撕开了波斯人的左翼，直接杀奔后方大营。霍斯劳阻挡不及，丢失了辎重，所以他只好集结军队反攻大营，企图就地围歼罗马骑兵，然而更让波斯人胆寒的是，罗马辅助骑兵竟然带着战利品又突破了波斯的包围，安然无恙地回到了友军之中。

如此一来，波斯军队惊骇不已，丢失财产的波斯贵族更是气急败坏。颇受鼓舞的罗马军队大显神威，冲杀而去。波斯大军被杀得丢盔弃甲，霍斯劳本人不得不抛弃自己的主帐夺路而逃,波斯残部一片混乱,纷纷跳河逃奔,结果多达6成士兵死于河中,鲜血将河流染成了赤色,除了少量军队得以逃脱,大多数人只能投降,霍斯劳因乘坐大象提前泅渡过河,幸免于难。要不是罗马人为抢夺波斯皇帝的金银珠宝而错失了追击的良机,霍斯劳和他的军队可能会在这里被围歼。

逃出险境的万王之王气急败坏,在甩掉东罗马军队后,他一路逃至没有防备的梅利泰内,纵火焚毁了这座城市,以此作为对罗马人的报复,但这除了发泄心中的怨气外,已经毫无意义了。万王之王第一次承认自己的失败,甚至发布罪己诏,严令后世君王不得轻易带兵冒险。

波斯主力败退后,查士丁尼所部已无人能挡,他们抓住战机,挥师攻打巴比伦尼亚,沿途纵兵大掠,一时间生灵涂炭、惨不忍睹。紧接着,查士丁尼又北伐佩尔萨门尼亚,再次将罗马帝国的旗帜插在了里海岸边。此战,波斯人可谓是一败涂地,查士丁尼统率得胜之师大掠7万俘虏而归,还险些烧毁霍斯劳的行宫,查士丁二世时期的战争阴云被一扫而空,东罗马帝国扳回一分。

战略大师登场

狼狈逃回国的霍斯劳深感忧虑,他草率进兵的结果是让不少萨珊重骑兵葬身疆场,而查士丁尼统率的罗马军队减损颇少,如此一来波斯岂不是门户大开任由罗马人侵入?为此,霍斯劳不得不派人远赴欧洲,一方面是向提比略二世求和,另一方面却是联络阿瓦尔汗国,企图从背后捅罗马人一刀。

至于前线,波斯皇帝任命塔姆乔斯罗统率波斯军队,伺机进攻兵锋甚锐的查士丁尼。本来万王之王没有指望能击败查士丁尼,但意外总是来得太快。查士丁尼所部在进入亚美尼亚后,由于轻敌骄傲且侦察不足,塔姆乔斯罗趁机偷袭了毫无防备的罗马军队,结果上万罗马人被杀。这次轮到查士丁尼狼狈逃回罗马了。

东罗马帝国莫名其妙的大败让此前的优势化为乌有,波斯立即结束了屈辱的和谈，兵分两路进攻东罗马帝国，一路袭击叙利亚和卡帕多西亚地区，另一路继续经略亚美尼亚。坐镇后方的提比略二世本要为查士丁尼庆功，他以为帝国已经毫无悬念地称霸亚美尼亚了，却不想马上就收到了亚美尼亚叛入波斯的噩耗，皇帝自然极为愤怒，将查士丁尼的官职和荣誉全部剥夺，改任此前毫无名声的莫里斯为新的最高统帅。

作为一名普通将领，莫里斯之所以能得到提比略二世的青睐，得益于他严厉的作风、善于思考的头脑、卓越的指挥能力以及独特的军事理论。莫里斯对波斯军队有很深的研究，他不是那种只知道打打杀杀的将领，他喜好钻研敌我军队的战略战术，并试图总结各自的优缺点，以便能在战场上找到一种克敌制胜的策略。此人留下了第一部堪称罗马版《孙子兵法》的兵书——《战略》，该书算是东罗马军事理论研究的开山之作，直接引发了后世名将们的著书潮。

新任指挥官雷厉风行。莫里斯手里虽然只有不到 1.2 万人的军队，但他很快提振了败军的士气，并迅速补充了一支军队，而且他还成功说服萨拉森人为其提供支援。波斯将军塔姆乔斯罗不了解莫里斯，以为经历查士丁尼上万人马被歼灭的大败，东罗马短时间内不可能恢复兵力，错误地判断莫里斯只是收拾残局的二流将领。哪知莫里斯迅速攻入亚美尼亚，连克数座要塞，而且兵力远在波斯之上。由于准备不足、兵士厌战、辎重笨重，塔姆乔斯罗自知无力阻挡莫里斯，赶紧向南撤退。莫里斯借此机会大掠阿尔扎尼，夷平要塞，屠城焚村，掳掠人口多达 10 余万。

莫里斯的反败为胜极大地鼓舞了东罗马人，也让波斯人胆寒起来，万王之王霍斯劳被这场大败气得卧病不起，深感战胜东罗马帝国的艰难，所以在没有做好充分准备前，波斯君主不愿意再加大战争的赌注，只好任由莫里斯袭击美索不达米亚和米底亚。然而，罗马和波斯的生死较量才刚刚拉开帷幕。

公元 579 年，85 岁的波斯万王之王霍斯劳驾崩。霍斯劳一生征战，在东面联合突厥汗国灭亡了强大的白匈人，为亡父报了血仇，在西面与贝利撒留在内的数位罗马统帅交手，虽然有胜有败，但最终还是攻克了达拉城，侵占了科尔基斯，掠劫了叙利亚，还将亚美尼亚收入了囊中。

霍斯劳死后，王子霍尔木兹继位，史称"霍尔木兹四世"。新君比起他的父亲明显差劲了不少，他上台后并未取得任何胜利，反而是莫里斯一再攻入波斯腹地大肆掠劫，还一度歼灭波斯主力，烧毁了波斯皇帝的行宫，完全掌握了战争的主动权。

胜利为莫里斯带来了荣誉与威望，他的名声和人气节节攀升，这让提比略二世眼前一亮，因为帝国的威胁还不止波斯人，来自西线的阿瓦尔人几乎游猎至君士坦丁堡城下，皇帝急需一位能征惯战之将去应付西线的问题，也许莫里斯会是个不错的选择。

公元579年，阿瓦尔可汗伯颜傲慢地要求东罗马帝国在8万金币的基础上再增加2万金币的年贡。阿瓦尔人之所以如此傲慢无礼，完全是因为东罗马帝国草率与波斯人开战，兵力集中在东线。更可气的是，阿瓦尔人名义上不再进攻巴尔干，背地里却指使附庸斯克拉文人南下掠劫，就算是脾气温和、理智冷静的提比略也无法忍受阿瓦尔人一再坐地起价，当即严词拒绝。

可汗伯颜得知后大骂罗马人"忘恩负义"，亲率6万大军陈兵萨瓦河南岸。事实上，伯颜很早以前就宣称东罗马控制的西尔米乌姆是阿瓦尔的领土，东罗马拒绝支付年贡后，他便有理由重启对西尔米乌姆的战事。由于没有罗马人提供船只，阿瓦尔人要么自己造一支舰队，顺着多瑙河南下围攻西尔米乌姆，要么就在萨瓦河上架桥。前一种方案因为辛吉杜努姆守军控制着河流且有重兵把守，难度非常大。因此，伯颜一边诈称不会架桥，另一边却在辛吉杜努姆上游大肆砍伐树木，让木材顺流冲到下游的萨瓦河口，借此突然修了一座横跨多瑙河的桥梁，水陆并进包围了辛吉杜努姆和西尔米乌姆。

提比略二世心急如焚，但苦于没有军队支援西部战场，只能派人挑唆伦巴第王国攻打阿瓦尔后方，但依然没有效果。三年后，弹尽粮绝的西尔米乌姆城开城投降，辛吉杜努姆等地也相继失守。两座重镇的失守严重打击了东罗马帝国，巴尔干的防线被撕得粉碎，阿瓦尔人、斯拉夫人频频南下，提比略二世因而忧虑成疾。

公元582年，倍受波斯和阿瓦尔折磨的提比略二世自感大限将至，临终前招莫里斯为驸马，将公主君士坦提娜嫁给了他。当年8月13日，新君莫里斯继位称帝，史称"莫里斯一世"。

新皇帝的继位暂时结束了罗马对波斯的战略进攻，皇帝需要回到君士坦丁堡接掌政权，而且日益严峻的阿瓦尔问题也亟待解决。新皇帝是武将出身，深谋远虑且熟知兵法，继位后立刻开始了他的改革计划。

据现代作家撰写的资料来看，莫里斯从三个方面改革东罗马帝国军队：

一是消除军队私兵化，将各级指挥官的任命权收归国家，废除将领擅自组建私人军队的惯例，类似贝利撒留的私人将卫重骑兵就不再被允许招募。

二是严格划分了军队的指挥层级，从上至下依次是将军、副官、千夫长、护民官、百夫长、什长、伍长，军队按战团、师、旅、营、队的编制划分层级，使得单位作战更加灵活。

三是混编蛮盟军队，将原先按部落、民族组建的骑兵或步兵军队重新编组，让不同部落和民族的军队按兵种混合编成小单位，指挥官也不再是酋长或首领，全部改由罗马人担任，这样就从一定程度上避免了蛮族军队听宣不听调的弊病。

莫里斯一世改革后的东罗马军队大幅提升了战斗力，进攻性更强。对于如何应对两线作战，莫里斯一世的战略便是"先打波斯，后定欧洲，主动进攻，持续掠劫"。他要求前线军队必须频繁出击，反复洗劫村镇，不给敌人丝毫的喘息之机，慢慢地将敌军拖垮。可以看出，新皇帝的政策让东罗马的对外政策再次趋于强硬，这是否意味着战争的走向又将改变呢？

对萨珊波斯的战略反击

公元 582 年，东西两线作战的考卷又一次摆在东罗马皇帝的案上。在莫里斯看来，波斯和阿瓦尔的信誉都很低，但相较而言，波斯还算"良心"，阿瓦尔却有坐地起价、背地使坏的先例，所以对帝国最好的结果便是"消灭阿瓦尔，打和波斯人"。换言之，与波斯的战争可以用一份和平协议结束，阿瓦尔却必须打到他们彻底亡国，因为前者守信，后者反复。

东罗马与萨珊波斯的第二阶段较量正式开始，这一年，约翰接任东部军团的最高统帅，卡尔达里干也接任了萨珊波斯西部大将军的职位。两人都是各自阵营推举的新秀，约翰曾在亚美尼亚战场上表现不俗，而卡尔达里干意为

"黑鹰"，作战狠、准、快。

第一回合：尼菲乌斯河之战，约翰 VS 卡尔达里干

约翰按照皇帝制定的策略，主动率兵挺进，扎营在尼菲乌斯河与底格里斯河交汇处，该处地理位置有利，可以依托河流保护侧翼。卡尔达里干不负"黑鹰"之名，迅速引兵来犯，尼菲乌斯河之战爆发。

根据著名历史学家西莫卡塔的记载，参战双方均将军队分成左、中、右三部，东罗马方面以约翰坐镇指挥中央，库斯指挥左翼，阿里乌夫指挥右翼，萨珊波斯各部的指挥官不详，考虑到东方各国通常以右为尊，卡尔达里干多半指挥的是右翼。

战斗开始后，东罗马帝国中央和右翼迅速发起冲锋，直奔战场中央，两军立即厮杀起来。在血战肉搏中，约翰等人大破萨珊波斯。波斯左翼和中央均被罗马人击败，一度逃离了战场中央。一些罗马骑兵立即追逐而去，企图进一步扩大战果。

乍一看，东罗马似乎胜券在握，但由库斯指挥的东罗马左翼却迟迟不愿行动，与之对阵的卡尔达里干见状立即改变了作战计划，因为约翰的右翼和中央突进得过快，使得其侧后方暴露在卡尔达里干的长矛下，波斯大将军立即掉转方向攻击约翰的背部，这使得约翰等人被前后夹击，局势逆转。

约翰判断库斯领导的左翼已经叛变，当即指挥东罗马帝国军朝最近的高地退却，企图利用地形稳住战线，但这一决定也造成东罗马军队自身的混乱，当他们勉强撤至高地时，士兵们普遍已经累趴下。卡尔达里干带着3部人马顺势围杀，屠杀了大多数罗马人。事后得知，库斯竟是因为妒忌约翰被火线提拔为最高指挥官而拒绝参战，可惜了冤死的东罗马勇士们。

公元583年，约翰被免职，莫里斯的妹婿菲利比库斯被提拔为新的东线最高指挥官。

第二回合：索拉孔之战，菲利比库斯 VS 卡尔达里干

菲利比库斯依旧主动出击，深入波斯帝国的腹地，他得知卡尔达里干正率军前往伊扎拉山，于是抢先占据了尼西比斯平原上的一座高山，待卡尔达里

干经过时，突然率兵从山上杀出，两军在此处爆发了一连串前哨战，其中东罗马帝国缴获了波斯的辎重粮草，但卡尔达里干率领主力前来支援，即便派出的骑兵全部阵亡，波斯人也依然死战不退。菲利比库斯大为震撼，只好兵分两路撤退。双方打成平手。

真正的决战爆发在索拉孔平原。菲利比库斯将营地布置在阿扎蒙河附近，控制了当地的水源。由于从波隆河到阿扎蒙河一带没有水源，如果波斯人前来挑战罗马人，极可能被围困在没有水源的地方，一旦交战不利，波斯军队势必陷入困境。

卡尔达里干骄傲自负，执意率军前往，他通过用骆驼运水的方式解决了缺水的问题，非但没有因为罗马人以逸待劳而陷入困境，反而还打算在罗马人的礼拜日发动突袭。索拉孔会战爆发。

此战，双方依然将军队分成左、中、右三部，菲利比库斯让埃梅萨总督带领的部队与匈人组成左翼，右翼由悍将维塔利乌斯指挥，他本人和副将大希拉克略共同指挥中军。卡尔达里干军以萨珊波斯的重骑兵为主，左翼由他的侄子阿弗拉特指挥，右翼由莫鲍德斯指挥，而中军则由卡尔达里干亲自坐镇。

罗马悍将维塔利乌斯指挥的右翼首先发起了冲锋，强悍的右翼携风带尘般急速撞破了波斯人左翼，不少波斯骑兵被阵斩于马下。波斯左翼战线一片混乱，惊慌的士兵不是朝后方退却就是四面溃逃。得胜的罗马右翼突破敌军战线后，眼见波斯骆驼辎重队和后方大营无人防守，便急不可耐地继续追杀过去，他们本该回转侧击波斯的中军，但此时的他们全然忘记了使命，只顾着抢夺波斯人的战利品。

罗马右翼的突破本是一个好消息，但抢夺战利品的行为让友军陷入苦战。那些四散溃逃的波斯左翼人马随即加入了中军和右翼，变相地增援了己方军队。菲利比库斯见军队陷入苦战，大为恼怒，但又无法脱身，他当机立断取下了自己的头盔，将他交给了亲兵狄奥多尔，命其假扮自己召回右翼。这个勇士冒着波斯人的矛林箭雨杀进杀出，挑死了数员敌方大将后驰向波斯人的后方。

在等待右翼归来的危急时刻，要不是菲利比库斯令中军骑兵全部下马步战，用盾、矛组成了一道道紧密的防线，厚度加强的波斯中军极可能冲垮脆弱的罗马步兵，好在他们后方的弓箭手反复用箭雨回击波斯人，射杀了不少进退不得的波斯士兵，罗马步兵的防线成功坚持了下来。

不多时，罗马右翼终于重返战场，从波斯人的侧后方冲杀而至，他们与罗马中军和左翼形成夹击之势，但战局依然未见转机，萨珊重骑兵战力彪悍，始终屹立不倒。战场上血肉横飞，地上堆满了尸体，两军士兵只能站在尸体上鏖战。这时，不知是谁在战场上大喊："攻击波斯骑兵的马腿！"罗马士兵立即抄起长剑砍杀波斯战马，精锐的重骑兵立即混乱起来，不少骑士跌落下马，立即被罗马人的长矛刺穿。波斯人起先稳定的战线立刻被撕成了碎片，3部人马各自溃败，其中左翼一路败逃至达拉。指挥中军的卡尔达里干也带着残部逃到一座山上，但罗马人并未关注他们，而是忙着抢夺战利品。

卡尔达里干在山上忍饥挨饿了4天，已经濒临死亡。他决心突围，强迫士兵砸碎了储水的瓶子，此举与楚霸王项羽的破釜沉舟、柴田胜家的破瓶之战颇为相似，因为离波斯人最近的水源控制在东罗马军队手中，为激起波斯人的战斗欲，卡尔达里干只能置之死地而后生。波斯人因此冲杀下山，强行杀到阿扎蒙河边，只不过由于波斯人过于饥渴，大队人马蜂拥冲向河边，不少人被挤下河，死于水中。

第三回合：克洛马龙之战，菲利比库斯VS卡尔达里干

索拉孔之战使得罗马军队士气大振，东罗马帝国暂时获得了战争的主动权，菲利比库斯率领得胜之师继续追击，攻入了阿尔扎尼并围攻波斯人的坚固堡垒——克洛马龙。

此时的菲利比库斯沉浸在胜利的喜悦中，他的作战大胆起来，相信了一些投降的波斯人，将军队四散开来，四处掠劫阿尔扎尼地区，其间他还派副将大希拉克略率领20余人去接管投降的要塞。殊不知这一切均是波斯人的诡计——卡尔达里干得到了增援，正率领一支庞大的军队返回阿尔扎尼，迎面撞上了大希拉克略。

波斯军队多为临时招募的新兵，再加上很多运输辎重的骆驼，看起来人多势众，其实都是些乌合之众，机动性很差。大希拉克略身边只有20余骑，论数量不及敌军的千分之一，但两军近在咫尺，若是策马逃走无疑会遭到全歼。

汗水浸湿了大希拉克略的衣甲，身边的士兵也冷汗直流。大希拉克略握

紧了缰绳，脑袋里飞速思考着应对之策，实在不行唯有血战报国了。正当所有罗马骑兵以为必死无疑时，大希拉克略忽然坐直了身子，他猛然看见波斯人的侧面有数座山岭，一个大胆的计划迅速在他心中形成。

大希拉克略对部下说道："兄弟们，前方的山岭是天然的屏障，如果我们强行杀入山中，波斯人就是掘地三尺也不可能找到我们，现在波斯人还不知道我们只有一小队侦察骑兵，若是我们像决战一样公然前进，波斯人一定会以为我们身后还有尚未抵达的主力大军，这是我们唯一的机会！所有人，拔剑，随我前进！"

大希拉克略大胆地带着20余骑策马奔向波斯大军，波斯人果然大感意外，以为还有大军跟在后面，于是各部急忙列阵，准备迎接大战。然而，很长时间过去了，除了大希拉克略的20余骑，未见东罗马一兵一卒，波斯人立即发现上当，赶紧下令骑兵追击正逃向山岭的大希拉克略。可惜为时已晚，罗马骑兵的机动性很强，大希拉克略带着他的骑兵翻越山岭，从一座到另一座，终于摆脱了波斯人。

夜幕时分，大希拉克略将波斯大军即将抵达克洛马龙的情报告知了菲利比库斯。大将军顿感不妙，因为大多数军队都被派出去掠劫阿尔扎尼了，围困克洛马龙的军队很少，如果不能及时集结兵力，怕是要被围歼在城墙下了。于是菲利比库斯吹响了集结号角，命各部人马迅速回到营地。

好在一道峡谷夹在罗马和波斯之间，阻隔了两军的交锋。卡尔达里干没有立即发起攻击，因为他知道波斯新军缺乏作战经验，而且刚刚才败于东罗马帝国，士气远不及罗马人，所以他特意挑选了不少精锐士兵，命他们趁夜色绕过峡谷，突然占领了克洛马龙旁的高山，将菲利比库斯夹在波斯军队和要塞中间，两军近得几乎能听到对方的马叫声。

菲利比库斯发现被围困的是自己，一时间乱了阵脚，他已经失去了击败波斯人的勇气。次日深夜，菲利比库斯突然命军队拔营撤退，本以为能不被发现，但混乱的军队制造的声响还是惊动了卡尔达里干。波斯人立即发兵追击，一路砍杀逃走的罗马军队，辎重队因为过于缓慢，几乎被全歼，而且波斯军队擅长使用弓箭，射杀了不少人，据说连菲利比库斯的行李和帐篷都被夺走了。

惊恐的菲利比库斯狼狈渡过了尼菲乌斯河，等他逃到阿米达时，兵力已经损失了大半。东罗马军队对统帅颇有微词，一时间怨声载道，而大将军本人也失去了信心，只好把军队带进了伊扎拉山下的堡垒，然后将指挥权移交给了副将大希拉克略。

大希拉克略倒是胆大心细，他控制了各处隘口，避免了波斯人的围困，然后带着部分军队到底格里斯河对岸扎营，趁波斯人不备，穿过了波斯人未能设防的地方，一度杀入米底亚，纵兵大掠，接着又在波斯人前来围剿时带兵安然撤退回国，总算是震慑住了卡尔达里干。

从以上 3 个回合来看，东罗马帝国基本坚持了主动进攻的战略，但连换两员大将的东线军团依然未能彻底击败波斯，约翰与菲利比库斯的损失都很严重，除了严重破坏了阿尔扎尼外，东罗马帝国并未获得任何战利品。更糟糕的是，莫里斯罢免菲利比库斯后又下令削减军费，将士兵薪酬的四分之一拿来保养装备，这一决定固然是财政困难时期的不得已之举，却导致了东线军团集体哗变，虽未造成防线崩溃，但也着实令人冷汗直流。

东线战事迟迟不能结束，阿瓦尔人问题又日益严重，东罗马帝国与波斯的僵局难道真的难以打破？事实上，不仅东罗马帝国面临两线作战的问题，萨珊波斯同样如此，为了与东罗马对抗，波斯不得不将东线的兵力集中到西线，这似乎给了突厥人可乘之机。

扶立萨珊波斯废君

公元 588 年，看到波斯与东罗马鏖战不止，一直暗中观望的突厥可汗率领 30 万大军西征，使得波斯陷入了东西两线作战的不利境地，无疑有亡国的危机。焦虑的霍尔木兹四世只能将他最不喜欢的贵族将军巴赫拉姆·楚宾提拔为东部大将军，命其抵御突厥人的进攻。令罗马人和波斯人都想不到的是，巴赫拉姆·楚宾的出现彻底打破了东罗马帝国和萨珊波斯帝国维持 400 年的势均力敌的局势，两个国家都因为他的出现迎来了新的挑战。

巴赫拉姆·楚宾，时年四十，出身于古老的米赫兰家族，该家族并不是萨珊波斯的贵族世家，而是七大帕提亚氏族之一，他们一直都是帕提亚帝国的重要封臣，素有"造王者"之称，即便萨珊波斯取代了帕提亚，米赫兰家族的封地和权力依然丝毫没有动摇。除了他们，萨珊政权里还有其他几个大家族也是如此。历代萨珊君主都非常忌惮这些强大的前朝诸侯，所以萨珊波斯实际上是旧帕提亚大贵族和萨珊大贵族联合统治的国家。

霍尔木兹四世对国君权力受制于大贵族的现状非常不满，年轻的万王之王急躁、冲动、不顾后果，他毫不顾忌地削弱大贵族的权力，以各种理由处死那些桀骜不驯的贵族，18世纪欧洲启蒙时代史学的卓越代表爱德华·吉本夸张地称其折磨和处死了1.3万人。各大贵族世家虽然都受到万王之王的压制，但霍尔木兹四世未能动摇诸侯们统治的根本，所以他的统治看似牢固，实则非常脆弱，他的所作所为对本就剑拔弩张的君臣关系无疑是火上浇油。

巴赫拉姆·楚宾从霍斯劳的贴身侍卫做起，参加了包括达拉之战在内的大多数对外战争，凭借战功被拔擢为统兵大将。然而，越是有能力的贵族将领就越受到霍尔木兹四世的忌惮，所以巴赫拉姆也是万王之王猜忌的对象。直到东罗马与波斯三次大战后，突厥可汗莫何（阿史那·处罗侯，也称叶护可汗）提兵30万大军西征波斯，霍尔木兹四世才放弃了打压贵族世家的政策，转而寻求贵族的支持，于是贵族会议一致推举巴赫拉姆出任北部大将军，望其能阻挡突厥大军的进攻。

公元588年，莫何可汗的军队连下巴尔赫、巴德吉斯和赫拉特，兵锋直逼波斯腹地。虽然巴赫拉姆手里的军队只有1.2万人，但他们都是身经百战的波斯精锐，比起徒有虚名的30万突厥人，萨珊波斯的战斗力并不弱。对于如何击溃数十倍于己的敌军，巴赫拉姆非常清醒，他不打算正面攻击莫何可汗，而是用擒王、伏击之策。

当年4月，萨珊波斯在普勒—鲁德巴峡谷伏击了突厥大军。此战是巴赫拉姆的成名之战，他以步兵为先锋，重骑兵坐镇中央，两翼部署了披甲战象，整体阵形呈凸字状。另外，他还从萨瓦兰骑兵中精选了100名巴列维重骑兵作为刺向可汗的绝杀武器。至于突厥人，他们人数众多，战线拉得很长，骄傲的突厥可汗还坐在远处的小山丘上欣赏决战的全过程。

战斗打响后，巴赫拉姆直接下令全线进攻，两翼披甲战象凶猛地冲击突厥人的两翼，大象背上的弓箭手利用高处优势，射杀了不少位于中央的突厥精锐，这成功策应了中央的波斯重骑兵，使巴赫拉姆得以率领 100 名巴列维重骑兵强行穿过了突厥中军，直接歼灭了可汗身边的护卫，突厥人大乱。据说就在突厥可汗惊慌失措时，一支利箭正中可汗，突厥全线溃败。

次年，巴赫拉姆包围了突厥王子伊利特勤所在的阿瓦泽城堡，残余的突厥人只好举手投降。随后，波斯大军渡过阿姆河，攻入了突厥国内，大量的战利品落入波斯人之手，300 头满载战利品的骆驼被送往泰西封，巴尔赫回归波斯。巨大的成功为巴赫拉姆·楚宾带来了巨大的声望，波斯首席名将的称号自然随之而来。

然而，成功的背后往往伴随着危机。在众星捧月的赞誉声中，霍尔木兹四世对巴赫拉姆的忌惮更深了，而巴赫拉姆本人也变得骄傲起来，妄想夺取东罗马的高加索地区。莫里斯一世得知后，任命大将罗曼努斯坐镇高加索，此人带着军队挺进至阿尔巴尼亚，东罗马帝国与巴赫拉姆的第一轮较量开始了。

第四回合：阿尔巴尼亚之战，罗曼努斯 VS 巴赫拉姆·楚宾

巴赫拉姆依旧是诡计多端，他见东罗马军队人多势众，没有主动进攻，而是装作非常畏惧的样子，企图诱使罗马人越境攻击波斯，然后再伏击罗曼努斯。谨慎的罗曼努斯没有上当，他派了 50 名轻骑兵前去侦察巴赫拉姆的动向，然而，波斯派了两名间谍伪装成罗马人，把 50 名轻骑兵全诱入了伏击圈，除了 3 人逃走外，其余人全部被俘。巴赫拉姆通过拷问俘虏，得知罗曼努斯兵力弱且无意深入。

胆子大起来的巴赫拉姆主动渡河进攻，掠劫了不少地方。可惜巴赫拉姆低估了罗曼努斯，此人犹如一头猎豹，不仅谨慎、冷静，而且善于出奇制胜。罗曼努斯没有急于作战，而是就地招募士兵，将军队规模扩大至 1 万人马。同时他积极鼓励当地民众抵抗波斯人的入侵，使得百姓热情高涨。见军民都渴望一战，罗曼努斯留下老弱守备城池，只带着精锐士卒挺进战场，仅用 2000 名士兵便歼灭了巴赫拉姆的先锋部队。

两军主力遭遇在阿尔巴尼亚平原，隔着一条峡谷对峙。巴赫拉姆依然骄傲自负，他竟然要求罗曼努斯要么前来一战，要么让开道路。决战在第五天打响。根据西莫卡塔的记载，两军依然分成三部人马作战，由于巴赫拉姆担心中军无法抵御罗马人的冲锋，便抽调了部分左翼人马支援中央，结果兵力不足的左翼被罗曼努斯一举击溃，波斯大军立即全线崩溃。

　　令人意外的是，看似平淡的阿尔巴尼亚之战却突然打破了罗马—波斯战争的平衡。气愤的霍尔木兹四世因此战罢免了巴赫拉姆，还送去了一套女装羞辱他。愤怒的巴赫拉姆·楚宾忍无可忍，终于举兵叛乱，他的帕提亚旧贵族身份让他得到了不少下层民众的支持，而突厥人也在此时支援巴赫拉姆，以求扰乱萨珊波斯。霍尔木兹四世派去的征讨大将根本不是巴赫拉姆的对手，尼西比斯守军甚至主动投降，叛军很快逼近至泰西封所在的巴比伦尼亚。

　　巴赫拉姆·楚宾在外叛乱，权臣于内政变，霍尔木兹四世的威望一降到底，原先就已颇为不满的大贵族和宗教阶级也开始发难，在一次政变中控制、刺瞎并勒死了霍尔木兹四世，拥立小王子霍斯劳回都继位，史称霍斯劳二世。

　　新帝一继位立刻派人去招降巴赫拉姆，许以高官厚禄，然而巴赫拉姆已不再满足人臣地位，断然拒绝任何和谈条件，这意味着巴赫拉姆的目的是要重建帕提亚帝国，叛乱已不再是王朝的内部权力争夺，而是波斯与帕提亚的生死之战，显然谁都不会再退让了。

　　霍斯劳二世在支持他的贵族的帮助下，又组织起了一支数量庞大的军队，两军决战于霍尔万，可惜小皇帝依旧寄希望于和谈，耽搁了整整6天。第七天，巴赫拉姆突袭了霍斯劳二世的营地，波斯人大多倒戈投降，霍斯劳二世在30名亲信的保护下逃离首都，任由叛军占领国都。

　　公元590年，巴赫拉姆·楚宾宣布恢复帕提亚帝国，自封"万王之王"，称"巴赫拉姆六世"。

　　霍斯劳二世虽然被赶出了泰西封，但萨珊波斯帝国却没有灭亡，因为巴赫拉姆所代表的米赫兰家族并没有得到全体波斯贵族的支持，一般民众可能会支持他，但与米赫兰家族势力相当的其他贵族世家却不愿意同僚一跃成为自己的封君，因为这打破了萨珊王室与帕提亚大贵族联合统治的传统，无论米赫兰有多大的威望，都没有正统性可言，自然不能服众。

霍斯劳二世出逃后辗转于各地，他一面召集支持自己的贵族，企图重组军队，另一面派人联络东罗马帝国，承诺在复位后割让包括佩尔萨门尼亚、阿尔扎尼地区在内的大半个亚美尼亚。这简直是东罗马帝国千年不遇的良机，亚美尼亚作为东罗马帝国最为看重的兵源地，一直是历任皇帝争夺的重点，如果能一举夺取亚美尼亚，与波斯的百年战争便能结束，风险和利益相比简直不值一提。

莫里斯一世仔细思考后，力排众议，将女儿嫁给霍斯劳二世为妻，正式出兵干涉波斯内战。罗、波宿命之战进入了高潮。

为了一战成功，莫里斯一世狠下血本，他召集了 4 万精锐的罗马军队，由统兵大将纳尔西斯指挥，从奇里乞亚出兵，会合了支持霍斯劳二世的 8000 名波斯王室军队，以及马米科尼扬支援的 1.2 万亚美尼亚军队，合兵 6 万人马浩浩荡荡杀入了美索不达米亚北部，多数城市不战而降，战争全面爆发。

罗波联军攻势凌厉，计划兵分三路攻打巴赫拉姆六世：第一路从亚美尼亚出兵阿塞拜疆，威胁并清除波斯北部的米赫兰叛军势力；第二路从叙利亚直插巴比伦尼亚，意在威胁王都；第三路由纳尔西斯和霍斯劳二世亲自统率，计划与亚美尼亚援兵会合后，目标直指巴赫拉姆的米底亚大本营。以上三路大军中，第一、第二两路均为佯攻，真正的主力无疑是第三路。

战争进展非常顺利，第三路罗波联军首先在底格里斯河附近击败并俘虏了叛军大将布莱扎修斯。第一路罗波联军本来会被米赫兰叛军主力拦截，但他们巧妙的移动避免了提前决战，顺利与纳尔西斯的主力会合。至于第二路罗波联军，他们的到来吓得叛军弃城逃走，塞琉西亚、泰西封几乎在没有抵抗的情况下沦陷。泰西封的光复使得波斯王室的拥护者们欢欣鼓舞，这标志着霍斯劳二世依然是萨珊波斯合法的万王之王。事实上，巴赫拉姆撤离泰西封既有避其锋芒之意，但更多的还是为了集结军队，他仍然有 4 万人马可以用于决战。

公元 591 年，巴赫拉姆带着仅剩的 4 万叛军迎战罗波联军，双方决战于西拉加农（巴拉拉特河附近）。

第五回合：西拉加农之战，纳尔西斯 VS 巴赫拉姆·楚宾

罗波联军一方由纳尔西斯、霍斯劳二世指挥中军，罗马大将约翰指挥左

翼，波斯将军梅博德斯、萨拉姆斯指挥右翼。巴赫拉姆叛军不足4万，为避免被罗波联军包围，他只好牺牲纵深，拉长战线。然而叛军见联军一方人多势众，士气大跌，叛军将领巴兰带领所部500人当即投奔罗马，这无疑给叛军泼了一盆冷水。

第一轮交锋中，巴赫拉姆企图趁夜偷袭罗波联军，可惜复杂的地形阻止了他们的行动，罗波联军在日出时已经严阵以待。霍斯劳二世急不可耐地让士兵攻击叛军所在的高地，波斯人如同野兽一样大喊大叫，纳尔西斯指挥的罗马军队却安静如常，严守纪律和阵形。纳尔西斯劝霍斯劳不要盲目进攻，但对方执意出兵，结果损失惨重。

第二轮交锋中，巴赫拉姆转移了营地，企图摆脱罗马军队，但纳尔西斯用强行军咬住了巴赫拉姆的尾巴，大战终于爆发。巴赫拉姆不再犹豫，同样采用了当年击败突厥可汗的布阵，以步兵和骑兵为中军，披甲战象为两翼。罗波联军的布阵采用了罗马人的传统，中央布置了最精锐的重步兵，两翼多为辅助步兵和骑兵。

交战开始后，两翼的披甲战象攻势凶猛，压制了罗波联军的两翼，不少人被弓箭手射杀，巴赫拉姆不失时机地派兵增援自己的左翼，使得罗波联军右翼溃败四散，中央步兵的侧翼和后方完全暴露在叛军的攻势下。如果不出意外，罗波联军的中军会首先败退，接着就是左翼。

可惜巴赫拉姆又一次错看了罗马将军，纳尔西斯没有因为右翼溃败而动摇，他根本不去关注叛军的披甲战象，而是命令中央步兵安静有序地支援两翼，同时带着主力精锐继续猛攻叛军中军。可以看出，纳尔西斯的目的并非全线挡住叛军的攻势，他要在中央凿开一道口子，然后从中央反过来袭击叛军两翼的侧后方。

这一计划取得了意想不到的成功，精锐的罗马重步兵和骑兵疯狂地猛打猛冲，还真就击穿了叛军的中军，不少叛军骑兵落马被杀，6000名叛军当即转身逃跑，结果被围歼在一座小山上。随着叛军中军的溃败，两翼披甲战象已不成气候，罗波联军分别包围了叛军的两翼，逐个斩杀了这些大象，8000名叛军投降，巴赫拉姆·楚宾几乎是仅以身免。

西拉加农之战以罗波联军的胜利告终，巴赫拉姆遁入了突厥，虽然被突厥可汗收留，但霍斯劳二世派去的使者依旧刺杀了他，米赫兰叛乱至此彻底结束，霍斯劳二世再次成为无可争议的万王之王。战后，霍斯劳二世对莫里斯一世感激涕零，如约割让了亚美尼亚和达拉等地，两国签订盟约，结为翁婿之邦。

经过5个回合的罗波生死之战，终于以东罗马夺取亚美尼亚完美收官，这是数百年来罗马首次成功左右东方王朝内斗的战争，可谓用最小的投资换得了最大的利益，莫里斯的功劳直追圣贤。成功扶立波斯废君意味着东罗马帝国可以集中兵力去收拾为祸西线的阿瓦尔汗国了，莫里斯的战略计划正在逐步实现，东罗马帝国是否即将迎来复兴呢？

成也勃焉，败也忽焉

莫里斯的出现让走下坡路的查士丁尼王朝出现了勃勃生机，作为一名将军，他长期供职于前线，可谓身经百战；作为一位皇帝，他不畏阻力锐意改革，可谓魄力十足。后世在提到莫里斯时，几乎都会提一提他的《战略》，从《战略》一书可以看出，不同于西欧诸国看重作战技能，东罗马帝国把战争视为艺术，更加重视经验、理论的总结和运用，其思想高度远非邻国可比。

莫里斯时期的东罗马军队逐渐走出了查士丁尼时期的混乱，帝国不再鼓励将领自募军队，强调固定的编制和制度，简单地说，就是把"以将领为主"的私兵变成"以国家为主"的职业军团。在这一时期，东罗马帝国更加重视骑兵，特别是具装重骑兵的建设，编制也按战团、师、旅、营、队团固定了下来，其中营的人数为300~400人，6~8个营组成1个旅，3个旅又组成1个师，至于战团则相对灵活，可能包括2个或更多的师。最特别的是，莫里斯为了不让敌军了解东罗马军队的建制，不同的营、旅、师的人数往往不同，使得敌军无法准确判断东罗马帝国的实际兵力。

当然，以上变化都不是莫里斯改革的核心，"重视本土士卒"才是东罗马帝国没有走上西罗马老路的根本原因。在莫里斯的改革里，东罗马帝国不断减少外籍士卒的数量，削弱其地位，有意提拔并招募了大量的本土士卒，这些人的地位得到皇帝的重视，并相继被授予高级将领之位，如此便解决了外籍将领尾大不掉的问题，使得军队更加忠于帝国，而不是扰乱帝国。按照莫里斯的设想，未来的东罗马军队将全部从本土招募士兵，从而彻底抛弃忠诚度堪忧的蛮盟军团。

可惜莫里斯最终没能实现他的改革计划，如同其短暂的成功，皇帝的败亡也来得突然而迅速。

公元591年是东罗马帝国扬眉吐气的一年，莫里斯押对了宝，成功扶持霍斯劳二世重新登上萨珊波斯王位。在这场以国运为赌注的抉择里，莫里斯无疑是收获最大的人，他不仅结束了罗马与波斯的百年战争，夺取了亚美尼亚等战略要地，还让宿敌波斯成了自己的盟国，东线第一次不用花钱也能维系和平了。

在东罗马帝国的历史上，两线作战一直都是国之大忌，故而历代皇帝哪怕花钱也要保证一条战线的稳定，即便是雄霸天下的查士丁尼大帝也不得不每年给波斯送钱来保证东线的安宁。现在莫里斯一世拥有了对波斯的绝对优势，而且不用花一分钱也能保证波斯恪守盟约，这意味着什么？这意味着东罗马帝国将要把注意力集中到巴尔干半岛了，他们与阿瓦尔汗国的较量已经近在眼前。

在东罗马帝国把主要精力集中在东部萨珊波斯时，一统南俄平原的阿瓦尔汗国正快速崛起，他们相继征服了境内的诸多民族，特别是把斯拉夫人作为附庸，极大地增强了兵力。此前，日渐强大的阿瓦尔汗国联合伦巴第人吞并了格皮德人的领土，在伦巴第人全数迁入意大利后，阿瓦尔汗国更是轻易接管了伦巴第人的旧土，领土迅速扩张，其势力范围直追当年的阿提拉帝国。

由于东罗马帝国的战略重点是萨珊波斯而不是游牧蛮族，所以集中在巴尔干半岛的军力并不强大，皇帝只能用花钱买和平的方式来维持西部地区的平衡，然而这种"以金赂敌"的妥协方式不可能真正地为帝国带来和平。

公元585—公元591年，阿瓦尔可汗一边接受东罗马帝国的黄金，一边挑唆斯拉夫人南下掠劫，两国自然再次开战。虽然帝国出兵抵抗，但阿瓦尔汗国及斯拉夫人还是一再夺得战场的主动权，连败帝国驻军，洗劫各地村、镇，杀人无数。这期间，一些罗马人主动效忠阿瓦尔可汗，并为他们提供了许多先进的技术和知识，使得阿瓦尔汗国的军队能够改良陈旧的攻城方式，接连攻陷城池,甚至尝试攻打坚固的塞萨洛尼基。

公元592年,亚洲部分已经安定的东罗马帝国开始加大在巴尔干半岛的用兵强度。这一年,莫里斯本打算御驾亲征,但皇帝出师不利,先是发生了日食,然后又是皇帝险些落马,一连串不利事件让莫里斯一世失去了亲征的勇气,只好借口会见波斯使者,返回了首都。虽然皇帝未能亲征,但东罗马帝国对阿瓦尔的军事行动并没有因此停止。

公元592—公元599年,东罗马帝国始终坚持对阿瓦尔用兵,其中以普利斯库斯为代表的优秀将官们与阿瓦尔可汗斗智斗勇,一度逼得可汗泅渡而逃,但阿瓦尔不久后又卷土重来,不但困住普利斯库斯,还干掉了科门提奥努斯的数万援军,双方玩起你来我往的战争游戏。如此看来,东罗马帝国虽然免除了东线的后顾之忧,不断加强在西线的兵力,但阿瓦尔之祸并未解除,再加上斯拉夫人屠杀了不少平民,焚毁了不少村镇,东罗马的损失远比阿瓦尔多。

以公元599年为转折点,莫里斯对阿瓦尔战争越发不满,这主要是因为皇帝为讨伐阿瓦尔的军事行动花费了大量的黄金,但依然未能收到期待的回报,帝国财政濒临崩溃,而不争气的指挥官还让阿瓦尔人得以用1.2万俘兵索要赎金,莫里斯心一横,断然拒绝,阿瓦尔旋即处决了全部战俘。

此事让皇帝的威望一落千丈,曾经威风八面的战略之父竟然会为了钱牺牲上万士兵,其产生的舆论效应足以让军队背弃莫里斯。诚然,莫里斯的荒唐决定是国库吃紧所致,但对君王来说,人心永远比黄金更加珍贵,因为钱可以再抢回来,但人心却未必能赢回来。

可惜莫里斯未能看破这一点,他将失败归咎于前线将领的无能,经验丰富的普利斯库斯被罢免。公元602年,莫里斯的弟弟彼得领兵多瑙河,此人并无军事才干,除了值得信任和坚决执行命令外,一无是处。

据载,东罗马帝国在这一年里的军事行动持续了近8个月,俘获了不少战利品,按照惯例,士兵可以在冬季回家休整,但莫里斯为了节约军费开支,命军队留在多瑙河以北过冬。这一纸命令让前线哗然,士兵们推举几个百夫长向彼得求情,但固执的彼得拒绝了士兵们的请愿。

士兵们见回国无望终于爆发哗变,一个名为福卡斯的百夫长在这场哗变里积极串联,迅速让哗变波及全军。彼得此时才后知后觉地发现问题的严重性,但他已经失去了对军队的掌控，惊慌失措的彼得没有找出应对之策，反而弃军逃跑，福卡斯遂被拥立为全军统帅，西线军团全数反叛。

福卡斯此人身份卑微，没有贵族血统，缺乏文化又刚愎自用，据说他相貌丑陋，面部有一道伤疤，喜怒无常，经常因生气而变得面红耳赤，他之前的经历没多少人知道，只知道他的地位是靠一刀一剑砍出来的，在军队下层有很高的威望。他独掌兵权后，果决、狠辣的一面展露无遗，那些试图缓和局势的将领和士兵都被福卡斯处决，军队很快就确立了福卡斯一人的绝对领导，这般手段令人折服。

福卡斯控制军队后马上就明确了"推翻莫里斯一世"的斗争纲领。他没有给君士坦丁堡反应的时间，当机立断率领全军渡河南返，直奔首都。由于行动迅速，莫里斯发现叛军将至时，他手里竟然连可以出征的军队都没有，因此他只好求助于蓝、绿两党，鼓励两党领袖率领成员主动到城墙上抵御叛军。蓝党因为多是贵族官僚，对莫里斯的请求当然积极响应，但绿党成员多为平民，他们早就不满莫里斯政府的严苛统治，心里盼望着福卡斯早日攻入首都，首都内部出现了分裂。

叛军并没有打出推翻查士丁尼王朝的旗号，自称是为了帮助皇子狄奥多西而来，要莫里斯主动退位让贤。此举起到了意想不到的效果，皇帝本就怀疑福卡斯等低级军官谋反的胆量，他并不相信一个百夫长能挑唆一整支军队造反，他听到叛军要拥立儿子称帝时，坚信这是狄奥多西的岳父日耳曼努斯策划的兵变，目的就是要夺取帝国的最高权力。

叛军虽未攻城，君士坦丁堡却先乱了，莫里斯急忙召回在外打猎的狄奥多西和日耳曼努斯，前者被抓来鞭笞，后者被迫逃至教堂，教会和部分蓝党支持日耳曼努斯，击退了企图杀死日耳曼努斯的皇室卫队，首都内部发生暴乱，暴民趁机焚烧建筑，围攻皇宫，局势彻底失控。

君士坦丁堡内外都是敌人，莫里斯发现自己成了孤家寡人，他的局面远比尼卡暴乱时更糟糕。然而此时的莫里斯既没有像贝利撒留那样的忠臣，又没有狄奥多拉宁死不退的勇气，皇帝在11月22日夜里带着妻子和8个儿女悄悄乘船出海，可由于撞上暴风雨，皇帝只能在尼科米底亚登陆，躲进了迦克墩的圣奥托诺穆斯教堂。

皇帝逃走后，日耳曼努斯便带着一帮勋贵主动到城外向福卡斯宣誓效忠。25日，福卡斯身着紫袍入主大皇宫，百夫长正式以东罗马皇帝的名义对外发布敕令，史称"福卡斯一世"。

不久后，伪帝派军队把莫里斯及其支持者全数处死，包括他的全部儿女，然而那些背叛莫里斯的前朝重臣也没有得到期待的高官厚禄，更没有得到福卡斯的赦免，大局已定，福卡斯马上卸磨杀驴，包括日耳曼努斯在内的诸多贵族均被处决，蓝党成员大部分被杀，绿党高层也惨遭屠戮，大字不识的兵痞们首次掌握了帝国的权力，查士丁尼王朝绝嗣。

百夫长福卡斯引发的叛乱迅速终结了东罗马帝国一片大好的国际形势，巴尔干半岛的军队在福卡斯的带领下放弃了前线阵地，使得多瑙河再次门户洞开，阿瓦尔人、斯拉夫人也再次南下掠劫巴尔干各地，肆意屠杀当地人，不过数年，蛮族竟然成了当地的主体民族，游牧民族迁入巴尔干的趋势已经不可逆转。

至于好不容易才平息的东方，萨珊波斯君主霍斯劳二世找了一个年轻人假扮皇子狄奥多西，以为岳父莫里斯报仇为名，再次开启了罗马—波斯战争。万王之王的野心很大，他要的不是收复亚美尼亚，而是恢复阿契美尼德王朝的全部领土，亚洲的和平消失不见。

东罗马帝国内部同样战乱四起，福卡斯的叛乱缺乏广泛的支持，美索不达米亚、巴勒斯坦、埃及、阿非利加都拒不听命于福卡斯，阿非利加总督大希拉克略更是明确宣布独立，势要与伪帝福卡斯一较高下。内忧外患的巨大危机已降临东罗马帝国。

第四十一章 希拉克略『救亡图存』

救世主希拉克略登场

随着莫里斯的死，东罗马帝国再也没有出现一个试图恢复大罗马帝国的皇帝，从这时候起，罗马人的核心领土再也不是意大利、高卢、西班牙和不列颠，他们以希腊和色雷斯为中心，视小亚细亚为主要兵源地，视埃及为主要粮仓，视君士坦丁堡为新的罗马城，历史的大势让罗马人不得不依靠希腊帝国的残土延续自己的文明。

伪帝福卡斯虽然紫袍加身，但他并没有得到整个东罗马帝国的支持，东部战将纳尔西斯被莫里斯封为美索不达米亚总督，他拒不听命于福卡斯的政权，于公元602年起兵抗命。由于手里的军队不多，纳尔西斯便向霍斯劳二世求援，波斯视莫里斯所代表的查士丁尼王朝为盟友，自然与伪帝福卡斯不存在任何盟约，霍斯劳二世本就野心勃勃，福卡斯的叛乱正是他入侵罗马的借口。

伪帝福卡斯派了两路军队去抵御波斯人的入侵，第一路将领兵败身死，第二路大军又在阿尔萨蒙被战象碾压。公元605年，传奇要塞达拉又一次沦陷。随着达拉失守，波斯大军得以长驱直入，连克从美索不达米亚到叙利亚的各处城池要塞。公元607年，波斯军队渡过幼发拉底河，侵入巴勒斯坦地区。公元608年，战火已经烧到了卡帕多西亚乃至迦克墩。到公元609年5月，波斯人已经占领了埃德萨、阿帕米亚。次年，安条克、恺撒里亚等地的鹰旗也纷纷落下。

萨珊波斯的入侵给东部各行省造成了极大的震动。从未宣誓效忠福卡斯的阿非利加总督大希拉克略也是莫里斯一手提拔的东部战将，他在东线战场上立功无数，是亲身经历了罗波生死之战的一线将领，来之不易的战果被福卡斯糟蹋后，他便以迦太基为中心割据北非，自称执政官，誓要推翻伪帝的政府。

伪帝福卡斯出身卑微，为了拉拢大贵族，他把唯一的女儿嫁给贵族克里斯普斯为妻，但伪帝为人喜怒无常、薄情寡义，他因为女婿和女儿的雕像被安置在赛马场上供人瞻仰而处死了不少人，这使得克里斯普斯大为恐惧，他担心残忍的岳父下一个要杀的人就是自己，于是写信向割据阿非利加的大希拉克略求救，鼓动执政官夺取帝位，还承诺充当内应，为阿非利加军提供方便。

大希拉克略已然年迈，纵然对克里斯普斯的提议颇为心动，但他已没有精力去冒险了，所以他封同名的长子希拉克略为共治执政官，把这个神圣的使命交给了年轻力壮的儿子。

共治执政官希拉克略年轻且充满朝气，据说他长相英武不凡，身手矫健且武艺绝伦，是不可多得的帅才。希拉克略于公元608年正式起兵，分两路讨伐伪帝福卡斯，一路由其表亲尼西塔斯率部攻占埃及行省，截断送往首都的粮食，这一路计划沿着巴勒斯坦、叙利亚、小亚细亚进攻君士坦丁堡。另一路由希拉克略亲自统率，胸怀壮志的他带着一支强悍的舰队扬帆起航，途经西西里、塞浦路斯，最后在塞萨洛尼基登陆，当地军民非但没有认真抵抗，反而主动迎接希拉克略的军队。

此后数年间，希拉克略以塞萨洛尼基为大本营，收降各路人马。希拉克略明明近在咫尺，福卡斯却无法出兵将其击败。随着时间的推移，实力已然超过福卡斯的希拉克略终于率部逼近君士坦丁堡，负责抵御叛军的指挥官正是伪驸马克里斯普斯，作为内应的他隐瞒了战场的真实情报，直到希拉克略的舰队出现在君士坦丁堡城外，福卡斯方知大势已去。

首都立刻爆发了反对伪帝福卡斯的起义，元老院和罗马人民都站在希拉克略一方，暴君福卡斯被彻底抛弃。他被起义的人民抓住，剥去了紫袍和皇冠，用一艘小船送到了希拉克略的脚下。英雄希拉克略将福卡斯罄竹难书的罪行痛陈了一番，但不知悔改的伪帝居然不屑地反问道："你以为你能做得更好？"希拉克略大怒，起身抽剑斩下了伪帝的头颅。

公元610年10月5日，年仅35岁的希拉克略在元老院和罗马人民的欢呼声中加冕称帝，史称"希拉克略一世"，至此，取代查士丁尼王朝的希拉克略王朝诞生了。

希拉克略虽然称帝，但他能控制的疆域非常有限，萨珊波斯并不承认希拉克略的政权，霍斯劳二世带着假狄奥多西四处攻略，明显是要吞并帝国的亚洲领土。同时，阿瓦尔汗国又大举南下色雷斯，沿途烧杀抢掠，并占领了当地的城、村，时刻威胁着首都的安全。

希拉克略起初打算向霍斯劳二世求和，但骄傲的万王之王断然拒绝。霍斯劳二世的确有拒绝的资本，其麾下大将沙赫尔巴拉兹、沙欣皆是波斯名将，而东罗马经过内战后，东西南北尽皆荒芜，叙利亚、巴勒斯坦几乎是在独自抵挡波斯人的入侵，眼下正是霍斯劳二世恢复古波斯帝国的最好时机。

霍斯劳二世命沙欣和沙赫尔巴拉兹各自统率一支军队攻略东罗马帝国行省，其中沙欣负责北上攻略小亚细亚，沙赫尔巴拉兹负责南下攻取巴勒斯坦和埃及。萨珊军队敢于分兵，很大程度上是由于东罗马帝国的混乱导致地方政府无法组织抵抗，而叙利亚首府安条克失陷后，巴勒斯坦、埃及与小亚细亚的陆上交通便被切断了。萨珊波斯完全有能力和机会吞并富饶的巴勒斯坦和埃及，如此便能切断东罗马帝国的粮食供应，君士坦丁堡政府会变得更加艰难，到时候再集中力量进攻欧洲，东罗马帝国就会臣服于萨珊波斯。

震怒的希拉克略亲提数万人马前来决战，麾下包括兄弟狄奥多尔、表亲尼西塔斯，可是士气不振的东罗马帝国先败于叙利亚，后溃于奇里乞亚。同年，沙赫尔巴拉兹风卷残云般地追击罗马败军，当年即攻克大马士革。这一年，霍斯劳二世拒绝接见东罗马的使臣，明白无误地表明其要灭亡罗马。

公元614年，波斯大军围困圣城耶路撒冷，当地居民一度诈降，屠杀了波斯驻军和通敌的犹太人。沙赫尔巴拉兹因此发动全面进攻，在长达近1个月的围城后，圣城被波斯人用地道战攻破。9万名基督徒被杀，圣墓大教堂被毁，基督教的真十字架也被劫送至波斯首都泰西封。

此后，沙赫尔巴拉兹率部攻入埃及，围困埃及门户重镇佩鲁西乌姆。次年，萨珊军队袭破城市，渡过尼罗河三角洲，亚历山大里亚沦陷，埃及全境被波斯夺取，帝国粮仓失守。至于另一路波斯大军，沙欣带着他们打通了安纳托利亚的道路，横扫了整个小亚细亚，驻军博斯普鲁斯海峡对岸的迦克墩，首都民众已经能隔海眺望波斯人的旗帜了。

萨珊波斯之后将精力集中在小亚细亚和海洋，意图孤立海峡对岸的君士坦丁堡。罗德岛等海上基地沦陷，波斯的海军舰队几乎快要控制爱琴海了。至于阿瓦尔汗国，他们的可汗在与希拉克略会面时设下伏兵，险些擒获希拉克略，随后掳掠了27万人北归，几乎摧毁了除了塞萨洛尼基外的所有内陆地区。

东罗马帝国的局势已经极度危险，全境之内狼烟四起，埃及、巴勒斯坦、叙利亚、奇里乞亚、安纳托利亚大部和巴尔干内陆全数丢失，希拉克略政权龟缩在君士坦丁堡城内，离亡国灭种只有一步之遥。

巨大的危机往往能激起奋力一搏的决心，国家存亡之秋往往也是锐意改革的最佳时机。希拉克略已经没有多少家底了，除了改革救国、背水一战，别无他途。因此，希拉克略决定从军事、行政两个方面改革暮气沉沉的帝国，同时征募新兵，召集退伍军士回营，整军备战，绝地反击。

军事上，希拉克略推行了一种全新的军区制，将地方的军、政、财三项大权合而为一，由军区大将军独立负责当地的一切军务，其核心目的便是强化地方军队的独立作战能力，把一些小的行省统一到一个将军麾下，以便调集所有资源抵御外敌。

行政上，希拉克略大幅度削减国家开支，将各级官员的薪俸全部降低到原来水平的一半，甚至强制发行国债，从民间筹措资金。以普世牧首塞尔吉乌斯为首的基督教会给予了前所未有的支持，据说首都能找到的金银器物都被捐了出来，包括圣索菲亚大教堂的穹顶镀金。

如此紧急的举措可谓史无前例，它几乎损害了所有人的利益，唯独没有损害国家，若是在和平时期，希拉克略的政策势必被全民抵制，他自己恐怕会成为第二个莫里斯，可如今的东罗马帝国已到了存亡之秋，人们都抛开了私利，大力支持皇帝的一切政策，不少人甚至自掏腰包为帝国筹钱，青年们纷纷应征入伍保家卫国，街头巷尾充溢着为国捐躯的悲壮气氛。

这一幕曾经出现在罗马与迦太基的第一次战争里，当时国库的钱已经全部用于打造战舰，但数百艘战舰毁于海难，罗马人只好自发募捐，用举国之力为共和国打造了最后一支舰队，就是这最后一支舰队最终打败了迦太基的海军，奠定了罗马人的地中海霸权。如今，先辈们的辉煌历史依然牢牢印在罗马后裔们的心里，希拉克略就要带着这些抱着决死之心的勇士踏上不可预知的征程。

公元622年4月4日，这一天，君士坦丁堡城内人声鼎沸，几乎每家每户都来到街上或聚到广场上，他们要为即将远征的将士们送行。东罗马皇帝希拉克略一身戎装，英姿飒爽，佩剑和缨盔都是那么耀眼，他身后站着刚刚征集的新兵，不少人还在与家人告别，帝国船队已经做好了扬帆起航的准备，普世牧首正带着教士们不停地为将士们祷告。

希拉克略将皇子君士坦丁的手郑重地交到塞尔吉乌斯手中，这算是把帝国的未来全都托付给了牧首。皇帝告诉牧首："若真有一天坚守不住，允许你们放弃君士坦丁堡。"牧首却说道:"罗马就在这里,上帝也在这里,若注定罗马行将陨落,吾等罗马人也将追随你的脚步,宁死不降。"

随着军号声响起,希拉克略及麾下将士头也不回地登上了战舰,船队随即扬起了风帆,浩浩荡荡地驰向亚洲的海岸。

动若狡狐,初露锋芒

公元622年,希拉克略带着2.5万人马进入亚洲,这一年的夏季,希拉克略始终没有发起任何攻势,因为他的军队大多是新征募的,战技和实战经验都远不如波斯军队,故而他用了一整个夏天来训练军队,特别是训练他的骑兵部队。皇帝将军队一分为二,命他们像在真实的战争中一样厮杀,在他看来,现在训练得越艰苦,他日生存的概率越大。

值得注意的是,希拉克略的军队是一支骑兵为主的机动部队,主要包括弓骑兵和重骑兵两大类,他们以标枪、弓箭、长矛、长剑、钝锤为主要武器,几乎不依靠步兵作战,而是强调骑兵的高速机动性、重骑兵的冲撞突破力和弓骑兵的远程打击能力,而希拉克略本人所统率的将卫重骑兵则拥有超过萨珊重骑兵的冲撞能力,他们身上至少有链甲、扎甲两层防护,一部分佩剑,一部分挂锤。在即将到来的罗马—波斯大战中,希拉克略和他的军队将表演东罗马帝国的"骑兵大集团作战"。

所谓骑兵大集团作战,即以骑兵为作战主力、步兵为后勤辅助的作战方式。可以这么说,希拉克略的军团基本以野战为主,讲求打击敌军的有生力量,歼灭敌军的机动部队。他们和以往军队的最大不同在于攻坚能力很差,不适合攻城拔寨。为什么希拉克略如此强调骑兵作战?这恐怕与当时的战争局势有很大关系,也与莫里斯的军事改革有不小的关联。

希拉克略率部出征时,东罗马帝国的主要行省已基本沦陷,波斯人的军队控制了埃及、巴勒斯坦、叙利亚、小亚细亚大部分地区。如此辽阔的土地,城池、要塞又何止百个,战线又何止百里、千里,若希拉克略以攻坚为主要目的，想必单是平定小亚细亚就要耗费大量的人力、物力，而没有足够资金和兵源的皇帝怎么负担得起？

换言之，希拉克略不能以攻城拔寨为主，而是要利用波斯主力分散在辽阔的罗马行省的时机，直接指挥快速机动的骑兵分别歼灭对手的有生力量，然后再越境杀入波斯腹地，威胁波斯首都，以逼迫波斯率先放弃战争。这样一来，速度对希拉克略来说无疑是最重要的，因此他的军队不能有太多的步兵，否则根本无法实现快速移动、深入敌后。

也许有人会问，骑兵过快深入敌境，军队的补给该怎么解决？事实上，希拉克略并不担心补给问题，因为大多数乡村缺乏防御能力，希拉克略的骑兵完全可以"以战养战"，就地掠劫补给辎重，如此便可以毫无负担地四处冲杀。

以上便是希拉克略的骑兵大集团作战计划。

当年秋季，希拉克略的骑兵基本练成，皇帝终于能杀向亚美尼亚了。按照皇帝的作战计划，他将放弃与波斯争夺叙利亚、巴勒斯坦及埃及，直接取道卡帕多西亚山地攻打霍斯劳二世所在的亚美尼亚，然后沿两河流域南下泰西封，直捣萨珊波斯的心脏。

有资料认为，走卡帕多西亚或奇里乞亚本不是最快的路线，希拉克略之所以放弃小亚细亚以北地区的捷径，是由于霍斯劳二世早就派沙赫尔巴拉兹封锁了各处山口关隘，而希拉克略无意进行任何强攻式的消耗战，所以宁可绕路。

事实上并非如此，希拉克略一开始就不是图便捷，他试图通过机动行军吸引敌军追击，自然不会执着于路途的远近，因此在公元622年冬季前，皇帝首先击溃了一支萨拉森伏兵，成功吸引波斯军队至里海一带，但皇帝并未与之缠斗，而是立即掉头，突围南下，沿途烧杀抢掠，以此宣告自己的到来。

果然，万王之王接到战报后，立即命沙赫尔巴拉兹从奇里乞亚出兵拦截希拉克略，但波斯将军不想马上决战，只是一路尾随。史学家狄奥法内斯称其怯懦畏战，实际上，波斯将军寻得一处峡谷，企图趁希拉克略经过时伏击罗马人，然而这一计划并未成功，希拉克略向来注重情报收集，已经提前发现了波斯人。恼羞成怒的沙赫尔巴拉兹决定正面进攻，恰好一个罗马逃兵称希拉克略非常畏惧波斯人，沙赫尔巴拉兹未能识破皇帝的计谋，草率地将军队一分为三，正面进攻东罗马军队。

黎明时分，天蒙蒙亮，萨珊重骑兵大吼着从山头冲锋而下，两军将士很快就厮杀在一起。就在这时，希拉克略下令大军后撤，佯装败退。沙赫尔巴拉兹当然不会放弃追击溃兵的绝好机会，于是波斯人不管不顾地追击罗马人。他们狂奔了一阵后，原先整齐的阵形已经荡然无存。突然，希拉克略勒住缰绳，高举龙旗转身杀回，先是远程步兵铺天盖地的箭雨，弄得不少骑兵栽落马下，接着便是重骑兵地动山摇的冲撞，杀得波斯军队人仰马翻。

太阳开始升起，阳光照射到战场上时，沙赫尔巴拉兹顿感失策，因为东罗马是由东朝西反击，而波斯是自西向东进攻，从东方升起的朝阳正好直直射向波斯人，他们因为光线过于耀眼看不清罗马军队的真实情况，结果被杀得全线溃败。沙赫尔巴拉兹连忙撤退，但悬崖挡住了溃兵的去路，狄奥法内斯称波斯人犹如山羊一样惊恐地等待着被俘。

亚美尼亚首战后，希拉克略称"要么接受和平，要么与我会猎泰西封"，但霍斯劳二世并不相信罗马皇帝敢入侵波斯本土，又一次拒绝了和平。公元623年4月20日，皇帝杀入波斯本土，万王之王立即命沙赫尔巴拉兹从亚美尼亚南下，同时交给将军沙欣一支军队，让两位将军合力击退罗马皇帝。另外，霍斯劳二世还招募了4万新兵在侧，意在保卫大本营甘扎克。

面对如此局面，希拉克略加快了行军的速度，既不管沙赫尔巴拉兹，也不理沙欣，目标只有一个——霍斯劳二世。这让万王之王大惊失色，当即出动4万新兵迎战。

战场上，希拉克略的军队只有对方的一半，但皇帝从波斯混乱的阵形和士兵不安的躁动中探得了些许端倪，他判断这支军队缺乏经验，全靠波斯皇室卫队坐镇，只要击败这支数量不多的波斯精锐，其余人马自然胆寒。

两军阵前，希拉克略身披紫色的披风，头戴孔雀羽翎盔，策马跃入两军阵前，他骄傲的英姿仿佛是在嘲笑波斯人的怯懦。此举成功吸引了万王之王的皇室卫队，精锐的卫队呼啦啦地杀入阵中，罗马皇帝奋勇向前，一矛刺死了一员大将，东罗马骑兵从两侧杀来，顷刻间吞没了波斯精锐们，剩下的新兵果然胆寒，一触即溃。

霍斯劳二世得知后，赶紧抛弃了城市，带着亲信和美女连夜逃往波斯首都泰西封。此后，希拉克略继续挺进，一路攻城略地，势如破竹，破坏了波斯袄教（即琐罗亚斯德教）的圣火神庙，算是回应了波斯人对圣墓教堂的毁坏。冬季来临前，希拉克略收兵北撤，在阿尔巴尼亚过冬，结束了这一年的战事。

公元624年，希拉克略再次发起攻势，通过一条小路杀入波斯平原，大掠城乡。霍斯劳二世这次集结了第三支军队，交由悍将沙拉布兰加指挥，万王之王计划发动大规模的反击作战，兵分三路夹击希拉克略。

第一路由沙拉布兰加占据希拉克略前进的山路要道，就地扎营阻击皇帝；第二路由沙赫尔巴拉兹追打希拉克略的后方，截断罗马皇帝返回亚美尼亚的退路；第三路由沙欣率领援军支援第一、第二两路人马。三路波斯军队从三个方向围住了希拉克略，俨然摆出了一副要将他全歼的架势，特别是沙赫尔巴拉兹所部，他们截断了希拉克略的归路，断绝了皇帝的补给，威胁甚大。

三路夹击看似危机四伏，希拉克略却毫不担心，他敏锐地发现了霍斯劳二世部署的重大缺陷，三路波斯军队看似可怕，实则虚弱，因为他们相距甚远，既不能相互支援，又不能共享情报，所以只要希拉克略抓住战机各个击破，包围网自然崩溃，这与当年大西庇阿（全名：普布利乌斯·科尔内利乌斯·西庇阿）远征西班牙的往事何其相似。

基于正确的判断，希拉克略决定打一场机动战：他首先派两名士兵诈降，"降兵"称希拉克略见后路被封惊恐万分，打算撤退逃走。沙赫尔巴拉兹、沙拉布兰加又一次信以为真，为了抢夺战功，两人放弃了会合沙欣后再合围皇帝的计划，竟然决定在次日黎明歼灭希拉克略。

罗马皇帝在黄昏时分突然拔营撤离，这进一步让波斯将军相信罗马人是畏惧而逃。两员波斯名将于是出兵追击，他们更像是去抢夺战利品而不是作战，因此毫无队形可言。希拉克略寻得一处高地杀了个回马枪，皇帝的旗帜和罗马骑兵的龙旗证明了他们不是急于投降的败兵。波斯人被杀了个措手不及，大败，沙拉布兰加逃跑时背部中剑，当场阵亡。要不是沙欣的援军及时抵达战场，希拉克略可以全歼两位波斯名将。

阵斩沙拉布兰加后，东罗马军队已经疲惫不堪，考虑到沙欣还有数万生力军可战，强行决战并没有胜算，所以希拉克略勒令收兵，一路穿过崎岖的山地，通过一系列机动，成功甩开沙赫尔巴拉兹，撤离了波斯本土。

从这一年的交锋来看，希拉克略并未实现南下泰西封的战略目标，但他斩获颇丰，沿途洗劫了不少城市和乡村，把战争的恐惧带到了波斯。至于波斯一方，他们因希拉克略退走而庆贺，宣布获得了战役的胜利，可现实却是波斯损失的军队更多，还阵亡了一员名将，而三路夹击皇帝的计划也没能实现。究竟谁胜谁负，读者心中自有明断。

冬季来临后，沙赫尔巴拉兹不再追逐希拉克略。按波斯人的惯例，这一年的军事行动已经结束，士兵们急于返回营地休整，因此沙赫尔巴拉兹解散了军队，允许士兵回家与家人团聚。然而，希拉克略却不认为战役已经结束，他在得知波斯军队解散的消息后，立即集结了两支骑兵部队，昼夜急行，全速南下，在沙赫尔巴拉兹尚未发现时接近了他的主营地。

由于波斯人并未料到东罗马会在冬季作战，所以几乎没有设防，希拉克略的骑兵衔枚而进，夜袭波斯得手。混乱的波斯大营被大火覆盖，波斯人死伤无数，沙赫尔巴拉兹赤身裸体逃遁，他们的家眷和辎重都成了罗马人的战利品。随着主帅逃走，分散的波斯军队群龙无首，大多数人被希拉克略分兵击溃，只有幸运的人才得以脱逃。

公元625年3月，希拉克略再次引兵南下，直抵幼发拉底河。这一次，沙赫尔巴拉兹学乖了，不再主动追逐皇帝，而是提前控制了河流上的桥梁，企图就地阻挡东罗马帝国军队。希拉克略犹如一只狡猾的狐狸，当他发现猎人已经埋伏在桥对岸，他立即放弃了桥梁，带着军队沿着河流向更远处搜寻，还真就找到一处可以渡河的浅滩。希拉克略一如既往地带着军队做战略移动，企图诱使沙赫尔巴拉兹追击他，然后再用"回马枪"战术反击对手。

沙赫尔巴拉兹再次中计，他见希拉克略推进到背后的阿达纳，赶紧集结军队追击，然而希拉克略突然折返，再一次回到桥边，控制了大桥。当沙赫尔巴拉兹追来时才发现自己的阵地现在成了别人的，于是他驻扎在河对岸，伺机重新夺回大桥。

希拉克略一如既往地牵着波斯人的鼻子走，这让军队士气大振，一些勇敢的士兵大胆地穿过大桥袭击波斯人，这本不是皇帝的命令，但越来越多的人加入了袭击者的队伍，东罗马士兵毫无秩序地杀过大桥。沙赫尔巴拉兹大喜，他终于等到了天赐的良机，旋即率部佯装败退，直到大多数罗马人挤上桥，波斯将军也学希拉克略的"回马枪"战术，突然杀回，使得不少罗马人被挤下桥，另一些被当场斩杀，形势万分危急。

希拉克略大怒，亲率少量的卫队冲上大桥，奋力阻挡企图重新夺桥的波斯人。一个波斯巨汉迎面拦住了皇帝，他高举大锤挥手一击，重重地砸在希拉克略的宝剑上。皇帝被这巨大的冲击震得双手颤抖，差点也跟着跌入水中，但他立即用拳反击，一记重拳击中了巨汉的面部，巨汉踉跄后退，希拉克略抓住战机，突然冲了上去，一把抱住巨汉将其丢入水中。

皇帝的英勇吓退了巨汉身后的波斯士兵，一些弓箭手趁机射箭。希拉克略拔剑大吼，带着勇敢的御林军强行冲过桥梁，无数箭矢从他们的脸旁飞过，皇帝本人也在战斗中多处负伤，好在都不致命。这一幕连沙赫尔巴拉兹也惊叹不已，他嘲讽霍斯劳二世道："万王之王啊，看看罗马人的皇帝吧，他是多么勇敢地站在战场上，独自与这么多的敌人战斗，简直是坚不可摧！"

幼发拉底河桥之战的结局可以预料，希拉克略以决死的勇气重新夺回了桥梁，阵斩了大多数波斯人，沙赫尔巴拉兹狼狈逃走，"王的野猪"再次败给了"帝国之狐"。胜利的东罗马军队一路扫荡，满载着战利品撤回了大本营。不过这并不是结束，皇帝的终极目标依然是波斯首都泰西封，他还将继续施展骑兵大集团作战，以动若狡狐的机动搅他个天翻地覆。

第一次君士坦丁堡保卫战

萨珊波斯在希拉克略远征的 4 年里连遭败绩，但总体来说，东罗马并没有重创霍斯劳二世，波斯始终占有巴比伦尼亚等核心领土，战争动员能力依然很强，手里的城池、要塞、资金都很充裕，战争局势依然扑朔迷离。

面对疆域辽阔的波斯帝国，东罗马帝国不太可能通过攻城略地来打垮对方，因为皇帝手里的军队只有约 2 万人。因此，希拉克略的战略是通过骑兵集团来消耗波斯野战军的实力，特别是击败了三员波斯大将后，萨珊波斯的精锐部队损失惨重，使得能够正面对战希拉克略的波斯武装力量锐减，而这些精兵又不可能在短时间内补充，所以在不计较一城一地得失的前提下，形势也并非毫无转变。

霍斯劳二世当然不会任由局势进一步恶化，他很聪明地去请盟友阿瓦尔可汗协助，策划了一场规模更大的战略反击，企图用"围魏救赵"之策将希拉克略引离波斯。阿瓦尔汗国对东罗马帝国一直充满敌意，他们在波斯人的鼓动下，联合斯拉夫人、保加尔人等诸多蛮族，提兵8万南下，目标君士坦丁堡。

另一方面，霍斯劳二世将沙赫尔巴拉兹统领的5万名精锐交给了沙欣，取名"金矛军团"，指望败绩较少的沙欣能力挽狂澜，夺回失去的亚美尼亚。至于沙赫尔巴拉兹，万王之王命他率领剩下的万余人马绕过希拉克略，从安纳托利亚穿插而过，直抵君士坦丁堡对岸的迦克墩，与阿瓦尔联军形成东西呼应之势。

公元626年，君士坦丁堡迎来了历史上第一次大规模的围城作战，其中担任主攻的无疑是8万阿瓦尔联军。对君士坦丁堡来说，这次大规模的围城战绝不是小打小闹的威胁，是真正关乎帝国存亡的生死之战。

霍斯劳二世的确打了一手好牌，他策划的君士坦丁堡攻城战足以让远征在外的罗马军队震动，如果首都失陷，希拉克略4年来的征战成果将付诸东流，如果返回首都救援，4年来的努力同样也会付诸东流。希拉克略正面临一个艰难的抉择，是立刻率部返回君士坦丁堡，还是继续南下波斯？皇帝第一次面对这样的两难处境。

然而，波斯人没有想到，希拉克略竟然是史上最大的赌徒，他带兵孤军深入本就是一场以国运为赌注的赌博，一个鏖战4年，早已经红了眼的赌徒是不会轻易收手的，很快，希拉克略就掷下了关乎这场战争最终结局的骰子——目标泰西封。

或许不少人会对希拉克略的决定感到震惊，但希拉克略不是谁都能当的，要做出这样的决定的确需要莫大的勇气和魄力，而希拉克略正是这样的人。比起赌徒孤注一掷的鲁莽，希拉克略的决定却是深思熟虑的结果，他了解君士坦丁堡的防御，也了解守卫在首都的罗马人民，他有理由相信阿瓦尔联军是攻不破狄奥多西城墙的。

君士坦丁堡修建于君士坦丁大帝时期，这座以"新罗马"命名的城市不仅是地中海的第一大城，可容纳百万人口，同时还是地中海的顶级要塞，拉文纳、迦太基、米兰、塞萨洛尼基都不可与之相提并论，其三面环海的有利地形极大地限制了攻城方对攻击重点的选择，如果从陆地进攻，坚固的狄奥多西城墙是越不过的障碍，而广阔的海洋又为城市补给提供了无数通道，任何人都不可能完全封锁城市。

狄奥多西城墙修建于狄奥多西二世时期，根据英国历史学家罗杰·克劳利给出的数据，狄奥多西城墙拥有三道防线，全长6.4千米。

首先是高12米的内墙，它们环绕着整个城市，沿线每隔66米就筑有一座防御塔，整段内墙拥有96座防御塔，配备有弩炮、投石机等远程火器，可以无死角射击任何位置。

但这并不是狄奥多西城墙最经典的设计，在内墙外侧18米处，罗马工程师又修建了一道高8米的外墙，这些外墙的高度略矮于内墙，同样修筑了96座防御塔。两道城墙"内高外低"的设计，使得攻占外墙的敌人无法立刻占领内墙，反而还会受到内墙高处火力的压制，所以在没有火炮的冷兵器时代，狄奥多西城墙的设计几乎是无解的。

除此之外，两座城墙之外，罗马人还挖掘了一条宽18米的护城河，这条河与外墙之间同样有18米的距离，正好可以用弩炮近距离射击，无论是填埋护城河，还是游泳渡河，攻城方的士兵都难逃守军远程火力的压制，即便他们能填埋护城河，所花去的时间也足以让他们付出惨重代价。

凭借数代罗马人加固整修的狄奥多西城墙，希拉克略相信首都军民能够挡住蛮族人的进攻。事实上，君士坦丁堡保卫战伊始，首都军民就表现出极高的抗敌热情，负责守卫城市的主力是1.2万名罗马军人，他们分布在城墙各处据点，身后还有数万支援他们的普通民众，整座城市因为广泛的人力动员而拥有了不输于阿瓦尔8万人马的兵力。普世牧首塞尔吉乌斯带领一群教士，冒着被弓箭、投石命中的危险，游走于城墙各处，他们高举着圣母画像，用虔诚的歌唱鼓舞着守城的官兵。

公元626年6月29日，君士坦丁堡保卫战正式打响。阿瓦尔人砍光了城外所有的树木，用这些木材制造了大量的投石车、攻城塔和云梯。起初，阿瓦尔人用投石车不断轰击狄奥多西城墙，巨大的石头在风中咆哮着，但坚固的城墙并没有因为这些飞石而出现破损，反倒是罗马弩炮发射出的长箭刺穿了一个又一个阿瓦尔人的胸膛。

因为狄奥多西城墙够高,罗马守军可以从上往下射击,射程因此大幅度提升,而阿瓦尔投石车位置较低,缺乏足够的射程,紧急打造的12座攻城塔又没有远程打击能力,根本无法撼动高大厚实的狄奥多西城墙。碍于射程不足,阿瓦尔联军只能将机器推到城下射击,但这恰好又进入了弩炮的射程之内,阿瓦尔人只能硬着头皮送死,而罗马人几乎没有伤亡。

之后,阿瓦尔人开始推动攻城锤和攻城塔,这些武器必须用人力推动,所以必须经受远程火力的考验。由于波斯人仓促抵达迦克墩,手里没有足够的战舰,罗马海军立即封锁了海峡,并在海战中连续击沉了企图渡海到亚洲的阿瓦尔舰船,两支盟军的联系被切断。

阿瓦尔本指望波斯能帮忙,但这明显不切实际。攻城方只能凭借一腔热血,低头缓慢向前推进,结果却被呼啸的利箭刺穿了胸膛,不少人毙命途中。后来,阿瓦尔人也尝试用云梯快速冲到城墙下,但当他们爬上外墙后,从内墙射来的箭矢马上就要了他们的命。整整过去了一个月时间,8万阿瓦尔人在城墙下死伤惨重,竟然没有摧毁哪怕一座防御塔。

海峡对岸的波斯人不愿意充当看客,屡屡尝试渡海作战,但东罗马帝国拥有数百年的海战经验,战船不但灵活机动,而且适应地中海任何形式的海战,一些波斯战船被撞沉,另一些被火矢引燃,无数人葬身鱼腹,骄傲的波斯人这才发现海洋丝毫不比狄奥多西城墙容易征服。同样的事情也在斯拉夫人面前上演,一支斯拉夫人打造的运输船队企图偷渡过海,结果可想而知。君士坦丁堡无论是陆地防线还是海洋防线都岿然不动,犹如天堑。

8月6日,君士坦丁堡迎来了最后一场恶战,围城联军试图用海上攻击分散守军的兵力,但海上作战的罗马舰队轻易粉碎了敌军的进攻,保卫城墙的罗马勇士同样击退了一拨又一拨敌人。阿瓦尔人彻底绝望了,他们早已吃完了带来的粮食,瘟疫也在军中蔓延,联军已经失去了继续作战的能力,不可能推进得更远了。

绝望中,阿瓦尔可汗终于放弃了最后的尝试,率领余下的联军士兵撤离了君士坦丁堡,狼狈地逃回了多瑙河。孤军作战的沙赫尔巴拉兹骑虎难下,霍斯劳二世命他务必协助阿瓦尔人攻陷君士坦丁堡,结果他连海峡都没有渡过,这引起了万王之王的愤怒。霍斯劳二世武断地认为沙赫尔巴拉兹怯战畏敌，对这位波斯名将的忍耐已达极限。

此时，负责抵挡希拉克略的沙欣也连遭败绩，他所率领的5万精锐居然被希拉克略的兄弟狄奥多尔击溃。据狄奥法内斯记载，决战当日突然降下冰雹，砸得波斯人阵形大乱，但罗马一方却完全未受影响，狄奥多尔顺势击溃了沙欣的金矛军团，以致这名波斯统帅郁郁而终。霍斯劳二世非但没有厚葬这位名将，反而命人腌制他的尸体，只为将其完整运回波斯鞭尸。

不久之后，沙赫尔巴拉兹的军中突然来了一名神秘使者，此人正是希拉克略派来的，皇帝没有带给波斯统帅任何礼物，只有一封霍斯劳二世的密信，信中写道，万王之王要处死怯战畏敌的沙赫尔巴拉兹，另派他人接管他的军队。原来，霍斯劳二世出于对沙赫尔巴拉兹的不满和猜忌，决定派人秘密处决沙赫尔巴拉兹，夺取兵权。然而负责送信的密使误入东罗马帝国的控制范围，此信恰好被希拉克略截获，皇帝自然要把它完好无损地送给最不应该看到它的人。

毫无疑问，宁可信其有不可信其无，不管这封密信是真是假，暴虐的霍斯劳二世都让沙赫尔巴拉兹别无选择。此后，沙赫尔巴拉兹率军离开了迦克墩，退守叙利亚，对霍斯劳二世的任何命令都置若罔闻。这对战争局势产生了决定性的影响，因为希拉克略再也不必顾及身后的敌人，可以长驱直入波斯腹地。

至此，第一次君士坦丁堡保卫战圆满结束，这座城市用实战证明了它无愧于地中海第一要塞的美名。然而这座城市的传奇才刚刚开始，未来的君士坦丁堡还将一次又一次创造属于罗马文明的奇迹。

荣耀尽归东罗马

君士坦丁堡保卫战的胜利标志着400年的罗马—波斯战争即将进入尾声。自希拉克略远征波斯以来，萨珊波斯的三员名将均败于罗马皇帝之手，精锐的萨珊重骑兵消耗殆尽，真正能与东罗马交手的军队已经所剩无几。随着沙赫尔巴拉兹退守叙利亚，霍斯劳二世的三员虎将都已告别战场，叙利亚、巴勒斯坦、埃及虽然在萨珊名下,但其兵力有限,很难有效控制庞大的土地,反而让他们的防线变得异常脆弱。

拜霍斯劳二世所赐,希拉克略为君士坦丁堡的存亡着实捏了一把冷汗,好在有惊无险。然而"联吴抗曹"的战略构想启发了东罗马皇帝,希拉克略也在君士坦丁堡被围的同一时间联络自己的盟友——可萨汗国。比起阿瓦尔汗国,可萨人可是真正的草原霸主,正是他们将阿瓦尔人驱逐到了多瑙河地区。对可萨可汗来说,萨珊波斯绝对是敌人,敌人的敌人就是朋友,东罗马帝国就是很好的朋友。

公元 626 年,可萨可汗统叶护应希拉克略之邀,亲率 4 万突厥骑兵越过高加索山脉南下,目标正是重镇第比利斯。这座城池拥有坚固的城墙,防御能力不弱,如果攻占该处,可萨汗国与东罗马帝国的陆上交通线便会被打通。希拉克略得知可萨人的动向后,立即率领全部人马北上,试图与盟友会师。

事实上,希拉克略北上第比利斯的目的是邀请可萨可汗南下。为此,希拉克略决定将公主嫁入可萨汗国,两国结为姻亲之邦。如此看来,联合可萨人从北线打击波斯便是希拉克略大战略的重要一环。据狄奥法内斯记载,当两军会师时,可萨人给了希拉克略极高的礼遇,甚至交给他 4 万人的军队。

两国君主的会盟宣告东罗马—波斯战争进入了又一个阶段,波斯在高加索南部的统治宣告瓦解。不久之后,4 万可萨骑兵旋即南下支援希拉克略,东罗马联军多达 6.5 万人,这足以扫荡整个萨珊波斯了。如今的霍斯劳二世恐怕郁闷至极,他终于能体会希拉克略得知阿瓦尔入侵君士坦丁堡时的心情了。

时间很快就到了公元 627 年,战争打到这个分儿上,霍斯劳二世也成了红眼的赌徒,军队、粮草、武器依然在源源不断地运往前线,一支 1.2 万人的军队被组建了起来。当年 9 月,希拉克略一反常规地向泰西封挺进,这意味着皇帝的战线被拉得更长了,补给、退路、援军都是不能指望的,看来交战双方都意识到决战的时机已经到来。

波斯军队的指挥官名叫拉扎特斯,此人素无威望,希拉克略从未听到过他的名字,这极大地增强了皇帝的信心,因为波斯清楚无误地暴露了他们无将可用的事实。希拉克略有意捉弄波斯指挥官,故意绕着波斯军队,就是不与之交战,沿途烧杀抢掠,刻意刺激拉扎特斯,逼得对方越追越急,完全成了被牵着鼻子的耕牛。

当年12月1日，希拉克略兵临大扎布河，驻兵尼尼微。拉扎特斯急于追击罗马皇帝，便冒险涉水过河。希拉克略见波斯人如此大摇大摆地渡河，不禁暗笑波斯将军的冒失。半渡而击自古皆是取胜之道，皇帝立即出兵阻击敌军，不少波斯人被歼灭在河中，其中包括大将斯帕塔里奥斯。

希拉克略从俘虏口中得知还有3000名援军即将抵达战场，而霍斯劳二世给拉扎特斯下达的命令是必须击败罗马皇帝。希拉克略大喜，他吃准了拉扎特斯肯定不会避战，故技重施，故意率部渡过底格里斯河，摆出一副要撤退的样子。拉扎特斯果然上当，旋即尾随而来，企图咬住罗马人的尾巴。殊不知罗马皇帝此举是为了把敌军诱至一处平原决战，因为东罗马多为骑兵，平原作战的优势更大。

12月12日，拉扎特斯率军进入平原战场后，希拉克略旋即勒住缰绳，转身迎战，再次上演了一场"回马枪"之战。匆忙行军的波斯军队尚不知罗马人的变化，希拉克略亲率大军突然反身杀回时，波斯人很是震惊，一时不知该如何迎战。罗马骑兵抓住战机，从两翼猛攻敌军，步兵则紧紧贴在一起，试图突破中央战线。波斯人反应过来后，组成楔形阵顽强反击，天空中的弓矢几乎遮蔽了阳光，双方你刺我砍，好不刺激。

然而，东罗马骑兵更优于波斯，机动性一直是希拉克略的制胜绝招，他不失时机地率领骑兵从两翼包抄，攻击敌军侧翼。待双方鏖战数小时后，波斯人疲态已现，力有不支。一员波斯悍将于混战之中找到了皇帝希拉克略，他策马朝希拉克略直奔而去，高呼要与罗马皇帝决一死战。见波斯将军亲自实施斩首行动，希拉克略顿时热血沸腾，他同样也是一员猛将，丝毫不畏惧阵前搏杀。皇帝当即喝退了企图保护自己的近卫，猛踢马肚狂奔而去，两位统帅随即拼杀到一起。但罗马皇帝明显技高一筹，他猛然用力一挥，长剑重重击打在波斯将军的头部，头盔和着鲜血掉落在地上，波斯将军当即阵亡。另有两员波斯大将先后杀来，三人混战了一阵，希拉克略虽然嘴角受伤，坐骑倒毙，但全数杀死了对手。连续折损三员大将，波斯军队胆寒不已。罗马骑兵发起了最后的冲击，一直血战到了深夜，拉扎特斯最终狼狈逃走。

12月21日，拉扎特斯会合了3000名援军，再次杀奔尼尼微。希拉克略知道敌军已是强弩之末，旋即渡过大扎布河，抢先夺取了河上的4座桥梁。霍斯劳二世仍不吸取教训，强令拉扎特斯主动攻击希拉克略，结果可想而知，溃败的波斯人再也不愿意听命于万王之王了。希拉克略终于击垮了所有敌人，也击垮了霍斯劳二世最后的希望。

尼尼微决战后，霍斯劳二世既无兵更无将，希拉克略于628年年初洗劫了波斯皇宫达斯塔吉尔德（也称阿尔特米塔），夺回了300面之前丢失的军旗，还掠劫了大量的战利品，并烧毁了不能带走的一切。万王之王惊恐万分，烧掉泰西封周边的粮食，仓皇逃往埃兰山区，波斯首都已然暴露在希拉克略面前。然而罗马皇帝经过连次大战已经颇为疲惫，他很清楚罗马骑兵不擅长攻坚，为避免重蹈"狮王"尤里安的覆辙，希拉克略放弃了攻占泰西封的计划，一方面释放出和平的信号，另一方面绕过波斯首都掠劫周边地区，制造恐怖气氛。

希拉克略的行动取得了效果，波斯高层已经害怕到了极点，他们终于抛弃了穷兵黩武的霍斯劳二世，转而拥立他的儿子卡瓦德为新的万王之王，史称卡瓦德二世。新君继位后立刻勒死了他的父亲，还将18个兄弟通通处死，投降了希拉克略。

公元628年，东罗马皇帝终于赢得了期待多时的胜利，萨珊波斯宣布投降，罗马皇帝提出了非常宽松的条约，仅是将一切恢复到战前状态。卡瓦德二世自然是感激涕零，当即表示愿意归还东罗马帝国被占领的所有土地，包括小亚细亚、叙利亚、巴勒斯坦、埃及以及亚美尼亚，同时支付了一笔巨额的战争赔款，还归还了从耶路撒冷夺走的真十字架。

消息传回君士坦丁堡后，举国欢呼，胜利的喜悦让所有人近乎疯狂。数月之后，皇帝希拉克略高举着夺回的圣物凯旋，巨大的圣物被缓缓抬放到圣索菲亚大教堂的祭坛上。这一刻，君士坦丁堡如天国一般辉煌灿烂，罗马人可以骄傲地说："伟大的罗马击败了帕提亚，同样也击败了波斯。"

罗波生死之战的终决战极其精彩，整体来看，萨珊波斯借福卡斯之乱得到了有利的开局，几乎恢复了旧波斯帝国的领地，但霍斯劳二世"人心不足蛇吞象"，妄想吃掉整个东罗马，这才导致希拉克略绝地反击，错失了提前议和的机会。决战时，霍斯劳二世调度无方，不体恤士卒，既没有坚守甘扎克的勇气，又没有包容沙欣的仁慈，他的残暴、无情逼反了沙赫尔巴拉兹，直到尼尼微决战时，不懂战术的他又反复干涉前线统兵大将的指挥，终于落得屈辱而死的下场。由此可见，纵然波斯的优势远超东罗马，但两国元首的差距还是逆转了这场持续了400年的罗、波大战。

从公元602年福卡斯叛乱到628年波斯投降，整整过去了26年，回到首都时，皇帝已经53岁了，两鬓被岁月染得斑白，皮肤也晒得黝黑，曾经充满朝气的眼神变得决绝又深邃，人们几乎认不出他了。毫无疑问，希拉克略拯救了罗马帝国，在这座文明大厦即将轰然坍塌的危急时刻，他，伟大的希拉克略，及麾下的数万远征军，用血与火延续了罗马人的文明，也延续了罗马人的传奇。这一刻的希拉克略无疑当得起"罗马救世主"的称号。然而历史的车轮滚滚向前，这段传奇还会延续多久呢？

救亡图存，军区制改革

东罗马皇帝希拉克略以其文韬武略挽大厦于将倾，续文明于将逝，成功将罗马人的传奇延续了下去，因为此等功绩，当时的罗马人认为他足可比肩西庇阿、恺撒、图拉真等千古一帝。希拉克略之所以能取得如此功绩，获得如此高的赞誉，不仅是因为他卓越的军事才能，更重要的是他推行了一套拯救帝国的改革——军区制。

在希拉克略登基以前，查士丁尼王朝致力于恢复西罗马的传统疆域，在大帝的坚持下，东罗马穷兵黩武，频繁在西地中海用兵，同时又用大量的黄金让东方最可怕的敌人波斯变得富强，再加上帝国大搞基础建设，使得大帝的财政连年赤字。

恐怖的瘟疫到来后，国家又不得不用更多的钱去抗击疫情，但在那个时代，医学水平有限，即便花了大量的黄金也没能控制瘟疫的蔓延，帝国公民大量死亡，随之而来的便是土地大面积荒芜，粮食供应不足，税收大幅度下降，工商行业凋敝，军队大幅度减员，国防能力下降，帝国的财政进一步恶化。查士丁尼大帝死后，查士丁二世、莫里斯一世都想方设法节省军费，可效果不尽如人意，莫里斯更是为此被叛军砍了脑袋。

由此可以看出，东罗马帝国在战争与瘟疫的双重打击下，早已不可与利奥一世时期相提并论，常年的战争和巨额的军费让统治者意识到，财政赤字和兵源不足已经形成恶性循环，没有足够的资金就无法支付巨额的军费，没有足够的军费就必须缩小军队的规模，军队一少外敌就会入侵，战争爆发又会使土地和人口减少，从而进一步降低财政收入和兵源人口，所以为了应对战争，帝国只能招募雇佣军，但雇佣军的费用又极为高昂，国家根本不可能长期承担，反过来又使得财政情况进一步恶化。故而，不解决财政赤字和兵源不足这两大问题，罗马文明势必灭亡。

东罗马帝国所推行的军区制改革正是在当时恶劣环境下的无奈之举。事实上，希拉克略之前的皇帝已经开始了小范围的军区制尝试，其中查士丁尼大帝创建的拉文纳总督区和迦太基总督区便是这种军区制的雏形，经过莫里斯的完善，希拉克略方能有效推动这样的改革。另外，除了前任们的尝试，萨珊波斯大范围的入侵严重破坏了东罗马帝国原有的行政体系，正所谓不破不立，希拉克略的权力在混乱下无法下达至行省，索性将权力完全下放，让各地自行组织抵抗，其效果出人意料地好，这进一步催生了军区制。

按照希拉克略的军区制设计，除了拉文纳和迦太基两个总督区，东罗马帝国新增了5大军区，由东向西依次为亚美尼亚军区、安纳托利亚军区、奥普西金军区、色雷斯西亚军区和基维莱奥冬军区。其中奥普西金军区包括博斯普鲁斯海峡两岸，其地位相当于保卫首都的直属军区，军区将军的地位最高；安纳托利亚和亚美尼亚两大军区专门抵御来自东方的敌人，士兵都是最善战的精锐老兵；色雷斯西亚军区侧重防卫小亚细亚西南部地区；基维莱奥冬军区则为海洋军区，负责保护爱琴海沿岸城市、要塞和各处海岛，保证帝国的制海权。随着防务需要，五大军区后来被拆分成更多的军区。

军区制的本质即国家军事化。希拉克略把过去狭小而繁多的行省进行了合并，行政总督和长官不再是政府首脑，取而代之的是军区大将军。大将军为军区军事和行政首脑，掌握军区一切大权，按照军队模式管理整个军区。过去的行政机构全部被军队合并，庞大的官僚体系被削减到很小规模，冗余官员被剔除，军队各级武将既是军人又是官员，他们按照一切服务于战争的原则进行管理，彻底打破了文、武官员分别管理和相互制约的传统。政出多门、反应迟钝、相互掣肘的情况被扭转。总之，军区因大将军一人专政而能高效运转。

那军区又是如何解决兵源不足和财政赤字的呢？东罗马帝国马上就配套执行了军事屯田改革。过去边防军、野战军、中央军的模式被改变了，每个军区都固定了一定数量的军队，他们常驻军区并且不得随便迁移。其中亚美尼亚军区拥有接近1万人的军队，安纳托利亚军区、奥普西金军区各拥有1.5万人，基维莱奥冬军区则为3000人，色雷斯西亚军区不低于5000人。各军区总计拥有职业军人4万~5万人。

随着帝国军区制在全国范围内推广，诸如马其顿军区等新的军区也相继出现，兵役人口也进一步增加到7万~9万人。这些人本应该由国家支付军饷，但在国库空虚的当下，帝国政府根本没有钱支付军费，所以帝国改变了军饷的支付方式，用土地替代了金钱，即"以田代饷"。

在战乱和瘟疫的影响下，帝国有很多沦为荒地的无主之地，皇帝将这部分土地分给军队，允许世袭，使每个士兵都拥有了自己的地产。非战时，士兵们下地耕种，用农业收入替代国家应该支付的军饷；战时，他们又回到军队中，用自费的武器装备行军打仗。

军事屯田最大的特点就是闲时耕种，战时作战，用土地代替了金钱，缓解了东罗马帝国军费开支的窘境。但是国家的土地有限，仅仅靠着赐予土地的方式，怎么能保证有限的土地长期抵扣无尽的军饷呢？

希拉克略的设计便是"田役一体"，他并不是简单地把土地当成金钱来支付军饷，而是把土地和兵役捆绑在一起，在支付土地的同时也打包了服兵役的义务。实际上，土地所带来的收益才是希拉克略支付的军饷，并非将土地本身作为军饷。意思是，士兵如果分得了土地，就必须永远履行服兵役的义务，他的继承人同时继承了土地和兵役，如果放弃服役，土地就会被收回。哪怕是土地被大地主兼并，兼并土地的地主也必须提供这些土地应该承担的足够数量的士兵和军备支出。

这就意味着，国家有多少土地就有多少士兵，有多少士兵就有多少小农，有多少小农就有多少粮食，有多少粮食就有多少税赋，小农阶级开始大规模复苏。军事屯田让农兵阶级出现，意外地让东罗马帝国拥有了一支忠诚可靠的公民兵，他们与罗马共和国早期的公民兵有很多共同点：一是两者都拥有土地，有固定的收入，算是中产阶级，所以国家要求农兵自己负担武器装备的支出；二是他们都被牢牢地固定在国家授予的土地上，必须响应战争的召唤，农民和士兵都是他们的终身职业；三是他们为保护自己的土地，势必尽最大努力击败外来入侵者，否则土地就有可能被夺走或破坏，保家卫国的意识促使他们拥有极高的忠诚度，不会轻易产生厌战情绪。

军区制的创举使得国家不必再为军饷粮秣、武器装备、雇佣军佣金而头痛，士兵能自己耕种、创造财富，还开垦了大量的荒地，粮食产量也上来了，财政税赋也增加了，人口也不再任意流动了，兵源也稳定而充足了。

军区制让战争的效率提高，指挥更加统一，军事屯田让兵源充足而稳定，粮食和税收都增长了，在希拉克略的军区制改革下，东罗马帝国逐步朝着军事帝国的方向迈进。忽略掉皇室、贵族、庄园主、教会的土地，军区制无疑会让东罗马转型成全民皆兵的战争机器。只要东罗马帝国能不断征服新的土地，就能不断增加新的兵源，军队规模的不断扩大又会使之继续取得对外战争的胜利，从而增加更多的土地和人口。如果能保证军区一直忠诚，东罗马帝国完全有可能恢复成地中海强国，光复罗马绝不是梦想。

只可惜，任何制度的设计都很难做到完美，军区制同样如此。军区制的产生使土地出现了四种形式——皇家地产、地主地产、教会地产、军队地产。这便催生了一个依靠军地为经济基础的全新阶级——军事贵族阶级。

军事贵族阶级基本团结在军区大将军周围，使得大将军的背后有了强大的支撑。拥有强大权力的军区大将军几乎成了独断专行的封疆大吏，皇权强大的时候，这些将军勉强能维持忠诚，可一旦皇帝驾崩，新的统治者若威望不足以震慑他们，这些手握重权的大军阀难保不会产生觊觎皇权的野心。如何才能保证权力过大的军事贵族阶级永远忠于帝国，这成了未来皇帝最大的难题。

此外，在当时的东罗马帝国，除了皇帝拥有权力外，贵族大地主和教会同样拥有巨大权力，这就代表着除了吃粮当兵，民众还有很多选择，他们一来可以加入教会，二来可以选择成为贵族或大地主的隶农，两者都没有兵役。

贵族和教会所拥有的地产正是军区制的漏洞，他们所占有的土地规模通常很大，而且还不用缴纳赋税。特别是教会，不仅不用履行任何世俗义务，还能通过捐赠等手段获得大量的财富，加上信教人员的加入，教会束缚了大量的人力资源。随着教会和贵族的土地兼并加剧，即便国家出台了军区制，兵源人口和土地依然有减少的可能。如何对抗教会和大地主阶级，成为历代皇帝的第二大难题。

不过，在军区制早期，希拉克略的改革拯救了帝国，它不但缓解了国家的财政危机，为帝国增加了不少税收，还开垦了荒芜的土地，恢复了农业经济，扩大了兵源，为东罗马帝国建立了一支可以依靠的公民兵军队，这一切在抵御外敌入侵时发挥了巨大的作用，乃是东罗马帝国能够存续的根本原因。

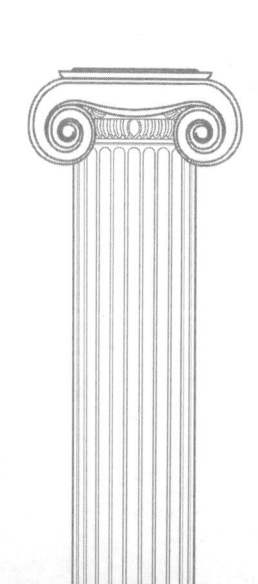

42

第四十二章 强邻崛起

阿拉伯帝国登场

东罗马鏖战萨珊波斯时，位于两国南端的阿拉伯半岛正在发生着革命性的巨变。这片辽阔的土地贫瘠而荒芜，可耕面积极少，沙漠一望无垠，当地居民以氏族部落为基础各自为政，他们一部分过着游牧民族最简朴的生活，这部分人被称为贝都因人，另一部分因生活在南部较文明地区而过着定居的生活，但无论是北部还是南部，阿拉伯人都既克制、隐忍，又好勇斗狠、有仇必报，既仁慈又嗜血。

该地区本来因为特别贫穷而被罗马和波斯忽视，但在波斯人独占丝绸之路的贸易后，罗马人不得不寻找一条能绕过波斯通往东方的贸易路线，红海就成了东罗马帝国最好的选择，他们通过埃及以及南部的埃塞俄比亚地区到达阿拉伯半岛，然后再转去印度等南亚地区。因此，阿拉伯半岛的南部沿海便成了贸易的中转站，麦加等城市日益繁荣起来，特别是也门一带，商贾不绝。为了争夺红海贸易，东罗马与波斯在这一地区也爆发过战争，但最后还是波斯占领了也门并扶植了一个傀儡政权。

贫瘠的阿拉伯半岛虽然因为红海贸易而进入东罗马和波斯的视线，但两国都不认为这里会成为他们的威胁，所以在两国都很强大的时候，没有任何一个统治者试图征服阿拉伯全境，故而当地奇迹般地在两个大国间保持着独立。

然而，一个男孩的降生改变了这一局面。公元570年，麦加古莱什部落的哈希姆家族出生了一个健康的男孩，取名为穆罕默德。25岁时，穆罕默德时常独自到麦加郊外一座名为希拉山的地方隐居静悟，经过15年的冥思苦想，公元610年，穆罕默德自称在山洞里见到了大天使哲布勒伊来，从而得知自己是"唯一真神"安拉在人间的使者，并第一次听到《古兰经》的"圣文"。从此，穆罕默德便创立了信仰"唯一真神"安拉的伊斯兰教，自称"先知"。

公元622年，穆罕默德及其追随者在麦地那建立了根据地，这一年被伊斯兰教称为"迁徙年"，恰好是希拉克略远征波斯的第一年。随着伊斯兰教不断壮大，越来越多的部落相继改信"真主"安拉。公元630年1月，穆罕默德亲率1万大军攻陷麦加，摧毁了阿拉伯半岛上的反伊斯兰教势力，次年基本统一了整个阿拉伯半岛。

此时的东罗马、萨珊波斯正进行着终决战，两国几乎是在以命相搏，不留一丝余地，无论是东罗马帝国还是波斯，都有无数城市和村镇毁于战火，两国的主力军队都在战争里损失惨重，可谓元气大伤。而伊斯兰教却如初升的太阳徐徐升起，在经历了一场统一阿拉伯半岛的内战后，穆斯林拥有了一支嗜血而强大的军队，这些人苦于阿拉伯地区的贫瘠，向往罗马和波斯的富饶，渴望扩大伊斯兰教的影响，他们不约而同地将目光投向了半岛以外的世界。

公元629年5月，"先知"穆罕默德派义子宰德率3000人马试探性地攻打东罗马帝国的边城，结果在东罗马帝国优势军队的打击下，宰德战死，残部在哈立德的指挥下且战且退，连续机动了七天七夜方才退入了沙漠。此战，东罗马帝国以绝对优势获得胜利，并没有把穆斯林的袭击放在眼里，单纯地认为他们是一群强盗，故而错过了提前干预阿拉伯人的机会。穆斯林军队虽然战败，但绝世将才哈立德·本·瓦利德却横空出世，获称"安拉之剑"。此人初露锋芒，日后会成为罗马与波斯的头号劲敌。

公元631年，统一阿拉伯半岛的穆罕默德踌躇满志，穆斯林们一手拿着《古兰经》，一手拿着宝剑，开启了征服"异教徒"的"圣战"。"先知"亲率3万人马穿越沙漠攻入东罗马帝国的境内，叙利亚边城塔布克失陷，周边的犹太教徒纷纷臣服纳贡，此战标志着伊斯兰教大扩张的开始。次年6月8日，穆罕默德病逝，临终时命信徒继续讨伐东罗马帝国，更大的"圣战"即将开始。

皇室争端

作为拯救罗马文明的救世主，武功赫赫的希拉克略却不能如圣人一样完璧无瑕，以击败波斯帝国为转折点，晚年的希拉克略逐渐失去了曾经的光环，开始沉溺于纸醉金迷的生活，曾经大力支持希拉克略的教会要求皇帝偿还当年的借款，但这些资金不是用作军费，就是分给了有功将士，帝国不但没有足够的钱偿还教会，还极度缺乏资金去重建东部被毁掉的城市和乡村。这些情况，教会并非不知情，但他们依然要求希拉克略偿还债务。

这一时期，基督教内部纷争也愈演愈烈，为解决纷争，希拉克略提出了"一志论"理论，认为基督具有神人二性。皇帝试图通过折中方案解决基督教信仰的争论，却在社会上引起了轩然大波。

除了教会催债、财政赤字、重建迟缓、信仰纠纷外，希拉克略还面临着诸多难题。早在公元612年，希拉克略的原配皇后优多基娅病逝，次年，希拉克略迎娶了外甥女玛蒂娜，这使得继承人问题摆上了台面，因为先皇后生有皇子君士坦丁，他是帝国公认的第一继承人，但玛蒂娜也给希拉克略生下儿子希拉克伦纳斯等人，两派矛盾不可避免地发生了，而且愈演愈烈。

据说晚年的希拉克略患上了神经衰弱，年轻时那种万军之中取敌将首级的英气已经荡然无存。皇帝虽然神志清醒，但体力和精力都不足以让他继续统治这个庞大的帝国，马蒂娜趁机煽动皇帝立希拉克伦纳斯为"恺撒"，这代表着未来的东罗马帝国将由两个少帝联合统治。

残月来袭

公元632年，阿布·伯克尔接掌了"先知"的一切权力，号称"哈里发"。哈里发拥有"先知"穆罕默德曾经的所有权力，他既是伊斯兰教的最高宗教领袖，又是他们的最高统帅、最高行政长官、最高司法裁判。哈里发的出现标志着阿拉伯帝国的诞生。

公元633年，哈里发命"安拉之剑"哈立德领600名精骑袭取了波斯重镇希拉，拉开了阿拉伯帝国吞并萨珊波斯的序幕。至于东罗马帝国，哈里发连派4路人马侵入巴勒斯坦，每支军队约3000余人，由阿慕尔、叶齐德、苏拉比、欧拜仁分别统率。次年2月，恺撒里亚总督塞尔吉阿斯遇袭身亡，加沙附近的东罗马帝国驻军全军覆没。不过数月时间，约旦河一带落入敌手。幸而阿拉伯人不擅攻坚，加沙、耶路撒冷等重镇暂时安全。

为进一步扩大对东罗马帝国的战争，哈里发急让哈立德率部驰援西部战场，并授权其节制4路阿拉伯人马。哈立德得命后，仅率500名骑兵取道最险恶的地区，沿途屠杀骆驼取水，通过18天急行军，穿越了缺乏饮水的沙漠，突然出现在东罗马帝国附庸加萨尼王国境内。由于当地人不相信有军队能穿越无水的沙漠，故而正忙着庆祝复活节，哪知哈立德从天而降，杀了加萨尼人一个措手不及，加萨尼遂献城投降。

哈立德接管全部军队后，阿拉伯各路军队放弃了易守难攻的大城市，开始朝叙利亚推进，沿途遍掠城乡，还夺取了大马士革南部重镇波斯拉城，大有将战火烧到叙利亚的趋势。

得知巴勒斯坦损兵折将的噩耗后，作为救世主的希拉克略依然强拖着病体抵达亚洲一线。由于身体状况不佳，皇帝不得不放弃御驾亲征的想法，暂将行辕设在埃梅萨，遥控指挥叙利亚和巴勒斯坦的战事。至于最高指挥官一职，希拉克略交给了兄弟狄奥多尔，但考虑到其作战能力的问题，皇帝另派富有经验的指挥官从旁辅佐，总领兵马事务。

公元634年7月30日，集结了大多数地方驻军的狄奥多尔领兵推进至耶路撒冷东南侧的阿杰纳达恩，而"安拉之剑"哈立德也将各路穆斯林军队收拢至一处，重新杀回耶路撒冷一带。双方剑拔弩张，准备决一胜负。

这场决战有很多令人生疑的地方，特别是东罗马帝国的参战兵力，一些阿拉伯学者为体现此战的难度，吹嘘东罗马帝国出动了20万人马，这显然有些可笑，纵观整个东罗马史也未见如此规模的军队，但考虑到狄奥多尔集中了叙利亚、巴勒斯坦的大多数守军，东罗马帝国的兵力应该为1.5万~2万人，多数是一般步兵。至于阿拉伯帝国的兵力，根据史料记载，哈立德的军队约为1.5万人，以轻骑兵为主，几乎全是信仰战士，久经战阵。

这场会战的细节同样很有争议。希腊史料似乎没有记载，而阿拉伯史料又记载不一，其过程几乎与雅尔穆克河之战相似，很难采信，也有可能是一些史学家把个别战役混淆所致。但大致来讲，此战从两军弓箭对射开始，由于东罗马的远程火力明显强于对手，一位不知名的阿拉伯武士拔刀出阵，要求与东罗马帝国将领对决，罗马将军应声而去，结果被阿拉伯武士斩于马下。

利用弓箭停止的间歇，阿拉伯勇士突然冲锋，杀至罗马步兵近前，重创了东罗马军队，惊恐的狄奥多尔被迫逃回叙利亚，残部也溃散逃走。

阿杰纳达恩会战之后，巴勒斯坦只能任由穆斯林肆虐。更糟的是，阿拉伯人无意止步于巴勒斯坦，他们很快朝北方推进，袭杀了落单的东罗马帝国残部，目标直指叙利亚重镇大马士革。可以预见，一旦大马士革失守，安条克的沦陷也只是时间问题。

雅尔穆克河决战

公元634年的阿杰纳达恩会战并不是决定性的战役，先不说巴勒斯坦的主要城市依然由罗马驻军把守，希拉克略本人也未曾离开叙利亚，东罗马帝国的小亚细亚各军区也没有受损，随时可以再次南下巴勒斯坦。哈立德考虑到东罗马帝国即将发动的反攻，并未停下北征的脚步，先后攻克了大马士革外围的诸多城池，彻底孤立了该城。当年8月21日，2万阿拉伯大军全方位包围了大马士革，大马士革围城战开始了。

大马士革围城战

面对坚固的大马士革，哈立德自知无法攻破城墙，便试图用切断补给的方式逼城内的守军投降，故而城市周围的乡村均被洗劫一空，饮水也被切断。不久之后，人口众多的大马士革果然出现饥荒。这期间，希拉克略派了1.2万人驰援大马士革，还带去了不少粮草辎重。然而这支援兵遭到了哈立德的突袭，辎重大多被毁，援兵残部也被迫退走。

得知援兵被击退的大马士革驻军颇为失望，但他们并未放弃，而是趁着哈立德所部刚刚经过大战，士卒疲乏之时，突然从城内杀出，试图直接撕破包围网。大马士革守军先让弓箭手在城墙上射击，扰乱敌军阵地，然后以步兵突围。起初，这一战术很有效果，阿拉伯人果然有些惊慌失措。然而，哈立德的军队以吃苦耐劳著称，并未受之前的大战影响，他们奋起反击，各驻地的军队相继赶到东罗马军队突围的城门处，斩杀了不少大马士革守军。之后，不甘心失败的东罗马守军将兵力分成数支，从不同的城门同时突围。本以为哈立德应该会首尾难以兼顾，哪知道几路人马均被击退，守军士气跌入低谷。

连续击退东罗马帝国数次突围后，哈立德开始积极行动起来，不知道是有叛徒出卖，还是另有原因，哈立德的军队于夜间悄悄接近一处城墙，阿拉伯人竟在无人发现的情况下攀上了城墙，打开城门，从城门杀入，与东罗马驻军在城内搏杀。至此，大马士革的战局已无逆转的可能。

外无援军、内乏粮草的大马士革在被围困6个月后开城投降。哈立德开出了很宽松的条件，凡是改信伊斯兰教的人都将被视为阿拉伯帝国的臣民，绝不会受到侵害，不愿改教的必须缴纳人丁税，既不改变信仰又不愿意交钱的则全部处死。故而，大马士革选择归顺哈立德。

决战雅尔穆克河

希拉克略虽然老迈，但还是能敏锐地嗅出危险的味道，大马士革的失陷意味着叙利亚战况已陷入危局。他本想亲临前线组织反击，但身体状况却无法支撑他披挂上阵，于是他从亚美尼亚军区、安纳托利亚军区调集了最好的军队，同时还召来了贾巴拉·伊本·艾哈姆指挥的加萨尼盟军。

如果说此前的战事是被动迎战，丢城失地还情有可原，但现在的情况不同了，希拉克略意在战略反击，用兵力雄厚的优势军队一战打垮傲慢的阿拉伯军队。为统一指挥，皇帝让最信任的亚美尼亚大将军瓦汉节制各路人马，领4万精兵南征大马士革。另外，皇帝本人也坐镇安条克以鼓舞前线将士的士气（需要说明的是，也有资料认为东罗马帝国只集结了4万乌合之众，由两位将军——狄奥多尔和巴阿奈斯分别统领，而希拉克略本人早早地离开了叙利亚）。

希拉克略为收复大马士革而集结的军队堪称帝国精锐，他们中有不少是跟随皇帝远征波斯的老兵，整支军队兵种齐全，既有披着重甲的重装步兵、善使弓箭的远程步兵，也有身经百战的罗马具装骑兵和轻装弓骑兵，可谓装备精良、组织严密、声势浩大。

与东罗马帝国精锐的多兵种大军相比，哈立德统率的阿拉伯军队只有2.5万人，以轻骑兵居多，若从训练、装备、战术和组织度来比较，阿拉伯军队与东罗马完全不在一个层面上。

然而，阿拉伯军队拥有无比虔诚的信仰和高昂的士气，这些阿拉伯人相信战死沙场的伊斯兰教信徒会升入美丽的天堂，那里有酒有肉，有仆从也有美女，而没有战死的人则会分得战利品、奴隶和土地。阿拉伯人坚信为"真主"而战是受到神灵庇佑的，死亡并不可怕，因为天堂的门将为最勇敢的将士开启。这种宗教狂热让阿拉伯士兵拥有远超罗马人的勇气，他们不惧怕死亡，士气高昂。这是罗马人从未遇见过的对手。

得知罗马军队动向后的哈立德避其锋芒，主动放弃了大马士革及其周边城市。瓦汉顺利收复了大马士革等地。如此简单便逼退敌军，让军中将领骄傲自满，有些轻视号称"安拉之剑"的哈立德。正所谓"将欲取之必先予之"，殊不知哈立德故意放弃大马士革等地就是要让罗马人轻敌，同时也能引诱罗马军队到自己挑选的战场决战。

哈立德正是基于以上思想退守至雅尔穆克河沿岸，利用阿拉伯轻骑兵的机动优势，沿途反复袭扰东罗马帝国的军队。这样的小规模冲突让不少罗马士兵疲于应付。东罗马军队开到雅尔穆克河时，罗马人已经颇为疲惫，而哈立德却是以逸待劳、精力充沛，阿拉伯人尚未开战已先得优势。

公元636年8月15日，东罗马帝国大军已经做好了与阿拉伯军队决战的准备。"安拉之剑"哈立德的布阵像极了罗马人，军队分为左、中、右三部，步兵分成三列，第一列为剑盾重步兵，第二列为长矛枪兵，第三列为远程弓箭手，每一部均有一定数量的骑兵，布置在所有步兵的后列，同时还留下了一支用作机动力量的预备骑兵队。

东罗马的军队同样分为左、中、右三部，但按照两列布置，前面为重步兵和弓箭手，后面则是精锐骑兵。不过，奇怪的是，人数占有优势的东罗马帝国军队却显得迟钝、缓慢，协调性远不如阿拉伯军队，各部人马似乎都听宣不听调。

事实上，若是希拉克略亲临战场，东罗马帝国军队便不会出现以上情况，因为皇帝的威望足以震慑所有将领，但现在的东罗马帝国军队由各大军区和盟军组成，最高指挥官瓦汉的军衔并不比其他军区大将军高，所以在他们看来，此战只是配合瓦汉行动，而不是听命于瓦汉，这严重限制了东罗马军队的部署。纵然经验丰富，但瓦汉也不能完全按照自己的意思布阵，所以瓦汉只能选择让各部人马自行负责一条战线。

当然，还有一种可能是东罗马帝国军队的成分过于复杂，他们既有罗马人，又有亚美尼亚人、埃及人，甚至还有阿拉伯人，不同种族的语言、文化皆不相同。要统领一支联军，很考验将领的协调指挥能力，而在真实战场上，不通晓各族语言的将领很难把各种族的精锐混编到一起，所以只能任由他们各自列阵，这就使得东罗马军队看似人多势众，实际上却显得非常混乱。

交战首日，东罗马帝国的军队首先发难，试探性地攻击阿拉伯人的军队，哈立德并不打算在第一天就发起决战，也抱着试一试深浅的想法回击罗马人，双方都没有投入大量兵力，故而没有任何一条战线被突破。

次日，东罗马开始发力，按照瓦汉的计划，两翼的罗马军队将在阿拉伯人晨祷时发起猛攻，他们先是用弓箭齐射杀伤一部分处于前列的阿拉伯士兵，然后大军全部朝对方的阵地压过去，罗马人试图通过两翼包抄的方式围歼哈立德的阿拉伯军队。然而哈立德也不是吃素的，他将骑兵主力分别布置在两翼的位置上，然后再派预备骑兵从外围侧袭罗马人的两翼，特别是罗马人的左翼，迫使他们退却。值得一提的是，虽然东罗马帝国当日并未击败穆斯林，但强大的远程火力还是压制了哈立德的人马，射杀了不少阿拉伯武士。

第三日，瓦汉改变战术，将左翼作为主攻方向，让其余各部配合左翼牵制住阿拉伯人的军队。左翼罗马军队攻势凌厉，他们的远程火力和近战步兵配合默契，骑兵也反复攻击，撕开了阿拉伯军队的口子，不少阿拉伯士兵被击杀，哈立德的右翼一度出现崩溃的迹象，一些士兵抵挡不住便朝后方大营逃跑。

关键时刻，哈立德投入了他的机动力量，用骑兵侧袭罗马人的左翼，而逃回大营的士兵立刻遭到了后方妇孺的阻止，她们咒骂男人们的懦弱，鼓励他们返回战场杀敌，羞愧难当的阿拉伯士兵只能转身杀了回来，罗马人的攻势因此陷入了停滞。当天战斗结束时，罗马人依然没有突破阿拉伯人的战线。

第四天，瓦汉继续猛攻阿拉伯人的右翼，如前一天的情况再次发生，抵挡不住的阿拉伯士兵再次被击退，崩溃在即，不少人被杀，另一部分人又朝大营逃了回去，而营地里的妇女们再次挡住了男人们的去路，她们有的将丈夫重新推回战场，有的甚至举剑砍死了执意逃跑的男人。阿拉伯人的血性再次被激发，刚刚还落荒而逃的士兵瞬时变成了一股生力军，又杀回了战场。

至于阿拉伯军队的左翼，由于哈立德抽调了大多数骑兵、弓箭手支援右翼，以致左翼失去了足够的反击力量，东罗马军队旋即以密集的箭雨反复打击对手，不少阿拉伯人伤亡，阵线一度崩溃后撤。然而，阿拉伯勇士很快重组，又顶着攻击回到了原来的阵地。

这一幕惊呆了罗马人。按说战斗打到这种程度，敌军战线崩溃是通常的结果，胜负马上就能分出，可阿拉伯的军队却怎么也打不垮，明明已经逃跑，却又很快恢复了高昂的士气，这一天的战局依然僵持不下。

连战 4 天，双方皆很疲惫，第五日两军都没再出战。罗马军队试图通过这一天恢复一些气力，但哈立德却于当日深夜派兵悄悄占领了雅尔穆克河的渡口，既截断了罗马人的退路，又在其后布置了一支骑兵力量。显然，哈立德决定在第六日发起决战。

第六日，哈立德改变了作战部署，他将包括预备队在内的全部骑兵通通放在了右翼，故意削弱自己的中军和左翼，使得右翼的骑兵力量空前强大。哈立德打算赌一把，赌自己的军队在后方妇女的鼓舞下不会崩溃，只要加强后的右翼击溃了相对薄弱的罗马左翼，他的军队就能从侧面击破剩下的罗马人。

战斗打响后，双方士兵如前几日一样交战，罗马重骑兵再次发挥其可怕的冲撞优势，杀得阿拉伯左翼、中军节节败退，同样的齐射和步兵厮杀使得不少阿拉伯人战死，缺乏骑兵支援的左翼和中军比前几日崩溃得更快，不久之后，这两条战线便开始动摇。阿拉伯步兵没有骑兵掩护使得东罗马的骑兵所向披靡，大量的阿拉伯士兵开始溃逃，他们再次逃回大营。

营地里的妇女再次冲了出来，她们手拿武器，士气高昂，会同自己的男人一起直面罗马骑兵的攻击。这些妇女的战斗意志非常强烈，丝毫不输于任何男人。在女人的鼓舞下，阿拉伯士兵再次恢复了战斗力，犹如新生，他们为了保护自己的妻子和孩子，死死地挡住了罗马骑兵的攻势，随后便和自己的妻子一道把罗马骑兵拖下战马就地砍死。

瓦汉和各路大将军本以为胜利在望，但阿拉伯人左翼和中军溃而不败，反倒是罗马人的军队死伤惨重，战线又被重新推回到战场中央。而哈立德本人正亲率全部骑兵猛攻罗马人的左翼。很快，左翼罗马军队便开始崩溃。瓦汉见状大惊，立刻下令右翼和中军的骑兵回防左翼，但此刻右翼和中军同样陷入进退不得的险境。瓦汉见骑兵来不及赶回，只能硬着头皮顶了上去。可阿拉伯骑兵的攻势太过凌厉，左翼全线崩溃，步兵大部分阵亡，骑兵也惊慌逃窜，战线彻底瓦解。

随后，哈立德便率领骑兵主力猛攻罗马中军和右翼，大量步兵被杀，骑兵也被接连击溃，本就混乱不堪的东罗马军队终于失去了最后的信心和勇气。至此，4 万罗马大军全线崩溃，败兵纷纷朝后方逃窜。布置在罗马军队后方的阿拉伯骑兵早就截断了渡口退路，他们与自己的主力部队合围了这些溃兵，罗马统帅瓦汉当场阵亡，其余败兵不是被杀就是淹死，4万东罗马主力死伤殆尽。

雅尔穆克河决战以东罗马帝国的惨败告终，大量的精锐骑兵和优秀的指挥官阵亡。希拉克略得知4万精锐全军覆没后，悲痛不已，他不得不离开安条克，紧急撤退到叙利亚边境。皇帝悲伤地感叹道："多美的叙利亚，永别了。"

以上便是雅尔穆克河之战最常见的记载，但是狄奥法内斯的记载似乎与之大为不同。按照狄奥法内斯的说法，希拉克略并没有一直留在叙利亚指挥战争，他的兄弟狄奥多尔在巴勒斯坦被击败后，东罗马军队曾试图决堤放水阻挡阿拉伯军队，结果毫无作用。皇帝于是带走了当地最珍贵的财物，返回了君士坦丁堡。

至于战争，希拉克略任命了两位将军，一位名叫巴阿奈斯（很可能是之前提到的瓦汉），另一位叫萨凯拉里奥斯·狄奥多尔。两人拥有约4万人的兵力，其中狄奥多尔首先在埃梅萨附近大破阿拉伯军队，还阵斩了一位埃米尔（阿拉伯国家的一种贵族头衔），一路追逐溃兵至大马士革。但是东罗马军队没能推进得更远，越来越多的阿拉伯军队聚集在大马士革，谁都能看出大反攻即将开始。

巴阿奈斯担心自己兵力不足，于是要求狄奥多尔立即与其会合。两位将军合兵一处后，立即发动了新的攻势，在雅尔穆克河附近与阿拉伯军队决战。然而交战的第一天，狄奥多尔的主力军就大败而归，这严重影响了东罗马军队的士气。巴阿奈斯的部下不愿意继续为帝国卖命，居然发动兵变，拥立巴阿奈斯为帝。狄奥多尔腹背受敌，干脆率部撤退。阿拉伯军队抓住了战机，立即发动全面进攻，恰逢南风大起，狂风直吹东罗马军队，使得他们睁不开眼，结果又一次惨败。东罗马士兵们纷纷跳入雅尔穆克河，溺毙者不计其数。

这便是另一个版本的雅尔穆克河之战。

无论雅尔穆克河之战的具体经过究竟如何，正如希拉克略的感叹，东罗马主力被歼灭后，叙利亚、巴勒斯坦已经无险可守，士气高昂的阿拉伯军队如疾风骤雨般席卷各地，大马士革等地再次沦陷。更重要的是，东罗马帝国对此战的期望很高，在大多数人看来，拥有精锐士卒的东罗马军队足以彻底击败阿拉伯人，收复丢失的所有土地。他们意外溃败，东罗马帝国损失的不只是数万精锐士兵，还有人们的信心，如果连最精锐的军队都不能击败阿拉伯人，那还有谁能做到呢？答案是：没有人。

公元637年4月，圣城耶路撒冷在被围困4个月后失守，阿拉伯人马不停蹄地直取了加沙，打通了前往埃及的道路。当年10月，北上攻略叙利亚的阿拉伯军队又攻克了叙利亚首府安条克，叙利亚大部被占领。紧接着，公元638年，阿斯卡隆被攻破，更多的城市被迫投降，整个地中海东岸，只有恺撒里亚等沿海堡垒在海军的支援下苦苦支撑，叙利亚、巴勒斯坦基本并入了阿拉伯帝国，埃及、昔兰尼加、阿非利加与帝国的陆上交通已经被完全斩断，东罗马帝国形势危急。

40年战争

公元639年，阿拉伯帝国把目光投向了富饶的埃及。彼时统治穆斯林的是第二任哈里发欧麦尔·本·赫塔卜（欧麦尔一世），他如前任一样热衷于对外扩张，在得到默许后，哈里发的麾下大将阿慕尔于当年12月12日率领4000名骑兵杀入埃及。埃及的陆上交通已被阿拉伯人切断，当地民众只能靠自己的力量抵抗阿慕尔的入侵。

公元640年1月，埃及东部门户贝鲁西亚失陷被毁，阿拉伯大军如蝗虫过境一样冲入埃及各地。为了绕过尼罗河三角洲，阿拉伯人首先攻占了埃及中部的比勒贝斯城，接着便从希利奥波利渡过了尼罗河，杀入了法尤姆地区。

不过，阿慕尔要北上埃及首府亚历山大里亚并不容易。亚历山大主教兼总督居鲁士及军队统帅狄奥多尔派2万人马进入巴比伦要塞组织抵抗，这座要塞的位置距希利奥波利不远，可能就在孟斐斯古城附近，与希利奥波利呈掎角之势，而且非常坚固。阿慕尔兵力不足，屡屡败于攻城作战，故而他只能屯部分兵力于城下，寻机突破东罗马帝国的防线。

不久之后，哈里发派来的6000名援军（也有资料认为阿拉伯军队此时已扩大到1.5万人）抵达希利奥波利，阿慕尔一改强攻要塞的作战方式，兵分三路扫除巴比伦要塞外围的城池、堡垒，首要目标就是希利奥波利城。此时的东罗马指挥官狄奥多尔就驻扎在该城,阿慕尔巧妙地调动军队,切断了对方的补给线,击溃了东罗马军队,当年7月便攻取了希利奥波利城,完成了对巴比伦要塞的战略孤立。狄奥多尔随后撤退至亚历山大里亚一线重新布置防线。

主教居鲁士困守巴比伦要塞,惊慌之下主动与阿慕尔接触,企图向对方投降。阿慕尔则如哈立德一样提出了"要么改教,要么交税,要么砍头"的条件,居鲁士准备同意,可罗马皇帝坚决反对,不仅罢免了居鲁士的一切职务,还召回了他。随后,皇帝严令守军务必坚守巴比伦要塞和亚历山大里亚,但缺乏援军的巴比伦要塞还是在公元461年4月9日失陷,阿拉伯大军旋即北上包围了亚历山大里亚。

亚历山大里亚是埃及第一大城,拥有良好的海港和精锐的舰队,城内守军也拥有上万人之多,若非海陆联合攻城,是不会轻易陷落的。阿拉伯人在围困它的同时曾数次尝试攻破城墙,但他们死伤惨重仍毫无所获,阿慕尔只能留下一定数量的军队继续围困,自己撤回了巴比伦要塞。然而险恶的环境令城内军民人心惶惶,人们无时无刻不盼望皇帝援军的到来。

希拉克略此时疾病缠身,只能在病榻上召见军中将领,希望他们能组织一支军队从海路支援亚历山大里亚,为此不惜同意由长子君士坦丁担任最高统帅,甚至领兵出征。但皇后玛蒂娜非常不满,她使尽各种手段阻止远征军成行,因为埃及的官员一直都是嫡长子君士坦丁的支持者,皇后意在利用阿拉伯帝国打击君士坦丁的势力,当然不会允许君士坦丁掌握兵权。

公元641年2月,东罗马帝国皇帝希拉克略驾崩。玛蒂娜第一时间夺得了先帝的遗嘱,立刻在竞技场的皇家包厢里单独宣布先帝遗命,称先帝授权自己以皇帝之母的名义摄政帝国内外诸事,但允许君士坦丁与希拉克伦纳斯共治帝国,史称"君士坦丁三世"和"希拉克伦纳斯一世"。

悲剧还是发生了,仅仅几个月后,君士坦丁三世就病逝了。虽然他的身体一直不好,但首都民众还是怀疑皇帝是被玛蒂娜给毒死的。君士坦丁三世一死,希拉克伦纳斯成了唯一的皇帝,玛蒂娜便着手打压先帝的支持者,不少官员被免或被逐,任谁都能看出君士坦丁三世幼子的危险处境。

可惜玛蒂娜失算了,君士坦丁三世的威望和人气远非她能相比,手握重兵的亚洲将军瓦伦丁因得到了君士坦丁三世的"遗诏",公开拥护先帝幼子君士坦斯为帝，他立即出兵攻打君士坦丁堡，包括元老院在内的大多数人加入了他的阵营。玛蒂娜的党羽很快就遭到了清洗，权力移交十分迅速，希拉克伦纳斯政府顷刻垮台，这对母子于公元641年9月被放逐罗德岛，悲惨地死在了那里。年仅11岁的君士坦斯成了东罗马帝国唯一的皇帝，史称"君士坦斯二世"。

首都的政治斗争使得拯救埃及的计划被搁置，迟迟等不到援军的亚历山大里亚于公元642年9月投降。阿慕尔骄傲地向哈里发欧麦尔报捷道："我夺取了一座城市，我不加以描述，我这样说就够了，城里有4000座别墅、4000个澡堂、40000个纳人丁税的犹太人，还有400个皇家娱乐场所。"

公元633—公元643年，不过10年间，希拉克略收复的叙利亚、巴勒斯坦、埃及全数丢失，这堪称东罗马帝国实力和声誉上的双重打击，这3个行省是东罗马帝国兵源最多、钱粮最丰富的地方，若不能夺回它们，东罗马走向衰亡也是必然的，稍有见识的皇帝都应该明白收复失地的重要性，因此东罗马帝国为收复失地势必与阿拉伯人反复较量。

第一回合：东罗马帝国的远征

公元644年11月3日，哈里发欧麦尔在麦地那清真寺被刺身亡，新任哈里发奥斯曼罢免了埃及总督阿慕尔。利用阿拉伯内乱，君士坦斯二世出动300艘战舰远征埃及，一度收复亚历山大里亚，1000多名阿拉伯守军被歼，周边的城池相继倒入东罗马帝国的怀抱，连的黎波里也被罗马人重新占领，埃及失地被收复了大半。可是两年后，阿慕尔被再次派回埃及，亚历山大里亚又被攻破，东罗马军队损失惨重，被迫再次逃离埃及，收复埃及的计划失败。

第二回合：阿拉伯帝国的反击

公元649年，阿拉伯帝国在叙利亚和埃及各自建立了一支海军舰队，很快就攻占了大半个塞浦路斯岛，拔除了东罗马帝国在东地中海上最重要的海军基地。到公元654年，西西里和罗德岛也遭到穆斯林海军的围攻，这意味着帝国辖下的岛屿也不再安全。公元655年，君士坦斯二世为夺回东地中海制海权，亲率500艘战舰出征，可惜东罗马帝国海军又一次战败，皇帝仅以身免。阿拉伯人骄傲地称此战为"船桅之战"。

第三回合：阿拉伯吹休息哨，东罗马欣然应允

两个回合的失败重创了君士坦斯二世的信心，公元 656 年哈里发奥斯曼被刺时，东罗马帝国迎来了又一次收复失地的良机，然而急于争夺哈里发之位的叙利亚总督穆阿维叶提议停战，皇帝居然同意了，这无疑错失了收复失地的最好时机。更让人诧异的是，东罗马帝国错误地将战略重点转向西部，皇帝在公元 663 年亲征意大利，结果在贝内文托遭遇失败，白白浪费了兵力和钱粮。

公元 668 年，长期客居叙拉古的君士坦斯二世被刺身亡，据说主谋梅泽齐乌斯将军是因为不满皇帝放弃抵御阿拉伯的政策而谋反，可见收复失地仍是大多数罗马人的心声。同一时间，年仅 18 岁的君士坦丁四世紫袍加身，历时 7 月讨灭梅泽齐乌斯，重新统一了帝国。

第四回合：围攻君士坦丁堡

阿拉伯帝国内战的这段时间，东罗马帝国引兵西向，浪费了最宝贵的时机，等他们反应过来时，阿拉伯帝国已被穆阿维叶重新统一，倭马亚王朝建立。新政权毫不犹豫地发兵攻占了奇里乞亚的塔尔苏斯、小亚细亚的士麦那和基齐库斯，打通了从叙利亚到博斯普鲁斯海峡的海上通道。一系列军事行动已经清楚无误地表明阿拉伯人即将攻打君士坦丁堡。

公元 674 年，穆阿维叶以基齐库斯为基地，集中数万兵力，海陆并进包围了君士坦丁堡，第二次君士坦丁堡保卫战爆发。这一时期，东罗马帝国料敌于先，提前准备了能够抵抗 1~2 年的粮食，而且还在金角湾拉起了铁索，阻止阿拉伯海军的全面包围。

与第一次君士坦丁堡保卫战不同的是，阿拉伯帝国的围城战以海军进攻和封锁包围为主，他们虽然也试探性地攻打狄奥多西城墙，但并不执着于陆上进攻，比起阿瓦尔人，阿拉伯人意志更为坚定。据部分资料称，穆阿维叶命军队在小亚细亚的占领地上修建仓库，一边包围君士坦丁堡，一边筹措粮草，每到冬季就返回基齐库斯休整，天气一暖和就继续围困君士坦丁堡。

这种长期围困的方式的确很有杀伤力，君士坦丁四世的军队被困在首都难以脱身，帝国各地只能各自为战。斯拉夫人、阿瓦尔人见君士坦丁四世被牵制在首都，再次攻略巴尔干半岛，东罗马帝国第二大城市塞萨洛尼基被围困。

伦巴第人也攻入南意大利，连败帝国驻军，夺取了阿普利亚。东罗马帝国在欧洲的统治摇摇欲坠。

围困4年后，公元678年秋末，阿拉伯帝国开始总攻，上百艘战舰直扑君士坦丁堡。阿拉伯人计划歼灭东罗马海军，全方位攻打君士坦丁堡的海墙，从而完成对城市的最后一击。可是，要击垮君士坦丁堡的海上防线绝非易事。

根据史学界计算，君士坦丁堡的周界总长19千米，近13千米为海岸线，其中金角湾侧5千米，马尔马拉海侧8千米，因此海上防线的重要性丝毫不亚于狄奥多西城墙。为此，东罗马帝国沿着海岸线修建了一道远超陆墙的"海墙"，高度为10~15米，沿线分布有298座塔楼，其中金角湾因位置特殊，东罗马帝国在这一区域部署了110座塔楼、两个大型军港以及一条横跨海洋的巨型铁索，该铁索长达274米，每个锁环长50厘米，没有战舰能冲破如此坚固的横海铁索。当然，这并不是君士坦丁堡海上防线最可怕的地方。

面对来势汹汹的阿拉伯战舰，东罗马帝国的战术细节已不得而知，但根据后世作家们的研究来看，整场大战分为两个阶段。第一阶段由东罗马帝国主动发起进攻。数十艘东罗马小船满载着木箱直奔敌军舰队，沿途洒下一种黑色不明液体，这种液体不能溶于水，如油一样漂浮在水面上，东罗马战舰和阿拉伯战舰间的海面很快就变成了一片黑色。阿拉伯舰队虽然疑惑但毫不畏惧，挂起风帆径直杀向罗马人的战舰。等他们全部进入布满黑色液体的区域后，阿拉伯人惊奇地发现罗马人的战舰竟然后退了很远。突然，一支被点燃的火箭从天而降，它触落的海面顿时烈焰四起，霎时间，火焰覆盖了半数以上的阿拉伯舰队。

第二阶段的主角是东罗马的投石机。海面的大火虽然覆盖了不少阿拉伯战舰，但它们迅速散开，绕过火海发动进攻，损失的战船并不多。然而，东罗马战舰突然发动远程打击，投射的不是弓箭，而是一些裹着火布的烧瓶。这些瓶子一旦击中船身便会破裂，里面的液体遇火会迅速爆炸。大火不断蔓延开来，从船底烧到桅杆，阿拉伯士兵不停用水灭火，但火势非但没有减小，反而烧得更加旺盛，大量的船只被焚毁，船上的将军和士兵被大火吞噬。人们惊恐地求救、哀号，但无济于事，因为他们发现一旦被火沾到，任何方法都不能扑灭它，这种火焰犹如地狱之火一样可怕。能逃离火海撤回基齐库斯的舰船已所剩无几。

看见前方友军战舰被焚毁的恐怖景象后，后方还没进入火域的战舰赶紧掉头逃跑，他们退回基齐库斯后才发现舰船已所剩无几。

东罗马海军恢复了绝对优势，收复沿海城市的攻势很快就来了。穆阿维叶下令舰队放弃基齐库斯，撤回叙利亚。溃军分成海陆两部逃离战场，其中陆军在尼西亚一带中伏惨败，海军在东罗马战舰的围追堵截下艰难地驶离爱琴海，但他们退却至潘菲利亚海岸时又遇到了暴风雨，大量满载士兵的战舰沉没。罗马人赢得了史诗级的大胜。

那些九死一生的阿拉伯人以为已经逃出生天时，早已等在奇里乞亚海域的东罗马舰队排开阵形，挂满风帆直冲阿拉伯人。帝国的战舰如割麦子一样横扫了整片海域，残余的阿拉伯舰队全军覆没。

赢得这场辉煌胜利的正是罗马人的秘密武器——海洋之火。相传，正当君士坦丁四世为如何抵御哈里发舰队发愁时，一个名叫卡利尼科斯的叙利亚建筑师历尽艰辛逃亡至君士坦丁堡，此人喜好钻研炼金术，在流亡途中意外发现了一种黑色黏稠的液体能漂浮在水面上燃烧，这就是石油。当时正值阿拉伯海军围攻首都君士坦丁堡的危急时刻，卡利尼科斯经过反复试验，混合了一定比例的易燃树脂和硫黄等材料后，使这种液体变得更容易点燃，极适合用于海战。

卡利尼科斯立刻将配方献给了君士坦丁四世，帝国经过实验证实了海洋之火的实战价值。为了保密，守军在敌军围城的头几年里始终不肯使用海洋之火，连其制造配方也决不用文字记录，卡利尼科斯及其后代因此被帝国高薪"豢养"，至今也找不到任何东罗马关于海洋之火的记录。从此，东罗马帝国拥有了自己独一无二的顶级武器，阿拉伯人惊恐地称呼它为"希腊火"。

哈里发穆阿维叶既意外又惊恐，他万万没想到自己组织的数万大军居然在这一役里全部毁于一旦，要知道这些阿拉伯士兵是最精锐的勇士，也是他维持统治的根基。虽然穆阿维叶已是整个伊斯兰教世界认可的哈里发，但巴士拉派和库法派依然不容小觑，他们无时无刻不想推翻倭马亚家族，所以这一役的失败可能引起阿拉伯帝国的内战。

穆阿维叶越想越担忧，他已经无力恢复对东罗马帝国的攻势，一旦遭到君士坦丁四世的反攻，后方的反对派肯定会借机造反，到时候将面对东、西两线作战的危险局面。于是，穆阿维叶终于放下了高傲的身段，主动向君士坦丁四世请和，同意归还整个小亚细亚，并向东罗马每年缴纳3000磅金币、50匹马和50名奴隶,双方签订了为期30年的和平协议,史称"三十年和约"。

"三十年和约"暂时结束了阿拉伯帝国对东罗马帝国的攻略,是君士坦丁四世及其军队赢得的辉煌胜利。因此战之功,罗马人保住了爱琴海、小亚细亚和欧洲的领土。君士坦丁堡又一次证明了它是当之无愧的欧陆顶级要塞。而斯拉夫人、阿瓦尔人见君士坦丁四世获得如此大的成功后都非常惊恐,赶紧遣使修好,君士坦丁四世顺利恢复了多瑙河以南的领土,欧洲和亚洲都恢复了平静。

毫无疑问,希拉克略死后的东罗马帝国在收复失地时屡屡受挫,错误的引兵西向直接导致了更强大的倭马亚王朝的出现,差点连小亚细亚也一并丢失,好在经过第二次君士坦丁堡保卫战,阿拉伯人"圣战"的势头被罗马人压制了下来,为这一阶段的较量画上了句号。然而,一支来自南俄草原的游牧民族已经兵临多瑙河畔,东罗马帝国的麻烦远没有结束。

新的敌人——保加利亚

黑海以北的南俄草原,地域辽阔却荒凉寒冷,这里是游牧民族纵马驰骋的天堂,无数强悍的游牧骑士在这里搏杀、流血、迁徙,日耳曼人、匈人、突厥人接踵而至,罗马人永远也弄不清楚,黑海以北的荒原到底有多少蛮族部落。

大概在7世纪初期,这里生活着一个名为保加尔的游牧民族,他们曾被匈人、阿瓦尔人、突厥人奴役,经过无数次反抗后,一个名为库尔特的部落首领统一了四分五裂的保加尔人,建立了该民族第一个统一国家——大保加尔汗国。

然而,30年后,随着库尔特大汗的死亡,大保加尔汗国宣告解体。分裂后的保加尔人大致分为四股:一部分人选择留在原来的土地上,接受日渐强大的可萨汗国的统治;一部分人北上伏尔加河,建立了伏尔加保加尔汗国;另一部分人选择西进,逐渐融入了意大利;还有一部分人选择南迁,来到了富饶的多瑙河流域,企图在这里建立自己的国家。

领导南迁的保加尔人领袖名叫阿斯巴鲁赫,此人在公元670年左右抵达了多瑙河与黑海交汇处的三角洲,这里处于东罗马帝国统治的边缘,以斯拉夫人为主。强大的保加尔人很快就击溃了试图阻止他们在此处立足的斯拉夫人，阿斯巴鲁赫便在三角洲的土地上修建了保加尔人的第一座城市，对外自称大汗。

由于多瑙河防线早已名存实亡，保加尔人得以轻松扩张领土。对东罗马皇帝来说，多瑙河最大的敌人是阿瓦尔汗国，故而自希拉克略挫败阿瓦尔人攻占君士坦丁堡的企图后，罗马人就大力拉拢斯拉夫人，试图从内部瓦解阿瓦尔汗国的统治。这一招比在战场上正面对决更有杀伤力，阿瓦尔人的附庸们纷纷举起反旗，从内部牵制、削弱直至推翻了阿瓦尔汗国的统治，到君士坦丁四世时，阿瓦尔人的威胁几乎不复存在，他们已被曾经的附庸击败，最终成为传说。

对于新来的保加尔人，东罗马帝国并非全然不知，允许他们在多瑙河三角洲立足建城，完全是因为阿拉伯帝国的大规模入侵，再加上保加尔人并未威胁东罗马帝国的主要城市，皇帝选择了隐忍，因为两线作战历来难以取胜，否则罗马人一定会提前对保加尔人用兵。

公元680年，君士坦丁四世先后解除了阿拉伯帝国与斯拉夫人的威胁，皇帝终于能腾出手收拾新来的保加尔人了。帝国近期的胜利鼓舞着皇帝和他的士兵。春季结束的时候，君士坦丁四世携3万精锐御驾亲征，兵锋直指保加尔盘踞的多瑙河三角洲。

阿斯巴鲁赫汗所统治的保加尔人虽然在这些年里扩张得很快，但比起东罗马帝国，他们依然是弱小的一方，不仅没有帝国强大而精锐的军队，也没有帝国文明、高效的行政体系，保加尔汗国充其量仍是蛮族部落而已。有资料认为，保加尔人除开老弱妇孺，真正能上阵杀敌的兵力不到1.5万人。考虑到己方处于劣势，阿斯巴鲁赫汗决定坚守城池，不与罗马正规军野战，他们在君士坦丁四世朝北进军的时候忙于加固要塞、囤积粮草，等到东罗马帝国军队抵达时，大多数保加尔人已撤回城内。

君士坦丁四世的大军蔚为壮观，陆军沿着黑海北上，粮草补给则由海军舰队负责，若是进行会战，罗马的海陆夹击会有很大的优势，可保加尔人坚守不出，使得君士坦丁四世畅通无阻地抵达了保加尔人修建的要塞下。在皇帝看来，围攻要塞可谓喜忧参半，喜是因为蛮族都聚集在城内，若是破城，保加尔人将不复存在；忧的是要塞下有一大片沼泽，该城明显是一座天然的防御型要塞，这种地形并不适合大规模作战。

君士坦丁四世发现自己陷入了进退两难的境地。保加尔人因占有沼泽地的优势，使得数万罗马军队不能全力施展，而后方的补给从海路运过来后又必须走陆路才能运到军营，保加尔人吃准了罗马人的运粮路线，不停袭击这支运粮部队，使得这场围城战难以长期坚持。可是皇帝不想轻易退却，因为御驾亲征声势浩大，无功而返势必让他脸上无光，更何况斯拉夫人密切关注着这场战争，如果帝国不能击败保加尔人，那意味着更多的斯拉夫人将会投奔保加尔人，到时就更难对付了。

纵然有诸多不利因素，皇帝还是像当年保卫君士坦丁堡时一样披挂上阵。不久之后，皇帝决定强攻城池。他首先抽选了一些精锐步兵，命他们越过沼泽发起试探性的进攻。这些精锐的将士要突破沼泽并不困难，但搭起云梯攻城就不那么容易了。保加尔人一方是保家卫国，身后便是他们的妻子和孩子，自然是士气高昂，而罗马人却是费尽力气才通过沼泽，精疲力竭又缺乏胜利的希望，两军首次交战杀得难解难分，双方死伤都很大，城墙依然在保加尔人手中。

君士坦丁四世并不甘心，随后又组建了更多的敢死队突袭城池。罗马人在鹰旗的鼓舞下一再强攻城池，虽然杀伤了不少蛮族士兵，但自己的损失同样巨大，这种杀敌八百自损一千的强攻毫无意义。然而皇帝无意退兵，他每天都组织军队进攻，在连续攻打了7天后，罗马军队已经颇为疲惫，士气也大幅度下降，而保加尔人反而因连续退敌士气高涨，连游击在君士坦丁四世后方的保加尔人也在截断帝国补给的战斗中给罗马人带来了很大的损失。很快，补给短缺的情况便成了君士坦丁四世最大的难题。

局面虽然看似不利，但东罗马军队依然占有数量优势，若派兵守住补给线，只要能持续攻城杀敌，保加尔人必定是先崩溃的一方，毕竟罗马人耗得起、等得起，补给物资源源不断，而保加尔人困守孤城，粮食终有吃完的一天，因此，皇帝丝毫没有妥协的意思，他既不同意和保加尔人和谈，也不同意退兵，只告诉将领们："我们包围了保加尔人，只要不断削弱他们的战斗力，城池终有一天会陷落。"

皇帝依然令士兵继续攻打城池，将士们也只好硬着头皮攻城。可就在这个时候，君士坦丁四世一边交代各部将领保持住攻势，另一边却收拾行李离开了军营。这确实让人非常意外，皇帝明知攻城的艰难，却不愿意与将士们待在一起。有史料认为皇帝因为突发痛风,不得不返回首都养病,也有记载称他是为了参加重要的宗教会议,不管是哪种原因,贸然离开充分证明君士坦丁四世大意轻敌了。

君士坦丁四世一走,军中立刻炸开了锅,士兵们每天都在流血战斗,皇帝却提前撤走了,军队四处流传"皇帝逃跑了,皇帝抛弃了我们"的谣言,人们很快就由失望变成了愤怒,由愤怒变成了恐惧,强攻再次失利的罗马军队再也无心攻城了,士兵们纷纷抛弃了武器和旗帜开始逃跑。

阿斯巴鲁赫汗见状大喜,虽然他也搞不清楚罗马军队撤退的原因,但他还是命令保加尔人出城追击。保加尔人制订了周密的作战计划,步兵从正面追击,骑兵则从两翼包抄。本来还算有序的撤退被保加尔骑兵一冲,立刻秩序大乱,士兵们四面溃逃,罗马将领高声喝止也无济于事,只能跟着士兵们一起逃跑。战场上只剩下罗马人的尸体和随处丢弃的武器、旗帜。3万罗马人一败涂地,死伤无数,幸存者寥寥。

果如君士坦丁四世担忧的那样,这场战争让他威望大减,更多的斯拉夫人部落臣服于保加尔人,他们很快就融合在一起,组成了一个全新的民族——保加利亚。保加利亚人携此大胜逼迫君士坦丁四世让步,公元681年,皇帝不得不停战求和,承认了保加利亚人对多瑙河两岸土地的所有权,这表示东罗马帝国再也不能统治多瑙河了,更多的蛮族得以渡河南下,当年日耳曼人在西罗马土地上建国的历史似乎又在东罗马帝国上演。

这次挫败后,雄心勃勃的君士坦丁四世意志消沉,愧疚难当,他的健康状况急转直下,3年后,君士坦丁四世驾崩,其子查士丁尼继位,史称查士丁尼二世。

君士坦丁四世的死多少让人有些遗憾,他虽不如君士坦丁大帝一样文韬武略,但击败阿拉伯帝国的伟大战绩还是为他赢得了民众的支持,也让他得以在罗马帝国历史上占有一席之地。可是君士坦丁四世刚愎自用、骄傲自满,未能客观评价帝国的实力,既没有详细侦察保加尔人的实力,又没有制订完善的作战计划,草率的进攻最终葬送了帝国的多瑙河防线,抵消了此前的功绩。这场战争非但没有收复失地,反而暴露了东罗马帝国虚弱的事实,保加利亚人的反击就要来了。

王朝的终结

查士丁尼二世继位时只有 16 岁左右，与君士坦丁四世一样少年得位，先帝为了保障儿子能够坐稳皇位，不惜对两个同为共治皇帝的亲兄弟处以劓刑，然而年少轻狂的皇帝要让他的先祖们失望了。

查士丁尼二世以查士丁尼大帝为榜样，立志做一个开疆拓土的伟大君王。他很有抱负，也很有干劲，不太安于享乐，而且他相貌良好，谈吐间颇显皇家气质，然而众多缺点也非常突出：查士丁尼二世刚愎自用、冷酷无情，他缺乏宽容和仁慈，过于冒进而不计后果，东罗马帝国当时的政策因而颇为严苛。

不过，查士丁尼二世的统治却是以一系列胜利开始的。新帝继位伊始的政策强势、大胆，东罗马帝国军队杀入亚美尼亚、叙利亚一带，迫使阿拉伯人退兵，哈里发不仅提高了贡金，还同意与皇帝平分伊比利亚、亚美尼亚和塞浦路斯的税收。

东部地区的相对稳定，正是查士丁尼二世全力解决保加利亚和斯拉夫人的大好时机。事实上，查士丁尼二世还是明事理的，他很快就将兵力集中到巴尔干地区，除了不能夺回被保加利亚人侵占的土地，收拾一盘散沙的斯拉夫人还是绰绰有余的。有资料认为，遣送至奥普西金军区安置的斯拉夫人能组建 3 万人的军队，约 25 万各族移民被迁入小亚细亚，这虽未弱化斯拉夫人在巴尔干的影响力，却大为加强了帝国在小亚细亚军区的实力，对付阿拉伯帝国自然更有底气了。

继位初期的胜利鼓舞了查士丁尼二世，从政策上看，他用迁移人口的方式延续了军区制改革，强东弱西的目的明显是针对阿拉伯帝国。然而，挫败斯拉夫人的胜利让皇帝高估了帝国的实力，更高估了斯拉夫士兵的忠诚，帝国军力只是从纸面上提高了。查士丁尼二世把问题想得太简单了，以为新招募的异族士兵能上阵杀敌，所以他马上就将这些士兵投入战场，重点由西转东，力图收复叙利亚、巴勒斯坦甚至是埃及。

公元 691 年，查士丁尼二世突然撕毁了与哈里发的和约，以利昂提奥斯为统兵大将，东征阿拉伯帝国，双方在安纳托利亚东部塞巴斯托波利斯交战。

本有着数量优势的东罗马军队,却因为2万斯拉夫人的临阵倒戈而全线溃败,利昂提奥斯一路狂奔至尼科米底亚,东罗马帝国丢掉了整个亚美尼亚。

事后,皇帝处死了所有的斯拉夫人质,还把指挥不力的利昂提奥斯下狱。但战争不可能轻易结束,阿拉伯军队大举攻入帝国行省,大量的城市被攻陷,帝国在东部不但没有扩张领土,反而接连丢失大量土地。这次轮到查士丁尼二世向哈里发求和了,只是条约改为由东罗马向阿拉伯人进贡。

东部战争的失败让反对皇帝的声音活跃起来。这些年为了效仿查士丁尼大帝,查士丁尼二世在行政、宗教、外交上都很强势。对内,皇帝打压贵族大庄园主,没收土地以充实军区的军屯田,过于武断,没有循序渐进,因而遭到贵族阶级的反对;对外,他屡屡兴兵使得帝国税赋大增,百姓生活日益困苦,再加上皇帝大规模迁徙人口以充实军区,使得怨声载道,各地都有不满的声音。

这些都还不算,皇帝还大搞基础设施建设,修皇宫、教堂、要塞,花费甚巨。另外,他还贸然干预教会事务,甚至指使拉文纳总督绑架罗马大主教塞尔吉乌斯,计划失败,拉文纳军队直接叛变自治。这一系列独裁举措重创了皇帝的威望。

公元695年,查士丁尼二世突然赦免了战败的利昂提奥斯,还提拔其为希腊军区的大将军,这一操作让人摸不着头脑,可能皇帝并不打算处死利昂提奥斯,只想教训他一顿。然而身陷囹圄的利昂提奥斯对皇帝彻底寒了心,突然的提拔并没有赢得将军的忠诚。利昂提奥斯在部将的支持下铤而走险,以"巴西琉斯"的名号反攻首都,积极拉拢牧首和主教,还派人释放囚徒,号召市民加入己方军队,首都民众早就厌倦了查士丁尼二世的统治,因此应者云集。

皇帝的亲信不久也跟着背叛了他,查士丁尼二世就这样被捆绑着押到了大竞技场。利昂提奥斯看着可怜的皇帝,感念先帝对自己的恩情,以及查士丁尼二世曾对自己网开一面,他便放弃了处死皇帝的打算,只是当众割去了他的鼻子,并流放到距首都约670千米的克里米亚小城赫尔松。利昂提奥斯称帝,史称"利昂提奥斯一世"。

公元698年,阿拉伯帝国攻打阿非利加,包围了首府迦太基。利昂提奥斯一世派遣一支舰队驰援北非,可他们根本无力收复北非,最终铩羽而归。失败的军官害怕被利昂提奥斯一世处罚，在阿普西玛的煽动下发动政变。

连换三个皇帝充分证明帝国政局极度不稳，远在赫尔松的查士丁尼二世看到了机会，他在这里已经待了近3年时间，这期间，查士丁尼二世可没有自暴自弃，相反，他表现得很坚强，无时无刻不在谋划脱离虎口，而查士丁尼二世天生的帝王气质为他赢得了不少人的支持，废帝居然在这里也延揽到不少追随者，他们帮助查士丁尼二世逃离了赫尔松，一路狂奔到北面的可萨汗国。

可萨汗王热情接待了查士丁尼二世一行人，不仅被他的君王气质所打动，还将妹妹嫁给了他。查士丁尼二世为了表明其恢复查士丁尼大帝事业的决心，把新婚妻子的名字改为"狄奥多拉"，并不断鼓动可萨汗王派兵协助他复辟。提比略三世对查士丁尼二世的逃跑深感不安，遂秘密派人去见可萨汗王，试图用黄金换回查士丁尼二世，但新婚妻子却把这个交易泄露给了丈夫，查士丁尼二世大惊，当夜即带着追随者逃离了可萨汗国。

流亡海上的查士丁尼二世把目光投向了保加利亚汗国，新任可汗特尔维尔同样对废帝报以热烈的欢迎。查士丁尼二世为了鼓动保加利亚汗国出兵协助，不惜承诺将女儿许配给特尔维尔汗，还同意授予可汗"恺撒"的称号，这在东罗马帝国代表着共治皇帝的意思，通常被视为帝国继承人。

早就倾慕罗马文化的保加利亚可汗特尔维尔对此非常高兴。保加利亚人的野心比一般游牧民族要大得多，他们在这时已经萌生了取代罗马帝国的打算，如果能得到"恺撒"称号，那他们就离罗马皇帝的称号不远了。特尔维尔汗心里打着如意算盘，如果自己与罗马公主能够生下王子，那这个孩子自然拥有东罗马皇位的继承权。打定主意后，特尔维尔汗当即率领1.5万保加利亚军队护送查士丁尼二世南下。

保加利亚联军很快就兵临君士坦丁堡城下，但看起来旗帜不振、装备陈旧。无数蛮族军队折翼狄奥多西城墙的历史让守军信心十足，毕竟高耸入云的巨墙是蛮族难以逾越的障碍，就算是波斯、阿拉伯也不能撼动其一丝一毫，何况是才登上历史舞台的保加利亚。然而，一天夜里，保加利亚人突然出现在城内，守卫城门的官兵被袭杀，大门轰然打开，1.5万保加利亚人遂杀入城内。混乱中，提比略三世被俘。

查士丁尼二世告诉提比略三世："朕乃帝国之主，尔等以为占据城墙就安然无恙了，岂不知朕更熟悉它。"

原来查士丁尼二世知道一条通往城内的废弃输水管道，保加利亚士兵就是通过这个管道秘密潜入城内，打开城门的。随后，查士丁尼二世宣布复辟，并邀请保加利亚可汗特尔维尔一起坐在皇座上接受朝拜，从此，保加利亚可汗改称保加利亚沙皇（"恺撒"发音），自诩为罗马帝国的副帝。

公元706年，在庆祝查士丁尼二世复辟的赛马竞技上，皇帝将利昂提奥斯和提比略一起押到了大竞技场，用脚踩着这两个叛臣观看完整场比赛，随后便将两人及其支持者通通处决，连给提比略加冕的牧首也被刺瞎了眼睛。查士丁尼二世完成了绝地逆袭。

重登帝位的查士丁尼二世并没有反思被推翻的原因，10年的悲惨生活让他变得更加冷酷残忍，一恢复权势后，查士丁尼二世便大肆报复所有反对过他的人，从贵族到平民，从军队到农夫，不少人人命丧黄泉，运气稍好的也被流放到边远地带。

皇帝恐怖报复本国民众的同时，也不忘摧毁自己的事业。这一时期的东罗马帝国东西两线均恢复了和平，其中保加利亚还是帝国的盟友，如果查士丁尼二世抓紧时机休养生息、恢复国力，东罗马帝国极有可能再次压倒强邻。可惜数年后，皇帝主动背弃了与保加利亚人的同盟，还与阿拉伯人再次开战，结果既失去了西部盟友的支持，又使得亚洲一大片土地被敌人控制。然而皇帝还不满足，为了报复曾经薄待他的人，查士丁尼二世先是出兵攻打拉文纳军区，后又北伐克里米亚的赫尔松，破城后大肆屠杀当地居民，不少人被溺死。

如果说公元708年的安基阿卢斯惨败还不足以重创帝国，那公元711年北伐赫尔松则让查士丁尼二世的事业一落千丈，因为远征军渡海凯旋时遇到了大风暴，史学家约翰·朱利叶斯·诺威奇估计有7.3万人死于海难，这么庞大的兵力损失是短时间内难以恢复的。更麻烦的是，可萨汗王随后就派兵围攻了赫尔松，总督伊利亚斯投敌叛变，流放赫尔松的亚美尼亚将军菲利皮科斯得到了可萨人的支持，带领当地民众举起了反旗。

查士丁尼二世愤怒地派第二拨远征军镇压，可没想到可萨人的援军规模庞大，远征军统帅马洛斯进不能击败强敌，退不能得到皇帝的宽恕，前后都是一死的他索性投降了菲利皮科斯。叛军不仅得到了数万精锐，还拥有了一支庞大的舰队，这表示叛军可以跨过海洋扩张领土。战争的天平发生了根本性的倾斜，菲利皮科斯拥有了问鼎罗马的实力。

不久后，菲利皮科斯率领舰队浩浩荡荡地杀向君士坦丁堡，越来越多的地方发生了反对查士丁尼二世的暴动。查士丁尼二世在叛军攻占君士坦丁堡前率兵返回，结果兵败被杀，首级被送到君士坦丁堡、罗马、拉文纳示众，而他的幼子勉强逃进了教堂，但叛军毫无怜悯之情，他们将紧紧抱着祭坛求饶的废帝幼子拖走斩首。至此，希拉克略王朝绝嗣。

希拉克略王朝绝嗣后，拥有实力的地方军阀自然都有资格问鼎帝位，新皇帝菲利皮科斯没有预见到军事贵族日渐坐大的威胁，在首都过着极尽奢华的生活，不到两年，君士坦丁堡东岸的奥普西金军区就发生哗变，枢密大臣阿尔特米乌斯被推举为帝，菲利皮科斯又被刺瞎双眼丢入了修道院，新皇帝更名为阿纳斯塔修斯，史称"阿纳斯塔修斯二世"。

不过，靠军队登上皇位的文官历来坐不稳龙椅，骄横的军队根本没把皇帝放在眼里，仅因为新帝要他们抵御阿拉伯人，奥普西金军区便再次爆发叛乱，叛军又拥立税务官狄奥多西为帝，史称"狄奥多西三世"。阿纳斯塔修斯二世也被送入了修道院。

公元716年，试图从帝国内乱中渔利的阿拉伯人侵入了小亚细亚，安纳托利亚大将军利奥秘密接触阿拉伯人，承诺充当阿拉伯人的盟友和代言人，阿拉伯人当然愿意看"狗咬狗"的好戏，遂引兵东返。不战而屈人之兵让利奥威望大增，因为他是阿纳斯塔修斯一手提拔的将领，便打着为阿纳斯塔修斯二世报仇的旗号起兵，亚美尼亚军区也倒戈加入利奥。狄奥多西三世哪里是安纳托利亚将军的对手，最后也落得被送进修道院的结局。

公元717年，利奥率兵进入君士坦丁堡，于圣索菲亚教堂加冕称帝。数年的帝位之争终于结束，伊苏里亚人利奥登上了东罗马帝国的皇位，史称"利奥三世"，新的伊苏里亚王朝建立。

43

第四十三章 伊苏里亚『毁坏圣像』

第三次君士坦丁堡保卫战

利奥三世出生于伊苏里亚山区，是马拉什有名的牧羊主，在查士丁尼二世复辟的重要时期，利奥选择支持查士丁尼并进献了500头羊，因而被授予了武职。此后，利奥冒险深入亚美尼亚、拉齐卡、伊比利亚，成功策动当地部族反对阿拉伯人，因而名声大噪，得到了自立为帝的阿纳斯塔修斯二世的赏识。当时阿拉伯帝国一再攻略小亚细亚，阿纳斯塔修斯二世虽然得位不正，但依然积极组织对阿拉伯人的反攻，利奥便作为安纳托利亚军区大将军，坐镇阿莫里乌姆，全权负责对阿拉伯的战事。

随着狄奥多西三世取代阿纳斯塔修斯二世成为帝国皇帝，阿拉伯军队借帝国内战之机卷土重来，再次深入到小亚细亚地区。利奥为了加大胜利的筹码，更是为了避免阿拉伯人浑水摸鱼，他积极与阿拉伯统帅马斯拉马联络，甚至承诺充当阿拉伯帝国的附庸，只希望马斯拉马不要干涉东罗马帝国内战，因为一旦帝国臣民知道利奥得到了阿拉伯人支持，就没有人会再支持他。

不费一兵一卒就能尽获罗马疆土，马斯拉马当然觉得这是划算的买卖，阿拉伯帝国遂与利奥达成了同盟协定，军队相继撤离了东罗马帝国行省。阿拉伯人高兴地等着利奥主动送来黄金和土地，然而紫袍加身的利奥三世立刻翻脸不认人，拒绝承认与马斯拉马达成的约定，阿拉伯人遂大呼上当。

恼羞成怒的哈里发苏莱曼一世再次发起"圣战"，亲起大军12万（真实数字可能只有8万）、大小战船1800余艘，于公元717年夏季海陆并进，直扑君士坦丁堡。事实上，东罗马帝国的防御准备工作已进行多时，首都从阿纳斯塔修斯二世时就开始囤积粮草，据说市民们已经准备了3年的食物，粮仓里的谷物堆积如山。另一方面，利奥三世积极与保加利亚汗国沟通，以"唇亡齿寒"的道理反复游说特尔维尔沙皇。

特尔维尔获得了"恺撒"称号后，对罗马文明便更加倾慕了，他自命为罗马人的副皇帝，是不能不顾君士坦丁堡生死的，更何况一旦阿拉伯人攻占了君士坦丁堡，伊斯兰教的军队就会大举攻入欧洲，那时首当其冲的便是保加利亚，再想结盟拒敌就来不及了。保加利亚人遂同意与东罗马结盟，并承诺驰援君士坦丁堡。

公元717年，哈里发之弟马斯拉马率领12万阿拉伯帝国大军横扫小亚细亚，各处城池、关隘相继沦陷。7月7日，阿拉伯大军攻陷了赫勒斯滂海峡重镇阿拜多斯，庞大的阿拉伯军队横跨海洋，进入色雷斯地区。马斯拉马抵达君士坦丁堡城下后，不禁感叹地中海第一巨城的壮美，高耸的狄奥多西城墙看起来依然是那么坚不可摧，不可逾越。

为了全力围城，马斯拉马令大军在城外扎下大营，同时派人四处收集材料修建围城工事。当年8月，阿拉伯人在城外深挖壕沟，并在此基础上修建了一道包围城市的石墙，阿拉伯大军就驻扎在石墙要塞中，既可以封锁君士坦丁堡，又可以避免敌人偷袭身后。这一幕不禁让人想起了恺撒当年围困阿莱西亚时的情景，同样是围城，同样也是修了围墙。

准备就绪后，马斯拉马下令攻城。阿拉伯人在与波斯、东罗马交战的过程中逐渐掌握了攻城技术，他们制造起大量的云梯、攻城塔和投石车，这些攻城武器在狂热的阿拉伯士兵的驱动下朝狄奥多西城墙发起猛攻。守城的罗马军队有1.2万人，配备了相当多的弩炮和投石机，另外还有一定数量的希腊火，这些武器在阿拉伯人进攻时发挥了巨大的作用。

得益于狄奥多西城墙的优良设计，罗马军队虽然人数远低于围城的阿拉伯人，但他们牢牢控制着战场的主动权，无论敌军是用远程武器打击城墙，还是拼命杀到城下，罗马人的标枪、落石、火箭都能给予他们毫不留情的杀伤。如同其他强攻狄奥多西城墙的外族军队，阿拉伯人虽然有高昂的士气，却一次又一次在城墙下失败，大量的阿拉伯士兵死于攻城作战，每天的进攻均是徒劳。而罗马军队却凭借城墙优势保持着近乎零伤亡的记录。时间一久，阿拉伯士兵的士气就跌了一半。指挥官马斯拉马意识到，强攻狄奥多西城墙只会让自己的军队提前崩溃，于是他向哈里发写信求援，着手将陆上强攻改为海上突破。

马斯拉马指挥的海军比起陆军更让人眼花缭乱，整整1800艘战船悬挂着伊斯兰教的旗帜，从城墙上一眼望去，简直是一片移动的森林，蔚为壮观。事实上，利奥三世早就判断出此次保卫战的重点不在陆战，因为他清楚狄奥多西城墙的坚固，在没有火炮的时代，没有人能突破防守严密的狄奥多西城墙。查士丁尼二世复辟完全是因为他知道城市的漏洞所在，但阿拉伯人难以找到能越过城墙的捷径，所以利奥三世提前为海战做了大量的准备工作，包括新建造的战舰和加固后的横海铁索。

不仅如此，皇宫内的军工厂夜以继日地忙碌着，主要生产的便是让阿拉伯人闻风丧胆的希腊火。随着罗马人对希腊火的改进，利奥三世时期的希腊火战术已不再是用油桶将其简单地洒在海面上，然后再用火矢点燃，这样的作战方式在敌军尚不知情的情况下才有用，阿拉伯人已经在君士坦丁四世时见识过该战术，他们在海上航行时会避开罗马小船和希腊火。针对此情况，罗马工程师设计了一种类似水枪的喷射装置，这种装置被安装在城墙、战船上，可以90度甚至更大幅度地旋转，还能向上拉高和向下降低，希腊火就被填充在这种装置里面。敌军战舰进入喷射装置射程后，一道形似火龙的希腊火烈焰就会从装置里喷涌而出，其威力比单纯点燃更具大。

海上决战很快就开始了。阿拉伯海军按编队朝君士坦丁堡驶来，由于海峡航道狭窄、无风，庞大且笨重的战舰行动迟缓，马斯拉马遂派了20艘战舰殿后。他们航行到君士坦丁堡东侧和北侧海峡时，东罗马海军看准机会，直奔殿后的20艘阿拉伯战舰。希腊火再次点燃了阿拉伯人的舰船，来不及回援的阿拉伯舰队只能眼看着数十艘船被焚毁。

接着，阿拉伯舰队试图突破横海铁索，但利奥三世故意放下铁索，玩起了"空城计"。阿拉伯人莽撞地驰入金角湾后，罗马战舰突然杀出，又一次用希腊火烧毁了敌舰，吓得阿拉伯人再也不敢靠近。此后，阿拉伯海军改变战术，试图从海上困死东罗马海军，他们把战舰分布在君士坦丁堡西侧和北侧的海面上，封锁了城市与黑海、爱琴海的联系，还派兵强攻加拉塔。可惜这些努力毫无用处，东罗马帝国可以用希腊火打破封锁，也能用希腊火保护加拉塔。

不久之后，保加利亚沙皇特尔维尔亲率1.5万人马赶到战场，驻扎在阿拉伯大营以西，冷不丁地袭击阿拉伯外出征粮的队伍，导致阿拉伯人的补给线被一刀斩断。随着冬季的来临，阿拉伯人疲态尽显。据狄奥法内斯记载，这一年的积雪久久不能融化，不少人畜被活活冻死、饿死在营地里，瘟疫在这时候蔓延开来，更多的人倒下了。

次年春天来临后，哈里发苏莱曼一世派出的2万援军和补给船队终于赶到了前线，这本是让马斯拉马高兴的事情，但接下来的一幕完全出乎他的预料。

由于所有的阿拉伯水手都被派去围城，运输船队的水手几乎都是罗马人，他们在海上发动了叛乱，杀死了阿拉伯人指挥官，整支船队都投奔了君士坦丁堡，使得大量的补给物资落入罗马人之手。

不仅如此，利奥三世还派满载希腊火的船队驶出港口，奇袭了封锁海峡的阿拉伯船队，恐怖的希腊火再次吞噬了伊斯兰教的弯月，大量的阿拉伯战船被焚毁，数万阿拉伯将士葬身鱼腹。得胜的罗马军队横渡马尔马拉海，会同亚洲的罗马军队东西夹击，结果可想而知，阿拉伯援军全军覆没，余下的军队军心涣散，全军士气几乎跌到了冰点。连续的失败已经动摇了阿拉伯人的士气，马斯拉马这时才发现被围困的不是君士坦丁堡，而是他自己。

公元718年8月，苏莱曼一世驾崩，新任哈里发欧麦尔二世无意继续战争。特尔维尔再次抓住战机，拦截了他们的殿后部队，斩首2.2万人。罗马军队也乘胜追击，击沉了不少敌军战舰。围城仅坚持了13个月，阿拉伯人的军队便已溃不成军。残兵败将只能乘坐仅剩的船只仓皇逃向叙利亚，但地中海的暴风雨摧毁了它们，1800艘战船只有5艘逃了回去，12万大军几乎全军覆没，第三次君士坦丁堡保卫战再次以罗马人的胜利告终。

第三次君士坦丁堡保卫战对东罗马影响巨大，它不仅使罗马人的文明得以延续，阻挡了伊斯兰教征服欧洲的可能，还动摇了倭马亚王朝的统治，使得哈里发的威望大大下降，国内反对派日益壮大，终于在几十年内战后推翻了倭马亚家族的统治，阿拉伯帝国就此分裂，此后再也没有重新统一起来。

经此一役，利奥三世的威望与日俱增，因其拯救东罗马帝国的功绩，教会、贵族、平民都宣誓效忠于他。利奥三世收获了无数赞誉和鲜花，但他并不满足，皇帝试图从内部拯救罗马文明，一场规模更大的改革悄然来临。

毁坏圣像运动

自阿拉伯帝国崛起以来，小亚细亚广袤的土地上总是会看见掠劫的阿拉伯骑兵，城市、村庄屡屡陷入火海，无辜的民众不是被掳掠为奴，就是四处流亡，国家既征不了税，又招不到兵，这一切无不让利奥三世懊恼苦闷。夜深人静的时候，利奥三世不禁反问自己："为什么信仰异教的穆斯林能屡屡击败帝国军队？为什么上帝不将胜利和安宁带给他的子民？为什么军区制改革后的帝国依然处于被动挨打的境地？"

皇帝忽然意识到，罗马帝国最大的敌人也许并不是高举"圣战"旗帜的穆斯林，那些危难时刻躲在教堂里的基督教徒或许才是国家真正的大敌。事实上，不仅是利奥三世，与皇帝有相同看法的人不在少数，之所以他们会这样认为，很大程度上缘于资源分配不均。

自从基督教成为国教后，历代皇帝给了教会各种特权，比如免税、免兵役、参与世俗事务等等，一个高于各阶层的教士阶级逐渐形成，他们控制着教堂、修道院，拥有庞大的教会地产和数量众多的教会佃农，以及富可敌国的财富，黄金、宝石、玉器他们可以随便拥有，毫不客气地说，皇帝也未必像教会这么有钱。

根据陈志强教授给出的数据，到8世纪时，教会的财产愈发庞大，仅君士坦丁堡教区就拥有29处庄园，拉文纳教区能岁入1.2万金币，西西里教区的岁入甚至高达4.7万金币，而同时期的拉文纳总督年薪不超过800金币，普通官员连80金币都不到。换言之，仅一个教区的年收入就足够成立15个总督府，因为总督的薪俸也用于豢养他的幕僚，而全国所有教会的资产总和足以征募一支与政府抗衡的军队，甚至另立政权也毫无压力。

教会在聚集财富的同时，也不断聚集着人口，越来越多的青年加入教会，一些人成为教士，另一些人当起了仆从，无论是哪一种人，只要加入教会就不再需要履行国家义务，皇帝无论是征税还是征兵，似乎都与教会无关，这对政府来说绝对是隐患，因为财政需要民众纳税，打仗也需要民众参军，如果人们都躲进了教会，那国家向谁收税，又如何组建抵御外敌的军队？

南朝四百八十寺，多少楼台烟雨中？

财税和兵源是立国的根本，随着这些资源逐渐集中到教会手中，皇帝势必会出台政策重新分配资源，但教会能同意皇帝拿走财富和人口吗？显然是不会的，因为教会同样有腐败、堕落，没人愿意无偿奉献自己，皇帝只能另寻他法。利奥三世就想到了办法——毁坏圣像。

圣像，也称偶像，即把基督教中的神灵实物化后的作品，比如雕像、油画、镶嵌艺术品等。纵然我们都知道实物化的神灵是创作者凭想象虚构出来的，但当教会宣称圣像作品能救赎，能达成心愿，甚至能延缓死亡后，整个社会都陷入了对圣像的顶礼膜拜中。为了膜拜圣像，信徒需要缴纳"供奉"，一些小的圣像制品也会明码标价，这完全背离了《圣经》的初衷，变成了教会敛财的重要手段。

公元726年，利奥三世正式颁布《禁止崇拜偶像法令》，帝国上下掀起了一场广及整个社会的"毁坏圣像运动"。按照法令，任何崇拜圣像的行为都必须取缔，一切以实物制作的神像、绘画都必须销毁，对任何不配合毁坏圣像的人，迎接他们的只会是毒打、游街、抄家，甚至是处死。

毫无疑问，毁坏圣像并非利奥三世的真正目的，强迫教士还俗、没收教会财产才是运动的本质。大量的修道院和教堂被毁，无数地产被国家收回。皇帝将这些土地赐予士兵和农民，壮大了刚刚复兴的农兵阶级。他还将不少教会人员充入军队，一部分用于开荒屯田，另一部分被招募为士兵，为各大军区充实了兵源，极大地巩固了军区制改革的成果。

不久后，利奥三世的国库变得充盈起来，军队数量也开始缓慢恢复，这一切都为东罗马帝国的收复失地计划提供了有力支撑。由此看来，即便基督教大加鞭挞毁坏圣像运动，利奥三世的举措却起到了延续罗马文明的作用，是利国利民的好事。

有了毁坏圣像运动"输血"，利奥三世的对外政策变得更加积极起来。公元732年，利奥三世遣使求婚，为继承人君士坦丁迎娶了可萨公主齐扎克，公主从此更名伊琳娜。迎娶伊琳娜让东罗马帝国和可萨汗国结为秦晋之好，两国同进同退，明显是为了两线夹击阿拉伯帝国，东罗马帝国重返叙利亚的战略意图不言自明。

公元740年，阿拉伯帝国决定发动一次惩戒性的西征。哈里发希沙姆一世亲起9万大军，兵分三路杀入小亚细亚。据狄奥法内斯记载，阿拉伯大军以1万轻步兵为先锋，2万骑兵为中军，王子苏莱曼亲率6万人马殿后，三路大军直抵卡帕多西亚，沿途烧杀抢掠，掳掠了无数人口和财富。

面对哈里发的全面入侵，利奥三世是又惊又喜：惊的是，阿拉伯人放弃了极为致命的掠劫战，却恢复了此前一再失败的大规模入侵，东罗马帝国首都可能会再次被围困；喜的是，阿拉伯人集结的9万大军必定是其最后的家底，如果能一次性击败这支军队，阿拉伯人在短期内将难以抵挡东罗马帝国的反击，更不可能组织更大的攻势。

为了一战定乾坤，利奥三世携子君士坦丁御驾亲征。皇帝没有选择固守赫勒斯滂海峡，而是偃旗息鼓、衔枚而进，他发现穆斯林大军分为数路推进，彼此联系不畅，这犯了兵家大忌，东罗马帝国军队人数虽然不足敌军的三分之一，但恰是这样的小兵团最适合隐匿行踪。

利奥三世悄悄埋伏在阿克洛伊农，此地多丘陵，视野不开阔，正是伏兵藏匿的绝佳位置。数万穆斯林大军满载而归时，早已埋伏多时的罗马军队鼓噪而起，顿时箭如雨下。穆斯林士兵纷纷中箭落马，阵脚大乱。从两头出动的骑兵截断了穆斯林的退路，将他们封锁在战场上，之后更是引燃了早已准备多时的希腊火，海洋上的恐怖一幕在陆地上演，穆斯林大军陷入火海，死伤殆尽。

此战，利奥三世大获全胜，围歼了2万名穆斯林骑兵，阵斩了2员阿拉伯大将，只有约6800名阿拉伯人逃回了辛纳达。阿克洛伊农之战再次折损了倭马亚家族的威望，阿拉伯帝国内部的反对势力日渐崛起，地方势力趁此自立，哈里发再难组织如此规模的入侵。这一胜利固然有利奥三世卓越指挥的因素，但最主要的功劳还是属于毁坏圣像的运动，没有从教会手里收回的资金和兵源，利奥三世很难发动如此成功的反击。

公元741年6月18日，伊苏里亚王朝开国君主利奥三世驾崩，其子君士坦丁继位，号称君士坦丁五世。君士坦丁五世生于公元718年，继位时还不到三十岁。作为利奥三世的接班人，新皇帝是先帝政策的坚决捍卫者，也是历史上最狠辣的毁坏圣像派皇帝，除了收回教会地产、增加兵源外，君士坦丁五世还大肆迫害偶像崇拜派，包括教士和修女。

像君士坦丁五世这样强推毁坏圣像运动的皇帝，自然少不了反对者，即便经历了利奥三世一朝的打压，偶像崇拜派依然存在于帝国各个角落，他们无时无刻不想恢复昔日的辉煌，其中有些人表面上大声疾呼"坚决拥护皇帝的法令"，背地里却大搞偶像崇拜，利奥三世一驾崩，这些人就四处结党，企图利用新帝根基不稳的有利时机，推翻伊苏里亚王朝的统治。

公元742年6月27日，君士坦丁五世于克拉索斯集结兵力，准备发动一场针对阿拉伯帝国的军事行动。皇帝诏令奥普西金大将军阿尔塔瓦兹德把儿子送至御前,理由是想念外甥了。消息传至奥普西金军区,阿尔塔瓦兹德惶恐不安,此人系东罗马帝国久经战阵的悍将,曾任亚美尼亚军区大将军,当初利奥三世起兵争位时,为笼络阿尔塔瓦兹德,曾将女儿嫁给他,还提拔其为奥普西金大将军。然而利奥三世没想到的是,驸马爷骨子里是个坚定的偶像崇拜者。阿尔塔瓦兹德本就不满毁坏圣像运动,再加上新帝莫名其妙的诏令,大将军判断君士坦丁五世意在扣押他的儿子,好用人质牵制他,于是他心一横,煽动军队推翻毁坏圣像的伊苏里亚王朝,恰好奥普西金军区许多将军和士兵都是偶像崇拜者,自然应者云集。阿尔塔瓦兹德立即率军奇袭皇室卫队,企图擒杀君士坦丁五世。皇帝先是一惊,质问道:"阿拉伯军队安能越境至此?"

当他看到阿尔塔瓦兹德的旗帜被高高举起时,这才意识到奥普西金军区谋反了。君士坦丁五世不愧是继承了先帝武略的皇帝,他很快就从惊慌转为镇定,冷静地观察战况。他发现叛军在君士坦丁堡方向的军队尤为强悍,看来阿尔塔瓦兹德打算断绝他逃回首都的可能,于是他骑上一匹快马,拔剑大喝道:"挡我者死!"旋即从西南方向杀出了一条血路,绝尘而去。

歼灭皇室卫队后,阿尔塔瓦兹德宣布恢复偶像崇拜,并亲率大军攻打君士坦丁堡。由于首都有不少偶像崇拜派潜伏,阿尔塔瓦兹德畅通无阻地进入了城内,得到了牧首阿纳斯塔修斯的加冕,宣布废黜君士坦丁五世。支持偶像崇拜的官员、将军、教士立刻活跃起来,除奥普西金军区外,帝国东部的亚美尼亚军区也在这时倒向了阿尔塔瓦兹德。

君士坦丁五世狼狈逃至安纳托利亚首府阿莫里乌姆,这里的将军们都是先帝忠实的部下,加上他们全是毁坏圣像派,故而皇帝得到了保护和支持。不久之后,处于小亚细亚西南部的色雷斯西亚军区也宣布支持皇帝君士坦丁五世,帝国至此一分为二,阿尔塔瓦兹德的势力居北,君士坦丁五世居南,一场偶像崇拜派对毁坏圣像派的内战正式开始。

阿尔塔瓦兹德虽然以奇袭取得第一局的胜利,但他急于夺取皇位而放弃了追击君士坦丁五世,这被证明是最失败的决策。君士坦丁五世在安纳托利亚军区站稳脚后,很快就集结起一支忠于自己的军队,还攻克了克里索波利斯,加上他是先帝指定的合法继承人,帝位的正统性依然在他这边,阿尔塔瓦兹德就显得名不正言不顺了。

公元743年，阿尔塔瓦兹德似乎也意识到问题所在，于是封儿子尼克塔斯为首席大将，还让牧首将其加冕为共治皇帝，以增强儿子的正统性。同年5月，急于消灭合法皇帝的阿尔塔瓦兹德主动讨伐君士坦丁五世，结果在萨第斯损兵折将，被迫逃回首都。8月，尼克塔斯也被君士坦丁五世击溃，毁坏圣像派的东征西讨均获大胜。

连获大胜的毁坏圣像派士气大振，君士坦丁五世高举"讨逆诛叛"的旗帜，于公元743年9月率部渡过马尔马拉海，从色雷斯一侧包围了君士坦丁堡。阿尔塔瓦兹德由于准备不充分，城内并无足够的粮草和军队，他被迫集中兵力突围，结果又遭遇了一次大溃败，偶像崇拜派的主力部队几乎在此役中全灭。君士坦丁五世借此全面封锁了首都，这直接导致粮食价格飞涨，不少人被饿死，民心逐渐回到毁坏圣像派一方。阿尔塔瓦兹德再无斗志，只好换上女装逃离城市，最终在普赞尼斯要塞被俘。

11月2日，君士坦丁五世带兵重返首都，大肆屠杀偶像崇拜派和叛军的支持者，阿尔塔瓦兹德和他的两个儿子均被刺瞎双眼，若不是他们属于王室成员，皇帝势必将其斩首示众。至于牧首阿纳斯塔修斯，皇帝把他绑在驴子上游行羞辱，然后又恢复了他的职务，惊恐的阿纳斯塔修斯从此再也不敢违逆皇帝，卑微地执行毁坏圣像的法令。这既打击了偶像崇拜派的士气，又树起了一面招降纳叛的旗帜，使得不少偶像崇拜派改变了信仰，可谓一箭双雕。

两派内战暂时结束，偶像崇拜派的势力在这一轮的较量中遭到了沉重的打击，大量隐藏的偶像崇拜者被一一挖出，或处死，或流放，再也没有人敢发出恢复偶像崇拜的声音了，毁坏圣像运动进入了又一个高潮，而坚持毁坏圣像的伊苏里亚王朝也由此站稳了脚。

首任"保加利亚屠夫"

经过奥普西金军区之乱后，君士坦丁五世着手消除大军区的威胁，具体的做法是将奥普西金一分为二，兵权也交给不同的指挥官，他们不再听命于某个大将军，而是对皇帝本人负责，部分精锐被编入皇室新军团，最高指挥便是皇帝本人。这样一来，东罗马帝国便恢复了类似戴克里先时期的中央军制，其目的既是保卫首都，也有震慑诸侯之意。

这些事做完后，君士坦丁五世再次集结军队出征阿拉伯帝国。彼时的倭马亚王朝行将崩溃，庞大的伊斯兰教世界内乱四起，君士坦丁五世看准时机，于公元746年收复了祖籍马拉什，又在9年后收复了梅利泰内等地，不少人被迁入了巴尔干半岛。恰巧新诞生的阿拔斯王朝将首都从大马士革迁往巴格达，政治中心的转移似乎暗示其有意回避东罗马帝国，而罗马皇帝把人口迁往欧洲也表明东罗马帝国的战略由东转西，看来两大帝国达成了停战的默契。

迁移人口充实军区，这曾是查士丁尼二世对付阿拉伯帝国的政策，那时的亚洲军区屡遭掠劫，这么做的好处是既补充了兵力，又解决了补给问题，如今又把人口迁回欧洲，目的为何？保加利亚怕是最不安的，因为根据协议，东罗马帝国不得在边境增加堡垒和兵力，现在皇帝集结重兵，又修建堡垒长墙，下一步要干什么？

公元756年，保加利亚汗王科尔米索什故意遣使索要年贡，实际上是观察皇帝对保加利亚的态度。果如其所料，君士坦丁五世对保加利亚人态度极差，不仅拒绝增加年贡，还斥责了使臣。一切信息汇总后，保加利亚人坚信东罗马帝国一定会出兵巴尔干半岛，于是一路烧杀至君士坦丁堡城下，与皇帝在阿纳斯塔修斯城墙外进行了一场会战。

这明显是在警告君士坦丁五世，让罗马皇帝清楚地认识到保加利亚的强大。可是皇帝不这么想，所谓"卧榻之侧岂容他人鼾睡"，经过这一次突袭，皇帝更加坚定了对保加利亚的战略，罗、保生死之战正式开始。

公元760年，君士坦丁五世第一次北伐保加利亚，却在贝尔加巴关口遇伏，东罗马帝国不少将士阵亡，包括一位军区大将军，皇帝得以幸免全赖将士以命相护，看来要击败保加利亚，没有充足的准备是绝对不行的。

经过第一次北伐的试探，君士坦丁五世调整了策略，他发现保加利亚和阿拉伯很是不同，后者因为人口充裕、商贸往来频繁，消息可以很快传入东罗马帝国，这为东罗马帝国收集情报提供了不少方便，但保加利亚地区迷雾重重，罗马皇帝很难掌握汗王宫廷的情报，对保加利亚军队的位置一无所知，所以君士坦丁五世派出大量间谍深入敌境，一是掌握保加利亚的情报，二是花重金策反保加利亚贵族。

准备了 3 年后，公元 763 年，君士坦丁五世成功挑起保加利亚内斗，老汗王被活活吊死，泰勒茨当选为新王。利用这一巨变，东罗马帝国出动步兵 2 万人、骑兵 9800 人、大小战舰 800 艘，水陆并进第二次杀入保加利亚。保加利亚人集结了 2 万盟军驻兵安基阿卢斯，这里是保加利亚在多瑙河三角洲的主要据点，查士丁尼二世曾惨败于此，算是东罗马帝国啃不下的硬骨头。不过这一次，东罗马帝国却大破保加利亚，不少战俘被押回金门斩首，算是报了伏击之仇。

安基阿卢斯之战动摇了泰勒茨的统治，保加利亚再次内乱，泰勒茨被杀，亲罗马的萨比诺斯登上了王位，不用说，政变的背后少不了东罗马帝国的操纵。果然，新王一上位就向君士坦丁五世投降，这坐实了萨比诺斯叛国的罪行，鹰派遂发动政变，萨比诺斯只好逃去墨森布里亚，请求皇帝庇护。

接下来几年，君士坦丁五世的政策更加灵活，但也充分暴露了皇帝的狡猾，东罗马帝国为此不惜牺牲国家信誉，假意与保加利亚停战，接着便趁对方不备突然入侵，四处屠杀毫无防备的居民，焚毁了不少村庄和城镇。不仅如此，皇帝的进攻路线也更加多变，他不再执着于穿越山口的陆上进攻，而是尝试从海路直插敌国腹地。公元 766 年，东罗马帝国集结了 2600 艘各式战舰远征，但他们在阿赫隆遭遇了风暴，战舰大多沉没，士兵也淹死了不少。

这一次失败的尝试并未打击皇帝的信心，反而让皇帝更加熟悉海战。公元 774 年，东罗马帝国又集结了 2000 艘各式战舰，预估兵力在 2.4 万人以上。皇帝将各军区派来的骑兵留在了关隘之外，自己带着庞大的舰队先行。

看着日渐逼近三角洲的东罗马帝国海军，保加利亚惊慌失措，因为他们没有自己的海军力量，根本不可能阻挡罗马的舰队，于是他们再次向君士坦丁五世求和。

君士坦丁五世一如既往地狡猾多变、不守承诺，在他看来，只要能打败保加利亚，牺牲国家信誉、屠杀无辜平民都是必要的手段，所以他又一次同意了对方的条件，还故意撤走军队，做出一副撤军回国的样子，这一切成功欺骗了保加利亚人。

当年 10 月，皇帝秘密策反的保加利亚贵族送来了一份重要的情报，1.2 万保加利亚军队正打算去掠劫贝齐迪亚。当着保加利亚使者的面，皇帝假装安排军队东征阿拉伯帝国，这进一步迷惑了保加利亚人。等到使者离开后，皇帝立即"八百里加急"召集各大军区的军队，同时还把首都的御林军全部调至前线，前后共集结了 8 万人马。

保加利亚军抵达利托索里亚后，东罗马帝国的军队突然出现并截断了保加利亚人的归路。战场上突然出现了君士坦丁五世的旗帜，保加利亚人方知遇伏，但也无可奈何，只能硬着头皮冲杀。东罗马军队摆开严密的阵形，数道防线可谓无懈可击，弓箭和长矛夺去了一个又一个保加利亚勇士的生命。奈何不了东罗马阵形的保加利亚人最终几乎全军覆没，没死的都成了俘虏。

战后，君士坦丁五世把俘虏的保加利亚人全数屠杀于君士坦丁堡，这种杀俘的行为明白无误地表明皇帝要与保加利亚死战到底，罗马皇帝从此成了保加利亚人的噩梦，无论是在亚洲还是欧洲，只要他们在战场上听到君士坦丁五世亲临的消息，所有人都战栗不已，他们惊恐地称他"保加利亚屠夫"。

东罗马帝国与保加利亚的战争已经朝着有利于帝国的方向发展，数十年间，君士坦丁五世前后 9 次出征保加利亚，而保加利亚也因此连换数位可汗，凡是战败的汗王无一例外都被推翻。东罗马帝国在一系列战役里屠杀了不少人，抢回了不少战利品，重创了保加利亚。

公元 775 年，保加利亚新汗王故意欺骗皇帝，称要投降东罗马帝国，但需要皇帝的保加利亚"朋友"协助。皇帝不知是计，认为这是保加利亚最后的选择，于是向保加利亚汗王透露了内应的名字，结果可想而知，东罗马帝国在保加利亚的谍报网和"代理人"遭到了全面清洗。素以狡猾闻名的君士坦丁五世第一次被敌人欺骗，这倒是"以其人之道还治其人之身"的好例子。

保加利亚虽然在这些年里遭遇了重创，但还没到亡国投降的地步，君士坦丁五世大意了。这次中计对皇帝的打击很大，据说他拒绝进食并迅速变得消瘦苍老，人们这才发现皇帝已经 57 岁了，早已不是当年那个意气风发的少年了。被保加利亚欺骗的同年，君士坦丁五世不顾病痛，再次召集军队北伐保加利亚，然而这次幸运女神不再眷顾他了，皇帝出征不久便发现腿部异常浮肿，病情急转直下，大军不得不护送皇帝返回君士坦丁堡，但御驾还没到达首都，君士坦丁五世便溘然长逝，一代雄主就此陨落。罗马与保加利亚战争的第一阶段宣告结束。

君士坦丁五世是东罗马帝国难得的雄主，他锐意进取、果敢无畏，又精于战阵，在亚洲和欧洲都取得了辉煌的胜利，扭转了罗马人对穆斯林和保加利亚人的颓势，是带领东罗马帝国走出危机的有为君主。他提前看出了保加利亚的巨大威胁，是首位把主要精力集中到保加利亚的皇帝，虽然未能彻底击败保加利亚，但他的努力无疑为日后彻底征服保加利亚打下了基础。

不过，由于君士坦丁五世严格执行毁坏圣像运动，也使得他被基督教会刻意抹黑，以致后世不能客观地了解皇帝的英勇事迹。同时，由于他把帝国重心放在君士坦丁堡两侧，使得远离首都的意大利孤悬于外，这进一步坚定了罗马大主教脱离帝国的决心，更使得伦巴第趁机夺取了拉文纳总督区，结束了东罗马在北意大利的统治。基督教分裂的趋势已经越来越明显了。

祸国妖妇——伊琳娜

出师未捷身先死，长使英雄泪满襟。君士坦丁五世于阵中驾崩，不禁让人唏嘘，他履行了一个罗马皇帝应该肩负的责任，赢得了一连串对阿拉伯和保加利亚的胜利，算是拉开了东罗马帝国中兴的序幕。君士坦丁五世死后，皇子利奥即位称帝，史称"利奥四世"。利奥四世是先帝与可萨公主的儿子，故又被称为"可萨人利奥"。成年后，利奥迎娶了一位名叫伊琳娜的新娘，此女系雅典名门之后，外界推测伊琳娜极可能是凭借美貌与聪慧在宫廷选秀里脱颖而出，两人很快就生下了儿子君士坦丁。

利奥四世25岁继位，亲政自然是没有问题的，他也是毁坏圣像运动的支持者。不过，比起手段残忍、激进的君士坦丁五世，利奥四世时期的政策明显温和了许多，史学家格里高利认为这极可能是受妻子伊琳娜的影响，因为她是坚定的偶像崇拜者。

只可惜，利奥四世虽然有心恢复帝国昔日的辉煌，但他的身体极差，不可能长期统治帝国，而先帝还有数位皇子，其中尼基弗鲁斯和克里斯托弗很早就被封为"恺撒"，两人与利奥四世是同父异母的兄弟，打心眼儿里瞧不起有可萨人血统的哥哥，所以都盼着利奥四世早点驾崩，好继承皇位。然而皇帝早已洞悉他们的想法，当即将两兄弟发配至皇位觊觎者的专属流放地——赫尔松。

公元780年，利奥四世病入膏肓，而皇子君士坦丁还不到10岁。显然，一旦利奥四世驾崩，小君士坦丁很可能成为宫廷阴谋的牺牲品，所以皇帝只能让妻子伊琳娜摄政。9月8日，年仅30岁的利奥四世驾崩，小君士坦丁继位，史称"君士坦丁六世"。

君士坦丁六世是个不满10岁的孩童，摄政又是个看似孱弱的女人，阴谋派再次活跃起来，被流放赫尔松的尼基弗鲁斯成了高层关注的焦点，他们计划废黜小皇帝，迎立尼基弗鲁斯。想不到的是，还不到1个月，太后伊琳娜就以雷霆手段抓捕了参与政变的核心领导成员——邮政大臣格里高利、亚美尼亚前大将军巴尔达斯、御林军长官君士坦丁诺斯以及安纳托利亚的一些将领，还强行将先帝包括尼基弗鲁斯在内的所有兄弟刺瞎双眼送入修道院。

公元781年，西西里将军埃尔皮迪乌斯举兵叛乱，他起兵的原因可能是因为觊觎皇位，也可能是不满女人摄政，但太后及时派军队镇压了叛乱，埃尔皮迪乌斯只能狼狈逃往北非，投奔了阿拔斯王朝。伊琳娜的一连串操作令人佩服，粉碎了宫廷政变的她从内至外地掌控了君士坦丁堡的政权。

独揽大权后，伊琳娜的野心表露无遗，她公开了自己偶像崇拜派的立场，否定了三位先帝的毁坏圣像运动，还罢免了毁坏圣像派的牧首，试图全面扭转伊苏里亚王朝的宗教政策。两年后，伊琳娜召集各地主教齐聚君士坦丁堡，企图通过宗教会议全面反攻倒算。

令伊琳娜意外的是，由君士坦丁五世一手组建的御林军发动了兵变，他们均是坚定的毁坏圣像派成员，自然有义务维护先帝的成果。士兵们突然闯入会场，包围了所有与会成员，强令伊琳娜终止会议，并让她承诺不再做出有违先帝遗愿的事。

伊琳娜及其支持者被迫取消了会议，但发动兵变的士兵们没有顺势废掉伊琳娜的摄政地位，士兵们仅满足于伊琳娜完全不可信的承诺，结果不久后伊琳娜就以前线战事告急为由，让参与兵变的军队赶赴战场迎敌。士兵们不知是计，欣然开赴战场，然而他们前脚刚离开首都，后脚就被伊琳娜剥夺了军籍。次年，伊琳娜于尼西亚再次召集宗教会议，正式宣布恢复偶像崇拜，至此算是完全否定了帝国之前的宗教政策。

之后，帝国掀起了恢复偶像崇拜、迫害毁坏圣像派的新运动，不少毁坏圣像派的大臣被罢免，由前三位皇帝提拔的将领大多被杀，支持偶像崇拜的人被加官晋爵，双方角色互换，这次轮到教会势力翻身了。然而，伊琳娜对内统治搞得风生水起，抵御外敌却显得力有不逮。

在亚洲，阿拔斯王朝于公元782年大举入侵小亚细亚，东罗马遭遇了一连串惨败，甚至还有军区大将军投敌叛变。不同于历代君主的强势反击，伊琳娜的对策竟然是遣使求和，承诺每年支付阿拔斯王朝7万~9万第纳尔的岁贡，以及1万件精美丝绸。如此丧权辱国的条约，严重损害了帝国军人的尊严。

在欧洲，伊琳娜草率地解除了先帝为君士坦丁六世定下的婚约，理由可能是担心儿子得到强援后会威胁她的摄政女皇之位，这直接导致东罗马帝国与法兰克的联盟计划破产。而伊琳娜新选择的儿媳只是一个名叫玛利亚的普通女孩，这引起了法兰克国王查理曼的极大不满，他于788年攻占了贝内文托，东罗马帝国在意大利的发言权进一步下降。

随着君士坦丁六世年龄的进一步增长，小皇帝渴望亲政，但伊琳娜不愿意放弃权力，这引发了母子两人的矛盾。在试图和平接掌政权被拒绝后，君士坦丁六世转而向毁坏圣像派求助。军界对伊琳娜的倒行逆施早已不满，在亚美尼亚军区的支持下，君士坦丁六世突然发动政变，软禁了伊琳娜。

君士坦丁六世能轻松夺权，完全是因为伊琳娜的偶像崇拜政策不得人心，特别是在军界，毁坏圣像是从将军到士兵的共识，他们坚信为帝国赢得战争的是军队的勇气而不是冰冷的圣像。然而，君士坦丁六世毕竟是长于深宫之内、养于妇人之手，他过早失去父亲的教导，使得他远不如前三代皇帝那般有勇有谋，更重要的是，君士坦丁六世完全不了解他的母亲，居然因为偶像崇拜派施压就释放了伊琳娜。

伊琳娜的复出让军界大跌眼镜，没想到皇帝这么快就与太后和解，这是对毁坏圣像派的巨大打击，军界很清楚这不是皇帝与母亲的简单和好，而是偶像崇拜派的卷土重来。事实上，如同军界担心的那样，君士坦丁六世很快就倾向于偶像崇拜派，这让他失去了毁坏圣像派的支持。更巧的是，君士坦丁六世休掉了结发妻子，公开迎娶了情妇，这种不知羞耻的行为引起了教会的激烈反对，一些教士甚至骂他是"通奸者"，这又让偶像崇拜派对他嗤之以鼻。

伊琳娜密切关注着儿子的一举一动，君士坦丁六世怎么都想不到，这一切都是母亲伊琳娜的精心布局。不知不觉中，小皇帝已经众叛亲离了。

公元797年，伊琳娜联合牧首及诸多大臣发动了政变，当众刺瞎君士坦丁六世的双目，皇帝不久之后就因为伤口感染而死，伊琳娜随即自称"巴西琉斯"，这一称号是"奥古斯都"的希腊语，是希拉克略亲自定下的皇帝称号。至此，女皇伊琳娜成了东罗马帝国唯一的统治者。

野心促使伊琳娜变得疯狂，杀掉儿子后，伊琳娜更加激进地恢复偶像崇拜，大肆迫害反对者，甚至不惜削弱亚洲各军区的实力，随意解散军队，罢免有能力的将领，用文官替代军区大将军，这导致军区制改革一度崩坏。伊琳娜称帝根本不得人心，她对内不能缓和偶像崇拜派和毁坏圣像派的关系，对外不能抵御任何一方的敌人，国家在她的治理下军事失利、财政崩溃，东罗马帝国上下一片混乱。

公元800年的圣诞节，法兰克国王查理曼在罗马城做礼拜的时候，罗马教皇突然将一顶早已准备好的皇冠戴在他的头上，然后高声宣布他是"罗马人的皇帝"。这突如其来的一幕让人们兴奋不已，这表示查理曼从此也是罗马皇帝了，他可以公开使用"奥古斯都"的头衔。

查理曼称帝是对东罗马帝国的公开挑衅，法兰克人声称罗马帝国的历史上从未有过女皇帝，伊琳娜僭越称帝的行为是不合法的，因此在整个地中海都没有皇帝的前提下，罗马教皇有资格为一个强大的君主加冕。消息传到君士坦丁堡，元老院及市民无不感到羞愤，纷纷要求出兵讨伐查理曼，女皇却不置可否，她的支持率顿时大跌。

查理曼的皇帝身份名不正言不顺，毕竟他所统治的只是一群日耳曼人，而不是罗马人，要当名副其实的罗马皇帝，要么消灭东罗马帝国，要么获得东罗马人的承认，显然，前者的难度系数不小，瘦死的骆驼比马大，所以查理曼想到了另一个办法——联姻。日耳曼皇帝提议迎娶东罗马女皇。

更让人愤怒的事发生了，伊琳娜仿佛焕发了第二春，欣然同意与蛮族联姻。也许对伊琳娜来说这是个极好的办法,不但能让她得到一个强大的外援,还能维持其女皇之位。然而,女皇下嫁蛮族国王却不是罗马人民愿意看到的,要知道,东罗马帝国是罗马文明唯一合法的继承者,是无数帝王血战捍卫的果实,岂容一个法兰克蛮族窃取。

走到这一步,倒行逆施的伊琳娜已经成功让帝国臣民忍无可忍。公元802年,军队发动政变废黜了伊琳娜,前亚美尼亚将军、现任财政大臣尼基弗鲁斯被推举为帝,史称"尼基弗鲁斯一世"。法兰克使节悻悻离去,众叛亲离的伊琳娜被流放到莱斯博斯岛,次年悲惨死去。雄才伟略的利奥三世、君士坦丁五世怎么也想不到,他们历经无数次血战才换来的伊苏里亚王朝竟然被一个疯狂的女人用20年毁灭,毁坏圣像运动的成果转瞬即逝。

普利斯卡的酒杯

伊苏里亚王朝结束了,但毁坏圣像运动却没有结束,东罗马帝国强敌环伺的危机也没有结束。经过伊琳娜女皇这么一折腾,东罗马帝国再次落入财政匮乏、军事失利的不利境地,罗马人民发现他们所需要的是一个对内能改革国家、对外能击败强寇的救世主,而且在宗教纷争越发激烈的当下,对救世主的要求还增加了一项——统一教会。

人们不禁要问:以财政大臣身份登基称帝的尼基弗鲁斯一世是不是这样的君王呢?

新帝尼基弗鲁斯是信仰基督教的加萨尼王室后裔,毁坏圣像派,精通希腊语和阿拉伯语,既有军区大将军的履历,又有财政大臣的经验,确实是收拾伊琳娜烂摊子的合适人选。他一上任立马就推翻了偶像崇拜派的荒唐政策,出台了一系列扭转赤字的政策,比如取消特权、广征税款、禁止放贷、发行国债,这使得国库迅速充实起来。

至于军事上,新皇帝出台了军事联保制,即把农兵个人无力负担的装备、粮草改由他所在的村社承担,通俗一点地说,就是如果农兵没钱买剑和马匹,那么就由整个村一起出资解决。这么做的好处是提高了民众应征入伍的积极性，让很多贫穷的青年得以持剑入伍，扩充了兵源，延续了军区制。

根据以往的经验，但凡是选出来的皇帝，内战肯定是必考题。发生内战的理由很简单：既然同僚可以称帝，我当然也能称帝。基于这一思路，公元803年，安纳托利亚大将军巴尔达斯·图尔科斯举兵反叛，东部不少军阀加入了他的阵营，其中包括弗里吉亚将军米海尔、亚美尼亚将军利奥以及斯拉夫将军托马斯。

据说阿拉伯帝国也在这时大举入侵，似乎是叛军的外援，这让叛军的阵营看起来非常强大。可是尼基弗鲁斯也不是好惹的，面对庞大的叛军，皇帝大发"糖衣炮弹"，叛军左膀右臂米海尔、利奥纷纷投奔财大气粗的新皇帝，巴尔达斯还没看到君士坦丁堡的城墙就被抓获并刺瞎双眼。阿拉伯人见盟友如此无能，只能掠劫一番后撤走。

巴尔达斯叛乱虽然未能动摇新皇帝的统治，可明眼人一眼就能看出这是外部势力操纵的结果。东罗马帝国经过仔细分析，将帝国的主要敌人划分了高低先后。

第一强敌自然是阿拔斯王朝。他们取代了倭马亚阿拉伯帝国，占有着最富庶的两河流域和地中海东岸，时常越境攻打安纳托利亚地区，威胁帝国主要的兵源地，同时还出动海军肆虐爱琴海沿岸，对帝国海上贸易也是巨大的威胁。公元806年，也就是巴尔达斯叛乱被平定的第二年，13万阿拉伯大军在哈里发的率领下再次入境掠劫，尼基弗鲁斯一世不得不支付数万金币恢复和平，由此可见阿拉伯帝国是东罗马不胜其烦的强邻。

第二强敌是新崛起的查理曼帝国。查理曼帝国统治着罗马曾经的高卢行省，先挫败了后倭马亚王朝（即科尔多瓦哈里发国家）的入侵，后击败了野蛮的阿瓦尔人，还出兵意大利，征服了伦巴第王国，扶持教皇回归罗马城。查理曼的帝国紧邻东罗马帝国的达尔马提亚行省和南意大利，虽不至于威胁君士坦丁堡，但他们争夺"罗马皇帝"称号的野心颇具威胁。

以上两大帝国虽然强大，但最具威胁的却是雄踞北巴尔干地区的保加利亚汗国，他们离君士坦丁堡最近，又组建了强大的骑兵，几乎是朝发夕至。保加利亚人征服了不少斯拉夫人，在与上几代皇帝的较量里，保加利亚的表现让人惊叹，君士坦丁五世终其一生也没有征服这个民族，可见这个民族的倔强。

对这个时期的东罗马来说，意大利、北非、叙利亚、埃及早已是过眼云烟，帝国首都君士坦丁堡才是罗马文明的核心，然而这里也绝非极乐净土，保加利亚和斯拉夫早已越过了多瑙河，色雷斯沦陷了大半，爱琴海沿岸甚至插上了蛮族的旗帜，连希腊也时常有蛮族光临。

因此，东罗马帝国当前最主要的敌人是近在咫尺的保加利亚汗国，即便在与阿拉伯和查理曼的战争中遭遇了失败，尼基弗鲁斯也宁愿在外交上做出让步。

在保加利亚问题上，尼基弗鲁斯为延续君士坦丁五世的攻势，建立了一系列巴尔干军区，包括：马其顿军区，负责色萨利地区的安全；凯法利尼亚军区，负责爱奥尼亚海的安全；塞萨洛尼基军区，负责爱琴海西岸以及希腊北部的安全；迪拉西乌姆军区，负责伊利里亚及亚得里亚海地区的安全，防备逐渐东进的查理曼帝国；伯罗奔尼撒军区，负责希腊南部地区的安全。有资料认为，这一时期的东罗马帝国有陆军 12 万、海军 3 万，若真是这样，罗马人有能力发动针对保加利亚的反击。

从尼基弗鲁斯一世完善巴尔干军区的改革来看，东罗马旨在军事化欧洲，把欧洲打造成全民皆兵的战场，这与君士坦丁五世迁徙居民、修筑长墙的目的相同，都是消灭保加利亚的战前准备，大有驱散帝国阴云的趋势。不过，还没等东罗马帝国先发制人，保加利亚却先动手了。罗、保生死之战的第二回合打响。

公元 808 年，保加利亚军队在克鲁姆汗王的率领下，于斯特鲁马河谷击败了东罗马的军队，处决了大量的战俘。次年，克鲁姆又率军攻陷了色雷斯重镇塞尔迪卡，斩杀了 6000 名守军，兵锋直逼色雷斯重镇阿德里安堡。

战报传至首都后，尼基弗鲁斯一世立即率部开拔，他所采用的战术类似于希拉克略，即不计较一城一地的得失，趁保加利亚主力远离本土时，直接攻打敌国腹地。为此，皇帝舍弃了重型装备，一路轻装急行，以克鲁姆完全想不到的速度包围了保加利亚首都普利斯卡。

普利斯卡是保加利亚新建的都城，位置不如修筑在三角洲的要塞险要，但人口和规模都大于三角洲的旧城，位置靠向色雷斯，交通也更加便利，这代表保加利亚人有进一步向南扩张的意图，所以打掉普利斯卡就是打掉保加利亚南向的军事基地。此时的普利斯卡远不如东罗马帝国的城市，木头的栅栏和宫殿并无强大的防御能力，即便东罗马军队并未携带重型攻城武器，步兵还是轻松袭破了城墙。尼基弗鲁斯的怒火无人能承受，整座城市被付之一炬，无数黎民百姓被屠戮。

令人意外的是，克鲁姆在得知首都被毁后并未北上拦截罗马皇帝，他几乎放任东罗马军队安全凯旋，这无疑增长了罗马皇帝的信心，他觉得保加利亚人不过是胆小怕事之辈。

公元811年，皇帝亲率御林军以及来自亚洲、欧洲各大军区的精锐军队，合兵8万人马再次北伐。汗王克鲁姆手里只有不到2万人的军队，心中极为惊恐，主动向尼基弗鲁斯一世求和，但志在消灭保加利亚的皇帝果断地拒绝了对方的和谈条件，随后兵分三路长驱直入，目标依然是普利斯卡。克鲁姆依旧无力抵抗，各方资料均显示保加利亚很快退兵。罗马皇帝的远征军规模的确足以吓退保加利亚人，普利斯卡第二次陷落。这一次，罗马皇帝又拒绝了克鲁姆的求和，首都的毁灭比第一次更加可怕，凡是能找到的活物均被屠杀，遍地都是鲜血和火焰，普利斯卡犹如地狱一般骇人。

屠城彻底激怒了侥幸逃生的所有保加利亚人，克鲁姆悲痛地四处征集军队，许多老人、妇女、孩子都加入了他的队伍，一支鱼龙混杂却抱着复仇决心的军队被召集了起来，粗略估计有2万~3万人。克鲁姆放弃了与8万东罗马帝国军队正面决战的想法，而是让军队遁入山林，试图诱使东罗马军队追击。

此时的尼基弗鲁斯一世满载着战利品，正准备彻底消灭保加利亚军队，当他得知克鲁姆不敢正面决战时，错误地判断敌军不堪一击，遂决定走沃尔比扎山口的捷径，大军排成长蛇迤逦而行。然而，皇帝完全不知道，保加利亚的复仇大军就埋伏在峡谷的两头。

这时，焦急的斥候快马来报："巴西琉斯，前面的路被保加利亚人堵住了，他们在那里修建了木墙。"

皇帝脑袋嗡的一声，半晌说不出话来，过了一会儿，他猛然返身眺望后方，命斥候回报后面的情况。如其担忧的那样，数量不明的保加利亚人突然出现在后方，并开始袭击落后的罗马军队。

"被围了，这是一个圈套。"

尼基弗鲁斯意识到危险的临近，马上命军队快速收拢，就地扎营防御。皇帝判断克鲁姆不久之后就会围攻自己，所以结寨防御无疑是最好的办法。但保加利亚的军队没有马上发起进攻，东罗马军队担惊受怕地度过了两天，直到第三日深夜，东罗马军队极为疲惫，这时，克鲁姆才下令全面进攻。

原来，保加利亚人故意在白天养精蓄锐，并派斥候查明了尼基弗鲁斯所在的大致位置，当夜，保加利亚勇士首先攻击的便是皇帝的御林军。他们用箭射，用火攻，顷刻间就击溃了士气不振的皇室卫队，皇帝本人也于乱军中失去了方向。

这一击如同斩下蛇头，整支东罗马军队顿时乱成一团，大军四散奔逃。一些人强行朝南突围，结果却被驱赶至河中溺毙；一些人试图用火烧塌木墙，结果被大火反噬；另一些人尝试翻越木墙，却被保加利亚人丢下的滚木礌石当场砸死。

战场上尽是罗马人的哀号，尼基弗鲁斯在混战中被斩落下马，8万精锐几乎全军覆没。尼基弗鲁斯的儿子斯陶拉基奥斯也受了重伤，险些丧命，但在亲兵的拼死保卫下，艰难杀出重围，最终只有步兵全数阵亡。战后，克鲁姆把尼基弗鲁斯一世的头骨制作成了镀银的酒杯，每当欢宴时必定举杯痛饮，以告慰普利斯卡的亡魂。

普利斯卡一战折损的是刚刚组建的欧洲农兵军团，对欧洲军区的打击巨大，尼基弗鲁斯一世成了第三个与蛮族战斗至死的罗马皇帝。共治皇帝斯陶拉基奥斯虽然得以加冕称帝，但他的伤势过重，几乎瘫痪，根本无力组织反攻，甚至组织防线也很成问题。仅6个月后，斯陶拉基奥斯也病逝于床上。罗保生死之战的第二回合以东罗马帝国惨败收场，但所有人都知道这不是最后的结局。

五帝乱世

普利斯卡之战折损了帝国8万精锐，连皇帝尼基弗鲁斯一世也殒命当场，保加利亚汗王克鲁姆由守转攻，东罗马帝国的色雷斯行省门户洞开。新皇帝是尼基弗鲁斯的女婿米海尔·兰加别，此人性情看似温和，实则城府极深，是坚定的偶像崇拜者，对皇位早就垂涎三尺。

公元811年10月2日，米海尔在众人的簇拥下，于大竞技场继位称帝，史称"米海尔一世"。新皇帝一上台首先想到的不是为岳父报仇，而是笼络人心，又是赠金又是免税，大把大把地撒钱，贵族和教会自然是无比满意，可惜刚刚才填满的国库再次变得空空荡荡。不仅如此，米海尔一世还大肆迫害毁坏圣像派，引发了两派人马的对立，教会和军事贵族之间剑拔弩张。这一切均是保加利亚扩大战果的有利因素。

公元812年，克鲁姆围攻帝国在黑海地区的重要补给港口墨森布里亚，该城一直是东罗马帝国北伐保加利亚的后勤基地，克鲁姆的战略意图非常明显，即要斩断罗马从海路北上的补给线。若是平时，东罗马帝国肯定会出兵增援，可是米海尔一世不仅没有派出一兵一卒，甚至连补给船队也不曾安排，港口很快便毁于强攻。

墨森布里亚的沦陷让米海尔一世非常尴尬，纵然他赏赐了无数黄金白银，军队和人民都对他很是不满。其实米海尔并无将才，骨子里非常胆小，根本不敢和克鲁姆正面较量，然而从亚洲赶来增援的军队却积极求战，无奈之下，米海尔一世只好于次年率部北伐。

6月，东罗马军队与保加利亚遭遇，双方兵力大致相当，都有3万~4万人。然而米海尔一世仍旧不敢进攻，双方就地对峙并相互试探，直到6月21日，马其顿大将军约翰力请出战，皇帝才鼓起勇气决战。

据载，东罗马军队兵分三部：左翼是马其顿、希腊军区的欧洲农兵，指挥官是约翰；右翼是来自亚洲的安纳托利亚军团，统帅是大将利奥；中央是皇帝的直属御林军和奥普西金军团，由米海尔一世亲自指挥。保加利亚方面同样兵分三部，中央部署了保加尔和斯拉夫步兵，两翼各有一定数量的骑兵，其中有不少是阿瓦尔人。

决战在两军的呐喊声中开始，东罗马军队一路狂奔，攻势凌厉。由于先有尼基弗鲁斯阵亡，后有墨森布里亚沦陷，东罗马士兵都憋了一口气，再加上米海尔之前畏战不前，士兵们早已按捺不住，犹如脱缰野马般狂野。战斗朝着有利于罗马的方向发展。保加利亚人抢劫还行，真和军区正规军较量起来，他们显得训练不足、战术陈旧,很快就被逐出了战场中央,几乎是全线溃退。

就在胜利即将到来时,亚美尼亚将军利奥突然率右翼撤退,直奔君士坦丁堡,东罗马军队顿时乱成一团,都不知道怎么回事。保加利亚人见机发动全面反攻,特别是占领了东罗马右翼逃走后的阵地,由此形成了对皇帝的包围态势。米海尔一世本就胆小,见正面和侧翼均被攻击,他又一次逃跑了。但其尚未返回君士坦丁堡,一个噩耗就传来了——利奥称帝了。

利奥据说是亚述人后裔,早年曾随巴尔达斯谋反,后叛逃至尼基弗鲁斯一世的阵营,因其作战勇猛升迁至安纳托利亚军区大将军,被皇室倚为心腹。不过米海尔一世搞乱财政政策,又恢复偶像崇拜,这一系列操作引起了利奥的极度不满,因为利奥骨子里是毁坏圣像派。

公元813年7月11日,走投无路的米海尔宣布退位,利奥名正言顺地加冕称帝,史称"利奥五世"。

短短3年内,东罗马帝国连换了4个皇帝,国际局势却依然不见好转,利奥五世很难关起门来当皇帝。事实上,保加利亚汗王克鲁姆也不会给他这样的机会,连续歼灭两支东罗马帝国主力后,欧洲已无野战军可以阻挡保加利亚人,克鲁姆由此长驱直入,肆虐君士坦丁堡周边,甚至扬言要把他的长矛插在金门之下。利奥五世兵微将寡,除了守城什么也不能做,军队和教会能满意这样的皇帝吗?答案是不能。

7年后的圣诞节,利奥五世按传统到教堂祈祷并唱颂赞歌,一大帮身着牧师服饰的刺客高唱着圣歌,堂而皇之地进入了教堂。这些亡命之徒一进入教堂就拔出匕首,寒光闪闪的利刃瞬间染成了血红,守卫几乎全部被杀,教堂的门也从内侧被锁上。控制教堂入口后,刺客们不由分说,直奔圣坛处。利奥五世大喊道:"护驾!护驾!"皇帝惊慌不已,四下寻不到兵器,只能拿起圣坛上的铁十字架抵挡,结果可想而知。

圣诞节政变的总策划也叫米海尔,系东罗马帝国高级将领,说话有点儿口吃,又被人称为"结巴米海尔"。此人出身弗里吉亚下层,明面上是偶像崇拜派,实际却是毁坏圣像派,他本因结党谋反被下狱,但利奥五世一念之仁没有立即处死他,结果米海尔的同党抢先动手,杀了皇帝,米海尔由此登上了皇位,史称"米海尔二世"。

米海尔二世成功夺位多少得益于他的显赫职位。成为皇帝后的米海尔虽然控制了君士坦丁堡政权,但帝国各军区并不认同他的皇帝身份。特别是在小亚细亚,与米海尔二世一起效命于利奥五世的悍将托马斯同样也是军界领袖,而且手握重兵,眼看着同僚当了皇帝,他也跃跃欲试。

在托马斯看来,米海尔二世与他是地位相同的同僚,如今却靠着谋杀前主登上帝位,如果皇位可以这么轻易得到,那手握重兵的自己当然也能问鼎帝位。公元820年,斯拉夫人托马斯举兵自立,卡帕多西亚、色雷斯西亚、安纳托利亚、基比拉奥特全部加入了叛军阵营,只有奥普西金和亚美尼亚效忠米海尔二世。米海尔二世这个皇位坐得很不稳当,托马斯的阵营囊括了小亚细亚大半的军队,连帝国为数不多的海军舰队也投奔他大半,这样的实力还真有资格挑战皇权,他不得不重视对方的威胁。

公元821年12月,托马斯率领主力进入欧洲,他以"拯救穷人"的口号争取下层人民的支持。此举果然有效,不少斯拉夫人、希腊人、阿瓦尔人、阿兰人、哥特人投奔而来,转眼间,叛军的兵力竟然达到了8万之众,还拥有亚洲的海军舰队,而同一时期的米海尔二世只有3.5万人。军力上的差距使得米海尔二世不敢出城与叛军野战,只能坚守待变。

全面封锁首都后,托马斯大胆地攻打防备最薄弱的布拉赫内宫,该处位于君士坦丁堡西北,本来不是城市的一部分,只因为有重要的教堂和宫殿,帝国才修了一段城墙把这里也包围了起来,比起坚固的狄奥多西城墙,布拉赫内宫的防备相对薄弱。

托马斯让麾下大将阿纳斯塔修斯猛攻狄奥多西城墙,意在吸引敌军的注意,自己则率主力悄悄接近布拉赫内宫墙,试图一鼓作气吃掉这里的官军。然而,托马斯没想到的是,米海尔二世也判断出布拉赫内会是敌军进攻的重点,于是派共治皇帝狄奥斐卢斯坐镇此处,提前竖起了一面鼓舞人心的旗帜。年轻的共治皇帝胆识过人,他高举着真十字架大胆地站在城垛上,四周多设疑兵,虚张声势,这些均在暗示守军早已准备就绪,竟令托马斯放弃了原定的偷袭计划,转而正大光明地围攻城墙。

托马斯的军队打造了大量的投石机,不断朝着城墙守军投去巨石,同时也派军队架起云梯攀登上墙。然而这些进攻对东罗马守军并无作用,不少叛军士兵丧命于城墙下，云梯不是被推倒就是被烧毁，而投石机也在连续打击下毁于一旦，毕竟叛军没有保护器械的墙壁。

转眼到了公元 822 年冬季，托马斯的叛军无力在寒冷的季节发起军事行动，只好全数回营休整，海军舰队也暂时返港，战争进入了短暂的休战期。作为大战的指挥官，无所事事无疑是巨大的失策，聪明的人当然知道利用休战时期大做文章。米海尔二世便利用这一时机，派出无数间谍潜入叛军阵营，用黄金白银、高官厚禄收买托马斯的心腹。

次年春季来临后，托马斯下令叛军再次包围城墙，然而东罗马舰队拿出了撒手锏希腊火，托马斯的海军舰队遭到了重创。熊熊烈焰把海洋烧成了赤红色，数量庞大的叛军舰队瞬间被大火吞噬，无数士兵葬身鱼腹。托马斯看着海上的大火，现在的他也能体会当年阿拉伯帝国十余万大军覆灭的惨状了。

海战的失败引发了叛军阵营的分裂，一部分海军率先叛逃，极大地打击了叛军的士气。托马斯不甘心失败，随后又从后方调来了数百艘战舰，可这次的结果再次令托马斯失望，他的战舰竟然又全部覆灭于海洋之火，海上封锁已然被打破了。

两场海战的胜利使得胜利的天平倒向了米海尔二世，连托马斯自己都明白，失去了海军的他根本无法围困君士坦丁堡，于是托马斯再次发起陆上强攻，没想到守军士气远胜于叛军，米海尔二世亲自指挥军队杀出城门，把正准备攻城的叛军杀得七零八落，托马斯发起的陆战也以失败告终。陆战的失败意味着退兵是唯一的选择。围城一年后，托马斯的叛军士气低落，被迫收缩兵力，没想到保加利亚人又来了，这些掠劫者乐于坐收渔人之利，突袭了赫拉克利亚，又一大波叛军被歼灭，这对托马斯来说简直是雪上加霜。

公元 823 年 5 月，托马斯率部逃往阿卡迪奥波利斯，米海尔二世转守为攻，亲率上万人马与叛军决战。交战时，托马斯试图诈败诱敌，以便将米海尔二世围歼在伏击圈中，哪知叛军的士气早已低落到了极点，诈败变成了真正的溃败，没人听从托马斯的命令，不少将领直接举手投降。托马斯被迫退守城池，勉强坚持了 5 个月，最终战败，被米海尔二世斩首。

平定叛乱的米海尔二世并未大开杀戒，凡是及时投降的，他都既往不咎，如此宽容为新王朝赢得了赞誉，弗里吉亚王朝总算是站稳了脚跟。只不过托马斯之乱的波及面非常广，不少地区被叛军洗劫，无数平民死于内乱，更多的帝国军队自相残杀，白白削弱了帝国的军事力量，以致各大强邻趁火打劫，这给继任的皇帝出了一道难题。

公元826年，一群居住在西班牙的阿拉伯海盗攻占了东罗马帝国最大的海岛行省克里特。此地位于爱琴海南部，是良好的海港和军事基地，它独特的地理位置让它成了东罗马帝国联络东、西地中海的枢纽，更不要说经由此处转运的海上贸易了。事实上，克里特被海盗入侵绝不是一次偶然事件，因托马斯之乱而削弱的东罗马帝国海军早已无力保护帝国的海疆。

公元827年，又一群阿拉伯冒险者登陆了西西里岛，很快就攻陷了几个要塞，并建立了大本营。同样，米海尔二世没有足够的海军救援西西里，他的军队只能任由阿拉伯人一点一点蚕食西西里岛，直到米海尔二世驾崩，东罗马都无力组织像样的反攻。

经过数年的战乱，弗里吉亚王朝最终成功建立，但这些年的战乱对东罗马帝国来说却是一场灾难，帝国本就不多的资源基本在内战里消耗殆尽，外部势力正一点一点蚕食罗马人最后的土地。

公元829年，米海尔二世驾崩，共治皇帝狄奥斐卢斯继位为帝，史称"狄奥斐卢斯一世"。新帝是毁坏圣像运动的支持者，他不似其父那样刻意隐藏自己的信仰，一登基继位便开始了又一轮的圣像毁坏运动，使得宗教分裂进一步加剧。不仅如此，新帝崇尚奢华、挥霍无度，浪费的金钱不计其数，这对东罗马帝国来说无疑是个巨大打击。

在狄奥斐卢斯执政时期，阿拉伯人彻底占据了西西里，塔兰托等意大利城邦也跟着失守。哈里发马蒙又攻入小亚细亚，先于公元831年击溃了亲自领兵的罗马皇帝，2年后又毁灭了安纳托利亚首府阿莫里乌姆。连遭打击的狄奥斐卢斯终于在公元842年1月20日病逝，留下年仅2岁的米海尔三世。

毁坏圣像运动走到今天已经失去了原本的意义，本是富国强兵的运动如今成了宗教内斗的主旋律，每一任皇帝都会选边站，毫不留情地打击对手，这不可避免地导致帝国内部的分裂加剧，致使人民不愿意团结对外，米海尔二世的圣诞政变、利奥的临阵脱逃、托马斯的裂土自立，这些无一不是宗教争斗使然，东罗马帝国又一次走到了生死边缘，幼帝又该如何应对呢？

第四十四章 『皇父』们的征战

弗里吉亚—马其顿王朝

从公元842年开始，东罗马帝国进入了一个全新的时期，年幼的皇帝不再是历史剧的主角，执掌朝政的"皇父""宫父""教父"无疑才是东罗马的领航员，他们分别代表了皇威、宦官、牧首三股势力，谁可以挟持天子，谁就能号令诸侯，2岁即位的米海尔三世毫无主见，只能任由臣子们摆布，摄政会议暂时接管了政权。

摄政会议主要以太后狄奥多拉、总管塞尔吉奥斯、权臣狄奥科提斯托斯、舅父巴尔达斯四人为首，他们的第一项举措就是废除了毁坏圣像运动的所有政策，大赦偶像崇拜派，但也不迫害毁坏圣像派，也就是说，新政府在维持现有秩序的情况下结束了毁坏圣像运动，之前从教会没收的财产不再返还，分配给农兵和军区的土地继续有效，帝国宗教文化恢复原状，但人们已经从狂热恢复到理智，这也许是毁坏圣像运动最理想的结局。有资料认为，东罗马帝国的年收入在运动结束后已达330万金币。

毁坏圣像运动结束后，围绕摄政会议首辅之位，权力洗牌很快结束，巴尔达斯以帮助小皇帝摆脱母后控制为契机，于公元855年11月发动政变，处死了掌权的同僚，将太后狄奥多拉逐出了权力中枢。米海尔三世背叛母亲，只是为了和情妇英格丽娜公开偷情，他对朝政不感兴趣，很快便沉溺于各种酒会、表演等娱乐活动，巴尔达斯遂被封为"恺撒"，独立行使摄政王之职，都督欧亚诸军事。

巴尔达斯算是这一时期首位掌权的"皇父"，上位手段虽然有些不齿，但他并非擅权的弄臣，而是位雄才大略的领导者。回看这一时期的东罗马帝国局势，西线的保加利亚依然是头号大敌，时刻威胁着首都，东线的阿拉伯帝国在内战结束后逐渐恢复了攻势，克里特岛、西西里岛沦陷，亚美尼亚、奇里乞亚屡次易手，所以东罗马帝国不得不重新面对两线作战的局面。

就东罗马帝国目前的实力来看，同时和两大强敌对阵是非常冒险的，因为即便帝国财政有所恢复，能集结的兵力依然有限，特别是巴尔干地区屡遭洗劫，斯拉夫人的数量远超希腊人，很难指望他们为帝国鞍前马后，因而帝国能倚靠的主要是安纳托利亚等亚洲军区，这就让摄政会议非常为难，如果调动亚洲的军队，东部防线很可能崩溃，因此东罗马帝国必须在两大强敌间分出主次。

巴尔达斯所领导的摄政会议更倾向于东线，理由至少有两点：一是直面阿拉伯人的小亚细亚人口稠密、钱粮充足，是东罗马帝国的主要兵源地和财税来源，一旦有失，收复的难度很大，极可能动摇国本；二是自从穆斯林占领了克里特岛后，穆斯林海盗便以此为根据地，频繁袭击帝国的海岸线，掳掠人口，严重影响了东罗马的贸易收入，摄政会议很难视而不见。

基于以上形势，巴尔达斯试图重建与保加利亚的双边关系，他很敏锐地注意到了一个关键问题——宗教。保加利亚人、斯拉夫人目前依然信仰多神教，他们的统治者渴望新的信仰，渴望一种有利于统治阶层的新宗教，多神教没有严密的组织体系，根本不能满足这一需求，所以基督教、伊斯兰教、犹太教都盯上了他们，如果能把保加利亚纳入基督教，曾经的敌人不就成盟友了吗？

为此，东罗马帝国在牧首佛提乌、传教士西里尔兄弟的策划下，深入保加利亚传播基督教，还特地创造了斯拉夫字母，并将基督教的典籍翻译成斯拉夫语，同一时期的犹太教和伊斯兰教都没有这么大的传播力度，保加利亚正向着君士坦丁堡教会倾斜。

巴尔达斯虽未彻底解决保加利亚问题，但他的策略无疑被接下来的执政者采纳。保加利亚问题的缓解意味着阿拉伯问题的加剧，公元863年，2万阿拉伯军队在埃米尔奥马尔的率领下掠夺小亚细亚，巴尔达斯亲率5万大军迎战。当年9月2日，两军在拉拉肯尼河附近遭遇，奥马尔强逞匹夫之勇，结果被巴尔达斯包围在一座小山丘上。突围时，奥马尔被东罗马弓箭手射中，当即坠马阵亡，数万阿拉伯人全军覆没。

拉拉肯尼河之战无疑是东罗马帝国的头彩，极大地震慑了其他穆斯林埃米尔，借着这股东风，巴尔达斯提出趁势收复克里特岛的计划。公元866年4月，巴尔达斯在米利都旁的港口集结了一支远征军，米海尔三世亲自前来送行，乍一看是君臣和睦、士气高昂，然而远征军还未成行，皇帝的新宠臣巴西尔突然指责巴尔达斯谋反，将其当场斩杀。

这场政变和当年那场政变一样都是由米海尔三世授意，理由依然是那个叫英格丽娜的情妇，这一次，马其顿人巴西尔抓住了机会，他愿意抛妻弃子，迎娶怀着皇帝骨肉的英格丽娜，这种主动充当"接盘侠"的精神打动了米海尔三世。巴西尔借机挑拨皇帝和舅父的关系，称："巴尔达斯执政多年，帝国只知摄政王却不知皇帝，自拉拉肯尼河大捷后，摄政王更是跋扈非常，今若任由其得到平灭克里特的功劳，他归国之日就是皇帝您退位之时。"

米海尔三世没有合法子嗣，巴西尔的话正是他的心病，所以皇帝的计划是除掉巴尔达斯，然后封巴西尔为共治皇帝，这样英格丽娜生下的儿子利奥就是合法的婚生皇子，而巴西尔年事已高，肯定先于自己死去，到时他的共治皇位正好可以名正言顺地交给私生子利奥。

可惜皇帝的计划只是一厢情愿，棋子巴西尔也有他自己的计划。马其顿人巴西尔出生于公元811年，幼年时曾被保加利亚人掳走，成年后逃回东罗马，因为体格魁梧、武艺超群又擅长驯马，很快被选入御林军，此人怎么看都不是善类。但是皇帝并不知道巴西尔打的什么算盘。当年5月26日，巴西尔被册封为共治皇帝，几乎从这时起，皇帝就被逐渐架空。

公元867年9月23日，米海尔三世在安提莫斯宫举办的宴会上喝得酩酊大醉，巴西尔强行冲进皇帝寝宫，乱刀砍死了米海尔三世。就这样，巴西尔继承了"巴西琉斯"之位，成了东罗马帝国唯一的皇帝，史称"巴西尔一世"。

因巴西尔一世来自马其顿军区，他所建立的王朝又称为马其顿王朝。这一时期的东罗马帝国兵源充足，经济恢复，皇权高度集中，中产阶级增长迅猛，大地主、大贵族、大主教阶级虽然仍是国家复兴的主要掣肘力量，但军事贵族阶级的出现，很大程度上制衡了其他势力，也影响了罗马帝国未来的走向。

此时外部局势的变化同样有利于东罗马帝国：雄踞两河流域的阿拉伯帝国已经解体，大量的小型穆斯林埃米尔国建立，但都不足以再现昔日数十万穆斯林攻打君士坦丁堡的壮观景象了；至于西部，法兰克皇帝查理曼死后，他的帝国一分为三，再也不可能威胁东罗马，而保加利亚人逐渐皈依基督教，两国关系明显缓和了很多。

巴西尔一世延续了巴尔达斯的政策，把穆斯林作为主要对手，他联合法兰克皇帝路易夹击亚得里亚海的穆斯林海盗，恢复了帝国在达尔马提亚的领土，还协助路易一同攻克南意大利重镇巴里，该地区在数年后主动脱离法兰克，投奔了东罗马帝国，而尼基弗鲁斯·福卡斯等优秀将领挡住了穆斯林在南意大利的攻势，取得了塔兰托之捷，这对保障罗马在亚得里亚海的势力有着至关重要的影响。

巴西尔一世虽然开创了新王朝，却没有立即除掉私生子利奥，反而把他和亲生子君士坦丁同立为共治皇帝。这并不代表他无意杀掉利奥，而是因为小利奥有母亲英格丽娜庇护，巴西尔迟迟不能动手。公元886年8月，巴西尔一世外出狩猎时发生意外，一头雄鹿把他连续拖行了25千米，护卫救下他时，他已经奄奄一息，于当月29日驾崩。如此离奇的死法不免让人怀疑有阴谋存在的可能。

巴西尔名义上创立了马其顿王朝，但他的长子君士坦丁英年早逝，共治皇帝利奥成了唯一的皇帝，史称"利奥六世"。从这个角度来看，巴西尔一世仍然是替小皇帝执政的"皇父"，马其顿王朝实际并不存在。

利奥六世是东罗马史上有名的学者皇帝，绰号"智者"，他最大的成就便是创作了与《战略》齐名的兵书《战术》。然而利奥六世何其不幸，这个时代似乎只属于"皇父"们，只有强者才能活得潇洒，活得精彩。虽然智者利奥六世在文艺方面堪称卓越，但人民更需要的是一个能够领兵打仗、击退强邻的霸主，显然利奥六世并不符合人们的期望。恰在这一时期，强邻保加利亚汗国就出了这么一位君主，史称"西蒙大帝"。

保加利亚雄主——西蒙

普世牧首与罗马教皇起初都只是罗马帝国的大主教，他们与安条克大主教、耶路撒冷大主教、亚历山大大主教合称为"五大牧首"，五大牧首在基督教世界拥有高于其他任何主教的地位，他们所统管的主教区也高于一般地方教会。自伊斯兰教崛起后，阿拉伯帝国相继攻陷了安条克、耶路撒冷、亚历山大里亚，五大主教区就只剩下了罗马和君士坦丁堡，而罗马大主教因罗马文明起源于罗马城，一直以来都享有很高的地位。

随着意大利的沦陷，罗马皇帝的影响力仅能维持在东部世界，而罗马教会因为远离权力中枢,渐渐不受皇帝的管辖,经常违背皇帝意愿拆君士坦丁堡的台,这直接导致皇帝把君士坦丁堡大主教提高到与罗马大主教平级的地步,后来更是因为毁坏圣像运动的分歧,两地教会玩起了互逐教籍的"口水战"。

东罗马不再出兵保护罗马城,伦巴第人对罗马城的威胁越来越大,罗马大主教只能向受洗为基督徒的法兰克国王求援。让人意想不到的是,法兰克人竟然灭掉了伦巴第,还把罗马城及周边一大块土地送给了罗马教会,使得教会拥有了组建国家的领土,该事件史称"丕平献土"。从此,大主教自称教皇,罗马教会变身成为"僧俗合一"的政权,他们不再尊东罗马正统皇帝为主,反而谋求建立一个凌驾在世俗政权之上的"新世界"。

罗马教皇的独立让他们与君士坦丁堡牧首的关系越来越差,犹如一个火药桶,任何分歧都可能变成互逐教籍的骂战。罗马皇帝任命没有任何神职经验的佛提乌为牧首,罗马教皇拒不承认佛提乌的地位,佛提乌也以罗马教会理论错误为由,指责对方是异端,东西教会大分裂由此开始。大体上,西欧地区都被罗马教皇掌控,称"天主教",东欧则由牧首说了算,称"东正教"。

公元865年9月3日,保加利亚汗王鲍里斯受洗为东正教教徒,牧首佛提乌应邀成了鲍里斯幼子西蒙的教父,并将西蒙带回君士坦丁堡教育,两国关系迅速升温。这解除了东罗马帝国在巴尔干地区的后顾之忧,使得帝国能将主要精力用于对付伊斯兰国家。

在东罗马帝国的日子里,西蒙可以说是大开眼界,这里有繁荣的市场、恢宏的建筑、川流不息的商贾、浩浩荡荡的船队,还有威严肃穆的御林军、锦衣玉食的豪门勋贵,更有让人惊叹的法典和学富五车的文人骚客,这些都是保加利亚从未有过的景象,比起自己的祖国,东罗马帝国简直是另一个世界,是传说中的天堂。

可以说,西蒙在君士坦丁堡的学习是毫无保留的,巴西尔一世认为西蒙会成为决定帝国与保加利亚友好关系的关键人物,不过巴西尔一世只想对了一半,西蒙的确会成为两国关系的决定性人物,但不是友好关系的维系人,而是百年不遇的宿敌。公元886年,利奥六世继位,普世牧首佛提乌被罢免,西蒙于这期间返国,一头已然长成的猛兽被放归森林。

西蒙归国时,保加利亚政局动荡不安,老汗王鲍里斯主动隐居,传位长子弗拉基米尔。可是弗拉基米尔掌权后，马上就阻断了保加利亚的东正教化进程，试图反攻倒算，清除父亲的旧势力，恢复多神教信仰，这使得父子俩势同水火。鲍里斯因此突然发动政变，刺瞎并废黜了弗拉基米尔，幼子西蒙意外地继承了汗王大位，史称"西蒙一世"。

西蒙掌权后的第一件事就是迁都。新汗王放弃了保加利亚传统首都普利斯卡，迁至大普雷斯拉夫。新汗王目的有四：一是为了模仿君士坦丁堡修建一座恢宏的新首都；二是为了避开盘根错节的大贵族势力；三是为了以新都为中心加速保加利亚基督教化的进程；四是为了拉近与东罗马帝国的战略距离，以新首都作为南下色雷斯的军事基地。

从以上四点来看，西蒙绝非庸主，他已经在为重启罗、保生死之战做准备了。然而这一时期的东罗马帝国把战略重点转向东方，利奥六世又是长于深宫的文皇帝，他并未意识到西蒙的巨大威胁，还放任宠臣敲诈保加利亚商人，故意提高关税欺压保加利亚人。西蒙为此连派数位使臣抗议，结果却被利奥六世泼了一盆冷水。公元894年，以贸易争端为契机，汗王西蒙亲率6万人马杀入色雷斯，沿途焚毁城镇、村庄无数，罗马—保加利亚战争爆发。

西蒙的入侵完全出乎利奥六世的意料，东罗马帝国正忙于对付伊斯兰国家，兵力基本集中在远离巴尔干半岛的地方，欧洲仅有的军队几乎是一触即溃，色雷斯基本成了不设防的状态，只能任由保加利亚军队践踏。利奥六世虽然不是杰出的将领，但作为《战术》的主要作者，他并不是那种完全不懂战略的昏君，他召集朝臣说出了自己的计划：保加利亚出动了6万大军，国内势必空虚，既然帝国的军队难以回到巴尔干，不如联蛮制蛮，让居于保加利亚后方的马扎尔人出兵攻打保加利亚，如此，"围魏救赵"之计可成。

马扎尔人的南下破坏了西蒙扩大战果的计划，保加利亚人不得不北上抵御外敌。利奥六世见自己的战略取得成功，甚为欢喜，此时的他尚未把保加利亚人放在眼里，帝国的主要精力依然集中在亚洲战场上。可是，西蒙毕竟是"毕业"于君士坦丁堡"大学"的高才生，他的学习能力很强，立即有样学样，与马扎尔人的宿敌佩切涅格人结成盟友，让他们突袭了马扎尔人的大后方。

公元896年，趁马扎尔人主力远离国土时，佩切涅格骑兵突然冲入对方领地，屠杀毫无抵抗能力的老弱妇孺，烧毁了大量的村庄，基本上算是把马扎尔人的家园彻底毁了。等到马扎尔的男人们获胜归国时，佩切涅格人又拦路伏击。马扎尔人死伤无数，幸存者不敢再战，只能举国西迁，领地遂被保加利亚占领。

歼灭马扎尔人后，保加利亚又一次兵临君士坦丁堡。上一位抵达这里的汗王还是克鲁姆。考虑到此战已经血洗了之前的耻辱，更担心东罗马帝国的主力返回，西蒙以恢复贸易、进献年贡、割让土地三大条件与利奥六世议和。利奥六世的执政生涯遭遇了第一次大挫败。

挫败利奥六世的还不只是保加利亚。公元902年，穆斯林军队攻克了东罗马帝国在西西里的最后一座城池陶尔米纳，西西里彻底脱离了东罗马帝国。公元904年，的黎波里的利奥引导一支穆斯林舰队奇袭了帝国第二大城市塞萨洛尼基，洗劫了整整7天，约2万~3万名俘虏被掠走。

作为回应，利奥六世花费了24万金币，筹建了一支由119艘战船和4.3万人组成的远征军，计划由希梅里奥斯率领海军舰队，安德罗尼卡·杜卡斯率领陆军，合力攻打奇里乞亚和叙利亚。然而为了争夺最高指挥权，安德罗尼卡·杜卡斯不满皇帝偏向希梅里奥斯，愤然投奔了巴格达的哈里发，数万军队自行解散。至于希梅里奥斯的海军，他们先是击败了的黎波里的利奥领导的穆斯林海盗，然后又袭击了塔尔苏斯和塞浦路斯，随后还出兵包围了克里特岛首府坎迪亚。这些看起来都是捷报，可是当年秋季，在围攻坎迪亚7个月后，希梅里奥斯的补给已然告罄，恰巧军中传出利奥六世驾崩的谣言，希梅里奥斯信以为真，率部渡海返回君士坦丁堡，却不想正中了阿拉伯人的圈套，舰队在希俄斯岛遭到伏击，全军覆没。此前由海军舰队夺取的奇里乞亚和塞浦路斯被穆斯林悉数夺回，利奥六世白白损失了数万人马和数十万金币。连番打击让利奥六世心灰意冷，于公元912年5月11日驾崩，谣言成真。

利奥六世一死，帝国政局再次动荡起来。因为利奥六世先后娶了三任妻子都未诞下子嗣，他不得不通过同居的方式与情妇佐伊生下了私生子君士坦丁。在承诺不迎娶佐伊后，牧首尼古拉斯同意接纳君士坦丁为皇帝的合法子嗣，皇位由利奥的兄弟亚历山大和小君士坦丁一起继承。可是亚历山大一继位就否定了兄长的所有政策，还撕毁了与保加利亚的和约，引来了一大堆麻烦，他自己却在13个月后暴毙身亡，把问题全甩给了年幼的君士坦丁七世。

新帝继位，主少国疑，以牧首尼古拉斯为首的御前大臣组成了摄政会议，他们不思如何御敌，反而相互倾轧，先是佐伊被逐出宫廷，后是君士坦丁·杜卡斯谋反。帝国内部政局不稳，保加利亚那边又蠢蠢欲动。公元913年，西蒙起兵6万，又一次兵临君士坦丁堡。牧首尼古拉斯束手无策，他所想到的应对之策只有"退让退让再退让"。为此，尼古拉斯亲自加冕西蒙为"恺撒"，还让君士坦丁七世与西蒙之女玛丽亚缔结婚约。

虽然西蒙没有得到"巴西琉斯"的称号，但"恺撒"等同于副皇帝，而且还当上了"皇父"，这已经是莫大的成功了。西蒙想着，等到女儿嫁给君士坦丁七世后，他就能以国丈的身份干涉帝国政治，甚至篡取整个东罗马帝国。东罗马帝国君臣对西蒙的这一野心心知肚明，尼古拉斯的妥协立即引起了鹰派的激烈反对。公元914年，鹰派支持佐伊发动政变，罢免了尼古拉斯，宣布与保加利亚签订的和约无效，包括"恺撒"称号和婚约。

在新一轮交锋中，东罗马帝国又玩了一次"联蛮制蛮"。公元917年，摄政会议任命军事贵族利奥·福卡斯为最高统帅，都督巴尔干诸军事，同时派遣三队使团分别赶赴佩切涅格、马扎尔和塞尔维亚求援。按照摄政会议的计划，三国援军及帝国军队将从北、西、东三面合围保加利亚，使其首尾不能兼顾。若此计划顺利实施，西蒙将面临灭顶之灾。

只可惜计划赶不上变化。罗马将领约翰·博加斯带着佩切涅格人准备渡过多瑙河时，负责协助他们的海军统帅罗曼努斯·利卡潘努斯却与约翰·博加斯发生争执，愤怒的佩切涅格人便拔马回国了。同一时间，西蒙趁三路大军尚未会合，引兵西向，抢先揍服了塞尔维亚人。如此一来，三路大军有两路被化解。当年8月，没有后顾之忧的西蒙南下与利奥·福卡斯的东罗马帝国主力交战，安基阿卢斯之战打响。

安基阿卢斯位于君士坦丁堡西北部，除西部有少许丘陵外，绝大多数都是平原，这里紧靠黑海，与首都近在咫尺。保加利亚大军在沙皇西蒙的率领下从西北面浩荡而来，东罗马的军队则在东南面集结列阵，双方兵力大致都是5万~6万人。

决战按照往常的惯例开始，两军将士疯狂地冲击对方，东罗马军队以高度的纪律性和密集的攻击强度不断把战线向前推移，沙皇西蒙则骑着白马来回奔驰，鼓励保加利亚军队的士气。很快，战场形势就朝着有利于罗马人的方向发展，位于中路的保加利亚人首先开始溃退，两翼因为侧翼暴露也跟着一起后撤，大有全线溃败的趋势。如此局面本是鼓舞人心的，但利奥·福卡斯似乎高兴得太早，竟然下马清洗身体，悠闲地等待着胜利的到来。

这时，一些身穿罗马甲胄的士兵到处高喊"统帅阵亡了，统帅阵亡了"，谣言很快传遍战场，连利奥·福卡斯本人都能听见，这极大地动摇了罗马军队的士气，强势的进攻逐渐变得混乱，罗马士兵各自为战，不知进退。

原来，利奥·福卡斯的白色坐骑被激烈的厮杀吓得挣脱缰绳逃走，由于利奥没有及时制止战马，结果这匹没有主人的脱缰之马在战场上到处乱跑，罗马士兵们都认识统帅的坐骑，他们以为利奥已经阵亡，于是军心大乱。

眼见时机已至，沙皇西蒙高声喝止正在后退的保加利亚军队，下令他们反攻。于是，保加利亚人纷纷停止了逃跑，转身朝罗马军队杀了过去。西蒙亲率一队骑兵绕到战场西侧的山上，突然杀向罗马人的侧翼，这些骑兵犹如洪水一般势不可挡，杀得罗马人节节败退，战场上到处都是罗马士兵的首级和断肢，形势已经骤然转变。利奥·福卡斯赶紧撤退到墨森布里亚，没能逃离战场的人或被擒或被杀。

得胜当夜，西蒙的军队乘胜猛烈围攻墨森布里亚，利奥·福卡斯吓得乘船逃回首都，这座港口又一次被保加利亚摧毁。战后不久，利奥·福卡斯得到了来自亚洲军区的援兵，但西蒙于卡塔斯尔泰再次击破了利奥·福卡斯。至此，东罗马帝国的野战军基本全灭，余部只能在狄奥多西城墙后死守。保加利亚人逐步夺取了巴尔干各地，除了塞萨洛尼基、阿德里安堡、伯罗奔尼撒，整个巴尔干地区都并入了保加利亚，保加利亚第一帝国走向了鼎盛。

利卡潘努斯擅权

安基阿卢斯之战的惨败让帝国高层陷入恐慌和混乱，此战不仅让东罗马帝国无险可守，还沉重打击了摄政会议的威望。按照以往的经验，高层权力的洗牌是必定的结果，太后佐伊极有可能被再次逐出宫廷，牧首尼古拉斯因此蠢蠢欲动。所有人都明白，小皇帝君士坦丁七世是多么需要一个强者来保护。

谁来当下一任"皇父"？佐伊的想法是嫁给世家贵族利奥·福卡斯，可此人两次战败，摄政会议不可能信任他，难道又让尼古拉斯当首辅？这位僧侣早已臭名昭著，民众都视他为卖国贼。就在以上几路人马相互倾轧时，御前大臣、帝师狄奥多尔替小皇帝送出了"衣带诏"，要求海军统帅罗曼努斯·利卡潘努斯进京勤王。

狄奥多尔之所以选择罗曼努斯，无外乎其卑微的出身，比起福卡斯等显赫的军事贵族世家，罗曼努斯出身农兵阶级，没有根深蒂固的家族势力，背后的关系也没那么错综复杂，再加上他所统领的海军舰队离首都最近，随时都可以控制君士坦丁堡的局势，比外省的将军更加便利。就这样，罗曼努斯被赋予了勤王救国的大任。

公元919年3月，罗曼努斯的海军舰队突然驶入首都皇家私港，狄奥多尔等人早已打开了皇宫的大门，军队很快就控制了皇宫及周边区域，基本无人反抗。罗曼努斯控制小皇帝后当即剥夺了尼古拉斯的首辅之职，随后又将太后佐伊强行送往修道院为尼。一个月后，罗曼努斯将女儿海伦娜嫁给了君士坦丁七世，自封为"皇父"，控制了摄政会议。

罗曼努斯的行动很迅速，成效也相当明显，佐伊、尼古拉斯双双失势，还在做着共治皇帝美梦的利奥气得捶胸顿足，他立刻于亚洲举兵，称罗曼努斯是挟天子以令诸侯的叛臣逆贼。可没等到他进军君士坦丁堡，罗曼努斯就以小皇帝的名义策反了所有叛军，毫不客气地刺瞎了利奥的双眼。

大权在握的罗曼努斯终于露出了深藏于胸的野心，他以宴会的名义骗来并擒拿了帝师狄奥多尔，然后将其流放亚洲。至此，罗曼努斯驱逐了所有能与之作对的御前大臣，摄政会议名存实亡。公元920年9月24日，罗曼努斯·利卡潘努斯胁迫小皇帝册封其为"恺撒"，仅仅3个月后便加冕为共治皇帝，一年之后，官方文件中只能看见罗曼努斯的名字，史称"罗曼努斯一世"。

别看新任"皇父"在内斗中拔得头筹，首都以外的世界仍是沙皇西蒙的天下。到公元921年2月，保加利亚军队接连攻城拔寨，除了君士坦丁堡、塞萨洛尼基、阿德里安堡三大重镇外，色雷斯、马其顿、伊庇鲁斯几乎全境沦陷，只要攻破狄奥多西城墙，西蒙便能把罗马人赶出欧洲。

同年 3 月，西蒙又一次包围了君士坦丁堡，他在首都西北侧的帕吉尔山与帝国守军展开了七日血战，东罗马军队再次惨败，溃兵纷纷拥上金角湾的战船，企图逃回首都，结果不少战船因超载而沉没，损失惨重。帕吉尔之战后，罗曼努斯一世只能坚守君士坦丁堡。

这回又轮到西蒙犯难了。历史总是这样的相似，虽然沙皇一再击溃东罗马帝国的野战军，但他的军队始终不能登上城墙。没有海军力量的保加利亚不能完全封锁君士坦丁堡，故而西蒙企图联合埃及的法蒂玛王朝封锁马尔马拉海。可是，东罗马帝国截获了前往欧洲与西蒙谈判的法蒂玛使臣，皇帝以更高的价格买得了法蒂玛的中立，西蒙对君士坦丁堡的包围计划就此破产。

公元 924 年 9 月 2 日，黔驴技穷的西蒙不得不接受罗曼努斯一世给出的停战条款，因为他身后的塞尔维亚和克罗地亚企图夺取兵力空虚的保加利亚大后方，斯拉夫人也在此时发动起义，西蒙虽有万般不舍，也只能结束这一年的战事，只是他没想到这是他最后一次包围君士坦丁堡。

公元 927 年 5 月 27 日，一代枭雄西蒙驾崩，这位威胁东罗马数十年的雄主始终没能当上"皇父"，他毕生的野望到头来却成就了一个农兵出身的罗曼努斯，人们不禁要问：看似笑到最后的罗曼努斯·利卡潘努斯是不是就是罗马人期待已久的霸主呢？

赶走西蒙后，罗曼努斯一世于当年册封长子克里斯托弗为共治皇帝，3 年后立次子斯蒂芬和三子君士坦丁为"恺撒"，紧接着，他的幼子狄奥菲拉克特接任了普世牧首之位，私生子巴西尔被阉割入宫成了皇宫大总管，孙女玛利亚又在 6 年后嫁给了保加利亚新沙皇彼得一世，虽然他没有废掉君士坦丁七世，但"皇父"要开创新王朝的意图已是"司马昭之心路人皆知"。

罗曼努斯一世的布局已经非常清楚了，无论政府、教会、宫廷还是邻国，到处都有利卡潘努斯家族的身影，他们已经是当之无愧的帝国第一大家族。不过，要另立新王朝没点儿像样的功绩是不可能得到人民支持的。事实上，东线的亚洲战场极容易出成绩，因为阿拉伯帝国解体后，东罗马帝国所面对的是割据一方的穆斯林小政权，它们不可能整合整个伊斯兰教的力量，这便是东罗马帝国收复亚洲的绝佳时机。要是能在亚洲打出成绩，改朝换代还不是众望所归？

幸运的是，罗曼努斯一世也如查士丁尼大帝一样有位不可多得的悍将——约翰·库尔库阿斯。此人是罗曼努斯一世的心腹，熟知兵法且足智多谋，在政变夺位的时候，库尔库阿斯就是攻占皇宫的实际指挥官。帝国西部恢复和平后，库尔库阿斯便被任命为东部战线的统帅，成为节制几个主要军区的大将军。

库尔库阿斯走马上任后立即展开了对穆斯林政权的攻势，他把亚洲各军区的军队集结在一起，朝亚美尼亚山区发动了一系列战役，于公元932年深入到凡湖以北，攻拔了曼齐刻尔特、佩尔克里、克拉特等诸多城市，又在2年后攻克了兵力雄厚的梅利泰内，吞并了这个小埃米尔国，这是东罗马帝国在丢失亚美尼亚后首次打到两河流域。

紧接着，库尔库阿斯的军队继续南下，他的下一个对手是有"统治之剑"美誉的塞义夫·达夫拉，此人同样精通兵法，是统治着摩苏尔、阿勒颇等地区的埃米尔。显然，若是库尔库阿斯能够消灭这位摩苏尔埃米尔，巴格达就会暴露在东罗马的兵锋下。于是两位名将展开了一场又一场血战，战况胶着，互有胜负。可惜的是，这场决战并未分出胜负。

公元862年，东欧平原的斯拉夫人爆发内乱，据说他们邀请了来自北欧的留里克解决争端，此人率领强悍的北欧武士登上了诺夫克罗德的王位，史称"留里克应邀成王"。公元881年，第二任大公奥列格占领了斯摩棱斯克和第聂伯河中游的基辅城，"基辅罗斯公国"就此建立。

早在利奥六世时期，基辅罗斯就在与东罗马的贸易中获得了巨额利润，第三任大公伊戈尔很清楚东罗马帝国的富裕，遂萌生了夺取君士坦丁堡的野心。公元941年5月，罗斯大公伊戈尔指挥上千艘战船浩浩荡荡南下博斯普鲁斯海峡，是为第一次罗斯入侵。

东罗马帝国的主力军队此时都随库尔库阿斯征战摩苏尔去了，君士坦丁堡的兵力不过数千。如果帝国主力及时回援，罗曼努斯一世还是有信心击败罗斯人的，然而摩苏尔毕竟太远了，伊戈尔的舰队近在咫尺，远水解不了近火，罗曼努斯一世能动用的不过是15艘旧战舰。

公元941年6月11日早晨，博斯普鲁斯海峡上，东罗马帝国舰队静静地等待着罗斯人的龙头战舰。随着太阳的升起，海平面上先是出现了一艘龙头战舰的风帆，接着，两侧的海平面上相继出现了2艘、3艘、4艘……成百上千艘战船如乌云蔽日般驶来。双方战舰随即开足马力迎面撞上，令罗斯人惊讶的是，不知为何，前面作战的龙头战舰相继被点燃，火势越烧越旺，大火很快蔓延到后面的罗斯战船。

15艘罗马战舰如15条火龙一般遨游在海面上，地狱之火从它们嘴里喷涌而出，烧毁了上百艘敌方战船，而罗马人的战舰却无人能伤其分毫。幸存的罗斯人被这地狱般的场面给惊住了，赶紧掉转方向逃离战场。此战，东罗马帝国以15艘战船击败了上千艘龙头战舰，再次证明了希腊火的巨大威力，如果有穆斯林在场的话，无疑会嘲笑罗斯人"不知天高地厚"。

溃败的罗斯人不甘心失败，一路向东航行到黑海南岸的亚洲，烧杀比提尼亚海岸。亚美尼亚大将军巴尔达斯·福卡斯率军阻挡罗斯人，而东部最高统帅库尔库阿斯的军队很快也回到了这里，几路人马会合狄奥法内斯的舰队一起包围了罗斯人。

秋季到来时，罗斯人的补给已耗尽，除了撤军回国已别无他法。当年9月，罗斯人企图从西北方向突围，但恭候多时的东罗马帝国舰队又一次迎面撞上了他们，随后便是漫天火雨般的攻击，罗斯人不是被淹死就是被烧死，他们中间只有少数人逃出生天。这次入侵被东罗马帝国漂亮地粉碎了。

解决了罗斯问题后，首席名将库尔库阿斯再次返回东部战场，他以疾风骤雨般的攻势扫平了穆斯林的军队，一度围困了阿勒颇，从该地区掠走了近1.5万名俘虏，接着又围住了埃德萨，并收复了达拉要塞。哈里发不得不以交出印着耶稣肖像的"圣布"为条件，换取了库尔库阿斯的撤军。

公元944年，首席名将库尔库阿斯凯旋君士坦丁堡，从埃德萨夺取的新圣物被隆重地送往圣索菲亚大教堂。围观的人群挤满了街道，鲜花漫天飞舞，歌声四处飘荡，这是罗曼努斯一世在位期间最辉煌的时刻。然而，如此隆重的欢庆典礼上却看不到皇帝罗曼努斯的身影，更看不到克里斯托弗，不知是谁突然高呼道："接受皇位吧，君士坦丁。"

赶走沙皇西蒙，火烧基辅罗斯，大胜伊斯兰教，已得三大功绩的"皇父"罗曼努斯能否改朝换代呢？答案是不能。这倒不是功绩不足，而是罗曼努斯长子克里斯托弗在公元931年病逝，君士坦丁七世再次成为帝国第一顺位继承者。据说罗曼努斯一世对这一变故痛心疾首，打击之大常人难以想象，大概与屋大维失去德鲁苏斯时相差无几。此后，罗曼努斯一世意志消沉，特别是在发现次子和三子极不成器后，痛失爱子的悲伤就更为明显了。

民众公开支持君士坦丁七世，罗曼努斯一世也倾向于把皇位还给女婿，这引起了另外两位利卡潘努斯的不满，特别是当名将库尔库阿斯意图将女儿嫁给君士坦丁七世的儿子小罗曼努斯时，两位共治皇帝更是夜不能寐。很明显，他们不希望手握重兵的库尔库阿斯成为君士坦丁七世的亲家，因为若两者联姻，君士坦丁七世随时都可以发动政变夺回皇位。

斯蒂芬两兄弟决定政变，他们先是以首席名将功高震主、拥兵自重、图谋不轨为由，罢免了库尔库阿斯，接着又在公元944年圣诞节前突然持刀闯入皇宫，逼老皇帝剃度为僧，然后将其流放王子岛。前两步的成功鼓舞了他们，两兄弟的第三步就是杀掉妹夫君士坦丁七世。

俗话说，得民心者得天下，倒行逆施的斯蒂芬兄弟遭到了首都人民的唾弃，民众公开聚集要求斯蒂芬交出君士坦丁七世。看到人民如此支持自己的丈夫，海伦娜·利卡潘努斯积极联络朝中大臣，在得到御前大臣和军队的支持后，公元945年1月27日，妹妹抢在两个哥哥行动前发动政变，废黜了斯蒂芬兄弟的共治皇帝之位，还将两人流放到海岛，君士坦丁七世终于走到了台前，只不过君士坦丁七世在位时期乏善可陈。

这场权力的游戏并未结束，15年后，54岁的君士坦丁七世驾崩，儿子罗曼努斯继位，史称"罗曼努斯二世"。早年的权力争夺并未引起皇帝的警觉，弗里吉亚王朝和马其顿王朝在教育和婚姻问题上一如既往地犯错，成年后的罗曼努斯二世喜欢纨绔子弟喜欢的一切东西，马球、舞会、打猎都是他平时最爱的节目，他的皇后不是世家闺秀，也不是异国公主，而是客栈老板的女儿狄奥法诺，此女并非贤良之辈，她引导着年轻的皇帝夜夜笙歌，还逼得太后海伦娜剃发为尼。

放纵的生活很快就透支了皇帝的身体，公元963年3月15日，年仅25岁的罗曼努斯二世突然驾崩，而他与狄奥法诺的两个儿子，巴西尔和君士坦丁，一个6岁，另一个才3岁，主少国疑的事情再次发生。任谁都能看出，帝国又到了需要"皇父"掌权的时候了。

萨拉森的"白色死神"

得益于罗曼努斯·利卡潘努斯的三大功绩，东罗马帝国的西、北、东三线暂时太平无事，如今只剩下南线，也就是克里特问题没有解决。公元960年，东罗马帝国决定彻底解决为祸爱琴海多年的穆斯林海盗，此前帝国连续三次出兵攻打克里特，均未获成功。眼下的时机恰到好处，穆斯林各国相互倾轧无暇他顾，正是渡海南下的最佳时机。那么问题来了，这么大的军事行动由谁来担任主帅呢？

尼基弗鲁斯·福卡斯，福卡斯现任家主，安纳托利亚大将军，同名的祖父曾是巴西尔一世时期收复南意大利的英雄，父亲巴尔达斯·福卡斯曾协助库尔库阿斯击退了罗斯人，累任亚美尼亚、卡帕多西亚大将军，叔父又是当年与罗曼努斯一世争位失败的利奥·福卡斯。从这些家族成员就可以看出，福卡斯一族身居高位，算是身世显赫的军事贵族世家。

尼基弗鲁斯生性冷僻、寡言少语，相貌并不出众，但作战勇猛、精通兵法、杀伐果断，很受士兵们拥戴，在坐镇安纳托利亚前曾多次领兵攻打穆斯林政权，积累了不少战功，可以说是非常熟悉穆斯林的将军。从军区重要性来看，安纳托利亚大将军就相当于罗马帝国时期的安条克总督，有节制亚洲各省的权力，等同于东方摄政王，所以对克里特的军事行动势必由尼基弗鲁斯担任指挥官。

公元960年7月，一支人数超过3万人的远征军集结完毕，随行的海军有2万余人，包括308艘运兵船和上千艘战舰。如此计算，远征军的总兵力应该为4万~5万人，堪称近百年来规模最大的一次军事行动。慑于希腊火的巨大威力，克里特埃米尔阿卜杜拉根本不敢在海上拦截远征军，他调集了大量的远程部队，沿着海岸线布下滩头阵地，试图用密集火力远程打击阻止东罗马帝国陆军登陆。

7月13日，尼基弗鲁斯的海军舰队终于出现在海滩前，阿卜杜拉的军队也已经集结完毕。按照预定的作战计划，穆斯林会在东罗马帝国士兵逐一跳下夹板列阵前射杀他们。令他意外的是，东罗马的战船靠上岸时，船体上突然落下了巨大的斜踏板，与之连接的是满载帝国重骑兵的平整跑道，数千蓄势待发的罗马重骑兵突然拍马冲锋,以极快的速度冲上海滩,顷刻间便杀到穆斯林的阵地前。

这是穆斯林军队完全没有料到的,他们以为东罗马帝国的军队会慢慢在海滩上列阵,没想到尼基弗鲁斯居然让重骑兵从船上直接冲出来。来不及反应的克里特远程步兵被高举长矛和满身铁甲的重骑兵冲杀得人仰马翻、阵脚大乱。紧接着,东罗马帝国步兵趁重骑兵冲锋时迅速登岸列阵,期间基本没有受到任何有效的远程打击。步兵分成左、中、右三部冲杀,队列整齐,秩序井然。而被重骑兵冲垮的穆斯林步兵早已乱成一团,很快就被砍死、撞死、踩死,残部疯狂地朝城内逃去,尼基弗鲁斯漂亮地完成了抢滩登陆作战。

击溃穆斯林军队后,尼基弗鲁斯随即包围了克里特首府坎迪亚。埃米尔阿卜杜拉收拢残兵于城中,企图利用坚固的城防消耗罗马人的军力,毕竟数万罗马大军有巨大的粮食需求,势必不能长期坚持围城,而坎迪亚的城防有着不俗的防御能力,所以阿卜杜拉相信远征军不会待太久。可是尼基弗鲁斯的策略正是"擒贼先擒王",他要以最快的速度攻克坎迪亚并杀死阿卜杜拉,如果成功,群龙无首的穆斯林军队势必土崩瓦解。

事实上,尼基弗鲁斯执着于围城作战是东罗马帝国多次失败后得出的经验,克里特岛虽然很大,但敌军的根据地只有坎迪亚一处,余下的城镇、村庄并不重要,如果坎迪亚沦陷,当地人肯定会主动投降。因此,东罗马帝国很快就开始攻城,先是用投石机轰炸城墙,后又用攻城锤猛撞城门,一拨又一拨的东罗马帝国军队反复强攻,无数士兵刚登上城墙就被推倒坠落,艰苦的攻坚战让攻守双方都很吃力。

随着攻城陷入僵持,远征军的粮草即将告罄,尼基弗鲁斯不得不派一支军队深入克里特内陆收集粮草,但指挥官大意轻敌,在经过坎迪亚南侧的一处峡谷时,一直埋伏在山上的敌军突然杀出,围歼了这支东罗马军队。事后,敌军分成小队往返于战场和森林,这种小规模的袭扰让人不胜其烦。

尼基弗鲁斯很清楚,如果不能歼灭这支游离在城外的穆斯林军队,远征军很难在岛上建立补给线。作为伏击的报复,尼基弗鲁斯调集了大量军队洗劫近处的村庄,准确地说是屠杀,无论是幼儿还是老妇,所有人均被斩首,鲜血染红了大地。之所以这么做,很大程度上是为了逼出城外的穆斯林军队。据助祭（执事）利奥记载，约4万穆斯林集结在坎迪亚南侧的小山上，企图夜袭围城的营地。

优秀的统帅擅长收集情报，尼基弗鲁斯便是这样的统帅，当他弄清了这支援军的位置后，远征军故意休整了一整个白天，佯装并不知晓援军的到来。实际上，尼基弗鲁斯带着主力趁夜悄悄离开了营地，在穆斯林完全没有察觉的情况下突袭冲杀上山。毫无防备的穆斯林顿时大乱，很多人甚至还没拔剑便被罗马人斩杀，4万人几乎无人生还。事后，尼基弗鲁斯还将死者的头颅砍下，然后用投石机射入坎迪亚城中，以此打击守军士气。

援军被吃掉后，坎迪亚守军的士气基本跌入谷底，7个月后，帝国的粮草和补给品抵达了克里特，远征军士气大振，当即恢复了对坎迪亚的攻势。而阿卜杜拉的粮食基本吃完，求援各埃米尔国的使节都没有完成使命，埃及、叙利亚等地的穆斯林根本不敢支援克里特战场。

公元961年3月7日，经过数月围困后，外无援军、内乏粮草的坎迪亚终于被远征军用破坏城墙地基的战术攻陷，疯狂的东罗马军队在城内大肆屠杀、掠劫，大量的妇女被强暴，老人和小孩被屠杀，房屋被焚烧。整整3天之后，尼基弗鲁斯才下令结束了这场恐怖的掠劫。剩下的居民全被贩卖为奴，克里特埃米尔国灭亡。

消息传回君士坦丁堡，举国欢庆，首都民众举行了盛大的庆祝活动，圣索菲亚大教堂也举行了彻夜不息的感恩仪式，尼基弗鲁斯的名字被广为传颂。远征军统帅率领舰队凯旋时，皇帝罗曼努斯二世携全部朝臣一同迎接了胜利归来的英雄，人们高声喝彩并投下鲜花，尼基弗鲁斯的大名已经不输于曾经的首席名将库尔库阿斯了。

恰在这一时期，阿勒颇埃米尔"统治之剑"塞义夫提兵3万越过托罗斯山脉，企图偷袭没有尼基弗鲁斯坐镇的小亚细亚。哪知尼基弗鲁斯的兄弟利奥率数千人埋伏在库林德罗斯山谷中。穆斯林凯旋时，利奥突然举兵，惊慌失措的"统治之剑"这才发现山谷的进出口都被封锁了，士兵根本冲不出去，只能四处躲避从山上射来的箭矢。他失去了与士兵共生死的勇气，仅带着不到300骑绝尘而去，被抛弃的士兵战死者多达1万人。

公元962年，尼基弗鲁斯返回小亚细亚组织反击，约4万远征军从托罗斯山脉直插奇里乞亚和叙利亚，先克阿纳扎布斯，后破希拉波利斯，一路风卷残云，胜利的大军在不到一个月的时间里，连克60座城池，兵分两路围攻阿勒颇。兵力不足的塞义夫无力保卫自己的首都，只身逃走，阿勒颇埃米尔国就此灭亡。尼基弗鲁斯收获的战利品多达39万第纳尔、2000头骆驼、1400匹骡子以及无数的阿拉伯战马，被穆斯林惊恐地称为"萨拉森的白色死神"。

至此，尼基弗鲁斯·福卡斯仅用3年时间就兼并了两个强大的埃米尔国，这在东罗马历史上是不多见的。巨大的成功为福卡斯家族的崛起奠定了坚实的基础，也让福卡斯的人气节节攀升。命运的齿轮开始旋转，罗曼努斯二世英年早逝后，狄奥法诺感到害怕，她的两个儿子都未成年，谁来保护她们孤儿寡母呢？

"本宫需要支持，需要军队的支持！"

这次轮到狄奥法诺送出"衣带诏"了，她承诺只要尼基弗鲁斯愿意保护两个小皇帝，他就能成为共治皇帝和孩子们的继父。这位其貌不扬的将军没有一丝迟疑，当即升帐点兵，公开了狄奥法诺的密信。将军们面面相觑，片刻后便欢呼起来，对于这些常年征战的将军们来说，如果大将军能成为共治皇帝，那他们自然也能跟着步步高升，因为没有什么比拥戴之功更大了。

公元963年4月，尼基弗鲁斯返回首都试探民意，除了宫廷大总管布林加斯激烈反对外，民众普遍支持尼基弗鲁斯称帝。信心倍增的尼基弗鲁斯再次返回军队，于7月3日自立为帝，8月9日兵临博斯普鲁斯海峡。当月14—16日，首都发生暴乱，民众推翻了试图阻止福卡斯入城的布林加斯，在小皇帝巴西尔和君士坦丁的见证下，牧首普利尤克托斯将紫袍披在了尼基弗鲁斯肩上，一个月后，他与狄奥法诺举行了婚礼，从此以"皇父"的身份统治东罗马帝国，史称"尼基弗鲁斯二世"。

尼基弗鲁斯二世称帝标志着军事贵族统治时代的开始，从此拉开了东罗马帝国对外反击战争的序幕。表面上，尼基弗鲁斯是被太后狄奥法诺选中的幸运儿，实际上，他登基的背后是军事贵族福卡斯一族的崛起，而与福卡斯一族有利益关系的家族与势力自然就成了尼基弗鲁斯的忠实追随者，在当时的亚洲军区，福卡斯有大量的拥趸，特别是在安纳托利亚军区，福卡斯的势力早已根深蒂固。

尼基弗鲁斯二世被称为军人皇帝，他的军事才华早在称帝前便被诸多战役证明，登基称帝后，东罗马帝国继续扩大在东线的战果。公元 965 年夏，东罗马帝国攻陷了奇里乞亚首府塔尔苏斯，基本光复了整个小亚细亚，随后又渡海远征塞浦路斯岛，基本也是摧枯拉朽。到公元 969 年，叙利亚首府安条克也被东罗马帝国收复，失去数百年的安条克教区重回罗马帝国怀抱。这一连串胜利打出了东罗马帝国的骄傲，更打出了罗马人的信心。

"向使当初身便死，一生真伪复谁知？"如果尼基弗鲁斯二世在这个时候驾崩或是退隐，他一定能成为东罗马帝国人皆赞誉的好皇帝，然而，不过数年，"皇父"就把民众对他的支持挥霍一空。

按照史学界的普遍认识，尼基弗鲁斯二世专制、武断、脾气暴躁，称帝后，这些问题越发严重，甚至让他变得不再理智。为了长久地稳坐帝位，尼基弗鲁斯背弃了军队，刻意打压杰出的将领：外甥约翰·齐米斯基斯因功高震主被流放，以 300 人收复安条克的米海尔·布尔泽斯也被降职发配。这些人都是福卡斯的拥护者，如今却是"鸟尽弓藏"。

为了敛财，"皇父"恩将仇报。当初若没有君士坦丁堡教会对他的保护，不但皇帝的父亲和兄弟，恐怕他本人也会死于布林加斯的刀下，然而现在的尼基弗鲁斯二世已经不再记得教会的恩情，他一方面剥夺教会地产，禁止向教会捐赠，另一方面又插手主教的任命，企图架空牧首，这使得普世牧首有种"错看王莽"的后悔。

公元 965 年，皇帝武断地撕毁了与保加利亚的盟约，邀请基辅罗斯一起讨伐保加利亚。"联罗伐保"的外交策略被认为是巨大的失策。尼基弗鲁斯二世完全没想到，罗斯军队一越过多瑙河就呈势如破竹之势，保加利亚军队连番战败，沙皇彼得在绝望中驾崩，保加利亚首都大普雷斯拉夫沦陷，罗斯几乎吞并了整个保加利亚，一度兵临东罗马帝国边境。

尼基弗鲁斯二世本以为可以挑起罗斯与保加利亚的争斗，却没想到成全了罗斯人入侵巴尔干半岛的野心。皇帝后悔不已，再次遣使北上，又唆使佩切涅格人进攻基辅罗斯。此举虽迫使罗斯大公带兵回国，但罗斯军队很快就击败了佩切涅格人，东罗马帝国因此与罗斯结仇。谁都知道，罗斯的军队早晚还会再来，巴尔干地区的平衡被尼基弗鲁斯二世亲手打破，一个更强大的敌人崛起了。

罗斯人来犯已经算是很糟糕的事了，可尼基弗鲁斯二世毫不自知，当德意志皇帝奥托遣使求娶一位罗马公主时，尼基弗鲁斯二世却因奥托也自称皇帝而震怒，后来罗马教皇在信中称呼尼基弗鲁斯二世为"希腊人的皇帝"，尼基弗鲁斯二世竟将此事迁怒于奥托，狠狠地羞辱了他的使臣。不堪受辱的奥托遂出兵南意大利，攻克了东罗马帝国的大片土地。尼基弗鲁斯二世一口气得罪了三个本来友好的强邻，让帝国陷入巨大的危机中。这些操作让帝国臣民既惊讶又愤怒。

当然，以上几点也许还不能成为普通百姓痛恨他的理由，普通百姓逐渐对他失去信心，是因为皇帝从来没有考虑过民众的感受，他始终无法理解皇帝与将军的区别，把统治帝国当成指挥军队，政令严苛，不容置喙。他强加在民众头上的赋税相当沉重，还禁止了"面包与马戏"的传统，所有的钱都被他用来支付高昂的军费。国内出现了严重的通货膨胀，货币贬值，物价飞涨，普通百姓也再难爱戴他。

"得道者多助，失道者寡助。"尼基弗鲁斯二世统治八年后，皇后狄奥法诺也打算抛弃他了，当初她之所以选择嫁给尼基弗鲁斯二世，完全是为了保护两个年幼的儿子，因为尼基弗鲁斯是最受欢迎的人，如今他却是最让人痛恨的"皇父"，皇后当然要寻找新的盟友，而这个人正是军界新秀、皇室外戚，另一位军事贵族。

公元969年12月10日，尼基弗鲁斯二世被刺杀于卧室，政变的总指挥约翰·齐米斯基斯在追随者的簇拥下来到了黄金大厅，狄奥法诺和两个小皇帝早已等在那里，宫廷总管巴西尔亲自为约翰换上了皇帝的紫袍和红靴，在众人的欢呼声中，约翰·齐米斯基斯登基称帝，史称"约翰一世"。

末代"皇父"——蓝眸约翰

约翰·库尔库阿斯·齐米斯基斯，出自亚美尼亚军区的贵族世家库尔库阿斯，这个家族在罗曼努斯·利卡潘努斯的提携下快速崛起，成为与安纳托利亚的福卡斯齐名的又一大家族，首席名将库尔库阿斯正是这个家族的上一任家主，约翰还是尼基弗鲁斯二世的外甥，所以他的人脉涵盖两大军事贵族，若不是尼基弗鲁斯流放他，约翰未必会发动政变。

约翰一世个子不高，有着一双湛蓝色的眼睛，金黄色的头发和棕色的胡须让他颇具男性魅力，狄奥法诺本以为杀了尼基弗鲁斯二世后就可以嫁给约翰，但她没想到约翰爱美人更爱江山，在权力与美色之间，他毫不犹豫地选择了权力，因为他根本不相信一个勾结情夫谋杀丈夫的妻子，现在的狄奥法诺没有了利用价值，约翰自然把她一脚踢开，转而迎娶了罗曼努斯二世的妹妹狄奥多拉公主。这样一来，约翰一世便成了君士坦丁七世的女婿，正儿八经的马其顿王室成员，正统性问题得到解决。

然而，福卡斯家族不可能乖乖认命。尼基弗鲁斯二世的侄儿、约翰一世的表亲巴尔达斯·福卡斯是一位不可多得的悍将，是公认的下一任福卡斯家主，若没有约翰一世的政变，也许尼基弗鲁斯二世会把皇位传给他，所以巴尔达斯在福卡斯家族的大本营恺撒里亚举起叛旗，试图重新夺回皇位。

约翰一世当然没有天真到相信福卡斯一族会乖乖听命于他，他早就开始削弱福卡斯家族的权势，还杀掉了利奥·福卡斯等人。至于巴尔达斯，皇帝剥夺了他的一切荣衔和官职，还派麾下大将兼妻弟巴尔达斯·斯科莱鲁领兵镇压。临行前，皇帝秘密召见了斯科莱鲁并告诉他："若能诱降就不必交战。"

斯科莱鲁依计行事，派了大量的间谍化装成乞丐潜入敌营，不断地策反福卡斯的士兵，越来越多的人因为斯科莱鲁的诱人条件而倒戈到帝国军中。很明显，没有官职在身的巴尔达斯·福卡斯胜算很低，最后只有几百亲兵还愿意效忠他。巴尔达斯·福卡斯知道叛乱已经失败，只好以活命为条件投降了约翰一世，但谁都知道巴尔达斯·福卡斯不会就此罢手。

约翰一世的平乱之策虽然成功，帝国最大的危机却没有解除。公元970年，收拾了佩切涅格人的基辅罗斯终于腾出手报复东罗马帝国了。人心不足蛇吞象，尼基弗鲁斯二世的政策不过是罗斯人入侵的借口，吞并了保加利亚的罗斯人早已视色雷斯为囊中之物，必然不会满足于保加利亚贫瘠的土地。

事实上，罗斯人还真有拿下色雷斯的实力。在约翰一世夺取最高权力时，罗斯人已经降服了马扎尔人、佩切涅格人、保加利亚人、斯拉夫人。当年春天，一支对外号称 30 万的联军开拔，领兵的正是罗斯大公斯维亚托斯拉夫，其目的恐怕与当年的西蒙大帝如出一辙。

约翰一世决定调集亚洲各军区的军队，整合力量御驾亲征。皇帝任命同为帝国战将的巴尔达斯·斯科莱鲁和投诚的降将彼得·福卡斯为先锋官，领精锐 1.2 万人首先开赴前线。当时的罗斯联军兵分三路推进，其中佩切涅格人多为轻骑兵，行动迅速但后继无力，斯科莱鲁正是看出了佩切涅格骑兵的弱点，决定首先歼灭这股敌军以提振士气。

阿德里安堡城外，斯科莱鲁派麾下大将阿拉卡斯率领一支骑兵前去诱敌，这些骑兵故意大张旗鼓地攻击佩切涅格人的先锋部队，接战不多时便佯装败退，且战且走。这种战术是罗马人常用的诱敌之术，佩切涅格人却并未看穿罗马骑兵的意图，以为罗马人已经败退，便奋不顾身地狂追敌军，企图吃掉阿拉卡斯的骑兵。

然而，当佩切涅格骑兵追至山谷时，罗马骑兵很熟练地四面散开，早已埋伏多时的斯科莱鲁立刻拍马而出，冲杀入阵。佩切涅格骑兵很快就被包围了起来。这些轻骑兵擅长袭扰式打击，肉搏近战却非其所长，自然被罗马人如砍瓜切菜般屠杀殆尽。此战，斯科莱鲁仅损失 55 人，阵斩 8000 余人。

公元 971 年，佩切涅格人的失败并未打击罗斯人的信心，大公率领麾下的 6.5 万人马继续推进，企图与东罗马主力军队决战，而约翰一世也率领 4 万人马抵达前线。约翰一世很有军事才干，制定了从海陆两个方向夹击的战略：海军直抵多瑙河三角洲，封锁一切出海口，一是为了阻止罗斯人出海撤退，二是切断罗斯援军的海上通道；至于陆战，约翰一世重视情报收集，沿途广派斥候侦察敌情，发现罗斯人疏于防备，没有封锁铁门关等重要关隘，于是他立即挥师北上，强行军"降落"在保加利亚旧都普雷斯拉夫。

约翰一世从天而降让罗斯联军大感意外，由于大公毫无心理准备，这场决战打得极为仓促，战斗很快就进入白热化阶段，双方士兵都很英勇，长矛与巨斧你来我往，难分胜负。就在两军都略显疲惫的时候，约翰一世终于拔剑出阵，亲率一队重骑兵杀入敌军左翼，这些重骑士披挂着金色甲胄，在太阳下明亮耀眼，足以震慑人心，一阵冲锋就撞得罗斯军队人仰马翻，当即阵斩 8500 余人。罗斯联军瞬间瓦解，各自逃命，其中大部分逃回了普雷斯拉夫。

约翰一世旋即攻城,很快就攻破城墙,杀入城内。罗斯联军在巷战里缺乏统一指挥,非常混乱,又一次被罗马重骑兵杀得七零八落,溃军被迫退守至保加利亚皇宫。罗斯人以为凭借皇宫的宫墙还能再坚持一下,哪知约翰一世根本无意强取,竟然下令引火焚城,罗斯人大多被烧死,城池彻底落入约翰之手。

普雷斯拉夫的陷落极大地震撼了罗斯大公,迫使罗斯人战略后撤,大公将兵力集中到港口德瑞斯塔城,企图凭城固守。约翰一世一边派装备了希腊火的战舰袭击多瑙河港口,烧毁了不少罗斯龙头战舰,另一边强攻城墙,杀伤了不少守军,直到双方都精疲力竭,皇帝才下令深挖壕沟、修筑壁垒,全方位封锁了城池,明显是要活活饿死罗斯人。

3个月后,数万罗斯联军的粮食基本消耗一空,斯维亚托斯拉夫实在坚持不下去了,遂决定集中力量突围。大公亲率数万人马冲杀出城,罗斯联军杀声震天。约翰一世判断罗斯联军如强弩之末,此次突围必定是倾巢出动,于是他故意让军队佯装后撤,待罗斯联军全部出城后,才下令军队转身迎战,挡住了罗斯联军的攻势。

罗斯大公没想到的是,约翰一世故技重施,事先留了一支骑兵埋伏在战场侧面,待罗斯人的正面攻势被步骑挡住后,这些骑兵迅速切断回城的路,随后猛攻罗斯联军的侧翼和后背,这一部署如同一个大口袋"吃下"了罗斯人。斯维亚托斯拉夫恶战许久终于支撑不住,罗斯人全线溃败,东罗马帝国阵斩1.5万余人。

入夜以后,罗斯大公的使节前来求和——准确地说,应该是投降。大公只要求饶恕他及麾下的罗斯军队,并提供他们返乡的食物。事实上,罗斯人已经没有了讨价还价的余地,若约翰一世要他们无条件缴械也不是不可能,但皇帝不打算杀掉罗斯大公,因为他们后方的佩切涅格人和马扎尔人还健在,如果灭了罗斯人,就没有势力能牵制这两个国家了,于是约翰一世同意了大公的提议。

如蒙大赦的斯维亚托斯拉夫大喜过望,强烈要求觐见约翰一世以示感激,皇帝自然不好拒绝。罗斯大公身穿白衣,亲自划着小船前往指定的会面地点面见皇帝,他向约翰一世鞠躬,行臣服之礼,承诺决不侵犯东罗马帝国的任何领土,还希望能恢复两国曾经约定的商贸协议。约翰一世笑着同意了大公的请求,东罗马与罗斯的第三次战争依然是罗马人获胜。

可惜的是，罗斯大公逃过了约翰一世的屠刀，却没有逃过佩切涅格人的偷袭，在他们狼狈返乡时，大公及其麾下的军队被袭杀殆尽，大公本人的头颅还被做成了酒器，如此遭遇与尼基弗鲁斯一世别无二致。

大破罗斯联军，吞并保加利亚，约翰一世的赫赫武功令前朝君主黯然失色，不得不承认，出身安纳托利亚军事贵族世家的约翰，其武功已经超过了尼基弗鲁斯二世。约翰一世是否就此满足于自己已经取得的成就，从此深居君士坦丁堡大皇宫呢？答案是否定的。

公元972年起，约翰一世策划了一系列针对伊斯兰教的战争。首先是美索不达米亚，出兵这里的原因可能更多的是用武力示威，暗示巴格达政府不要轻举妄动，目的就是为光复叙利亚、巴勒斯坦做准备。公元975年，约翰一世掉转方向，亲率数万精锐南征法蒂玛王朝，埃梅萨、巴勒贝克、大马士革、恺撒里亚、拿撒勒、西顿、比布鲁斯、贝鲁特、的黎波里相继悬挂起东罗马帝国的鹰旗，几乎整个叙利亚和大半个巴勒斯坦都落入约翰一世之手，东罗马帝国的兵锋已经触及圣城耶路撒冷了，这是希拉克略死后，东罗马帝国在中东地区最成功的远征。

此刻，东罗马帝国上下都期盼着耶路撒冷光复的消息能尽早传来，可是约翰一世却突然收住了南征的步伐，圣城的墙壁几乎遥遥可见，帝国的军队却急忙回师。不知是从何时起，军中传出了约翰一世病重的谣言，皇帝为破除谣言被迫频频现身。约翰一世告诉诸将，之所以不攻克耶路撒冷，是因为南征的战线已经拉得太长，而且缴获的战利品已经严重削弱了帝国军队的机动能力，现在正是回到君士坦丁堡休养生息的时候。皇帝承诺将在合适的时候挥师收复耶路撒冷。

可惜的是，约翰一世的承诺怕再也不能实现。公元976年1月10日，51岁的约翰一世驾崩，在位6年。根据一些编年史资料记载，约翰一世在回师君士坦丁堡的途中，发现宫廷总管巴西尔的私产遍及行省各处。皇帝很清楚，如果不用巧取豪夺的手段是断然不能积累如此之多的财富的，这让皇帝萌生了杀意。然而宫廷大总管似乎先知先觉，他热情地邀请约翰一世驾临他的私宅，背地里却在食物里投毒。

约翰一世死后，帝国大权毫无悬念地落入了宫廷总管巴西尔的手中，而两个小皇帝巴西尔和君士坦丁只能听命于大总管，继续过着有名无实的皇帝生活。

宫廷总管巴西尔是罗曼努斯一世的私生子，此人历经数位皇帝，早就想统领摄政会议，独揽大权。可是有数代"皇父"的先例，军事贵族都想成为下一任"皇父"。其中最有资格的无疑是约翰一世的妻弟巴尔达斯·斯科莱鲁，此人前有镇压福卡斯叛乱、后有击败罗斯人的功劳，手握帝国主力野战军，实力雄厚，众望所归。

宫廷总管巴西尔好不容易才熬死了约翰一世，自然不可能将手里的权力轻易让给斯科莱鲁，他极力阻止斯科莱鲁那不切实际的计划，终于迫使斯科莱鲁决心反叛。公元976年春，高举"清君侧"旗帜的斯科莱鲁于美索不达米亚起兵。叛军首领拥兵数万，很快就越过了托罗斯山脉，攻占了马拉蒂亚城。在这里，斯科莱鲁紫袍加身，宣称自己是帝国的共治皇帝，小皇帝们的"皇父"。

要当上名正言顺的"皇父"，自封肯定是不行的，斯科莱鲁必须入主君士坦丁堡才算成功。大总管挟天子在侧，法理性远胜叛军，手里可用的将领多不胜数，他连派三员大将征讨斯科莱鲁，这三人分别是彼得·福卡斯、宫廷司库利奥、巴尔达斯·福卡斯，三人都是身份显赫之人：彼得·福卡斯曾随尼基弗鲁斯征战奇里乞亚，还在马扎尔战争中亲手阵斩了一个满身重甲的蛮族酋长；大司库利奥是大总管巴西尔的同僚，被授予了等同于皇帝的权力，他本人也是宦官中熟知兵事的一线指挥官；至于巴尔达斯，福卡斯家族的现任领袖自不必提。但斯科莱鲁也不是一般人，他深谙兵法，既会诈败，又懂突袭，单枪匹马时也是在万军阵中取敌将首级的"万人敌"，结果彼得因仓促迎战被击溃，利奥在乱军之中被斯科莱鲁生擒，巴尔达斯一如既往地全线溃败，向东逃到了格鲁吉亚，三路人马无一例外都一败涂地，叛军所过城池，可谓攻无不克、战无不胜。

斯科莱鲁完败三路大军，这让不少还在观望的地方势力倒戈到叛军一方。驻扎在安条克的海军舰队因而投降了斯科莱鲁之子罗曼努斯，他们立即渡海东进，攻克了赫勒斯滂海峡的阿拜多斯，打通了叛军进入欧洲的通道，小亚细亚已被叛军占据了大半，首都情况危急，难道又一个"皇父"出现了？

第四十五章 『战神』巴西尔二世

乱起，少帝掌权

斯科莱鲁的叛军越来越接近君士坦丁堡，尼西亚已是小亚细亚最后一道门户，此地若失，君士坦丁堡在劫难逃。宫廷大总管巴西尔犹如热锅上的蚂蚁，一方面派人催促巴尔达斯·福卡斯整兵再战，另一方面也在做妥协的打算。看着大总管忙前忙后的身影，小皇帝巴西尔和君士坦丁依然是旁观者，可此时的小皇帝内心世界起了巨大的变化，只是大概没人注意到。

叛军的军势很盛，但进军过快导致叛军准备的攻城器械没有跟上，尼西亚犹如一颗钉在木板里的钉子，无论如何强攻，依旧岿然不动。在小亚细亚基本全面沦陷的恶劣环境下，尼西亚还能坚持效忠马其顿王朝，实在难能可贵。事实上，守卫尼西亚的将军并不是什么大名鼎鼎的悍将，他是来自科穆宁家族的曼努埃尔，在军事贵族崛起的时代，科穆宁家族属于实力弱小的新贵族。毫无疑问，科穆宁在关键时刻的站队为该家族的崛起铺平了道路。

尼西亚紧邻马尔马拉海，北侧就是戴克里先当年的都城尼科米底亚，西南方向是赫勒斯滂的阿拜多斯，两个方向分别对应博斯普鲁斯海峡和赫勒斯滂海峡，是亚洲进入欧洲的必经之路，要想完全没有后顾之忧地渡过海峡，不吃掉尼西亚肯定是不行的，否则曼努埃尔极有可能从背后偷袭，破坏粮道和交通线，所以斯科莱鲁把兵力集中在尼西亚，对其进行昼夜猛攻。

按说以斯科莱鲁的军事天赋，攻破小小的尼西亚应该易如反掌，毕竟大总管派来的三路大军都败于其手，但偏偏是名不见经传的曼努埃尔·科穆宁挡住了叛军。斯科莱鲁先是坚壁清野，接着就地打造攻城器械，全方位地攻打尼西亚。然而曼努埃尔极善用兵，既能坚守城墙，又敢出城偷袭，斯科莱鲁临时打造的攻城器械全数被毁，叛军只能进行长久包围，企图饿死守军。

守城方最大的劣势就是粮食有限，时间一久，尼西亚城里的粮食基本耗尽，如果继续坚守，守城军民必定全数饿死。不过，科穆宁擅长"诡计"，他让人趁夜运了很多沙子到粮仓，然后在沙子上撒上少量的粮食。次日，科穆宁故意把俘虏带到仓库前释放，让他们看到粮仓里堆积如山的"粮食"，这些人回去后到处宣扬守军的粮草还很充足。斯科莱鲁果然上当，不仅减缓攻势，还打算与曼努埃尔和谈，同意守城军民安全撤离。

尼西亚久攻不下很大程度上影响了叛军的计划，为福卡斯重整旗鼓赢得了时间。斯科莱鲁的目标是君士坦丁堡，他很清楚，首都坚固的城防系统只有在有效的海陆两攻下才能瓦解，因此他必须早日渡过海峡。可惜的是，陆战受挫的同时，海战也遭遇了重大失败。在巴尔达斯·斯科莱鲁的部署下，叛军舰队迅速席卷了马尔马拉海，准备掐断首都的物资补给，可近百年来，还没有一支军队能真的封锁君士坦丁堡，阿瓦尔、阿拉伯、保加利亚、叛将托马斯的海军无不在希腊火中灰飞烟灭，这一次也不例外。

公元979年3月，就在叛军海陆受挫的同时，巴尔达斯·福卡斯得到格鲁吉亚王公大卫的支持，又拉起了一支数千人的队伍，他们从斯科莱鲁的背后杀来，迫使叛军放弃尼西亚，转身迎战。潘卡利亚平原上，两军勇士陷入鏖战，伤亡都很重，不过可以看出，斯科莱鲁军的战力明显强于福卡斯，兵力处于劣势的福卡斯若无"奇策"，肯定是无法取胜的。眼看决战即将失败，福卡斯带着一队骑兵径直绕过纠缠的敌军，直奔斯科莱鲁所在的本阵。这些骑兵都是福卡斯精挑细选的勇士，竟然一路杀退了诸多敌军士兵，将战线撕开了一个口子，很快就出现在斯科莱鲁面前。

巴尔达斯·福卡斯大声吼道："尔敢一战否？"

斯科莱鲁见福卡斯气焰嚣张，怒火顿起，随即拍马上前，高举长剑迎着福卡斯而去，周围的士兵都待在原地，静静地看着两位统帅决斗，他们你一剑我一锤，看得其他人眼花缭乱。

突然，斯科莱鲁用尽全身力气朝着福卡斯猛砍了下去，这一剑几乎是从福卡斯的铠甲上划过，当即斩下了对方的马耳，缰绳也被斩断。与此同时，福卡斯反手一挥，一击重锤正中斯科莱鲁的头部，巨大的力量让斯科莱鲁跌落下马，当场晕厥，多亏了他的侍卫舍命相救，否则斯科莱鲁必定当场阵亡。

没有了主人，斯科莱鲁那匹身上沾满了鲜血的埃及战马便在战场上到处乱跑，叛军见后以为斯科莱鲁已经阵亡，士气崩溃，福卡斯高声大喝以示胜利，随后连斩叛军数员大将，叛军残部只能选择投降。斯科莱鲁在追随者的护送下，连夜逃奔巴格达，哈里发自然不会拒绝东罗马帝国的叛军首领，因为这是干预东罗马帝国事务的一张好牌。

声势浩大的斯科莱鲁之乱暂时结束了,最大的赢家是谁?小皇帝?大总管?其实都不是。最大的赢家是巴尔达斯·福卡斯,这个让人既敬畏又恐惧的名字再次出现在各大新闻的头版头条里。毫无疑问,曾被流放希俄斯岛的福卡斯已是政治斗争的失败者,但斯科莱鲁的叛乱改变了他的境遇,如今福卡斯一族再次崛起,不仅掌握了一支精锐部队,还控制着亚洲主要的城市,节制数个军区,大有都督亚洲诸军事的架势。

难道就没人考虑过,若巴尔达斯·福卡斯也举兵自立,那又该由谁来镇压呢?关于这个问题,大总管巴西尔所采取的策略就是"施恩赐爵"。在大总管看来,福卡斯不过是一介武夫,远没有先帝约翰一世那样的谋略,对于一般的武夫,只要送去黄金白银,再加官晋爵,短时间内是可以稳住他的,所以大总管试图提高福卡斯的地位,让他的爵位更进一步,以示安抚。

大总管没想到的是,在镇压斯科莱鲁这盘大棋里,除了他自己外,还有一个人也准备"落子",此人正是小皇帝巴西尔。在小皇帝眼中,斯科莱鲁、福卡斯、大总管都是皇权的威胁,现在正是利用斯科莱鲁一事同时削弱三方权势的时候,一个大胆的计划在他心中形成。

大总管并不知道皇帝的计划,他和御前会议商讨的策略是派使节贿赂巴格达政府,让他们永远不要放回斯科莱鲁。在这一问题上,大总管的决定无疑是一招蠢棋,这反而会让巴格达更加重视斯科莱鲁,甚至提高斯科莱鲁的地位。小皇帝没有反对大总管的决策,反而在众人面前突然提出晋升巴尔达斯·福卡斯为宫廷总管,解除军区大将军一职,调至御林军任职,以示褒奖。

皇帝的建议让大总管担忧起来,过去如同提线木偶的皇帝居然在摄政会议上发表自己的意见,看来皇帝已经打算插手朝政,这对大总管来说绝对是个不好的开始。不过,不管摄政会议中有何不同的意见,最后拍板的还是大总管,因为首辅大臣是大总管。至于大总管,他以为小皇帝的意见是在拉拢福卡斯,因此毫不犹豫地否决了小皇帝的提议,称其是在引火烧身,荒唐至极。

事实上,小皇帝下了一盘远超他这个年龄的"大棋"。一方面,当帝国使臣向巴格达政府提出交涉时,小皇帝私下送给斯科莱鲁一封"密信",称愿意赦免全部叛军,只要他们愿意效忠自己。巴格达政府得知此事后,立即将斯科莱鲁下狱,生怕他背地里勾结东罗马帝国。好一招"借刀杀人"之计。另一方面,大总管驳斥晋升福卡斯一事很快被传开，在外领兵的福卡斯明显被离间了，旋即质问大总管过河拆桥是不是想"鸟尽弓藏"。小皇帝这一招可谓无懈可击：如果大总管同意皇帝的建议，那么这既能提高皇帝的威望，又能把福卡斯明升暗降，消除威胁；如果大总管拒绝，势必会离间在外领兵的福卡斯与大总管的关系，削弱大总管的权势。好一招"一石二鸟"之计。

紧接着，小皇帝假装因愤怒而失去理智，他再次回到了声色犬马的生活中，对朝堂大事不再过问，凡事都让大总管专断，没事的时候，就和弟弟君士坦丁躲在深宫中饮酒享乐。

小皇帝巴西尔这一举动成功迷惑了大总管，他派人悄悄潜入两个小皇帝的寝宫，暗中观察他们的一举一动，但密探只发现小皇帝不是举杯对饮到烂醉，就是抱着美女嬉戏，全然一副败家子的样子。大总管对这样的报告非常满意，便放松了对两个皇帝的监视。

公元985年，正当大总管自以为大权在握的时候，小皇帝巴西尔突然发难，御林军于深夜闯入了大总管的府邸并解除了总管卫队的武装。随后，小皇帝巴西尔签署了一份敕令，称大总管勾结叛军，密谋推翻皇帝，以"叛国罪"剥夺其所有职务和财产。大总管只能束手就擒，接受被流放的命运，他的荣耀与财富全都烟消云散了。

自以为老谋深算的大总管被小皇帝营造的假象给蒙蔽了，当他以为皇帝正与某个侍女翻云覆雨的时候，小皇帝却在悄悄联络忠于皇室的将官。大总管输得不冤枉，因为历史即将证明小皇帝巴西尔是东罗马帝国最伟大的皇帝，史称"巴西尔二世"。

亲政不久，巴西尔二世就发现帝国的掌舵人并不好当，几乎在他除掉大总管的同一时间，保加利亚汗国又出现了一位强悍的沙皇。新沙皇名叫萨穆埃尔，父亲是原西部伯爵尼古拉斯。罗斯入侵时，尼古拉斯率兵镇守保加利亚西南部地区，既没有投降罗斯，也没有臣服于约翰一世，这一路人马一直伺机恢复保加利亚帝国，萨穆埃尔利用父亲留下的资源逐一击败对手，基本统一了保加利亚。

公元986年，萨穆埃尔攻克了亚得里亚海东岸的拉里萨，大有吃掉达尔马提亚的架势，接着他又洗劫了塞萨洛尼基附近的城镇，吞并马其顿的战略意图也非常明显。巴西尔二世毕竟是热血青年，眼看帝国领土一点一点被萨穆埃尔吞并，讨伐保加利亚被提上了日程。可是问题也随之而来——由谁来担任统帅？又该由哪个军区提供军队？

从帝国各大军区的实力排序来看，欧洲军区基本不值一提，稍强一点的军队都在奥普西金和首都，唯有亚洲各大军区实力雄厚，以安纳托利亚、亚美尼亚两大军区最强悍，其中为首的是安纳托利亚军区，福卡斯便是那里的军事贵族。不过，巴西尔二世与亚洲军区将领并不熟识，他的命令未必能比福卡斯有效，而且福卡斯不可能乖乖交出兵权，如果调动亚洲军队，统帅必定是巴尔达斯·福卡斯。

公元986年7月，巴西尔二世基于这一顾虑，决定从中央军和欧洲军区集结3万人马，由他本人御驾亲征。这么做看起来很草率、冒险，但巴西尔二世有他自己的理由，一是初掌朝政的小皇帝急需杀敌立威，二是可以借战争之名扩编、锻炼中央军和欧洲军团。这样巴西尔二世才能和福卡斯领导的安纳托利亚贵族抗衡。

皇帝的算盘打得很好，可他麾下的军队却没有信心，长期的失败和不受重视让这些人变得懒散，潜意识里非常畏惧保加利亚。但巴西尔二世刚刚平定了斯科莱鲁叛乱，又流放了宫廷大总管，此刻的他志得意满，丝毫不认为这是危险的征兆，很快就包围了保加利亚重镇塞尔迪卡。

塞尔迪卡，又称索菲亚，该城位于马里查河以北、阿德里安堡以西，算是巴尔干中北部的重镇，这里本是帝国的主要城市，但保加利亚起义后，塞尔迪卡便被萨穆埃尔攻占，成了连接保加利亚南北的战略要冲，也是阻断东罗马帝国进入保加利亚腹地的第一道关隘，巴西尔二世进攻塞尔迪卡，目的就是威胁保加利亚首都，报拉里萨之仇。

皇帝派将军梅利塞诺斯留守后方保护补给线，自己亲率主力驻扎在城东，拉起攻城器械，围攻城池。一直躲在幕后的萨穆埃尔终于出现了，他将大营驻扎在城南，静静地观察巴西尔二世的布阵。一日深夜，萨穆埃尔的军队悄悄离营，突然袭击了巴西尔二世的大营，大火霎时吞噬了绝大多数云梯、攻城锤、投石车，东罗马军队此时才意识到部署的草率，但为时已晚。之后的攻城战变得异常艰难，加上运粮小队被袭击，巴西尔二世要啃下塞尔迪卡基本不可能了。

仅3周之后，东罗马帝国军队的士气已经跌到了冰点。恰在此时，皇帝得到密报，称梅利塞诺斯谋反了，叛军正挺进君士坦丁堡。将军们都劝巴西尔二世尽快撤军，否则等到叛军攻占首都就来不及了。巴西尔二世倒也不是固执之辈，旋即于8月15日撤退到了莱斯诺沃，然后沿着莫塔尔维娜河朝东南方向撤退。

萨穆埃尔对巴西尔二世的动向了如指掌，他在东罗马军队撤退的当日拔营追击，沿着伊斯特河抢先赶到了图拉真门附近。萨穆埃尔快速封锁了各处隘口，并悄悄埋伏了起来。此时，东罗马帝国的军队才刚刚撤退到距图拉真门不远处的埃蒂曼，巴西尔二世的斥候完全没有发现图拉真门的异样。

8月17日，巴西尔二世率军穿越图拉真门，此处林深树密、道路崎岖，是绝佳的伏击之所，按说经过这样的险恶之地，巴西尔二世应该提前派斥候详细侦察，可能大军归心似箭，竟然没人意识到侦察的重要性。东罗马军队深入密林后，萨穆埃尔的伏兵突然出现，不断用弓箭、标枪猛烈射击，又从高处推下了滚木礌石，东罗马帝国的军队由于无法列阵，顿时乱成一团。

幸好伏击的位置在山上，周围有陡坡，那里无法埋伏军队，残存的罗马士兵纷纷跳下陡坡逃命，巴西尔二世在护卫的舍命保护下强行杀出重围，可他逃到菲利普波利斯时才发现梅利塞诺斯依然坚守在岗位上，一切均证明皇帝"中计了"。3万东罗马军队损失过半，幸存的人也无力再战，一时之间，巴西尔二世竟然无兵可用。对东罗马帝国来说，损兵折将还不是此役最大的负面效应，真正的损失是皇帝的权威。

公元987年，巴格达政府一听说此等鼓舞人心的消息，马上来了个"火上浇油"，援助了一支军队给叛将斯科莱鲁，还在梅利泰内为其加冕称帝，企图推翻巴西尔二世的政府。安纳托利亚的军事贵族同样有这样的想法，本该出兵驱逐叛军的巴尔达斯·福卡斯非但没有出兵，反而与斯科莱鲁互通有无，不久后也紫袍加身。东罗马举国震动。

两位叛军领袖很快就达成了合作协议，相约在胜利后平分帝国领土，由斯科莱鲁统治亚洲，福卡斯统治欧洲。这一协议非常可笑，福卡斯的根据地在亚洲，当地权贵几乎都是他的追随者，怎么可能让斯科莱鲁得到富饶的亚洲？斯科莱鲁上当了，他的军队与福卡斯合并后，哈里发交给他的军队尽数倒戈，他本人则被福卡斯囚禁了起来，只有儿子罗曼努斯提前逃走并投奔了巴西尔二世，被皇帝任命为阿拜多斯总督。

兵力壮大的福卡斯大胆进军，兵分两路，一路攻克了尼西亚，包围了赫勒斯滂海峡的阿拜多斯，另一路穿过安纳托利亚高原，进抵君士坦丁堡对岸的克里索波利斯，两路人马犹如一个巨大的钳子，即将夹碎君士坦丁堡。不过，斯科莱鲁当年遇到的难题也是福卡斯现在遭遇的难题，巴西尔二世有希腊火在手，又用舰队封锁了海峡，叛军暂时无法进入欧洲。可是一旦阿拜多斯失守，叛军渡过海峡也是板上钉钉的事情，巴西尔二世迎来了继位以来最大的危机。

鹰扬，荡平叛乱

君士坦丁堡宫中，大臣们你一句我一句，除了咒骂福卡斯背信弃义，就是请求皇帝尽早决断，至于决断什么，大臣们都顾左右而言他。的确，对于这些勋贵大臣们来说，福卡斯并不是他们不共戴天的愁人，只要能及时投降叛军，相信高官厚禄还是能保住的，可是对巴西尔二世来说，如果投降叛军，非但皇位不保，可能连命都要丢掉。到底要决断什么，巴西尔二世心知肚明。

可以确定的是，巴西尔二世不会投降叛军，他是个骄傲的皇帝，名正言顺的皇帝，他的父亲、祖父、外祖父都是帝国的皇帝，皇位是属于巴西尔二世的，是属于马其顿皇室的，任何人都别想把它抢走，就算要抢也必须踩着累累白骨才行。

巴西尔二世很清楚现在最大的问题是无兵可用，中央军精锐大多阵亡于图拉真门，亚洲军团多半投奔了福卡斯，海军舰队忙于封锁海峡，除了防守君士坦丁堡的卫戍部队外，巴西尔二世根本没有可用的军队。究竟该如何是好？恐怕除了求援外也别无他法，但是该向谁求援才能避免前门驱虎后门引狼呢？

首先，近在咫尺的保加利亚是最危险的，两国已经结怨数代，而且新沙皇萨穆埃尔无时无刻不想着恢复西蒙大帝时的辉煌，他们就算帮助帝国击败了叛军，也还是会夺取巴尔干地区，所以决不能找保加利亚。

其次，顶着"罗马皇帝"称号的德意志王国也不能请，他们的皇帝一直想让自己的山寨帝国变成正版，曾多次求娶东罗马的公主，还为此频频攻打南意大利，先不说他们离帝国过远，就算他们的皇帝愿意帮助帝国，也无法保证割据一方的大公爵不掣肘。

还有巴格达的哈里发，以及将势力深入叙利亚的法蒂玛王朝，这些势力都不是可以求援的对象，巴西尔二世断不会为了保住皇位就出卖罗马人的利益。

那到底该找谁帮忙呢？

深夜，巴西尔二世在地图前来回踱步，突然，他仿佛想到了什么，立刻举起蜡烛照向了遥远的北方荒原。那里是一片冰天雪地，生活着健壮如牛的罗斯人。想当年，罗斯人曾数次入侵东罗马帝国，但在希腊火的反击下铩羽而归，后来约翰一世更是逮到了剿杀罗斯大公的机会，但约翰一世释放了他，还把粮食、衣物送给了他们，罗斯大公遂承诺永不入侵东罗马帝国。

罗斯人悍勇、重视荣誉、信守承诺，巴西尔二世无法找到比他们更合适的人选了，于是皇帝立刻遣使觐见基辅罗斯大公，请求借兵。大公弗拉基米尔对东罗马帝国的困境也略有耳闻，当即同意调拨6000名最强的维京卫队给巴西尔二世，但价格也不便宜——求娶紫衣公主。

紫衣公主，即出生在皇宫里的公主，由于寝宫以紫色为主，故而得名"紫衣贵胄"，东罗马皇室很少有生于皇宫、长于皇宫的公主，故而高贵无比。巴西尔二世略作思考后，欣然接受了这个条件，但也加上了一个新的要求——基辅罗斯必须皈依东正教，因为紫衣公主是不能嫁给异教徒的。这个理由很合理，而且也很容易接受。两国共识一经达成，6000名最优秀的维京勇士旋即乘坐龙头战舰南下，巴西尔二世终于有了一支能反击叛军的队伍，这支队伍史称"瓦兰吉卫队"。

公元989年的某日深夜，驻扎在克里索波利斯的叛军正忙着开怀畅饮，即便他们注意到了一支小规模的舰队从北面驶入君士坦丁堡，但还是自信地认为巴西尔二世不可能得到援军，如今不过是坐困孤城而已。现在，叛军就等着福卡斯早日攻克阿拜多斯，届时好一起渡海围攻君士坦丁堡，享受随意处置无数金银和美女的快意。

可惜叛军等不到那一天了，随着数条火龙腾空而起，大营迅速被大火点燃，睡梦中的士兵被喧闹声惊醒，本想大骂值夜的哨兵，可等他们清醒过来，发现到处都是鲜血直流的尸体，砍杀声、惨叫声不绝于耳，数千身着全身铠甲的彪形大汉挥舞着巨型的双手战斧，所过之处皆是断臂残肢，充满杀意的眼神让人不寒而栗。

此刻，毫无防备的叛军被维京勇士屠杀殆尽，识时务的早已举起双手投降。一位身着金色铠甲的年轻统帅策马而出，此人头戴孔雀翎盔，脚踏猩红战靴，手持圣母画像，正是东罗马帝国皇帝巴西尔二世。有了最精锐、最忠诚、最悍勇的瓦兰吉卫队，巴西尔二世的军事才华终于有了施展的余地。

克里索波利斯之捷标志着巴西尔二世战略反攻的开始，他乘胜扫清了小亚细亚西北部的叛军残部，并以"尊王""诛贼"为旗帜策反亚洲的军队，承诺凡是及时归顺的叛军一概不究，官职、爵位照旧。这着棋有釜底抽薪的功效，福卡斯叛军中真正想推翻巴西尔二世的并没有几个人，大多数中下层军官苦于形势所迫，一旦有机会反正，不少人还是愿意效忠合法皇帝的。

巴西尔二世在亚洲站稳脚跟后，丝毫没有撤军的迹象，非但如此，蛰伏已久的海军舰队也开始活跃起来，沿着亚洲的海岸线向南航行。巴尔达斯·福卡斯知道海军舰队的目标是阿拜多斯，也发现了对手的高明之处——如果他此时解除对阿拜多斯的包围，北上阻击巴西尔二世，那帝国海军就能驰援阿拜多斯，守军也可能从背后袭击自己，从而与巴西尔二世形成前后夹击之势。因此，福卡斯不能解除对阿拜多斯的围困，只能就地决战，战场的主动权似乎已经不在叛军手中了。

福卡斯为了保证港口不丢失，决定留一部分兵马围攻阿拜多斯，另一部分坚守港口，他认为此举能阻止帝国海军登陆，因为他相信帝国海军不过是巴西尔二世的偏师，真正的主力是从陆地赶来的瓦兰吉卫队，只要自己围住阿拜多斯，帝国海军是没有机会登陆的。可惜的是，战场决胜的因素除了大胆的推测，更重要的还是情报的收集，福卡斯显然没有做好这一点，他的斥候并没有弄清巴西尔二世的行军路线。

公元989年4月，决战的时刻终于要到了。巴西尔二世亲率主力大军进抵阿拜多斯，轻而易举地踏上了无人防守的海岸。原来，为保证主力登陆不受阻，巴西尔二世故意兵分海、陆两部，陆军先锋官是共治皇帝君士坦丁，他这一路兵力不多，但沿途虚张声势，让人误以为是巴西尔的主力，使得叛军大部分兵力被集中到这一方向。然而，真正担任主攻的是满载着瓦兰吉卫队的海军舰队，他们从东北方向的兰普萨库斯登陆，轻松会合了陆军。两位皇帝的旌旗迎着狂风猎猎作响，谁是叛逆，谁是正统，一目了然。

两军交战后，巴西尔二世的瓦兰吉卫队再次大显神威，所过之处无人幸存。

福卡斯的计划被彻底打乱，叛军的士气濒临崩溃，他知道败局已经很难避免，这时，他突然看到了巴西尔二世的旗帜，这代表巴西尔二世就在附近。巴尔达斯·福卡斯大喝一声，当即率领自己最精锐的骑兵朝着巴西尔二世的方向攻杀过去，他打算重现当年击败斯科莱鲁的那一幕，正所谓"擒贼先擒王"，只要能阵斩巴西尔二世，胜利便是自己的。

福卡斯不愧是帝国悍将，他所率领的骑兵几乎无人能挡，一路冲杀撞倒了每一个挡在面前的敌人。他一手挥剑，一手用锤，帝国将士一个接一个地倒下。眼看福卡斯就要冲杀到巴西尔二世面前了，皇帝一手紧握着王剑，一手高举着圣母画像，似乎做好了与之决一死战的准备。可就在这时，福卡斯突然栽倒在地，瓦兰吉卫队见状立刻冲了上去，竟发现他已经断气，而且没受任何伤，堪称奇迹。

福卡斯一死，叛军顿时崩溃，城内守军立即开城杀出，会合巴西尔二世的军队，剿杀了还在顽抗的敌军。

此后，巴西尔二世率军东征，亚洲各军区相继投降。当年11月，巴西尔二世攻克了安条克，福卡斯之子利奥·福卡斯被俘杀。残余的叛军释放了斯科莱鲁，推举他为新的领袖，企图负隅顽抗。

此时的斯科莱鲁已经被折磨得不成样子，据说双腿几乎无法站立，两年的黑暗生活让他的双目近乎失明，这样的人是无法带兵打仗的。斯科莱鲁对叛军利用他的企图"看"得很清楚，当巴西尔二世主动劝降他时，斯科莱鲁欣然同意了皇帝的条件，两人很快在比提尼亚会面。

巴西尔二世终于见到了这位举世闻名的叛将，他主动喝了一口酒杯里的酒，然后把它递给了斯科莱鲁。斯科莱鲁明白皇帝的意思，这是在告诉他，酒里没有毒，斯科莱鲁当即一饮而尽。两人相视一笑，巴西尔二世遂以晚辈的身份求教治国之道，斯科莱鲁看着英武不凡的巴西尔二世，不禁感慨道："摒弃那些阿谀奉承的官员，别让任何出征的将军得到过大的兵权；用苛责耗尽贵族的精力，让他们无暇他顾；不要让女人插手朝政；不要做平易近人的皇帝；更不要让太多的人知道你的秘密。"

这之后，巴西尔二世授予斯科莱鲁"宫廷总管"的头衔，让他在美丽的庄园里颐养天年，他的儿子罗曼努斯继续为皇帝效命，累任安条克总督、御林军指挥官，斯科莱鲁家族得以延续。至于福卡斯家族，巴西尔二世没收了他们的财产，剥夺了他们的爵位和官职，安纳托利亚第一世家从罗马帝国的历史剧中退场了。

奔袭，千里转战

卓越的君王总是应乱世而生，昔日罗马的荣光已消失太久，罗马人民无不期盼着一个能重现帝国荣光的皇帝，曾经的尼基弗鲁斯二世、约翰一世都被人们如此期待过，现在，这种期望被放在了巴西尔二世身上。很难想象罗马人会把这样的重担交给一个长于深宫、养于妇人之手的皇帝，但巴西尔二世的坚毅品质打消了人们的顾虑，也许长于深宫的皇帝才是人们期盼已久的救世主。

在巴西尔二世平定斯科莱鲁、福卡斯叛乱的时候，东罗马帝国最大的敌人保加利亚借机扩张，沙皇萨穆埃尔亲率大军入寇东罗马帝国，大掠四境，夺城掠民，到巴西尔二世再次关注巴尔干时，萨穆埃尔已经深入到希腊南部，此时的保加利亚帝国基本恢复了西蒙大帝时的疆域，收复了被约翰一世占据的保加利亚东部，攻陷了亚德里亚海港重镇迪拉西乌姆，君士坦丁堡与希腊的陆上联系有再次被斩断的危险。

虽然骄傲的元老院不愿意承认保加利亚的重新崛起，但他们也无力反驳这一事实。待到内乱平定，巴西尔二世终于将目光投向了战乱频仍的巴尔干。公元991年，巴西尔二世开始策划对保加利亚的反击。对皇帝来说，保加利亚是个危险的对手，当年在图拉真门的惨败至今让他不能释怀，所以皇帝变得比以往更加谨慎。

经过内乱的洗礼，巴西尔二世成长了很多，现在的他并不打算靠血战蛮干来击败保加利亚，事实上，聪明的统治者一定明白"战争是外交的延续"这一道理，巴西尔二世早在与叛臣交手时就有意无意地加强了与巴尔干各国的贸易和联络，到他决定反击保加利亚时，塞尔维亚、克罗地亚、威尼斯等国都与他建立了良好的关系，"敌人的敌人就是自己的朋友"这个道理正是当下最实用的战略。

按照巴西尔二世的计划，帝国将从东面牵制保加利亚的兵力，塞尔维亚等国就从西部袭击萨穆埃尔的后方，威尼斯的舰队则沿着海岸骚扰达尔马提亚并为帝国提供海上支援。这是一张巨大的包围网，萨穆埃尔虽然实力雄厚、领土庞大，但双拳难敌四手，终究有疲于奔命的时候。

有一点值得说明，萨穆埃尔虽然被认为是西蒙大帝的继承者，但大多数资料都反映出他们所面临的局势并不相同，看似恢复了旧保加利亚帝国的萨穆埃尔其实并不是一个强大、拥有统一领地的君主。一个最主要的原因是，新沙皇的核心领地在马其顿地区，首都在奥赫里德，这些土地曾是东罗马帝国的核心领土，而普利斯卡、普雷斯拉夫等保加利亚旧土却日渐脱离萨穆埃尔的掌控，当地贵族臣服于萨穆埃尔，但也有很大的自主权，因此萨穆埃尔对旧领的战略资源控制力远不如西蒙大帝，他只能向西、南方向发展，意图吞并色萨利、希腊等地。

查看地图时会发现，萨穆埃尔的地盘主要分成两大块，分界线就是巴西尔二世第一次进攻的塞尔迪卡。塞尔迪卡的南北两侧都是山脉，只有向东，也就是通往君士坦丁堡的方向才是一马平川，东罗马帝国能轻易控制这些平原。越过塞尔迪卡北侧的山脉，就是旧保加利亚的大平原，那里西、南、北三面均有高山保护，东边临海，极像一个盆地。越过塞尔迪卡南边的高山，才能进入萨穆埃尔的马其顿，恰好东罗马帝国第二大城市塞萨洛尼基也在这一地区。因此，萨穆埃尔常年攻打塞萨洛尼基，巴西尔二世则执着于控制塞尔迪卡南北。

也许是出于牵制保加利亚兵力的目的，巴西尔二世在平定叛乱后有意加强塞萨洛尼基的防御能力。公元992—公元994年，皇帝一直致力于加强塞萨洛尼基的防御体系建设，大量的堡垒被紧急修筑起来，各地的粮食也运到了塞萨洛尼基前线，帝国军队从被动防守逐渐变成了积极反攻，这一改变其实已经表明了巴西尔二世政府对这一战线的重视。

不过我们期待的决战并没有立即爆发，因为帝国的东方突然传来了令人震惊的消息——阿勒颇被围。阿勒颇位于安条克以东，尼基弗鲁斯二世时成为东罗马帝国的附庸，战略位置重要，既是屏障又是基地，长期受安条克总督管辖。如果阿勒颇有失，叙利亚可能同时被东、南两个方向的敌军攻击，而且巴格达和开罗的哈里发都对这里虎视眈眈，谁能得到阿勒颇，谁就有可能得到叙利亚。时任安条克总督的米海尔·布尔泽斯也是帝国名将，尼基弗鲁斯二世时期，此人仅率300余人便攻克了安条克城，期间没有任何援军协助，足见其悍勇，以此人坐镇安条克，看起来应该是安全无虞的。

公元992年，阿勒颇埃米尔国发生内乱，一部分亲法蒂玛的将军试图倒向法蒂玛，另一部分亲罗马的大臣则将亲法蒂玛的将军们驱逐。失败的叛臣旋即逃去大马士革，透露了阿勒颇城内的虚实。消息被迅速送至埃及，哈里发立即修书，命大马士革总督曼朱塔肯"抓住战机"，言外之意便是要吞并阿勒颇。得到上级指示的曼朱塔肯当即起兵2万，先败布尔泽斯于阿帕米尔，后又包围阿勒颇埃米尔国。对东罗马帝国来说，阿勒颇一旦有失，安条克也势必丢失，小亚细亚将再次暴露在穆斯林军队的铁蹄下，巴西尔二世自然不能坐视不理。

可是要救援阿勒颇就必须挥师东进，从巴尔干到阿勒颇必须穿过整个小亚细亚。这段距离极其遥远，从地图上算直线距离大约是1328千米，这还不算山地叠加的距离，按照以往行军的经验，东罗马帝国军队日行军15~30千米，就算按30千米计算，要从巴尔干到阿勒颇至少要44天时间，事实上一定不会低于2个月。基于以上原因，曼朱塔肯相信在巴西尔二世主力到来前阿勒颇一定已落入自己手中，届时东罗马帝国只能接受这一事实。

为了救援阿勒颇，巴西尔二世亲自点选了4万精锐，只留了少部分军队给塞萨洛尼基大将军泰格拉斯。为了能尽快赶到阿勒颇，巴西尔二世下了两道死命令：一道是要这4万援军昼夜不歇、急速驰援；另一道是要小亚细亚各军区准备8万匹骡马，用于运输帝国的4万大军。这是一场艰苦的行军，也是一场壮观的行军，整支军队平均一个士兵就有两匹骡马运输，一匹用于坐人，另一匹用于搬运装备和行李。巴西尔二世亲率1.7万名先锋步骑首先开拔。

16天后，巴西尔二世的1.7万人首先抵达了阿勒颇。当这一消息传到曼朱塔肯军中时，包括统帅在内的大多数将军都认为这一情报有误，他们判断这很可能只是米海尔派出的疑兵，故意伪装成援军的样子，以动摇法蒂玛军队的军心，因为就算是轻骑兵也不可能这么快就穿过辽阔的小亚细亚。

曼朱塔肯没想到的是，巴西尔二世真的做到了，如此高速的行军在地中海军事史上还从未有过，也难怪曼朱塔肯不肯相信。直到巴西尔二世的旗帜已经能让人清楚地看见后，曼朱塔肯才知道这竟然是真的。罗马皇帝只用了16天就走完了2个月的路程，日行军速度不低于80千米，太令人震惊了。

不过，曼朱塔肯很快就恢复了镇定，解除了对阿勒颇的围攻，调集几乎全部的骑兵，企图在巴西尔二世立足未稳之时发动进攻，以击溃疲惫的东罗马帝国大军。巴西尔二世当然能猜到曼朱塔肯的计划，因为如果双方身份对调，巴西尔二世也会立刻进攻刚到达战场的敌军。但又一次让人意外了，巴西尔二世的军队经过精心训练，作战勇猛且军事素养极高，并没有因为长途行军变得疲惫不堪，法蒂玛的攻势并无作用。

4万东罗马帝国军队全数赶到战场后，曼朱塔肯只能率残部撤退。巴西尔二世收拢了当地驻军，顺势反击，一路杀入法蒂玛境内，大肆烧杀抢掠，并一举攻克了埃梅萨等地。曼朱塔肯一路溃败，只能退到大马士革坚守。大掠一番的东罗马军队挥师凯旋。

然而这并不是结局。

东罗马帝国的地理位置实在不佳，崛起的强邻同时威胁着帝国的东、西两线，这就使得东罗马帝国经常面临两线开战的危险，任何一个国家，一旦面临两线作战，想全身而退是不大可能的，即便是强大如查士丁尼大帝，也不得不花钱向萨珊买和平，然后才向西收复失地。到巴西尔二世时期，这样的局面更加严重，皇帝集中力量收拾东线的敌人时，西线也出事了。

公元996年，萨穆埃尔趁巴西尔二世远离巴尔干之机，起兵数万再次入寇东罗马帝国。同之前的作战一样，萨穆埃尔的目标依然是塞萨洛尼基，他急于攻陷这里的目的就是为了斩断君士坦丁堡与希腊的陆上交通，这样才能把希腊并入保加利亚。时任塞萨洛尼基大将军的泰格拉斯性烈如火，在交战中犯了主动出击的错误，中伏阵亡。

泰格拉斯一死，塞萨洛尼基随时都有陷落的危险。但巴西尔二世还远在东部处理法蒂玛的问题，只好手书了一封诏书，任命麾下大将尼基弗鲁斯·乌拉诺斯为塞萨洛尼基总督，节制欧洲所有军区，全权负责保加利亚战事。

乌拉诺斯走马上任后的情况并不比泰格拉斯好多少，他能利用的资源同样很少，毕竟主力已经随巴西尔二世东进。恰在这时，萨穆埃尔决定继续扩大战果，一路杀至伯罗奔尼撒半岛，这明显是一种挑衅。如何用少量的兵力击退强大的敌军？乌拉诺斯所采用的战术是罗马人的老传统——"归途伏击"，在敌军凯旋、防备松懈时伏击他们。萨穆埃尔犯了"统治之剑"塞义夫类似的错误，结果大败，损失了上万人马，他本人也身受重伤。

公元998年，吃了败仗的沙皇不再入寇东罗马帝国了，转而向西面的塞尔维亚报复，因为塞尔维亚是东罗马的盟友，经常在保加利亚背后搞小动作，萨穆埃尔不想两线作战，故而决定在巴西尔二世的主力回到巴尔干半岛前抢先消灭塞尔维亚，保障其西线的安全。要论战斗力，萨穆埃尔的军队明显强过塞尔维亚人，很快生擒了其君主弗拉基米尔，吞并了几乎整个塞尔维亚。

保加利亚攻伐塞尔维亚的时候，巴西尔二世返回首都整备兵马，大搞土地法改革。在上一次奔袭阿勒颇的时候，皇帝见到了到处都是大庄园的贵族地产，而大量的农民成了依附于地主的农奴，亚洲军区的农兵已经大量减少，不少人害怕负担邻居的税赋，不得不逃离他们生活的土地，这导致农兵地产被荒废。巴西尔二世要反击保加利亚，没有足够的农兵肯定是不行的。

公元998年，东罗马帝国与法蒂玛的战争进入白热化阶段。这一时期，东罗马帝国派出大量间谍深入法蒂玛领土，成功挑起了提尔叛乱，等于在敌后打下了一颗钉子。提尔的叛乱促使新任安条克总督达米安率部南下，其目的与布尔泽斯并无区别。

当年6月，埃及首席名将曼朱塔肯再次挂帅，抢在东罗马帝国舰队抵达提尔前，大破叛军。得胜之后，曼朱塔肯迅速挥师北上阿帕米亚，迎战达米安，在7月19日的决战中，他用一支飞矛当场射杀了安条克总督达米安。

消息传到西部后，巴西尔二世当机立断，再次领兵千里奔袭，同样只用了十来天便杀到曼朱塔肯军前，埃及首席名将见东罗马帝国主力再次赶到，赶紧放弃了尚未攻克的阿勒颇。巴西尔二世已经被法蒂玛激怒了，他率军紧紧咬住曼朱塔肯的尾巴，一路追杀入叙利亚，连拔数城，大掠城乡，埃及军队连连败退，死伤无数，直到的黎波里才算脱险。

这一仗终于打得法蒂玛哈里发害怕了，埃及人很清楚，如果巴西尔二世继续南下，大马士革和耶路撒冷完全可能被东罗马帝国夺走。和东罗马帝国精锐的步骑相比，法蒂玛的精锐部队依然处于初级阶段，组织、纪律、战术都不如东罗马军队，纵然能击败东罗马帝国的安条克总督，但只要帝国主力野战军抵达，法蒂玛的军队不值一提，死磕东罗马帝国是不明智的。

恰好，新任哈里发阿穆尔急于巩固地位，曼朱塔肯等老将位高权重，正是新主的威胁，如果继续扩大与东罗马帝国的战争，兵权只能留在曼朱塔肯手中，是不利于哈里发的，所以曼朱塔肯很快失势，哈里发主动求和巴西尔二世，此后，两国相安无事，各守疆界。这也是巴西尔二世期望的结局，毕竟萨穆埃尔的威胁并未解除，他不可能随时随地搞千里大奔袭，帝国需要集中力量消灭保加利亚。

此时距离图拉真门大败已经过去了近14年，皇帝终于等到了全力讨伐萨穆埃尔的时机，雪耻的时候终于要来了。

雪耻，克雷西昂

转眼到了公元1000年，巴西尔二世的主力军队齐聚巴尔干半岛，皇帝亲领4.5万人越过边境，目标依然是塞尔迪卡。皇帝这次非常谨慎，并没有孤军深入，他效仿图拉真的达契亚战争，沿途修建了大量的驿站用于保护自己的补给线。同时，巴西尔二世没有直接攻打塞尔迪卡，而是不厌其烦地拔除塞尔迪卡周边的城池和堡垒，并以罗马人新建的堡垒取而代之，这是典型的步步为营、稳扎稳打。

巴西尔二世的行动没有引起萨穆埃尔的警觉，沙皇率领的数万保加利亚军依然在塞尔维亚肆虐，丝毫没有驰援塞尔迪卡的意思，可能萨穆埃尔认为东罗马帝国的攻略既艰难又没有意义，纯粹是徒耗军力，毕竟塞尔迪卡城高墙厚，不会轻易陷落。但沙皇不知道的是，巴西尔二世的攻坚作战只是大战略的一环，就在他集中力量攻略塞尔迪卡周边城池的时候，帝国两员大将希菲亚斯和西奥多诺斯率领一支数量庞大的军队向北杀入了保加利亚的色雷斯。

负责镇守色雷斯和多瑙河的是亚丁公爵，此人在北方实力雄厚、根深蒂固，萨穆埃尔因其拥兵自重，间接把北方地区的统治权交给了他。不过这位大公爵军事能力并不怎么样，连遭败绩。因为东罗马帝国军中配备了铁甲圣骑兵和瓦兰吉卫队，远征军连战连捷，拔除了大小普利斯拉夫、普利斯卡三都，罗马人再次饮马多瑙河畔。

迫于东罗马帝国的军事压力，本来与保加利亚是姻亲的匈牙利王国背叛了盟友，从北部攻击亚丁公爵。保加利亚的北部和东部几乎快要被帝国全部吃掉了。公元1001年，巴西尔二世从塞萨洛尼基向西推进，攻克了包括沃德纳在内的大量城池，还逼降了一些保加利亚贵族，使得保加利亚南部也动摇起来。

公元1002年，巴西尔二世引兵北上，明显是要支援北伐军，吃掉整个色雷斯。数年的战争终于让萨穆埃尔清醒了，原来巴西尔二世在塞尔迪卡修筑工事的原因是为了隔离保加利亚南北，其目的就是要抢占北方的土地和城池，然后各个击破。萨穆埃尔要回援亚丁是很难绕开塞尔迪卡的，但问题是现在的塞尔迪卡基本被孤立，周围到处都是罗马人的堡垒、要塞，萨穆埃尔北上的道路被阻断。这一招的作用与直接夺取塞尔迪卡并无区别。

公元1003年，巴西尔二世沿着保加利亚中部北上，对边城亚丁发起了又一轮攻势。这次，皇帝不再是佯攻一下就算了，他调来了大量的攻城器械，挖起了包围城池的壕沟，昼夜攻打，俨然要一口吃掉亚丁。对保加利亚来说，亚丁是西北部重镇，也是保卫塞尔迪卡侧翼的重要堡垒，绝不容失。可是萨穆埃尔无法直接救援亚丁。

为此，萨穆埃尔决定"围魏救赵"，旋即领兵杀向东南部的塞萨洛尼基，沿途大肆掠劫，破坏村庄和城镇，摆出了一副要攻克塞萨洛尼基的架势。只可惜巴西尔二世识破了萨穆埃尔的计策，毕竟，若论兵法，巴西尔二世曾接受"白色死神"尼基弗鲁斯二世的亲自教导，虽说这位"皇父"口碑很差，但他是优秀的军人和教官，对巴西尔二世的影响不会少。更何况，皇帝为了征服亚丁已经准备了多年，怎么会轻易放弃？东罗马帝国的主力依然"钉"在亚丁城下不动摇。攻城快8个月后，亚丁城终于被东罗马军队占领了，保加利亚旧领基本沦陷。

北伐成功后，巴西尔二世立即率领主力南下，当时的萨穆埃尔急于北上收复失地，他不知道，巴西尔二世已经抵达他近前的瓦达尔河，只是没有轻易暴露位置。因为水位上涨，一时之间谁也无法渡过河流，出于谨慎，萨穆埃尔将大营驻扎在水流湍急的位置，四周修建了哨塔，明显是想以大河作为屏障。巴西尔二世本来准备待敌军渡河后再伏击他们，但他发现保加利亚人因河水暴涨而长时间滞留营地，似乎主动出击更为明智。

既然敌不动，那么我就动。巴西尔二世当即派出大量的斥候，到处寻找可以渡河的浅滩。皇帝以数千骑兵为先锋，趁着敌军坚守营地时，长距离奔袭，竟然绕过河流来到了对岸。当日深夜，巴西尔二世熄灭了篝火，衔枚进至河边等待。按照计划，长途奔袭的骑兵将马不停蹄地推进到敌军大营背后，届时举火为号，巴西尔二世再率领步兵渡河夹击。

很快，黑夜中，河对岸的远处出现了如繁星一样的火光。巴西尔二世知道，这是他的骑兵部队，他们已成功抵达敌军大营背后。时间紧迫，巴西尔二世担心敌军也会发现这些火光，当即下令渡河强攻。士兵们士气高昂，仿佛胜利近在眼前，不多时，所有人马都渡过了河流。大多数保加利亚人只注意到了背后的骑兵，却没想到巴西尔二世的主力竟然从正面杀来。

战场的厮杀声再次惊醒了萨穆埃尔，他组织军队全力抵挡东罗马军队的夜袭，但毫无成效，大营各门很快就被攻陷，疯狂的瓦兰吉卫队到处砍杀，营地里随处可见罗马人的铁甲圣骑兵。萨穆埃尔自知败局已定，只能在近卫的掩护下杀出重围向东逃走，其余的保加利亚人不是投降，就是被杀，而他们掠劫的金银珠宝全都成了巴西尔二世的战利品。

此战的胜利终于治好了巴西尔二世多年的心病，他再也不是被保加利亚沙皇击败的小皇帝了，现在的他，已经远远超过了当年的对手，战争的走向完全倒向东罗马帝国了。此后不久，被希菲亚斯追杀的亚丁公爵战死，保加利亚北部疆域全部并入了东罗马帝国，匈牙利王国也成了帝国的新盟友，保加利亚成了困兽，只等巴西尔二世宰割。

瓦达尔河的战败对萨穆埃尔影响巨大，东罗马帝国一再击败保加利亚沙皇，夺回了一座又一座城池。沙皇精心打造的保加利亚军队损失惨重，不少优秀的将领和士兵先后阵亡，保加利亚贵族们不得不思考继续对抗的后果，两相权衡，投降巴西尔二世似乎是更好的选择。公元1005年，驻守迪拉西乌姆的沙皇岳父向巴西尔二世投降，皇帝立即敕封其为贵族，作为榜样四处宣传。

对保加利亚人来说，西、北、东三处战略要地的丢失仿佛是丢了灵魂，实力严重萎缩，士气备受打击，核心城市只剩下首都奥赫里德、重镇塞尔迪卡两处而已。不过，奥赫里德和塞尔迪卡都不是能轻易夺取的地方，萨穆埃尔在这两地修建了大量用于拱卫城市的堡垒，通往奥赫里德的道路依旧荆棘密布。

萨穆埃尔为了阻止巴西尔二世攻打奥赫里德，在首都东侧的克雷西昂一带修筑了很多新的工事。克雷西昂的位置比较险要，北侧是陡峭的贝拉西查山，南侧和中部是易于伏击的河谷，萨穆埃尔在这里搭建了不少木制围墙和塔楼，四周深挖壕沟。为了将巴西尔二世挡住，萨穆埃尔集结了多达4万人的兵力，分布在整条克雷西昂防线上。可以看出，自瓦达尔河大败后，保加利亚已经转攻为守，萨穆埃尔只能守在克雷西昂静观其变。

转眼来到了公元1014年7月，巴西尔二世亲率主力叩关克雷西昂。面对东罗马帝国的挑衅，萨穆埃尔始终坚守不出，这意味着东罗马只能强攻克雷西昂。勇猛的罗马士兵架着云梯、抬着攻城锤杀向保加利亚防线，只见密集的箭雨和滚木礌石齐齐落在罗马士兵的头上，怒吼的勇士展开了血腥的白刃战，不少罗马人被长枪刺穿了身体，一些人被箭矢射中头部，更多的人刚刚攻上城墙便被推了下去，东罗马帝国只能组织一次又一次的进攻，但收效甚微。

东罗马帝国军队一再猛攻克雷西昂，但狭窄的地形限制了大部队的展开，骑兵基本无用武之地，远程步兵的火力大多被保加利亚的工事挡住了，即使是最勇猛的瓦兰吉卫队也无法突破敌军的防线。经过长时间的猛攻，巴西尔二世依然不能击穿萨穆埃尔的防线，两军就此陷入僵持。

萨穆埃尔见东罗马帝国的攻势已经停滞，旋即想了一条妙计，他召来了一员偏将，把一支精选的敢死队交给了他，命其从南部偷袭塞萨洛尼基，从侧翼威胁巴西尔二世。然而这一计划并无作用，巴西尔二世巩固塞萨洛尼基防线多年，守将也是熟知兵法的老将，自然杀得保加利亚人大败而逃，沿途丢弃了大量的战利品。得胜的东罗马军队立即前往克雷西昂支援皇帝，巴西尔二世的兵力进一步加强。

也许是受到保加利亚人的启发，巴西尔二世绞尽脑汁地思索可行之策时，麾下大将希菲亚斯向皇帝献计，提议从北侧的贝拉西查山绕过克雷西昂。这是一个很冒险的行动，在没有无线电通信的年代，深入群山的军队很难与指挥部建立联系，双方能否在准确的时间配合行动是非常考验作战将领的。这样的战术在罗马共和国时也曾出现，伊庇鲁斯大王皮洛士就在贝内文托之战里用过，但他的奇袭部队在群山里迷路，导致主攻部队的夜袭一并失败。

巴西尔二世似乎很擅长分兵作战，瓦达尔河之战就是一个例子，他立即交给希菲亚斯一队精兵。为了掩护他们，巴西尔二世加大了对克雷西昂的攻势，猛烈的攻击完全吸引了保加利亚人的注意力，希菲亚斯的奇兵沿着崎岖的小道慢慢推进，悄无声息地穿过了到处都是虫蛇的密林。不知道经历了多少艰难险阻，希菲亚斯总算成功绕到了萨穆埃尔的背后。此时，保加利亚人完全没有发现一支罗马军队已经绕到他们身后。

"哈哈，好机会，都给我杀过去！"希菲亚斯下令。勇猛的东罗马士兵大吼着冲杀到防御工事的背面，萨穆埃尔的军队大为惊恐，他们来不及追究罗马人出现的原因，纷纷转身迎战希菲亚斯，克雷西昂军顿时乱成一团。

巴西尔二世能否看见奇兵的行动？也许隔着高墙、树林的他根本不知道远处友军是否到位，那为什么巴西尔二世能准确地发动进攻呢？笔者认为，一是希菲亚斯极可能设法发出了"狼烟"一类的信号，冷兵器时代烟雾是远距离传递信息的最佳方式，比如长城的"烽火"；二是皇帝的军队可能通过小规模的冲突，不断试探敌军，准确捕捉到敌军部署上的变化；三就是巴西尔二世非常了解自己的将军和军队，清楚他们完成命令所需要的时间。不管怎么样，巴西尔二世准确地下达了总攻的命令。两侧的军队几乎同时发动进攻，被夹在中间的萨穆埃尔军惊恐不已，不知所措。

东罗马的两路夹击起到了决定性的作用，犹如堤坝崩溃一般，一个点的突破很容易让整条防线崩溃，勇猛的瓦兰吉卫队挥舞着战斧砍得保加利亚人血肉横飞，乱成一团的保加利亚人只能抱头鼠窜，但若逃跑时没有快马相助，等待他们的无疑是敌人无情的剿杀，所以最好的办法只有投降。

克雷西昂之战一雪巴西尔二世的耻辱，萨穆埃尔狼狈逃离战场，身后伏尸数万，被俘者多达1.4万人。为了震慑保加利亚人，巴西尔二世残忍地刺瞎了这 1.4 万名俘虏，其中每一百人留下一个人的一只眼睛，用以带路，然后将他们释放。这些人只能一个挨一个地将手搭在前人的肩上，摸索着去寻找自己的沙皇，这残忍、恐怖的一幕让人不寒而栗。萨穆埃尔看见双目失明的士兵回来时，恐惧、忧虑、愤怒、自责、绝望的情绪交织，随着一声大叫，鲜血从他口中喷涌而出，晕死过去。

公元 1014 年 10 月 6 日，一代枭雄萨穆埃尔病逝，保加利亚帝国立即爆发内战。巴西尔二世可不会等他们重新统一，于是继续指挥军队向前推进，塞尔迪卡终于沦陷，更多的城市开城投降，绝望的情绪弥漫在保加利亚各处。公元 1018 年 2 月，巴西尔二世进驻保加利亚首都奥赫里德，旋即举行了盛大的凯旋式，正式宣告罗、保生死之战的结束。

巴西尔二世在保加利亚的土地上设立了两个新的军区，分别是保加利亚军区和帕里斯特隆军区，由麾下最得力的干将担任大将军。对愿意投降的原保加利亚贵族，皇帝封以官职和爵位，利用他们管理保加利亚人。保加利亚帝国不复存在了，从多瑙河到爱琴海，从达尔马提亚到赫勒斯滂海峡，巴尔干半岛上不是东罗马帝国的军区就是臣服于皇帝的附庸国，威尼斯、克罗地亚、塞尔维亚、匈牙利均奉东罗马帝国为宗主，没有任何势力敢挑战东罗马帝国的权威，伟大的巴西尔二世从此获得了一个恐怖的称号——"保加利亚屠夫"，成为实至名归的保加利亚征服者。

落幕，东征西讨

东罗马帝国在巴西尔二世的带领下逐渐走向鼎盛，作为一名军人皇帝，巴西尔二世自亲政以来就很少待在皇宫里，大多数时间都在军营里度过，喧嚣的营中打闹、刺耳的兵器碰撞、血腥的战场杀戮，这些恐怕就是他人生最大的乐趣。一个有征服欲望的皇帝，"征服者"这一称号也许是他毕生的追求。

巴西尔二世征服的国家当然不只保加利亚，亚美尼亚，这个罗马人熟悉的地方，曾是罗马帝国与帕提亚、萨珊波斯常年争夺的焦点，自伊斯兰教崛起后，亚美尼亚一度被穆斯林统治，但如今的亚美尼亚诸国林立：大致上讲，西部及北部地区为格里吉亚王国，东部和南部地区为亚美尼亚王国。格鲁吉亚和亚美尼亚虽然都恢复了王国名号，但都没有真正独立自主，王位由谁来坐很大程度上取决于皇帝或哈里发的喜好。

格鲁吉亚诸国中，以西部的阿布哈兹最为强大，大约在公元1001年，阿布哈兹曾入侵东罗马帝国的行省，但被精于战阵的乌拉诺斯击败，这导致阿布哈兹的君主改变了战略方向，朝东部地区发展，相继吞并了不少小国。公元1014年，阿布哈兹新主乔治继位，旋即推翻了与东罗马帝国签订的和平协议，入侵了陶和法西安地区。更令罗马皇帝头疼的是，乔治与尼基弗鲁斯·福卡斯、希菲亚斯结盟，这两人前者是巴尔达斯的儿子，后者因克雷西昂之战居功自傲，试图夺取皇权，他们在帝国后方掀起了叛乱。

自巴尔达斯叛乱被平定以来，东罗马帝国还没人敢反抗巴西尔二世，希菲亚斯等人的叛军正好切断了皇帝的归路，与乔治的格鲁吉亚军形成了东、西夹击的态势：如果皇帝东征，叛军可能偷袭后方；如果皇帝折返回国，乔治可能入侵安纳托利亚。真是两难的抉择！

不过，战神皇帝有自己的办法，他没有公开声讨叛军，甚至没有调集军队，而是写了两封相同的信，分别寄给福卡斯和希菲亚斯。在信中，皇帝要福卡斯迅速镇压希菲亚斯，又要希菲亚斯迅速刺杀福卡斯。两人都知道叛乱计划泄露了，福卡斯拿出了信，坚称不会被皇帝蛊惑，但希菲亚斯犹豫了，他不敢相信福卡斯的诚意，害怕福卡斯抢先杀了自己，于是设法除掉了福卡斯，投降了皇帝。不战而屈人之兵，又一次体现了巴西尔二世的高明。

公元1021年，已无西线之忧的巴西尔二世终于下定了消灭阿布哈兹的决心，60岁的皇帝再次御驾亲征。当年9月，格鲁吉亚联军被杀得大败而逃，乔治仅以身免，不久后即宣布投降。巴西尔二世将格鲁吉亚西部地区并入了帝国，成立了伊比利亚军区，由科穆宁担任大将军，剩下的领土依然交给乔治管理，但把乔治的王子留在君士坦丁堡当人质。

至于亚美尼亚王国，他们根本没有力量对抗巴西尔二世的大军，几乎是不战而降，现任国王约翰承诺死后由巴西尔二世继承整个王国。至此，格鲁吉亚和亚美尼亚并入了东罗马帝国，巴西尔二世是当之无愧的"亚美尼亚征服者"。

不过，目前的主流观点并不看好巴西尔二世的亚美尼亚战争——站在东罗马帝国的立场上，亚美尼亚位置突出，境内多是山地，战线会拉得很长，非常不利于镇守，一旦遇到强大的敌人，帝国根本掌控不了局势，所以最好的办法是让它们充当东线的缓冲。

这一观点在现在看来也许是正确的，但在当时却未必正确，在宗教纷争越发严重的11世纪，天主教、东正教、伊斯兰教都谋求进一步扩大势力范围，亚美尼亚地处东正教和伊斯兰教交界处，一直是东正教占主导地位，如果帝国不出手控制，弱小的亚美尼亚很可能被哈里发或突厥人夺去。

还有一种可能：巴西尔二世有意拉长防线，意在形成对幼发拉底河和底格里斯河北线的包围，为南征做准备。事实是否如此，我们已经不得而知。

东罗马帝国军队除了在亚洲势如破竹外，没有巴西尔二世坐镇的意大利战场也捷报频传。公元1017年5月，诺曼贵族吉尔伯特率领一支庞大的诺曼冒险者入侵南意大利，当地总督战败被斩。巴西尔二世无暇顾及意大利的战况，遂委任麾下将军博约安内斯为援军统帅，将一支人数不多但装备精良的军队交给了他。博约安内斯随即登陆意大利。

公元1018年10月，博约安内斯与吉尔伯特兄弟决战于古战场坎尼。不同于东罗马帝国军队注重军团整体作战，诺曼骑士崇尚单兵作战能力，主要战力都集中在重甲骑士身上，喜欢高举长矛盾牌冲杀入阵，看起来威风凛凛势不可挡，实际上攻势都是"一次性"的。诺曼骑士通常能用一次冲锋击溃无甲步兵，但东罗马军队有密集的方阵和极高的着甲率，不可能轻易崩溃。

博约安内斯把精锐的瓦兰吉卫队布置在中央，故意让他们退后了一段距离，而使左右两翼向前移动。吉尔吉斯的诺曼骑士不知是计，一头就钻入了博约安内斯的口袋，随后瓦兰吉卫队转身迎战，死死地挡住了诺曼骑士的攻势，两翼的东罗马军队则顺势猛攻诺曼人的侧翼。这些看似强悍的诺曼骑士一旦被拖住，便成了任人宰割的羔羊，瓦兰吉卫队挥舞着巨大的战斧，将敌军骑士劈成了数段，战场上血肉横飞，四处都是散落的断肢、头颅。吉尔吉斯兄弟力战不支，被博约安内斯阵斩，仅有10个人活了下来。

巴西尔二世接获捷报后，大喜过望，当即敕封博约安内斯为新的意大利总督，节制亚平宁半岛所有的东罗马军队。博约安内斯走马上任后立即展开新的军事行动，攻克了海港重镇墨西拿，控制了通往西西里的海峡。随后他又率军北伐，连续攻城略地，征服了除贝内文托的整个南意大利，兵锋直指罗马城。

东罗马军队步步逼近，教皇如坐针毡，生怕东罗马帝国会把东正教带到罗马城，他只能向神圣罗马帝国皇帝亨利二世求援。公元 1022 年，亨利二世亲率数万人马南下，准备讨伐"不知天高地厚"的博约安内斯。亨利二世的军队由德意志的众多封臣组成，兵力是博约安内斯的数倍之多，非常不好对付。

自古遭遇强敌最好的办法便是守，守城是变数相对较少的作战方式，一是因为守城者可以提前准备物资、布设陷阱，占有先天优势，二是守城者可利用城墙阻挡敌军进攻，不仅能有效射杀攻城者，还可以最大限度减少己方伤亡。博约安内斯兵力不足，自然选择了守。疯狂的德意志骑士如潮水般杀向城墙，但东罗马军队不断用箭矢和滚木礌石，杀退了一拨又一拨的德意志军队。亨利二世并不甘心，昼夜猛攻要塞，但博约安内斯指挥若定，大量的攻城士兵被砍死、射死，城墙下的尸体堆积如山。

亨利二世见攻势受挫，只能修建围墙、深挖壕沟，企图困死博约安内斯。然而博约安内斯早已料到了围城的艰苦，提前收集了大量的物资和粮草，再加上他的军队人数本来就不多，所以完全可以支撑到亨利二世退兵。战争就这样被打成了持久战。

"故兵闻拙速，未睹巧之久也。夫兵久而国利者，未之有也。"兵法家孙子认为，用兵打仗时，即便方法笨拙也要速战速决，不能因为求巧而长久作战，从来没有战争迁延时日而有利于国家的。亨利二世的围城恰恰把自己置于不利境地，因为围城战对德意志军队毫无优势可言，兵力庞大的他们每日消耗的粮食非常多，很快就发生了粮食短缺的情况，再加上士兵不注重卫生，疫病也开始在军中蔓延，封臣们均要求皇帝退兵。亨利二世见军队早已疲惫不堪，只能悻悻而走，讨伐东罗马帝国的战争就这么失败了，博约安内斯遂名声大噪，威震意大利。

公元 1025 年，东罗马帝国在意大利的形势大好，诺曼骑士被杀得肝胆俱裂，德意志皇帝狼狈退兵，整个意大利已经没有任何国家能阻挡东罗马帝国扩张的步伐了。博约安内斯及众多帝国将军都认为当下是光复意大利的最好时机，他们一致请求巴西尔二世带兵支援意大利战场，夺取西西里。

看着博约安内斯的战报，巴西尔二世热血沸腾，年过六旬的皇帝身体已经大不如前，但他还是决定亲征意大利，一支庞大的军队旋即集结完成。博约安内斯这边也已准备妥当，一场针对西西里的战争眼看就要打响，然而，一直焦急等待着皇帝援军的博约安内斯始终没有看到皇帝的舰队，直到他接到一封急件——巴西尔二世驾崩了。

公元1025年12月25日，东罗马帝国皇帝巴西尔二世在前往意大利战场的途中病逝，时年67岁。巴西尔二世的离世标志着东罗马征服者时代的结束，来自君士坦丁堡的诏令终止了博约安内斯的一切军事权限，南征西西里的战争不得不暂时搁置，罗马人光复意大利的梦想永远无法实现了。

巴西尔二世的一生近乎完美，他不仅是位杰出的军人皇帝，更是一位合格的政治家，任内限制了大贵族、大地主势力的扩张，制止了日益严重的土地兼并，保护了小农经济，延续了军区制改革，还创造了一个战无不胜的东罗马帝国，先后击败了法蒂玛王朝、保加利亚帝国，吞并了格鲁吉亚和亚美尼亚，他的将军甚至击败了诺曼骑士和德意志皇帝。东罗马帝国的历史似乎再也找不到比巴西尔二世时期更让人自豪和骄傲的时代了。

巴西尔二世戎马一生，但终究还是给帝国留下了巨大的隐患。皇帝自亲政掌权后，突然变得严苛、虔诚、不近女色，这对一个男人来说简直不可思议。巴西尔二世终其一生也没有娶妻，这导致他不可能拥有一个合法继承人。

这个问题在早期并没有被人们重视，因为除了巴西尔二世，他的弟弟君士坦丁八世同样也是皇帝。君士坦丁八世风度翩翩、相貌出众，但缺乏军事天赋和治国才能，与他的兄长不同，君士坦丁八世沉溺于享乐，整天都待在皇宫里，美酒和美女是他日常生活中必不可少的。可惜君士坦丁八世虽然先后生育了3个女儿，却没有诞下一个儿子。更要命的是，君士坦丁八世因为害怕女婿会威胁马其顿王朝的统治，竟然拒绝任何人向他的3个女儿求婚，其中长女优多西娅因患有天花而毁容，只能提前进入修道院；次女佐伊曾被巴西尔二世许配给德意志皇帝亨利，但她还没抵达意大利，亨利就驾崩了，从此佐伊便无人问津；小女儿狄奥多拉相貌不出众，也被常年闲置在家，一晃就到了40岁。

没有继承人，伟大的马其顿王朝该何去何从呢？

第四十六章 军事贵族 VS 官僚阶级

46

官僚贵族重掌政权

巴西尔二世驾崩后，君士坦丁八世成为独一无二的皇帝。长期以来，东罗马帝国一直由巴西尔二世独揽大权，君士坦丁八世完全不用操心帝国政务，所以他对帝国的核心政策并不了解。掌权以后，以贵族、地主为代表的实权派一度打算废掉君士坦丁八世，另立一个自己人当皇帝。君士坦丁八世依靠先帝留下的军队粉碎了这场政变，但事后他依然非常害怕，为了保住皇位，君士坦丁八世决定向贵族和官僚阶级妥协，最大限度满足他们的要求。

君士坦丁八世的决定敲响了东罗马帝国的丧钟。在军区制改革以后，东罗马帝国的军事贵族阶级突然崛起，马其顿王朝的利卡潘努斯、福卡斯、库尔库阿斯几位皇帝均出身于军事贵族，军事贵族在东罗马帝国地位的攀升使得官僚阶级大受打击，而且军事贵族为了保证军区有充足的兵源，均有意或无意地限制贵族兼并土地，保护农兵阶级，巴西尔二世甚至将大贵族的土地强行收回并分给了农兵。由此可见，军事贵族的崛起已经严重损害了官僚贵族的利益，为了满足官僚贵族的要求，君士坦丁八世只好疏远军事贵族。

按照官僚贵族的要求，君士坦丁八世逐步废除了巴西尔二世保护小农的联保税，允许贵族、官僚、教会自由扩大地产，吞并农兵土地，甚至还免去了不少人的债务。这一连串操作使得东罗马帝国的财政收入急剧下滑，庞大的军费开支和宫廷支出已经成了帝国的负担，而且失去管制的官僚贵族以合法或非法的手段巧取豪夺，大肆兼并小农土地，无数农民流离失所、四处迁徙，更多的人卖身为奴，依附于大地主，各军区的兵源人口锐减，招兵工作难以为继，军事贵族势力由盛转衰。

与此同时，巴西尔二世时期的统帅们被相继解除了兵权，御林军长官、军区大将军等职务由宦官或官僚取代，意大利总督博约安内斯在攻克那不勒斯后非但没有得到褒奖，反而被召回首都解除了职务。官僚贵族全面反击军事贵族，丝毫不顾及国家的安危，为帝国埋下了巨大的隐患。

统治帝国三年后，君士坦丁八世的生命也走到了尽头。此时的他才想起马其顿王朝后继无人，三个女儿都已过了生育年龄，但为了延续马其顿王朝的基业，君士坦丁八世还是决定为老公主招婿。官僚贵族抓住机会，让他们的代表、贵族罗曼努斯·阿尔吉罗斯迎娶了二公主佐伊。公元 1028 年 11 月 10 日，罗曼努斯与佐伊举行了婚礼，次日，君士坦丁八世驾崩，罗曼努斯继位，史称"罗曼努斯三世"。

罗曼努斯三世代表的是官僚贵族的利益，继位后的他延续了君士坦丁八世的政策，继续放任官僚、贵族们为所欲为，这一时期依然是小农阶级的灾难期。更可怕的是，罗曼努斯三世不懂军事却急于用战争证明自己的权威，在公元 1030 年东征穆斯林时落入敌军伏击圈，这个老皇帝从未见过真实的刀剑，吓得抛弃军队独自逃跑，这场声势浩大的东征就这么滑稽地画上了句号。

罗曼努斯三世虽然在名义上成了佐伊的丈夫，但两人都已经超过 50 岁，罗曼努斯三世没有精力去"宠爱"他的妻子，更不可能生育一个合法的后代，可刚刚步入婚姻殿堂的佐伊对此却充满兴趣，如饥似渴的皇后让罗曼努斯三世避之不及，他只好默许宫廷宦官想办法满足皇后的欲望。

来自帕夫拉戈尼亚的大宦官约翰看到了机会，他有一个俊俏的兄弟米海尔，年纪轻轻且精力旺盛，约翰在得到皇帝允许的前提下，将米海尔公然带入了皇宫。佐伊很快就被这个年轻人"征服"了，她不顾自己尊贵的身份，整日与米海尔缠绵在一起，宫中几乎人人都知道两人的情人关系。

公元 1033 年，罗曼努斯三世被发现死在浴室里，普塞罗斯在《编年史》中暗示老皇帝被人强行按进水中溺死，主谋无疑是他的妻子佐伊。据说罗曼努斯三世死后第二日佐伊便与米海尔举行了婚礼，米海尔随即加冕称帝，史称"米海尔四世"。

米海尔四世来自帕夫拉戈尼亚，除了宦官约翰外，还有两个兄弟和一个妹妹，他的家族并不高贵，能称帝完全靠女皇佐伊的宠爱。然而，米海尔四世对佐伊根本没有爱意，他所做的一切都是在利用女皇。上位后不久，米海尔四世就把佐伊软禁在宫中，并让哥哥约翰掌控了朝政大权。宦官掌权自古就不是什么好事，米海尔四世的统治同样也是军事贵族的灾难，新皇帝无力扭转现状，只能听任官僚阶级继续肆意妄为。

这一时期，东罗马帝国只有三场战争值得一提：

第一场是公元 1030 年讨伐阿勒颇埃米尔的东征，罗曼努斯三世逃跑后，将军乔治·曼尼亚克斯独自挑起大梁，先用诈降之计歼灭了一支围困他的军队，随后又发动了一连串进攻，收复了埃德萨，基本恢复了东部地区的稳定。

第二场发生在米海尔四世时期，乔治·曼尼亚克斯受命出征西西里，完成巴西尔二世的遗愿。这位高大威武的将军依然是那样值得信任，他的军队一路攻城略地，势如破竹，当地的穆斯林根本无力抵抗，西西里大部分地区均被收复。可惜的是，米海尔四世在远征西西里的问题上存有私心，他为了扩大家族影响力，把妹夫斯蒂芬也任命为将军，结果此人不堪大用，在决战时贻误战机，没有按乔治的计划抵达战场，致使战争发生逆转。乔治试图罢免并处罚斯蒂芬，但斯蒂芬抢先诬陷乔治谋反，皇帝毫不犹豫地相信了妹夫，召回了乔治，西西里远征最终失败。

第三场战争是镇压保加利亚人的起义。保加利亚人起义的起因是米海尔四世废除了巴西尔二世允许贫民用实物抵税的规定，百姓本就一贫如洗，哪里能筹齐足够的钱币交税？于是，自称是萨穆埃尔私生子的彼得率众起义，斩杀了帝国的贪官污吏，攻取了原保加利亚大部分旧领，还一度入侵希腊地区。虽然这场起义在皇帝亲征下被平定，但保加利亚人独立的愿望越来越强烈。军区制的崩溃导致欧洲军区无力阻挡来自多瑙河的新敌人。

除了以上乏善可陈的三场战役，此时期几乎没有什么值得一提的政绩。而且米海尔四世还患有严重的癫痫，佐伊女皇对此一无所知，皇帝虽然极力隐瞒，但越来越严重的病情让他的身体变得浮肿，行走困难。不久后，米海尔四世不得不躺在病床上处理国事。宦官约翰非常担心已到手的权力会溜走，便极力鼓动佐伊和米海尔四世收养米海尔妹夫斯蒂芬（此时已经去世）的儿子小米海尔，佐伊被说动了，接受了这一提议。于是，斯蒂芬之子小米海尔成了佐伊的养子，被立为共治皇帝。

公元1041年，米海尔四世驾崩，同年12月10日，小米海尔加冕称帝，史称"米海尔五世"。

米海尔五世上台后立即推翻了大宦官约翰的全部政策，还将他流放到海岛上，正应了"一朝天子一朝臣"的老话，而且新皇帝做得更绝的是，他还解散了瓦兰吉卫队。至于佐伊太后，新皇帝很快就将养母佐伊软禁在宫中，并在次年4月突然流放了佐伊，称"母亲要刺杀儿子"。消息传出后，首都发生了暴动，人们大骂米海尔五世忘恩负义，在广大罗马人民心中，女皇佐伊才是帝国的最高统治者，米海尔五世只是一个平民出身的"男宠"。

暴动很快波及了整个君士坦丁堡，越来越多的人加入这支队伍，米海尔五世调集军队血腥镇压，双方爆发了激烈的战斗，当日就有3000余人死亡，但暴动的民众不减反增。一些贵族和官僚也参与了进来，操纵着不明真相的民众，已经遁入修道院的三公主狄奥多拉被推举为帝，米海尔五世被刺瞎双眼并被废黜，一群投机分子妄想建立的帕夫拉戈尼亚王朝就此结束。

米海尔一家的覆灭足以证明巴西尔二世的巨大威望依然深深地影响着帝国。此后，东罗马帝国便由佐伊与狄奥多拉两位女皇统治，然而在治国问题上，无论是佐伊还是狄奥多拉都没有经验，两位女皇中，佐伊喜好奢华，挥霍无度，做事迅速却非常草率，狄奥多拉则过于虔诚，崇尚节俭，善于倾听且颇有见地，两位女皇的关系似乎只能维持表面上的和谐。

佐伊对权力的热情明显多过狄奥多拉，为了把帝国大权通通收归己有，佐伊嫁给了官僚贵族君士坦丁·莫诺马修斯，此人出身高贵，受过良好教育，举止有礼，生性风流，他的家族地位显赫，拥有大量地产，和其他的官僚贵族一样，君士坦丁非常反感军事贵族。公元1042年6月12日，君士坦丁·莫诺马修斯正式加冕称帝，史称"君士坦丁九世"。

君士坦丁九世依然是官僚贵族的代表，不仅继续破坏军区制改革，打压军队和农兵阶层，而且与佐伊一样喜欢排场、奢靡无度，毫无节制地挥霍巴西尔二世留下的巨额遗产，使得国库日渐空虚。更有趣的是，君士坦丁九世公开将情妇斯科莱娅带入宫中，赐封号"塞巴斯特"，这一称号仅次于女皇"巴西丽莎"，大致可以理解成"贵妃"，如此儿戏简直是对马其顿王室的侮辱。

可以预见，遇到像君士坦丁九世这样荒唐的皇帝将会是一场多么大的灾难。此时，帝国北方的佩切涅格人、库曼人冲过了多瑙河，大肆破坏巴尔干半岛，帝国派去的军队接连惨败，蛮族逐渐对帝国军队不再畏惧。东罗马帝国只能改剿为抚，招募他们成为雇佣军，并划出一大片肥沃的土地供其居住，这与当年哥特人入侵的情况非常相似。意大利地区比这还要糟糕，诺曼人领袖罗伯特·吉斯卡尔在当地风卷残云般地扫荡帝国城池，除了巴里和墨西拿，南意大利不是被诺曼人占领就是爆发了起义，博约安内斯时期的盛况就像是一场梦。

有鉴于南意大利已经完全失控,东罗马帝国只能把刚刚赋闲在家的乔治·曼尼亚克斯又送回了战场。回到意大利的乔治大显神威,疯狂地镇压各地的反抗势力。眼看形势有所好转,君士坦丁九世再次解除了乔治的职务,没收了他的家产,据说他的妻子还被政敌罗曼努斯奸污,愤怒的乔治终于率部起兵,在军中上演了一场紫袍加身的大戏。

公元 1043 年,乔治率叛军渡过了亚得里亚海,在奥斯特洛沃正面迎战前来镇压他的帝国军队。交战中,乔治挥剑杀入了敌阵,连斩数员大将,他的军队势不可挡,杀得敌军丢盔弃甲,死伤无数。胜利在望时,不知从哪里投来的标枪,不偏不倚地击中了乔治,致使他栽落下马,但他的军队还是取得了胜利。

战后,乔治还来不及分享胜利的喜悦便伤重而亡,叛军群龙无首只能作鸟兽散。君士坦丁九世侥幸赢得战争,他举行了盛大的庆祝活动,还把乔治的首级插在长矛上示众。事实上,乔治·曼尼亚克斯两次被解除职务均是遭人构陷,相信这与官僚贵族的操纵脱不了干系,但君士坦丁九世罔顾事实、将错就错,终于逼反了乔治·曼尼亚克斯。由此可见,帝国内部的叛乱以及对外战争的失败完全是官僚贵族自己"作"出来的结果。

公元 1047 年,君士坦丁九世又"作"出了新境界,他因妹妹经常赞扬军事贵族利奥·托尔尼克斯,嫉妒之心驱使他将利奥调到君士坦丁堡肆意虐待,甚至强迫利奥遁入修道院。利奥本就是亚美尼亚贵族出身,哪受得了这样的苛待,他于当年 9 月逃离了君士坦丁堡,在前往阿德里安堡途中散布君士坦丁九世驾崩的谣言,还称女皇狄奥多拉决定立他为共治皇帝。

不管消息是真是假,长期被官僚打压的军人听闻利奥已被选为共治皇帝,无不欢欣鼓舞,不少军队加入了他的队伍,手无兵权的利奥不可思议地召集了一支庞大的军队,并在军中自立为帝。叛军声势浩大地朝君士坦丁堡挺进,沿途如滚雪球一样规模越来越大。当年 9 月,叛军包围了君士坦丁堡,君士坦丁九世除了一些雇佣军,几乎无兵可用。君士坦丁九世到城楼上视察时,差点被叛军的箭矢射中,狼狈不堪的皇帝只能匆匆返回皇宫。

27 日,利奥击败了一支出城修补城墙的帝国军队,惊慌失措的败兵竟然连城门都没关就逃走了。这本是叛军攻占君士坦丁堡的最佳时机,但利奥停止了追击,原因不得而知,总之,军事贵族与重掌政权的机会失之交臂。渐渐的,越来越多的人在皇帝的"糖衣炮弹"下倒戈，叛军相继离利奥而去，帝国军队虽无力反击，但已成孤家寡人的利奥也只能解围而逃，最终被抓回君士坦丁堡刺瞎双眼。

两次军事贵族的叛乱就这么奇迹般地被平定，但帝国外部的风波就不那么容易平定了。帝国外部的环境持续恶化，北方蛮族的威胁没有消除，西部城池基本丢失殆尽，东部又崛起了一支名叫塞尔柱突厥的新势力。新的敌人攻入了亚美尼亚，大败东罗马和格鲁吉亚联军，帝国只能花钱以维系短暂的和平。事后，皇帝居然认为军队已经没用了，便大笔一挥解散了伊比利亚军区，使得小亚细亚门户洞开，这无疑是开门揖盗。

问题与麻烦接踵而至，而君士坦丁九世的身体已经浮肿到不能行走。公元 1050 年，女皇佐伊驾崩，5 年后君士坦丁九世驾崩，东罗马帝国的问题就只能交给最后一个女皇——狄奥多拉。

伊萨克·科穆宁起兵

狄奥多拉成了东罗马帝国唯一的女皇帝，可唯一的女皇却完全高兴不起来，虔诚的狄奥多拉本打算在修道院里了却残身，但风起云涌的政治漩涡还是将她拉了进来，从此再也不能脱身。比起她的姐姐佐伊，狄奥多拉更容易让人尊敬，她虔诚、节俭、待人接物颇有贵族气质，她总是以微笑示人，让人如沐春风，加上她那满头的白发，自然而然地得到了人们的尊敬。

狄奥多拉虽然知道自己的职责所在，但她不是当君王的料，错综复杂的政治局势，刀光剑影的外部战争，这一道道难题让其愁眉不展，本就衰老的身体当然吃不消，不过两年时间，女皇狄奥多拉便一病不起，她的生命即将走到尽头，马其顿王朝也将随着她的离去而终结。

可是东罗马帝国还在，罗马人民还在，马其顿王朝的结束并不标志着罗马文明的结束，元老院重臣和官僚贵族们齐聚一堂，推选自己中意的下一任皇帝。病体缠身的狄奥多拉已经不能言语，她的幕僚们只能将合适的人选带到女皇面前等待她的首肯,又一个米海尔,老迈的米海尔·布林加斯被指定为下一任皇帝。女皇带着遗憾撒手人寰,巴西尔的王朝就此绝嗣。

公元1057年,年过半百的米海尔·布林加斯登基称帝,史称"米海尔六世"。米海尔六世同样出身官僚贵族,比起他的前任们,此人对军事贵族的憎恨更加深刻,或许这缘于尼基弗鲁斯击败大总管布林加斯的那段往事,又或许这是官僚贵族的普遍偏见,总之,米海尔六世一上台就毫不掩饰地流露出对军队的不满。不得不说,这绝对是愚蠢的行为。

公元1057年的复活节典礼上,身着盛装的官僚们纷纷前来向新皇帝祝贺。米海尔六世起初心情大好,每一个官僚都得到了赏赐和晋升,但他看到将军们前来致意时,米海尔六世立刻收起了笑容,一番冷漠的仪式结束后,米海尔六世便开始责骂每一位将军,特别是他们的长官伊萨克·科穆宁。

按照传统,皇帝会在复活节典礼上赏赐各级官员,并适当晋升他们,这一传统由来已久,每一个有资格前来观礼的人都满怀希望等待着新皇帝的恩赐,这也是新皇帝拉拢朝臣的最好机会,然而米海尔六世却别出心裁,非但没有赏赐军中将领,反而把他们骂得狗血喷头,这无疑激怒了在场的每一个将军。

典礼受辱事件很快就在军中传开,无论是高级将帅还是低级军官,都认为自己的尊严被人践踏,他们已经清醒地认识到,只要坐在皇位上的是官僚贵族,军队的境遇就不可能改善。当晚,将领们举行了秘密会议,一致达成了推翻米海尔六世的决议,并选出了帝国皇位的下一任继承人——伊萨克·科穆宁。

科穆宁家族属于后来居上的新军事贵族,他们一家的崛起得益于福卡斯家族的覆灭,以及巴西尔二世的提携。第一位走到历史最前沿的科穆宁,正是当年坐镇尼西亚并挡住巴尔达斯叛军的曼努埃尔·科穆宁。伊萨克便是曼努埃尔的儿子。后来,帝国亚洲军区的高级将领中也逐渐出现了科穆宁这一姓氏,被巴西尔二世寄予厚望的伊比利亚大将军也是科穆宁家族的成员。

公元1057年6月8日,伊萨克·科穆宁及他的追随者在帕夫拉戈尼亚举行了起兵仪式,伊萨克被军队用盾牌托着高高举起,正式推举为东罗马帝国的"巴西琉斯"。曾经的罗马帝国皇帝只有得到军队推举才是合法的,因为皇帝本身就起源于罗马军团的凯旋大将军,只有军人才配得上皇帝的称号。

很快,伊萨克起兵称帝的消息就传遍了亚洲各大军区,令人意外的是,几乎所有军区都宣布效忠于伊萨克·科穆宁，甚至连瓦兰吉卫队都投奔到伊萨克的阵营，当他朝西方进军时，沿途都是欢迎的队伍和加入他们的士兵，起义的烽烟迅速传遍了整个小亚细亚，帝国就此一分为二。

反观米海尔六世一方，君士坦丁堡能够调动的军队少之又少，皇帝只能召集一些忠诚度可疑的雇佣军，企图利用他们挡住伊萨克的军队。在最高统帅的人选上，米海尔六世竟然选了一个名叫狄奥多尔的宦官，可见他依然不信任军中将领，甚至不了解战争。

这支由宦官领导的军队匆匆渡过了海峡，将大营扎在了尼科米底亚，然后便无所事事地守在了这里。尼科米底亚除了离君士坦丁堡比较近以外，根本看不出任何战略价值。伊萨克见状，当机立断直奔缺乏防守的尼西亚。尼西亚距离尼科米底亚不是很远，但两者的作用截然不同，尼科米底亚虽然是东罗马帝国主要的军事中心，但它久不经战事，此时已经发挥不了多大作用，而尼西亚却是经过反复修缮的堡垒，巴尔达斯曾在这里折翼。

如今的尼西亚除了驻军几乎没有多余的军队，如果米海尔六世指望该城能抵挡伊萨克一阵的话，那他的算盘就完全打错了，因为尼西亚之前的总督是伊萨克的父亲，这座城池记得科穆宁的徽章和旗帜，对伊萨克来说，驻军是部下，而不是敌人。所以伊萨克的军队一抵达城下，尼西亚的城门就打开了。

此时的狄奥多尔才意识到问题棘手，他很难继续待在尼科米底亚，只能率领雇佣军朝尼西亚进军，指望一战击败伊萨克。同样，伊萨克也抱着几乎相同的目的，正朝尼科米底亚进军。双方终于在当年的8月遭遇并进行了一场决战。

战场上，狄奥多尔的军队士气不振、无精打采，好像经历过数百千米的长途行军一样，实际上他们过惯了尼科米底亚的舒适生活，一旦踏上战场，自然极为不适，全无战意。反观伊萨克的军队，不少人带着向官僚阶级复仇的决心，更多的人指望能在战场上立功，好得到新皇帝的重用和赏赐，此刻正急于挥剑杀敌。

结果毫不意外，伊萨克凭借杰出的军事才能，一战击溃了狄奥多尔的帝国军队，彻底扫除了进军君士坦丁堡的所有障碍，伊萨克大军遂进逼至海峡，声势浩大，急如星火。

米海尔六世无计可施,除了一群七嘴八舌的文官,皇帝无法集结更多的人。他只能让步以保全自己的性命,遂提出将伊萨克认作义子并封其为"恺撒"的条件。按照米海尔六世的承诺,伊萨克将会得到皇位继承人的资格,在米海尔六世驾崩后自然接替皇位。伊萨克起初准备接受这一条件,但一封密信改变了他的想法,因为信中称"君士坦丁堡发生了政变"。

原来随着伊萨克军队的逼近,君士坦丁堡早已是人心惶惶,普世牧首决定改变他的立场,以避免被新皇帝抛弃,于是牧首米海尔用自己的影响力秘密煽动了暴动,暴徒们聚集在圣索菲亚大教堂外高呼"支持伊萨克"的口号,米海尔六世已经失去了首都民众的支持,他的朝臣们也纷纷逃命,众叛亲离的他不得不宣布退位。

伊萨克·科穆宁因此以胜利者的姿态进入了君士坦丁堡,与民秋毫无犯。新皇帝秉持宽容政策,没有处死或是刺瞎米海尔,废帝的幕僚也得到了不错的待遇。公元1057年9月,伊萨克·科穆宁在罗马人民的鲜花和掌声中登上了东罗马帝国的皇位,史称"伊萨克一世",后世普遍认为科穆宁王朝始于此。

伊萨克一世上台使得军事贵族再次抬头。作为军人皇帝,伊萨克一世执政的目标便是扭转帝国军事能力持续下降的现状,这不可避免地要打击官僚贵族的势力,就如同当年官僚贵族打击军队势力一样。皇帝改革的核心便是强化军队,强化军队的目的就是击退来自四面的强敌,这不可避免地需要花费大量的金钱,可是现在的国库最缺的就是金钱,因为钱都被佐伊和她的夫君们挥霍一空了,故而伊萨克一世改革的第一项举措就是"打土豪,收田地"。

皇帝高举着出鞘的长剑,从贵族、宦官、地主手里夺回了本不属于他们的财富,同时不接受任何诡辩,纵然官僚贵族们恨不得吃掉伊萨克一世,可在伊萨克犹如猎鹰般的眼神下,没有人敢发出质疑的声音。除此之外,伊萨克一世还大肆裁撤冗官,精简政府机构,这无疑削减了大量的支出,使帝国的财政状况逐渐好转。

改革的顺利与教会的不干涉有很大的关系,皇帝此前就主动承诺不干涉教会事务,牧首自然也投桃报李,称决不会干涉皇帝的世俗帝国。可不久之后,激进的皇帝便开始对教会下手,限制教会继续兼并土地,查抄教会非法获得的资产,此举无疑惹怒了教会,原本支持伊萨克一世的牧首米海尔公开抗议皇帝的新政，还故意穿上了只有皇帝才能穿的猩红色靴子警告伊萨克一世。

从改革国家、富国强兵的角度看，伊萨克一世的政策没有任何问题，教会在几个世纪内快速膨胀，不仅兼并了大量的地产，还将不少可用兵源变成了教会的隶农，这占用了帝国本就有限的资源，而教会对抵御外敌的作用微乎其微，所以要壮大帝国军队就不可能绕过教会，牧首米海尔与伊萨克一世翻脸是早晚的事情。可是牧首在君士坦丁堡的受欢迎程度太高，伊萨克一世迟迟无法下手。

公元1058年11月8日，没有意识到危险的牧首米海尔外出巡视，当他来到京畿外的一所修道院时，皇帝的军队突然闯入将其抓捕。伊萨克一世要求米海尔放弃普世牧首的职务，但骄傲的米海尔宁死不从，伊萨克一世遂罢免了米海尔，同时在远离首都的地方举行了会议，选出了新的牧首。不久之后，牧首米海尔便"意外"死去。民众和教会一致认为前牧首米海尔是位伟大的"殉道者"，皇帝反而成了邪恶的暴君。

首都支持米海尔的人群再次聚集起来，虽然这次没有牧首米海尔的授意，但声势同当年他们推翻米海尔六世一样。伊萨克一世登基以来第一次遇到如此规模的暴动，不过皇帝并非软弱可欺的官僚贵族，作为军人，伊萨克一世态度强硬，当即调来军队强势镇压。血腥镇压后，暴动迅速被平定了下来，但伊萨克一世的统治已经明显动摇了。

伊萨克一世激进的改革同时得罪了贵族和教会，此时皇帝需要花费大量精力来稳定内政，但外部的敌人不会给皇帝收拾乱局的时间，北方的马扎尔人和佩切涅格人再次入侵东罗马。伊萨克一世亲自领兵出征，帝国军队再次发挥了他们应有的作用，杀得蛮族军队丢盔弃甲，四面溃逃，皇帝用胜利证明了改革的成果。然而当伊萨克一世率军凯旋时，一击落雷险些击中皇帝的行辕，这被反对者视为上帝对皇帝的警告，伊萨克一世本人也惊恐不已，不久后就病倒了。

贵族和教会都不会放过这样的天赐良机，他们聚在一起反对伊萨克的统治，其中以豪门世家杜卡斯家族为首。反对派的势力迅速增长，京畿重地的要害部门相继被他们控制，教会不断煽动反对皇帝的情绪，民众也高呼反对皇帝的口号，伊萨克一世无力反击，被完全架空。

很快，以杜卡斯家族为首的势力便开始逼宫，公然要求伊萨克一世尽快指定一个继承人，而且不能是军方的人，明显有点胁迫的意思。伊萨克一世没有儿子，但兄弟约翰却子嗣众多，可能出于保护科穆宁家族的目的，伊萨克一世并没有选择科穆宁家族的成员，而是指定君士坦丁·杜卡斯为下任皇帝。当然也有另外一种可能，君士坦丁是早就内定的人选。伊萨克一世不久后就被贵族们送进了修道院。

伊萨克一世的统治仅仅2年便结束了。公元1059年，君士坦丁·杜卡斯继位称帝，史称"君士坦丁十世"。新皇帝年逾五十，是伊萨克一世改革的坚决反对者。他一上台，立刻全面、彻底地废除了伊萨克一世的政策，官僚和教士再度掌权，肆意打压军事贵族，拖欠、拒绝支付军队薪酬，甚至解散了忠于伊萨克一世的军队，免去了一些将领的职务。

顷刻之间，伊萨克一世的改革就付诸东流，东罗马帝国的军队继续衰退，大量的雇佣军被君士坦丁十世倚为心腹，高昂的雇佣金迫使官僚们继续压榨普通平民，土地兼并之风再次席卷各地。宫中贵族歌舞升平，乡野百姓食不果腹，官僚贵族再次掌控了帝国的大权。

伊萨克的退位充满了疑点，后世对此争论不休。有人认为，伊萨克其实并没有被贵族或是教会胁迫，他是自愿放弃皇位的，因为他看到帝国民众对他的改革普遍不满，再加上病势沉重，他最终放弃了自己的理想和目标，将权力交给了杜卡斯一族。

历史总是由胜利者书写，以上观点恐怕符合这一定律。以一个军人皇帝的强势性格，为什么会甘愿退位给最大的政敌？最奇怪的是，伊萨克后来奇迹般地痊愈了，而他竟然没有采取任何复辟的行动，一个按剑登基的皇帝竟会如此洒脱，除非他真的失去了权力，已经没有能力行复辟之举。因此，他被胁迫退位的可能性更大。

伊萨克一世的时代结束了，但科穆宁家族的地位却没有被动摇，科穆宁家族早已是帝国所不能忽视的政治力量，这意味着科穆宁一族还将继续影响东罗马帝国，只是时机未到。

罗曼努斯四世上台

君士坦丁十世继续推行打压军事贵族和农兵阶级的政策，东罗马帝国的军事实力进一步萎缩。官僚阶级多是善于争权夺利、善使阴谋诡计的高手，即便当时的国际局势已经非常不利于东罗马帝国，以君士坦丁十世为首的官僚贵族还是视而不见，不断削减军费开支，解散地方军队，罢免或是闲置各地的将军，使得东罗马帝国的常备军规模锐减。随着大量的军役地产被剥夺，特别是供养骑兵的地产被剥夺，骑兵部队的建制已经难以维持。

内部军事实力的减弱自然会激起外部敌人的觊觎，刚刚才被伊萨克一世击败的佩切涅格人再次越过多瑙河，诺曼人继续他们的意大利攻略，逐渐占领了东罗马在这里的最后几个据点，而新崛起的突厥塞尔柱人不断袭击亚美尼亚，由于当地缺乏足够的军事力量，塞尔柱基本没有遇到任何抵抗，亚美尼亚首府阿尼沦陷，塞尔柱人的兵锋已经深入到了小亚细亚。

外部的敌人一天比一天强大，内部的军事力量却不断被贵族削弱，帝国的国防能力无法维系边境线的安定。即便如此，官僚阶级依然畏惧军事贵族重新崛起，所以他们不愿意修订打压军队的法令，为了抵御越来越多的敌人，君士坦丁十世的做法与前几任皇帝相同，那便是大量起用外族雇佣军，佩切涅格人、马扎尔人和诺曼人都被招募到帝国军中服役。

东罗马的国防正逐步被外族雇佣军掌控，本国农兵和精锐骑兵渐渐消失，军人们看不到希望，不断的失败让越来越多的士兵放弃了军职。巨大的国防缺口促使雇佣军规模进一步增长，而同等数量的雇佣军远比农兵的维持费用高，雇佣军的军费开支早已超过了本国农兵所需的军费开支，而且雇佣军的军纪败坏，常常擅自袭扰邻近的村社，一旦帝国拖欠他们的佣金，这些外族战士就会变成帝国境内的劫掠者，为祸一方。

君士坦丁十世在位约8年，他最大的"政绩"便是全面否定伊萨克一世的改革，以损耗国力为代价来讨好官僚贵族和教会，贵族和教会的利益得到满足后，皇帝自然赢得了他们的支持和赞誉。杜卡斯家族在这一时期极速膨胀，皇帝的弟弟约翰·杜卡斯被封为"恺撒"，在君士坦丁十世弥留之际已是操纵朝政的摄政王。

公元1067年，君士坦丁十世的生命即将走到尽头，皇帝同样想建立一个属于杜卡斯家族的王朝，然而他的儿子米海尔尚未成年，皇后欧多西娅又很年轻，为了避免皇后改嫁导致权力脱离杜卡斯一族，君士坦丁十世要欧多西娅发誓决不再嫁，皇后无奈地服从了这一决定。

公元1067年5月，杜卡斯家族的首位皇帝君士坦丁十世驾崩，其子米海尔继位，史称"米海尔七世"。

米海尔七世年幼，尚无力控制朝局，太后欧多西娅和"恺撒"约翰暂摄朝政，双方对这样的局势都不满意，特别是欧多西娅，因为她除了是米海尔七世的母亲外，找不到任何能对抗"恺撒"约翰的筹码。太后非常担心约翰会在哪一天剥夺了她的权力，这种畏惧让她做了一个大胆的决定——背弃誓言。

对欧多西娅来说，与有实力的官僚或将军结盟无疑是保住权力的最佳手段。太后为此物色了许多人选，当她看到军事贵族罗曼努斯·戴奥真尼斯后，迅速坠入了爱河。

罗曼努斯·戴奥真尼斯出身卡帕多西亚的军事贵族世家，父亲老戴奥真尼斯曾在巴西尔二世麾下担任将军，在讨伐保加利亚帝国时力斩数员敌将，战功赫赫。正所谓虎父无犬子，罗曼努斯继承了父亲的军事才干，作战勇猛且熟读兵书，他本人长得高大威猛，双目炯炯有神，肩膀极其宽阔，非常有男子汉气概。这样的形象自然让皇太后倾心不已。

似乎东罗马帝国的皇位注定要与罗曼努斯结缘，早在君士坦丁十世刚刚驾崩时，作为军界翘楚的罗曼努斯就策划了一起军事政变，但由于力量弱小，这场试图为军方夺回权力的尝试失败了，本以为会遭到高层追杀的罗曼努斯却意外收到了皇太后的密信："本宫将实现将军阁下的愿望。"

欧多西娅打定主意要嫁给罗曼努斯，除了因为这位将军相貌不凡外，更重要的原因是她想依靠军事贵族的力量对抗官僚阶级，因为经过数年的经营，杜卡斯一族已经成了官僚阶级的领袖，如果与官僚贵族联姻，欧多西娅的现状依然不会有什么改变，只有和军事贵族结盟才有可能压过"恺撒"约翰·杜卡斯，而且军事贵族们也不会放过咸鱼翻身的大好机会。

不过，要和罗曼努斯光明正大地结婚，欧多西娅最大的阻碍不只是杜卡斯家族，教会也是她的绊脚石。君士坦丁十世让欧多西娅立下的誓言正存放在普世牧首处，如果没有得到牧首的支持，她的再婚可能会被认为是非法的，因为教宗对婚姻最有发言权，如果牧首反对，那便不会有牧师愿意为两人举行仪式。

然而君士坦丁十世怎么也不会想到，欧多西娅轻易就解决了这个难题，她派宦官四处散布流言，称皇太后看上了牧首的一个亲戚，希望能与之结为连理。这个消息由太后的亲信传达给牧首后，这位平日里极为虔诚的教宗也动了凡心，他相信了欧多西娅的话，因为他的这位亲戚本就是个花花公子，很讨女人喜欢，牧首便认为欧多西娅倾慕他的说法是合理的，所以牧首决定帮助欧多西娅再婚。

就这样，本是阻碍欧多西娅再婚的最大绊脚石，反而成了协助她打破誓言的急先锋。牧首公开反对先帝君士坦丁十世让欧多西娅立下的誓言，称这是不公平的事情，欧多西娅守身的誓言就这样被解除了。等到皇太后大婚的那一天，看到与欧多西娅再婚的不是自己的亲戚而是罗曼努斯·戴奥真尼斯，牧首气得捶胸顿足、咬牙切齿，可木已成舟，他不得不自己吞下亲手种下的苦果，毕竟这一切都缘于自己的贪心。

公元1068年，罗曼努斯·戴奥真尼斯与皇太后欧多西娅正式结婚，次日便加冕为皇帝，史称"罗曼努斯四世"。小皇帝米海尔七世则成了罗曼努斯四世的继子，地位排在新皇帝之后。新皇帝很快就控制了朝局，最大的反对派"恺撒"约翰·杜卡斯被皇帝驱逐，他的势力被连根拔起。

军人皇帝罗曼努斯四世的继位正合时宜，东罗马帝国在战场上节节败退，亚美尼亚因而沦陷，这显然是由于军队缺乏一个军人皇帝指挥。在东罗马帝国所有的敌人中，东部的塞尔柱人无疑是最强大的。君士坦丁十世驾崩的那一年，塞尔柱人的军队就已经完全攻陷了亚美尼亚，还长驱直入，掠劫了安条克、马拉蒂亚和恺撒里亚，小亚细亚再也不是安全的大后方了，惊恐的情绪从安纳托利亚一直传到了首都君士坦丁堡。如果人们还沉浸在巴西尔时代的辉煌记忆里，东罗马帝国的灭亡恐怕就在当下了。

丧钟之声，曼齐刻尔特

罗曼努斯四世一上台便发布了军队的动员令，征召新的帝国军队，雇用合适的外族勇士，筹集足够的作战经费，以及调动来自欧、亚农庄里的军马粮草。罗曼努斯四世在演讲中承诺，他将还给罗马人一个强大的帝国，将让罗马民众俯视一切蛮族国家。公元1068年3月，罗曼努斯四世率领一支新军直奔恺撒里亚。

一支塞尔柱军队正在帝国境内大肆掠劫，显然他们还不知道东罗马帝国的皇权更替，更不知道一位军人皇帝正雄心勃勃地要消灭他们。双方在迪夫里伊遭遇并交战，罗曼努斯四世大破塞尔柱军队，以辉煌的胜利宣告了新皇帝的到来。次年，塞尔柱人重新发动攻势，一支规模更大的军队深入帝国500千米烧杀抢掠，皇帝被激怒了，他召集了更多的军队，并雇用了大量的外族佣兵。

塞尔柱的斥候探知了东罗马皇帝的军事行动，苏丹阿尔普·阿尔斯兰非常担忧即将到来的战争，对塞尔柱来说，他们的主要敌人是法蒂玛王朝，因为塞尔柱人皈依了逊尼派，并以巴格达的哈里发为精神领袖，而法蒂玛王朝是什叶派，还在开罗另立了一个哈里发，故而法蒂玛王朝被塞尔柱人视为异端和背叛者，这明显比基督徒还要可恨。

苏丹阿尔普·阿尔斯兰手里的军队明显少于东罗马帝国，如果同时与法蒂玛、东罗马交战，塞尔柱人未必有胜算。故而阿尔斯兰遣使求和，承诺不再掠劫东罗马帝国的领土。东罗马暂时接受了这一协议。但塞尔柱并非一个高度集权的国家，虽然苏丹愿意与皇帝保持和平，但他麾下的小部落们受不了没有战争、没有抢劫的日子，于是一些零星的袭击依然在帝国境内发生，这无疑再次激怒了罗曼努斯四世。

皇帝认为塞尔柱这种行为违背了停战协定，既然协议已经被打破，那东罗马帝国就没有必要保持克制。罗曼努斯四世继续征集军队，加上新雇用的各族外籍佣兵，罗曼努斯四世麾下集结了一支由诺曼人、日耳曼人、叙利亚人、亚美尼亚人、保加利亚人、斯拉夫人、突厥人、阿拉伯人组成的多民族联军，兵力多达10余万。

纵观战神巴西尔二世一生的征战，东罗马帝国始终没有招募到超过6万人的军队，而罗曼努斯四世却动员了10万人马，这无疑表明新皇帝要一劳永逸地解决塞尔柱突厥的威胁。

公元1071年年初，罗曼努斯四世遣使续约，苏丹此刻正忙于进攻法蒂玛王朝，自然愿意与罗马皇帝保持和平，这样他才能没有后顾之忧地讨伐"异端"。然而，这份新的和平协议不过是罗曼努斯四世的幌子，皇帝根本没有与塞尔柱维持和平的想法，他不过是想利用一纸和约麻痹塞尔柱人，好乘虚而入。

当年3月，罗曼努斯四世亲率10万大军直奔塞尔柱控制的凡湖地区，这里本是亚美尼亚的腹心地带，但前不久被塞尔柱人夺取，皇帝计划收复当地的主要城池曼齐刻尔特和阿布拉特，并就地歼灭塞尔柱人的主力军队。然而庞大的帝国军队没能隐藏好自己，遮天蔽日的烟尘暴露了罗曼努斯四世的军队，塞尔柱的轻骑兵迅速将这一消息报告给了阿尔斯兰。

听到东罗马帝国主力进入凡湖的消息后，阿尔斯兰震惊不已，他当即结束了对阿勒颇的围攻，仅率4000名塞尔柱骑兵紧急驰援曼齐刻尔特，途中还招募了近1万人的库尔德援军。当年7月，苏丹已集结了一支4万人的军队，昼夜急行，不敢有一丝耽搁，他们利用山地掩护了自己的行动，以至于罗曼努斯四世的斥候一直没有发现他们，皇帝始终不知道苏丹主力的具体位置。

不久之后，罗曼努斯四世召开了军事会议。在作战会议上，将军们为继续深入敌境还是就地等待斥候回报争吵不休，罗曼努斯四世急于求战，但斥候尚未掌握阿尔斯兰主力的位置，这让皇帝无法做出正确的部署。一部分将军建议皇帝稳扎稳打，在没有弄清楚阿尔斯兰位置前，暂时不要深入到凡湖，然而皇帝不以为然，他认为这次军事行动的制胜关键在于抢得先机，如果按兵不动，就等于让塞尔柱人有时间准备。现在的敌军应该离曼齐刻尔特还很远，这正是一举攻克凡湖要地的好机会。

皇帝分拨了3万人马给麾下大将约瑟夫·塔尔哈尼奥特斯，命他攻打凡湖西岸的阿布拉特，控制该处通往西南侧的山地要道，因为按照罗曼努斯四世的判断，塞尔柱军队将从阿勒颇直接返回曼齐刻尔特，他们必定走最近的阿布拉特，只要约瑟夫的军队挡在这里，就能阻击阿尔斯兰，甚至伏击他们。罗曼努斯四世自己则率领其余人马直奔凡湖北面的曼齐刻尔特，大军基本没费什么工夫就攻陷了该城。一切似乎都是如此顺利。

让人意外的是，罗曼努斯四世显然轻视了对手，阿尔斯兰所率领的军队是一支以骑兵为主的机动部队，他们以弓骑兵为主，持枪重骑兵为辅，加上行动迅速的轻骑兵，塞尔柱人不仅能及时侦察敌情，还能快速移动到任何位置，这是混杂各族佣兵的东罗马军队所不具备的优势。阿尔斯兰似乎看穿了罗曼努斯四世的部署，并没有取道阿布拉特西南面，而是沿着凡湖南岸绕了一大圈，从阿布拉特东侧的山地穿过，突然出现在了约瑟夫的背后。

此举让3万东罗马军队惊恐不已，他们所布置的阵地朝向西南方，但敌人攻击的是他们的后背，他们完全无法招架，约瑟夫的军队被杀得丢盔弃甲，士气顿时崩溃，不少人竟然还没和敌人交战就向西逃跑了。约瑟夫不但没有及时约束部队，反而和溃兵一路逃至特拉布宗，全然忘记将敌人来袭的情报传递给毫不知情的罗曼努斯四世。

驱逐了约瑟夫的3万人后，阿尔斯兰依旧没有暴露自己的位置。罗曼努斯四世还不知道先锋已经溃散，他派出一部分人马外出搜寻粮草，但这队人马遭遇了人数众多的塞尔柱弓骑兵，罗曼努斯四世不敢相信这是阿尔斯兰的主力，他依旧认为这只是一股小部队，于是派大将布兰恩努斯率兵追击这股"小部队"。

几个小时后，布兰恩努斯陷入重围被迫求援，皇帝又派巴斯拉吉奥斯率领更多的军队支援布兰恩努斯。又过了几个小时，本以为能够获胜的罗曼努斯四世却接到了巴斯拉吉奥斯被俘的消息，九死一生的布兰恩努斯逃回大营，背后中了两箭，胸前还被刺了一枪，皇帝这才意识到塞尔柱的主力已经近在眼前了。

塞尔柱军队首先发动了攻击，他们派出了人数可观的弓骑兵骚扰东罗马帝国的大营。当夜，无数箭矢倾泻在罗马人的营地里，塞尔柱人保持了整个夜晚的攻势，虽然未必射杀了多少罗马士兵，但他们持续的呐喊和喧闹让东罗马帝国军队彻夜未眠，一些本就不可靠的雇佣兵倒戈到了敌营。就在这时，阿尔斯兰却派使者面见罗曼努斯四世，企图恢复和平。

塞尔柱人主动请和让皇帝既高兴又疑惑，罗曼努斯四世猜想，如果形势有利于塞尔柱人，阿尔斯兰断不会求和，临战求和只可能是塞尔柱人并没有打赢东罗马帝国的信心，毕竟他们只有4万人，而帝国却有近10万大军，优势依然在东罗马这边。况且皇帝花费巨资动员了如此庞大的军队，如果不战而和，他本人将被反对派攻讦，而且一旦战争再次来临，要重新集结起一支10万人的军队恐怕很难实现。基于以上判断，罗曼努斯四世拒绝了和谈。

决战终于在 8 月 25 日正式爆发。

东罗马帝国方面，罗曼努斯四世率领最精锐的瓦兰吉卫队和亚美尼亚重骑兵居于中央，突厥人、叙利亚人、各族雇佣兵分别布置在两翼，由布兰恩努斯指挥左翼，阿里亚特斯指挥右翼，而由本国公民组建的征召军被部署在后方，由"恺撒"约翰·杜卡斯的儿子安德罗尼卡·杜卡斯统领，负责支援任何一处战况不利的战线。

塞尔柱方面，阿尔斯兰指挥中央的骑兵部队，两翼交给了自己最信任的将领，他们摆出了弯月般的阵形，中央靠后，两翼朝前，仿佛要一口吃掉罗曼努斯四世的中央精锐。

战斗打响后，罗曼努斯四世一声令下，东罗马的军队开始朝前方进攻，而塞尔柱骑兵按照惯例发动了远程攻势，边后退边射击。值得一提的是，塞尔柱弓骑兵丝毫不比当年的帕提亚骑兵差，不仅机动灵活，且能轻松完成"回马射"，几乎每一箭都能命中目标。罗马军队以步兵为主，虽然铠甲厚实且近战勇猛，但他们的机动性远比塞尔柱人差，以至于交战伊始罗马军队一直无法与敌人近战，只能高举盾牌缓慢追击。

阿尔斯兰似乎无意与东罗马帝国的步兵近战肉搏，他令两翼骑兵不断朝更远的方向撤退，并通过不断射击引诱罗曼努斯四世追击。东罗马军队逐渐被一分为四，两翼各自追着敌军的两翼，完全与中央精锐脱了节，双方甚至难以联络。作为预备队的安德罗尼卡·杜卡斯却迟迟不肯行动，观望着战局的发展。

决战之日的整个下午，罗马军队始终没能与敌人肉搏血战，他们被敌人牵着鼻子带到了相互不能支援的位置上。罗曼努斯四世毫无警觉，一路追击至阿尔斯兰的大营，塞尔柱人弃营而"逃"，依旧不肯与罗曼努斯四世正面交锋。黄昏来临后，罗曼努斯四世逐渐意识到局势的危险，他害怕后方的大营被敌军骑兵突袭，决定结束这种荒唐又没有意义的追击，于是皇帝下令撤退回营。

然而皇帝的撤退命令很快就让军队崩溃，帝国军队中的雇佣兵缺乏基本的纪律性和组织性，他们误解了皇帝的命令，以为撤退就是溃败，就是逃跑，于是东罗马帝国军队一片大乱。阿尔斯兰居高临下，清楚地看到了罗马人的混乱，当即下令全线进攻，疯狂的塞尔柱骑兵顿时从山上狂奔而下，首先攻击了与主力脱离的散兵游勇,几乎全歼了他们。接着,皇帝的中军也遭到了不同程度的攻击,恼羞成怒的皇帝当即改变军令,让所有部队转身反击、驱逐敌军。

本应该出兵支援的安德罗尼卡·杜卡斯无意加入战局,他见战局已经不利于罗曼努斯四世,竟然率领全部预备队逃走了,沿途还制造谣言称皇帝已经阵亡。预备队这一走彻底改变了战局的走向,还在抵抗的罗马军队一听说皇帝阵亡,当即放弃了抵抗,各自逃散,毫无信誉的雇佣兵这时也溜之大吉。得胜后的塞尔柱人逐渐完成了对罗曼努斯四世中央和两翼的包围,右翼很快放弃了抵抗,径直朝西狂奔而去,左翼直接被歼灭。最终,留在战场上的只剩下罗曼努斯四世和他的卫队。

剩下的战斗就成了瓦兰吉卫队英勇保卫皇帝的悲壮表演,这支忠勇的卫队始终不肯放下武器,他们护卫着皇帝杀死了一个又一个塞尔柱人,直到最后一个勇士被射杀,罗曼努斯四世才被俘。

曼齐刻尔特决战结束了,东罗马帝国的10万大军土崩瓦解,大量优秀的士兵和将军战死,皇帝本人也被俘虏,罗马的鹰旗倒在了血泊里,罗马人的骄傲在这一天被完全打垮了。

毫无疑问,曼齐刻尔特之战的失败对东罗马帝国是一场致命的打击,这场战争耗费了东罗马帝国大量的财富,罗曼努斯四世动员了近10万人的军队,这在当时非常惊人,可谓是东罗马国力的极限,此战大败,帝国再也不能组建一支同等规模的军队,更无法弥补失去的优秀士兵,本就被严重削弱的农兵也已无法重建,帝国只能继续使用雇佣军。更重要的是,损失的军队来自各大军区,他们的覆灭使得小亚细亚门户洞开,再也无法阻挡塞尔柱人。这一战与其说是罗曼努斯四世的失败,不如说是东罗马帝国的丧钟已经敲响。

官僚政府垮台,帝国新星崛起

曼齐刻尔特之战是东罗马历史上最惨重的失败,也是帝国军事历史上最大的耻辱,不仅东罗马帝国的精锐战死疆场,连皇帝本人都惨遭俘虏。它的失败固然是由于安德罗尼卡·杜卡斯临阵脱逃，但从根本上讲，惨败不完全是战术上的失误，是长期以来削弱国防导致的直接后果，更是军区制改革走向崩溃的直接体现。

巴西尔二世时期的东罗马军队何其勇猛，从阿勒颇到意大利，每一处战场都由东罗马军队主宰，他们既可以千里奔袭，又可以深入不毛之地攻坚，鹰旗在他们手上四处飘扬。现如今，东罗马帝国的军区制改革已经濒临破产，数代军人皇帝保护的小农经济业已破产，军区地产早已被官僚和贵族们瓜分殆尽，光荣的罗马军队不复存在，取而代之的是大量的外籍雇佣兵，这些兵匪只认黄金不识荣誉，只对出价更高的雇主忠诚，即便这样也不能保证他们在战场上奋力杀敌。曼齐刻尔特之战的罗马军队就以雇佣兵为主力，不少人在关键时刻逃跑，也许有人会把责任推给安德罗尼卡·杜卡斯散布的谣言，但根本原因是他们内心深处从未有过保卫帝国的想法，杜卡斯只是他们临时找的借口。

曼齐刻尔特血战后，东罗马帝国陷入内战。第一个逃离战场的安德罗尼卡·杜卡斯连发数十封密信，提前把消息告知了前"恺撒"约翰。约翰·杜卡斯旋即返回首都发动政变，控制了小皇帝米海尔七世，强迫太后欧多西娅遁入修道院，废黜了罗曼努斯四世。

等到罗曼努斯被阿尔斯兰释放，得知这一切的废帝认为从曼齐刻尔特到宫廷政变都是杜卡斯的阴谋，怒不可遏的他当即收拢残部向首都进军，可惜已无皇帝称号的罗曼努斯被视为帝国的耻辱，杜卡斯轻松击败了他的主力，并在阿纳达将其俘虏。罗曼努斯被绑在骡子上游街示众，屈辱地走了800千米后被刺瞎双眼，而后身亡。

从公元1073年开始，塞尔柱人杀入小亚细亚，屠杀当地居民，烧毁村镇，还大规模地将国内人口迁入该地区，东罗马帝国无力阻挡，只能听之任之。亚美尼亚、安纳托利亚、奇里乞亚全境沦陷，科尼亚和尼西亚等名城从此成了塞尔柱人的大本营，当地居民只能皈依伊斯兰教保命，东罗马帝国失去了赖以生存的大后方，粮食产地和兵源人口双双易手，塞尔柱突厥由此实力大增。东罗马帝国的军区制改革也在这一时期宣告终结。

国土的沦丧依旧不能阻止官僚贵族们继续享乐，中饱私囊、兼并土地、压榨民众的风气盛行，官僚们继续花天酒地、鱼肉百姓，他们似乎看不见那些来自外部的威胁，依旧我行我素，为了权力明争暗斗。

公元1077年，迪拉西乌姆大将军尼基弗鲁斯·布兰恩努斯以"清君侧"为旗号，在欧洲举兵造反。来自亚洲的大将军尼基弗鲁斯·博坦内亚特斯因不满宦官专权，也在亚洲举起了叛旗。为镇压叛乱，米海尔七世只能再次起用军事贵族，他任命科穆宁家族的年轻将军亚历克修斯·科穆宁为大将军，出兵镇压亚洲的叛军，然而年轻的将军兵力过少，起不到任何作用。

次年3月，君士坦丁堡爆发了严重的暴乱，市民们痛恨宦官、贵族专权，要求推翻官僚阶级的政府。米海尔七世害怕皇宫沦陷，居然抛弃了首都，逃到了斯托迪奥斯修道院。皇帝一跑，暴动的民众立刻打开了城门，亚洲叛军首领尼基弗鲁斯·博坦内亚特斯抢先入城加冕，史称"尼基弗鲁斯三世"。

尼基弗鲁斯三世的皇位坐得很不稳当，他不过是第一个进入君士坦丁堡的叛军首领，布兰恩努斯的欧洲叛军很快就会兵临首都，而且原政府还有一支平叛军队在亚历克修斯·科穆宁手中，时刻威胁着新皇帝的亚洲大本营。东罗马帝国内战不断，帝位角逐的游戏远没有停止。

现在三方势力都有军队在手，但鼎足之势却不可能形成，因为欧、亚两洲的叛军势均力敌，亚历克修斯·科穆宁就成了影响局势的关键，因为他既有军队又没有称帝，所以两方都极力拉拢亚历克修斯，他倒向谁，谁就可能赢得内战。此时的亚历克修斯有三个选择，一是拥护尼基弗鲁斯三世，二是倒向布兰恩努斯，三是自己起兵单干。

经过短暂的思考，亚历克修斯选择了第一个，因为他手里的军队疲惫不堪，而尼基弗鲁斯三世已经控制了君士坦丁堡，得到了牧首的认可，相当于有了官方认证了，如果这个时候起兵自立，只会让外敌捡便宜，无疑是自寻死路。于是，亚历克修斯和其他科穆宁成员宣布效忠新皇帝。新皇帝大喜过望，当即任命亚历克修斯为御林军长官、帝国高级统帅，赐爵"显贵者"，令其领兵讨伐布兰恩努斯。

别看尼基弗鲁斯三世占领了君士坦丁堡，实际上新皇帝手里的军队少得可怜，亚洲大部分地区都在塞尔柱人的统治之下，皇帝能有效指挥的军队除了雇佣军外，并没有更多的人马。反观布兰恩努斯一方，几乎所有的欧洲省份都加入了他的队伍，虽然这路人马对君士坦丁堡的围攻没有取得成效，但要击败这股势力并非易事。

新皇帝让亚历克修斯掌兵，不仅是对他的考验，也有削弱其兵权的意思，但对亚历克修斯来说，征讨叛军是跻身帝国中枢的绝好机会。年轻的亚历克修斯在家中排行第三，上面还有曼努埃尔和伊萨克两个兄长，三兄弟都投身军旅，他们的叔父正是前任皇帝伊萨克一世。科穆宁家族宣称其来自古罗马贵族世家，拥有良好的血统。

亚历克修斯·科穆宁得到任命后立即率军开赴前线，他之所以不敢耽搁，无非是急于证明自己的能力和价值。布兰恩努斯视科穆宁为阻挡其登上皇位的最后障碍，同样率领麾下主力迎战，双方在卡拉夫里塔展开会战。

亚历克修斯虽然年轻，但他出身军事贵族世家，自幼熟读兵书，在战场上的布阵充分显示了其良好的军事素养。亚历克修斯一方兵力相对较少，故而采取了守势，他将军队驻扎在相对狭窄的道路上，道路两侧地势不平，正好呈斜坡状，而且高的一侧正对敌军，使得敌人无法看清低地的情况。亚历克修斯选择在此处布阵的目的就是为了利用这个斜坡，他精选了一队法兰克佣兵，让他们埋伏在斜坡低地位置，试图等到敌军侧翼进入这个位置后伏击对方。

布兰恩努斯的叛军分为三部，左翼是由色萨利人和意大利人组成的5000人马，右翼有3000名色雷斯骑兵和马其顿骑兵，中央由布兰恩努斯亲自指挥，另外他还有一支战力不错的帕济纳克骑兵。布兰恩努斯的计划是由三部主力进攻并牵制亚历克修斯的军队，待双方僵持时，他的帕济纳克骑兵再迂回到敌军侧翼发动突袭，从而赢得战役。这种战术在罗马史上屡见不鲜，想必亚历克修斯并不陌生。

决战很快就打响了，双方统帅都有自己的考虑：亚历克修斯意图通过左翼的伏击取得优势，布兰恩努斯则想用骑兵突袭侧翼获得胜利。布兰恩努斯的右翼越过高地，进入亚历克修斯伏兵所在的低地时，埋伏多时的法兰克雇佣兵突然杀出，喊杀声和号角声此起彼伏，大有神兵天降的意思。亚历克修斯见状，急忙指挥全军发动全线进攻，战场上顿时杀声震天、烟尘蔽日，科穆宁的旗帜在风中猎猎作响，煞是威风。

亚历克修斯作战勇猛，他亲率一支精悍的队伍朝着布兰恩努斯的正面冲杀，连番砍倒数面军旗。这支部队取得了不小的战果，径直杀到了布兰恩努斯卫队所在处，斩杀了好些敌军，而他们最大的成功便是截获了布兰恩努斯的战马，一匹全身披着紫色战甲、面部戴着金色护面的骏马，马上还挂着布兰恩努斯的宝剑。而后，亚历克修斯率领精锐骑兵东突西进，来回驰骋，杀得敌军不敢上前，还成功将布兰恩努斯的战马给带了出来，这对战事的走向有着至关重要的作用。

意外的是，亚历克修斯的谋划并没有达到预期的效果，似乎是伏兵出动过早，以至于没能找到攻击敌军侧翼的有利位置，反倒和自己的左翼一起被敌军右翼给缠住了，之前的威风转瞬即逝，战场上一片混乱。一顿厮杀后，亚历克修斯的左翼率先被击溃，伤者不计其数，他的中央主力和右翼孤立无援，完全暴露了。等到帕济纳克骑兵冲杀过来后，亚历克修斯的右翼也被击溃并朝后方逃跑，亚历克修斯本人深陷重围，情况危急。

转机突然出现，得胜后的帕济纳克骑兵一路追杀亚历克修斯的右翼，脱离了战场，他们返回后，既没有重新加入战局，更没有围攻亚历克修斯的残部，反而跑去攻打友军后方的营寨，目的可能是为了抢夺战利品。这一操作让亚历克修斯的中央主力避免了被围歼的厄运，他抓住时机赶紧脱离了交战，一路朝后方的山峰退却。

亚历克修斯的本意是退守高地阻挡敌军的攻势，但他很快就发现布兰恩努斯的军队没有追击，而是分散在战场上抢夺战利品。亚历克修斯大喜过望，于是利用这一机会迅速收拢了败兵，重整了队伍，他将那匹从布兰恩努斯卫队里抢到的战马拉出来，举着布兰恩努斯的宝剑说道："叛将布兰恩努斯已死，随我杀回去，胜利必将属于我们！"

看到叛军统帅的坐骑和宝剑，士兵们都以为布兰恩努斯已死，士气为之一振。亚历克修斯的鼓舞取得了效果，溃兵大部重新集结在他的战旗下，这使得他有足够的力量展开反击。然而反击并不容易，先不说亚历克修斯麾下的军队本来就少且刚吃了败仗，就算他能立即反攻敌军，也可能会被对手再次击败。

年轻的统帅突然心生一计，精选了一些人马，分成两部埋伏在山顶两侧，然后他本人率领剩下的人马迅速杀回了战场。此时的布兰恩努斯正在接受败军的投降，亚历克修斯的奇袭让他们秩序大乱。

亚历克修斯没有让他的军队投入白刃战，而是不断用弓箭无差别地射击敌军和降兵，奇袭的目的只是诱使敌军追击自己，而不是要击溃对手，这是"以身作饵"的典型战术。果然，布兰恩努斯因愤怒而中计，立即组织军队追击亚历克修斯。亚历克修斯且战且退，直到敌军追杀到伏兵所在的山顶位置后才停下脚步。

此刻，布兰恩努斯率队一路爬上高地，累得筋疲力尽，亚历克修斯突然勒住缰绳，返身杀回，而埋伏在两翼的伏兵见敌军已入伏击圈也突然杀出，科穆宁的旗帜再次树立了起来，布兰恩努斯陷入了三面重围，惊恐不已。

这一次，亚历克修斯的伏击之策终于取得了成功，叛军大败，旋即崩溃，步骑均死伤惨重。布兰恩努斯见大势已去，急忙逃跑，但最终还是被擒获至首都刺瞎双眼，叛军旋即烟消云散，内战终于告一段落。

此战，亚历克修斯先败后胜，居然能在军队被击溃后重整队伍，还成功利用间隙重新设下伏击，诱使敌军进入伏击圈，堪称东罗马军事战术的高素质表现。这一战终于为内战暂时画上了句号，更为亚历克修斯赢得了巨大的声誉，一位年轻的帝国将领，一颗冉冉上升的帝国新星已然出现。至此，尼基弗鲁斯三世暂时坐稳了帝位，亚历克修斯·科穆宁也成了帝国家喻户晓的明星。

科穆宁王朝复辟

尼基弗鲁斯三世垂垂老矣，无法抵御来自塞尔柱人的威胁，苏丹阿尔斯兰的继承者充分利用了帝国内战的机会，指挥塞尔柱大军讨伐东罗马帝国，他的军队一路势如破竹，连克多座要塞，塞尔柱的旗帜一度出现在赫勒斯滂海峡，一个名为罗姆苏丹国的伊斯兰教政权在小亚细亚建立，意为"罗马人的苏丹国"。面对如此局势，东罗马帝国的新皇帝做了些什么呢？事实上，尼基弗鲁斯三世始终无所作为。

"无为而治"让东罗马帝国的局势继续恶化，但尼基弗鲁斯三世似乎对此并不关心，他一门心思要坐稳自己的皇位，为此还迎娶了米海尔七世的皇后玛丽。要知道，米海尔七世还活着，而且玛丽与米海尔还有一个儿子君士坦丁，尼基弗鲁斯三世却无视这一事实，强行迎娶了玛丽。他这样做表面上是一箭双雕，既有助于稳固自己的皇位，又能得到一个举国闻名的美女，殊不知，这一行为令其威望大损，民众都在咒骂新皇帝是个好色之徒。

尼基弗鲁斯三世的荒唐举动同样遭到了教会的唾弃，牧首并不承认这样的婚姻，但皇帝不为所动，为了盖住反对者的声音，皇帝将国库里本就不多的黄金全拿出来堵贵族的嘴，而这些钱本应该用于招募军队抵御塞尔柱，现在全都花在了毫无意义的地方。看来罗马人还得寻找另一个能够拯救他们的救世主。

尼基弗鲁斯三世也许没有发现自己的统治已经那么糟糕，但他宠信的大臣们却早有警觉，特别是在皇帝威望一再受损的时候，亚历克修斯·科穆宁的威望却与日俱增，这种反差令皇帝的宠臣等人深感忧虑，遂准备除掉他。

"我们必须除掉他，否则咱们的好日子就要到头了。"

"是的，如果皇帝陛下不同意，我们就在他回京述职的时候袭杀他。"

科穆宁家族自曼努埃尔·科穆宁起，经过数代人的经营，已经成了东罗马帝国首屈一指的大贵族世家，这个家族依靠军队的势力，族中出了很多将军，在地方上很有威望。年轻的亚历克修斯是皇帝伊萨克一世的侄儿，他的仕途可谓顺风顺水，年仅14岁时就领兵出征，还被任命为军区大将军，他的两个哥哥曼努埃尔和伊萨克都是军界翘楚，兄弟三人在一系列战争里立下了汗马功劳。

不过，曼努埃尔在曼齐刻尔特之战里阵亡，给科穆宁家族的势力多少带来了些不利影响，但是亚历克修斯随后就将损失挽回，因为他成功与杜卡斯家族联姻，迎娶了安德罗尼卡·杜卡斯的女儿伊琳娜，这就代表着亚历克修斯成了"恺撒"约翰·杜卡斯的孙女婿。

显然，这一联姻具有很强的政治意义，杜卡斯家族是皇族，在朝中势力庞大又盘根错节，即便尼基弗鲁斯三世取代了米海尔七世也无法改变这一事实，而科穆宁在军中又有很高的声望，两家结盟无疑对新皇帝的统治产生了巨大的威胁，这就使得皇帝宠臣波利鲁斯等人对亚历克修斯动了杀心。然而，亚历克修斯何其幸运，他居然在局势如此微妙时被皇后玛丽收为养子，波利鲁斯等人只能作罢。

玛丽之所以保护亚历克修斯，全赖他是杜卡斯家族的女婿，尼基弗鲁斯三世或许认为此举能进一步拉拢亚历克修斯，以保证科穆宁和杜卡斯两大家族的忠诚,故而没有反对皇后这一举措,还锦上添花地授予亚历克修斯招募军队的权力。这进一步提高了亚历克修斯的威望,激发了科穆宁家族的野心,更促使杜卡斯家族完全倒向了亚历克修斯。如此一来,亚历克修斯便拥有了科穆宁和杜卡斯两大家族的政治资源,还得到了自由召集军队的权力。

事实上,皇帝允许亚历克修斯召集军队,另一个目的是反击塞尔柱人。老皇帝此举同样有很深的政治考量:如果亚历克修斯获胜,帝国将因此获得短暂的和平;如果亚历克修斯失败,受打击的也是年轻将军的威望。但亚历克修斯却无心考虑与塞尔柱人的战争,他唯一想做的便是利用这个机会夺取政权。

科穆宁家族自伊萨克一世起就对皇位产生了占有欲,亚历克修斯同样认为皇位应该由科穆宁家族继承,杜卡斯只是暂时代替他们而已,现在皇帝竟然将兵权交到自己手里,亚历克修斯怎么可能放弃如此好的机会?很快,亚历克修斯便假借讨伐塞尔柱人的名义,在欧洲的佐热罗斯集结军队。

皇帝的所作所为让宠臣波利鲁斯惊诧不已,他们担心亚历克修斯得到军队后会推翻尼基弗鲁斯,危及自己的荣华富贵,便决定在君士坦丁堡城内除掉亚历克修斯。公元1081年2月14日,亚历克修斯兄弟的耳目事先得到了消息,两兄弟召集人手径直闯入了布拉赫内宫的皇家马厩,杀掉了守卫,夺取了御马,连夜逃奔出城。为了避免被追上,亚历克修斯等人甚至割断了马厩里其他马匹的腿筋。波利鲁斯等人的刺杀计划再次失败了。历史竟是如此相似,君士坦丁大帝当年也以同样的方法逃脱了追捕。

科穆宁兄弟二人首先来到葛斯弥迪乌姆,他们利用亚历克修斯岳母玛利亚的关系,说服了帝国的另一位权臣乔治·巴列奥略加入自己的阵营,此人同样出身名门,拥有富可敌国的财富,同时也是帝国重要的政治力量。玛利亚一出面,乔治当然乖乖听命,因为玛利亚是他的岳母,乔治娶了伊琳娜的妹妹安娜,与亚历克修斯成了连襟。既然决定一同举事,自然要拿出像样的投名状,乔治当即拿出了大量的金银珠宝以充作科穆宁起兵的军费。

另一方面,亚历克修斯派人邀请约翰·杜卡斯,老"恺撒"对尼基弗鲁斯三世的统治早已不满,他渴望回到帝国权力中枢,自然也愿意加入科穆宁的队伍。据说约翰袭击了一支向首都运送物资的队伍,得到了不少钱粮物资,利用这些钱,他就近征调了一支战斗力很强的突厥雇佣军。而在亚洲地区,亚历克修斯的妹夫尼基弗鲁斯·梅里森努斯也举兵反叛,此刻正朝着君士坦丁堡进军。

叛乱蔓延得如此之快,欧洲和亚洲的军队同时树起了反旗,尼基弗鲁斯三世几乎成了孤家寡人。之后,亚历克修斯兄弟抵达了大本营佐热罗斯,两人的追随者也相继抵达,各族雇佣军齐聚一堂,几天后便拔营直奔君士坦丁堡。

为了获得讨伐老皇帝的正义性,联军在西扎召开会议推举新的皇帝,士兵们大多支持伊萨克·科穆宁称帝,因为他在军中最有资历且战功赫赫,更拥有安条克总督的头衔,这相当于"东方摄政",但约翰·杜卡斯坚称非亚历克修斯不可,毕竟伊萨克可不是杜卡斯家族的女婿。最终,杜卡斯家族的意见起到了决定性作用,伊萨克·科穆宁深明大义,他担心分歧会导致联军瓦解,便主动向杜卡斯家族屈服了。

伊萨克把自己的佩剑郑重地交给了亚历克修斯,宣布拥护弟弟称帝。就这样,亚历克修斯·科穆宁站在盾牌上被士兵们高高举起,士兵们高呼:"凯旋大将军,万岁!"叛军正式宣布亚历克修斯是东罗马帝国的新皇帝。

亚历克修斯的联军很快就包围了君士坦丁堡,老皇帝无力出城决战,只能依靠坚固的狄奥多西城墙抵御叛军,他相信这座巨城的防御能力,以为亚历克修斯会和布兰恩努斯一样铩羽而归。然而他完全想错了,亚历克修斯压根就没有强攻狄奥多西城墙的打算,他和"恺撒"约翰一起侦察城墙各处时,很快就发现了防御部署上的巨大漏洞——一些德意志佣兵被单独安排在一处塔楼。约翰和亚历克修斯会心一笑,乔治·巴列奥略再次拿出了他的黄金,这些毫无荣誉感的佣兵马上倒戈到了叛军一方。

乔治·巴列奥略率领一队人马于夜间悄悄登上该处城墙,破晓时,乔治的人打开城门并发出信号,等待多时的联军蜂拥而入,守军几乎顷刻崩溃,叛军迅速控制了城墙,零星的战斗很快结束。乔治·巴列奥略此时又说服了帝国海军加入,舰队立刻按指示封锁了君士坦丁堡的海港,老皇帝失去了逃走的最后机会。

大势已去,尼基弗鲁斯·博坦内亚特斯无奈地脱下了象征着皇权的紫袍,连忙遁入圣索菲亚大教堂躲避。叛军的掠劫整整持续了一天。待城市秩序恢复后,亚历克修斯·科穆宁召集了帝国的朝臣们,于圣索菲亚大教堂正式加冕称帝,史称"亚历克修斯一世"。伊萨克一世被迫退位后,科穆宁王朝由他的侄子重新建立,他们的王朝成功复辟。

第四十七章 救世主,科穆宁的挑战

第一场挑战——诺曼人入侵

科穆宁王朝的复辟对东罗马帝国可谓意义深远，对外战争的接连失败和此起彼伏的内部争斗令每一个罗马人痛心疾首。自巴西尔二世驾崩后，曾经强大的东罗马军队似乎在一夜之间消失殆尽，高级将领们不是被处死、流放，就是被迫退休，低阶军官的份地被强行收走，普通农兵的土地遭到恶意兼并，供养铁甲圣骑兵的地产不复存在，此后的数位官僚皇帝极力打压军队的力量，任用外籍雇佣兵，伊萨克一世和罗曼努斯四世不太成功的尝试最终都被他们的对手终结。

君士坦丁堡城内也许依旧辉煌如昔，纸醉金迷的酒馆、莺歌燕舞的剧院、人声鼎沸的竞技场似乎从未停歇过，但走出狄奥多西城墙就会发现，亚洲各大军区已经被塞尔柱人统治，尼西亚成了塞尔柱人的首都，小亚细亚到处都是穆斯林的旗帜，欧洲的斯拉夫人起义此起彼伏，来自北方的库曼人、佩切涅格人早已将巴尔干半岛视为他们的猎场，而在意大利，帝国最后的堡垒巴里也被诺曼人攻占，如果东罗马帝国还不能找到一位能够改变这一现状的皇帝，罗马帝国的灭亡便近在眼前了。

亚历克修斯一世上台被认为是官僚阶层皇帝黑暗统治的结束，作为军事贵族皇帝，亚历克修斯一世深知东罗马帝国的症结所在，他毫不客气地改革帝国中央政府，加强集权、精简机构、淘汰冗官、缩减开支，并试图减小帝国对雇佣兵的依赖。这一切努力无疑都是在扭转东罗马帝国衰落的趋势，而这一系列改革中最重要的便是寻找替代军区制的办法，亚历克修斯一世以及他的幕僚们心知肚明。

外部敌人强大而狡猾，要复兴东罗马帝国，逐一击破蛮族势力，亚历克修斯一世最需要的便是军队和黄金。然而，随着罗姆苏丹国的建立，这两样东西却成了帝国最缺乏的资源，因为小亚细亚地区一直是帝国的兵源地和钱粮地，该地沦陷后，塞尔柱突厥的国力大增，东罗马的税收一天比一天少，国库日渐空虚，而雇佣兵的佣金十分高昂，国内又招募不到合适的士兵，皇帝只能掏空家底来维持表面上的强大。

实际上，虽然皇帝发布的政令让人觉得他有些疲于应付，但面对以上困境，亚历克修斯有一个长远的改革计划，他正试图重建罗马军队并赶走雇佣军，用类似西欧采邑制（西欧封建土地所有制形式之一）的普诺尼埃制代替。只可惜，亚历克修斯一世还没来得及推行此制度，诺曼人就发动了战争。

诺曼冒险者与瓦兰吉卫队属同宗，他们都是来自寒冷北欧的维京人后裔，这个民族的人体格健壮、力大无穷，而且还富有冒险精神，从公元8世纪开始，维京海盗的大名便响彻了西欧各地，他们常年出没于不列颠和法兰克北部海岸，除了打劫商船，他们更喜欢入侵内陆，洗劫城镇。

公元845年，维京人在拉格纳的率领下攻陷了法兰克重镇巴黎，西法兰克国王被迫缴纳了6000磅金银才送走他们。公元885年，3万名维京战士再次兵临巴黎城，双方围绕城市展开了一场激烈的攻防战，然而法兰克人守护城市的决心比40年前更加坚定，在经历了11个月的围攻后，法兰克援军及时抵达，大多数维京人解围而去。

留下的维京人无疑是迎难而上的勇士，他们中间有一个叫罗洛的首领，身材高大、作战勇猛且富有政治头脑，据说没有一匹维京战马能驮动他，故而罗洛只能步行作战，人称"行者罗洛"。西法兰克皇帝胖子查理畏惧罗洛的勇猛，改变了对待维京人的策略，他用约120磅的白银和鲁昂的土地招降罗洛。罗洛早就想获得一片属于自己的封地，双方一拍即合。至此，罗洛便成为第一任诺曼底伯爵，追随他的维京人都在诺曼底安了家，这支队伍成功从海盗变身为了封建领主。

罗洛被证明是位合格的统治者，他积极学习当地文化，迎娶当地女子，他和他的维京勇士逐渐融入了当地，创建了一个独特的新族群——诺曼人。此后，罗洛的继承者查理帮助于格·卡佩登上了法兰西的王位，查理便被允许使用"公爵"的头衔，他的领地也就成了诺曼底公国。

诺曼底公国的传奇还不只是独立建国，诺曼人骨子里的侵略基因不久后就驱使他们继续对外征服，其中一部分人向北扩张，另一部分人则试图到南方冒险。公元1066年，诺曼底公爵威廉成功入侵了英格兰，终于将英格兰的王冠戴在了自己的头上，开始了诺曼人对不列颠的统治。同时，来自欧特维尔家族的另一个威廉，人称"铁臂者威廉"，正率领他的追随者们一路南下到了意大利，这帮人作战勇猛，先是帮助伦巴第人攻打东罗马帝国的军队，后来又投靠东罗马帝国，镇压了伦巴第人起义。

当帝国名将乔治·曼尼亚克斯带领他们杀入西西里后，诺曼人第一次见到如此富饶的土地，西西里简直就是冒险者的天堂，正是诺曼勇士大显身手的好地方。东罗马帝国的内斗实际上帮助了威廉：当时恰逢宫廷大臣斯凯勒鲁斯构陷乔治·曼尼亚克斯故意拖延军费和粮食，以致雇佣军的薪酬无法兑现，曼尼亚克斯又草率地鞭笞了威廉派去索要佣金的使者，威廉和他的人马怒而离开了东罗马帝国的军队。

翻脸后，铁臂者威廉率领诺曼和伦巴第联军杀入了东罗马帝国治下的阿普利亚，成功夺取了梅尔菲及周边的土地，还迎娶了萨勒诺大公的侄女，被授予了"阿普利亚公爵"的头衔，威廉便以此为大本营，开始了长达数十年的南意大利攻略。

铁臂者威廉死后，他的弟弟德罗戈继承了阿普利亚公爵的头衔，但东罗马帝国不会坐视诺曼人变强，公元1051年，东罗马帝国的间谍成功刺杀了德罗戈，南意大利的诺曼人顿时大乱。教皇利奥认为这是讨伐诺曼人的最好时机，便联合德意志和意大利的盟友发动了对诺曼人的战争，然而教皇并非合格的将领，他的军队被诺曼人完全击溃，连教皇利奥本人都被俘虏。

教皇利奥本以为死期将至，没想到诺曼人却主动跪在了他的面前，亲吻他的脚和戒指，为他送上食物和衣服。诺曼人非常狡猾，他们知道杀死教皇会有什么样的后果，但如果能得到教皇的谅解，诺曼人将会得到超乎想象的政治利益。此后，诺曼人在铁臂者威廉另一个弟弟罗伯特·吉斯卡尔的率领下，几乎攻占了整个卡拉布里亚地区。5年后，新任教皇尼古拉斯二世在梅尔菲正式与罗伯特结为盟友，并将阿普利亚、卡拉布里亚、西西里公爵的头衔全部赐予了诺曼领袖。诺曼人就这样得到了征讨南意大利的正当名义。

罗伯特·吉斯卡尔拥有很高的战争热情，他计划将自己的头衔兑现，便公开与东罗马帝国为敌，不断蚕食罗马人在南意大利的城池，使得东罗马帝国在南意大利只剩下了巴里一处领土。公元1060年，野心勃勃的罗伯特·吉斯卡尔率部入侵西西里，攻陷了墨西拿，仅用一年时间，包括巴勒莫在内的西西里三分之二的土地均落入了诺曼人之手。公元1071年，也就是曼齐刻尔特之战的同一年，罗伯特终于如愿攻克了坚固的巴里城。至此，诺曼人成功把东罗马的势力逐出了意大利。

米海尔七世时，皇帝为了缓和与诺曼人的关系，提出让皇储君士坦丁迎娶罗伯特的女儿海伦娜，诺曼人认为这是插手东罗马帝国事务的最好机会，当即将年幼的海伦娜送往了君士坦丁堡。罗伯特指望女儿当上东罗马皇后后自己能以国丈的名义谋取更多的利益。这个想法何其天真，保加利亚大帝西蒙当年就是这样打算的，结果嘛，历史已经给出了答案。

果然，罗伯特的计划完全落空了，几乎就在海伦娜抵达君士坦丁堡的同一时间，尼基弗鲁斯三世便推翻了米海尔七世的统治，小君士坦丁和海伦娜都被送到了修道院。消息传到意大利后，罗伯特·吉斯卡尔先怒后喜，他怒是因为自己成为国丈的计划落空了，喜是因为他得到了一个入侵东罗马帝国的绝佳借口。

罗伯特让一个僧侣假冒被废黜的米海尔七世，他以假米海尔七世为旗帜，公开向篡位者尼基弗鲁斯三世宣战。一年后，一支由诺曼人、伦巴第人、撒克逊人、法兰西人、希腊人组成的2万联军宣告成立，150艘紧急打造和购买的船只也集结待命。可就在这时，年轻的亚历克修斯又推翻了尼基弗鲁斯三世的统治，新皇帝的使者很快就来到了意大利，表示要恢复君士坦丁的共治皇位，还允许海伦娜成为君士坦丁的皇后。

罗伯特·吉斯卡尔听后恼怒不已，他的远征军已经组建完毕，箭在弦上不得不发，于是拒绝了亚历克修斯一世的和平提议。公元1081年5月，罗伯特命儿子博希蒙德率领先锋船队首先渡过了亚德里亚海，他本人随后也率领主力攻陷了东罗马帝国的科孚岛（即克基拉岛）。

当年6月，罗伯特·吉斯卡尔的3万联军包围了迪拉西乌姆，战争已经不可避免，是求和赔款，还是提兵迎战？所有人都睁大眼睛等着看。毫无疑问，亚历克修斯一世无意求和示弱，西进决战的军令很快传遍全军。这是亚历克修斯执政后的第一场大战，也是科穆宁王朝复兴的第一场大战，科穆宁能否击败强大的诺曼联军，重振东罗马帝国的军威呢？

迪拉西乌姆会战

迪拉西乌姆，即今都拉佐，是伊利里亚的首府重镇，该城是一座易守难攻的海港城池，陆地一侧布满了沼泽，算是一座天然的要塞。迪拉西乌姆上一次闻名天下，还是恺撒、庞培内战时期，那时恺撒不顾兵力微薄、船只不足，强行渡过亚得里亚海，在迪拉西乌姆包围了数倍于己的庞培军团。如今，罗马人的后裔又来到了这里，迎接他们的会是怎样的一场大战呢？

亚历克修斯一世派驻迪拉西乌姆的守将是他的连襟乔治·巴列奥略。东罗马帝国非常清楚诺曼人的战略意图和进攻方向，只要能扼守迪拉西乌姆一线，诺曼入侵军就无法获得补给，早晚都会被东罗马帝国击退。但要成功守住迪拉西乌姆防线，帝国就必须从海陆两个方向发动攻势。只可惜帝国军队在经过官僚贵族多年的打压后，很难找到一支能够主宰地中海的舰队，更没有一支能征服四方的陆上军团了。

亚历克修斯一世不仅是一名优秀的指挥官，更是东罗马帝国难得一见的战略大师，他40岁以前的战斗从无败绩，如果能给他一支巴西尔二世时期的军队，相信亚历克修斯一世能创造出不输于巴西尔二世的辉煌战绩。不过眼下，亚历克修斯一世无法变出一支强大的帝国军队，他不可能把筹码完全押在临时征召的雇佣军身上，更不敢轻易放弃对制海权的争夺。因此，皇帝第一时间想到了航海共和国威尼斯。

威尼斯共和国起源于蛮族入侵时期，该国人民本是一群居住在意大利的罗马公民，为了躲避匈人的屠杀，这些难民意外地发现了一片孤立在近海上的沼泽地，于是他们迁入了这里，经过上百年的发展，一座名叫威尼斯的海上城市诞生了。

此后数百年间，威尼斯人通过经商，逐渐在西欧打出了一片天地，他们按照古罗马共和国的模式建立了自己的政府，通过议会选举了一个类似于执政官的总督，还建立了一支海上作战能力很强的共和国舰队。当年巴西尔二世讨伐保加利亚时就曾与威尼斯结盟，目的就是威尼斯人的海军舰队。

皇帝很清楚，威尼斯人非常依赖亚得里亚海的贸易，不会坐视诺曼人统治意大利和伊利里亚两地，因为这样一来威尼斯就不得不仰人鼻息，所以亚历克修斯一世请求与威尼斯结盟，许诺给予威尼斯最惠国待遇。当然这一交易严重损害了东罗马本国商人的利益，但在当时看来，能得到一个强大的海上盟友绝对比孤军作战要好得多。

诺曼人方面，罗伯特·吉斯卡尔从海陆两面围攻迪拉西乌姆，陆地上的军队由他本人亲自指挥，联军就地取材打造了不少云梯、攻城锤和攻城塔，他们沿着迪拉西乌姆的城墙深挖壕沟，并插上了木桩，还把营垒修在略高一点儿的地方。海上的封锁则由罗伯特最出色的儿子博希蒙德指挥，约150艘战舰排在了海港外侧，基本阻断了守军出城的可能，也阻断了外来的物资补给和援军。

迪拉西乌姆会战以威尼斯舰队的夜袭拉开序幕。公元1081年，威尼斯总督多米尼克·塞尔沃亲率主力舰队驰援迪拉西乌姆，他们以15艘先进的重型战舰打头阵，数十艘中、小型战舰为后援，模仿东罗马帝国的战术，将无数小艇挂在战舰桅杆的上方，里面满载着威尼斯弓弩手。夜幕降临后，威尼斯的舰队突然出现在海面上，博希蒙德急忙调集船队出海迎战。

两军战舰展开了猛烈的海上对射，威尼斯人以居高临下的优势猛攻迎面撞上的诺曼战舰，小艇上的士兵不断用火矢压制对手，由于诺曼人的海上作战经验少，船只数量虽多，但难以形成有效的防御，很快就被威尼斯舰队打出了一个缺口。这时，令诺曼人震惊的事情发生了：无数诺曼船只突然从底部起火，几乎是顷刻间，诺曼舰队周围的海水自燃了起来，无论是用水还是沙子都无法将其熄灭。诺曼人惊恐地吼道："天啊，这是希腊火！"

原来威尼斯舰队装备了东罗马帝国的绝杀武器——希腊火。他们利用安插在海洋中的水下管道，朝诺曼战舰的底部喷射希腊火，让诺曼人在毫无防备的情况下陷入火海。数十艘威尼斯战舰得意地朝着迪拉西乌姆海港的方向急驰而去，身后留下的是身陷火海的诺曼舰队。不少诺曼船只被焚毁，许多人跳入水中淹死，仅一夜之间，诺曼人的海上封锁就被威尼斯人突破。威尼斯舰队骄傲地驶入迪拉西乌姆海港，东罗马帝国守军站在城墙上高声欢呼，士气大振。

罗伯特的海上封锁失效后，用围困逼降守军的可能性就微乎其微了，东罗马帝国可以利用威尼斯的舰队随时朝城内运输补给品。对诺曼联军来说，他们只有一个选择——强攻城池。于是，联军开始猛攻迪拉西乌姆的城墙，用投石车反复轰击，不断把勇士送到城墙上与守军厮杀。然而，乔治·巴列奥略指挥的东罗马帝国守军异常顽强，乔治高呼道："威尼斯人已经证明了他们在海上的实力，现在轮到我们了，让他们看看，在城墙上的罗马勇士都是最强悍的！"

乔治就这样鼓舞了士气，击退了一拨又一拨的诺曼人。守军越战越勇，斩获颇丰，乔治本人甚至利用作战间隙，率领不惧生死的勇士突然杀出城门，焚毁了罗伯特的攻城器械，还烧掉了敌军的粮草辎重，守军战斗意志越发强烈。乔治·巴列奥略坚信皇帝的援军即将抵达，只要坚持到那一天，胜利就会属于罗马人。

诺曼人的围攻毫无成效，随着时间的推移，诺曼联军的士气已然大跌，再加上天气日渐炎热，诺曼人自己反倒陷入了窘境，疫病不知何时起在军中开始流行，非战斗减员非常严重，据说在10月中旬到来前，已经有近一万人退出了战斗序列，不少将领提议撤退。形势对东罗马帝国来说非常有利。然而罗伯特的战斗意志十分强烈，为了打消士兵们逃走的念头，公爵焚毁了剩下的船，决心背水一战。

公元1081年10月15日，准备多时的亚历克修斯一世终于出现了，皇帝率领一支由希腊人、突厥人、塞尔维亚人、保加利亚人、亚美尼亚人组成的帝国联军，从东南面逼近了迪拉西乌姆战线，他们就地扎营休整3天后，10月18日，3万帝国联军直奔罗伯特·吉斯卡尔的主力军部队，迪拉西乌姆决战打响。

东罗马帝国联军以雇佣军为主，核心部队依然是东罗马最精锐的由1000人组成的瓦兰吉卫队，这支瓦兰吉卫队与以往不同的是，里面不只有维京人，还有一定数量的盎格鲁–撒克逊人。除此之外，亚历克修斯一世还带来了刚刚成军的帝国重装骑兵，这些人本是皇帝复兴帝国重骑兵的尝试，不过由于缺乏训练，战斗力还远没有达到铁甲圣骑兵当年的水平。其他的辅助军队中，战斗力最强的应该是塞尔柱支援的7000名突厥骑兵，亚历克修斯一世对他们寄予厚望。

东罗马军队的布阵采用了传统的左、中、右三部，亚历克修斯一世率领瓦兰吉卫队和重装骑兵居于中部，其中瓦兰吉卫队组成第一道防线，皇帝本人和他的卫队居于后侧，左翼由人数众多的塞尔维亚步兵和2000名轻装骑兵组成，右翼由 7000 名突厥骑兵和 1000 名拉丁步兵，以及一定数量的亚美尼亚步兵组成。

罗伯特·吉斯卡尔的联军同样分为左、中、右三部，他将大多数步兵放在中央位置上，由诺曼骑士组成两翼，左翼由博希蒙德指挥，右翼由罗伯特的妻子伦巴第公主西凯尔盖塔指挥，罗伯特和他的卫队则在后方压阵，总领全局。

决战由罗伯特·吉斯卡尔指挥的中军冲锋拉开序幕，疯狂的诺曼步兵朝着强悍的瓦兰吉卫队冲杀而去，毫无悬念，高举战斧的瓦兰吉勇士岿然不动，一顿斧砍刀劈就击溃了不知天高地厚的伦巴第步兵。而后，诺曼骑士在罗伯特的驱使下也朝瓦兰吉卫队冲杀而去，他们本以为靠夹枪冲锋就可以打散瓦兰吉卫队的阵形，却没想到对方是真正的超级重步兵，在一通强力冲击下依然保持着战斗队形，还反将许多诺曼骑士砍死在战场上，诺曼骑士第一次在战场上遇到了克星。

击退两波冲锋的胜利令瓦兰吉卫队士气大振，他们挥舞着巨斧开始反冲锋，悍勇的瓦兰吉勇士用鲜血证明了他们的名声，同为维京后裔的诺曼人节节败退，特别是他们的右翼，在见识了瓦兰吉勇士的战斗力后，纷纷掉头逃跑。作为右翼指挥官的西凯尔盖塔巾帼不让须眉，她见士兵们纷纷后撤，愤怒地用维京语大吼道："你们能逃多远？若是男人，就坚守在阵地上！"

西凯尔盖塔随后高举着长枪朝着逃兵冲杀过去，士兵们见统帅朝自己杀来，又相继转身重新投入了战斗，诺曼联军的右翼重新恢复了秩序。罗伯特·吉斯卡尔知道突破瓦兰吉卫队的可能性几乎为零，他当即改变战术，收拢败退的诺曼骑士，让他们支援西凯尔盖塔的右翼阵线。

博希蒙德此时也率领左翼骑兵前来支援，狡猾的诺曼人见肉搏不能击败瓦兰吉卫队，便集中弓弩手射击他们。由于缺乏骑兵掩护，也没有足够的远程步兵支援，瓦兰吉卫队被射杀者甚众，在他们身后本应给予他们支援的帝国重装骑兵，竟然被博希蒙德指挥的诺曼骑士一举击溃，纷纷逃离了战场，看来新兵的战斗力简直不值一提，瓦兰吉卫队陷入重围。

亚历克修斯一世的情况同样不妙，东罗马帝国的骑兵根本不是诺曼骑士的对手，罗伯特集中力量反击后，帝国骑士基本全部溃败，指挥步兵的塞尔维亚国王君士坦丁·伯丁在紧要关头掉头逃走。塞尔维亚人的退走让帝国联军的防线出现了巨大的漏洞，7000名突厥骑兵见状也撤离了战场。

现在，亚历克修斯一世的战线完全混乱了，他的军队被切割成几块，瓦兰吉卫队遭到了包围，力战溃败后的他们躲进一个教堂，诺曼人无法攻入教堂，便纵火焚烧，瓦兰吉勇士全部被烧死。虽然乔治·巴列奥略指挥的守军及时加入了战场，但于大局毫无益处，他的父亲尼基弗鲁斯·巴列奥略当场阵亡，亚历克修斯一世本人也在近战中被击伤了面部。皇帝见大势已去，只能策马绝尘而去。

迪拉西乌姆会战令人惋惜，东罗马帝国本来已经取得了战场的主动权，乔治的守军和亚历克修斯一世的援军实现了对罗伯特的反包围，只要能多坚持一段时日，被围的诺曼人必定会暴发饥荒和疾病，届时他们将不战而溃。可是决战的结果令人意外，拥有绝对优势的东罗马联军竟然遭遇惨败。不难发现，这场决战失败的根本原因还是雇佣军的临阵脱逃，这一幕与曼齐刻尔特之战何其相似！唯一让人欣慰的依然是全员战死的瓦兰吉卫队。

我们不禁要问，如果交给亚历克修斯一世指挥的不是各族雇佣军，而是一支由本国农兵组成的罗马军团，诺曼人还能如此嚣张吗？

一周之后，迪拉西乌姆终于沦陷。帝国防线的崩溃致使整个伊利里亚落入敌手，诺曼公爵骄傲地宣布将在圣诞节攻入君士坦丁堡。家底本就不厚实的东罗马帝国处境艰难，难道君士坦丁堡真的要落入敌手了吗？但是别忘了，亚历克修斯一世不仅是一个合格的将军，更是一个天才战略家，他从未把赌注全押在一场决战上。

科穆宁的战略——伐谋与伐交

卡斯托里亚，深夜，诺曼人的军营里人声鼎沸，士兵、将军无不痛饮美酒，放声高歌。自迪拉西乌姆大捷后，诺曼人一路势如破竹，肆虐于巴尔干各地，罗伯特的军队已经占领了达尔马提亚、马其顿大部。接下来，诺曼大公爵的目标就是君士坦丁堡。

公爵击溃东罗马帝国主力军队后，自认为胜券在握的他多少有些骄傲，罗伯特仿佛看到了东罗马闪耀的皇冠和象征无上权力的权杖。大帐中，将军们推杯换盏，频频亲吻怀中的美女，罗伯特也大杯喝酒、大口吃肉，好不快活。

这时，一位信使悄无声息地穿过了喧闹的人群，人们几乎没有留意他的存在。只有博希蒙德收起了笑容，若有所思地注视着信使手里的东西。

罗伯特接过信使呈上的竹筒，上面赫然印着罗马教皇的徽章，原来里面装的是来自教皇格里高利的密信。罗伯特起初还面带微笑，很明显，公爵认为这是教皇送来的恭贺信，因为他所取得的胜利足以让教皇欢欣鼓舞。然而，当罗伯特阅读完信件后，他的笑容顿时凝固，渐渐变成惊讶、愤怒、犹豫、疑惑交织在一起的狰狞。博希蒙德接过信件一看，证实了他的担忧。

意大利发生叛乱。

迪拉西乌姆会战后的帝国臣民们惊魂未定，但皇帝很快就恢复了镇定并立刻着手收拾残局。亚历克修斯一世命伊萨克·科穆宁强征教会财产，融化了各种金银器件充抵军费，同时紧急征调亚洲军区的军队入卫京畿，广招各路雇佣军服役。皇帝以最快的速度重组了军队。

《孙子兵法》有云："上兵伐谋，其次伐交，其次伐兵，其下攻城。"虽然亚历克修斯一世并未读过中国兵圣的大作，但他同样深谙此道。在皇帝看来，军事上的失利让他略处下风，但要灭亡罗马帝国绝非易事，既然不能从真刀真枪的交锋中击退敌军，那就用"伐谋""伐交"的手段逼退他们。

事实上，亚历克修斯一世手里有足够的牌可以打，在迪拉西乌姆会战前，东罗马帝国庇护了罗伯特的侄子阿伯拉尔，此人是罗伯特的兄长汉弗莱的儿子，汉弗莱在上一代阿普利亚公爵罗杰死后被推选为新的公爵，按说阿普利亚公爵之位应该由他的后代继承，但罗伯特通过对卡拉布里亚的征服，反过来统领了阿普利亚，还驱逐了侄子阿伯拉尔，这自然让欧特维尔家族发生了分裂，阿伯拉尔无时无刻不想夺回本属于他的阿普利亚公国。

亚历克修斯一世"伐谋"之策的核心便是阿伯拉尔。皇帝事先派大量间谍潜入意大利，贿赂、煽动当地民众，还大肆散布不利于罗伯特的流言。等到时机成熟后，皇帝热情地召见了阿伯拉尔，又是出钱又是派兵，在罗伯特毫不知情的情况下，用黄金护送阿伯拉尔返回了南意大利。

当地不满诺曼人统治的意大利民众在皇帝的鼓舞下纷纷起兵独立，驱杀诺曼人官吏。另一方面，阿伯拉尔得到了不少诺曼贵族的拥护，一些城市和封臣转而投奔新主，阿伯拉尔迅速在南意大利召集起了一支军队，他们猛攻罗伯特的地盘，俨然要让公爵无家可归。

几乎同一时间，亚历克修斯一世又打出了另一张牌——千里之外的德意志国王亨利四世。众所周知，自从法兰克国王查理曼被罗马教皇加冕后，西欧凡是有权势的君主都谋求成为下一任的西罗马皇帝。萨克森公爵奥托是最早达成这一目标的人，他利用罗马教廷的危机插手意大利事务，被教皇加冕为又一个"罗马人的皇帝"。从此，一个名为"神圣罗马帝国"的奇怪联盟出现，历代德意志国王都试图到罗马城加冕，现任国王亨利四世同样如此。

不过，这一时期的教皇格里高利也不是平庸之辈。此人颇有抱负，对西欧天主教会的腐化堕落深恶痛绝，在他任内，教皇开启了为期数百年的宗教改革，如禁止僧侣结婚、终止教职买卖、保护教会地产等等，简单来说，格里高利试图恢复天主教会的圣洁。

然而，格里高利的目标还不止于此，他试图构筑一个教会统治世俗人间的新社会，通过一系列手段迫使地方公爵和国王认可教皇的宗主权，这不可避免地与亨利四世产生了冲突，两人围绕圣职叙任权展开激烈争夺。教皇称教权应该高于皇权，但皇帝坚决反对，斗争的高潮便是皇帝被教皇处以"绝罚"，也就是逐出教会，德意志诸侯借此发难，要废黜亨利四世，亨利四世被迫赤足请求宽恕，史称"卡诺莎之悔"。

虽然教皇勉强恢复了亨利四世的教籍，但两人的仇怨并没有了结。因为教皇的"绝罚"，亨利四世被不少德意志诸侯背叛，他们另立了一个新的国王与亨利对抗，亨利四世迫于压力只能向教皇低头，这才得以斩杀伪国王鲁道夫。被摆了一道的亨利四世无时无刻不记恨着罗马教廷，阿普利亚公爵远征巴尔干给了他复仇的机会。

长期以来，罗马教廷都视德意志国王为重要的盟友，但两者决裂后，教皇便开始寻找新的同盟，诺曼人就是他们的新依靠。诺曼人得到教会敕封后，名正言顺地使用阿普利亚、卡拉布里亚、西西里公爵的头衔，他们在南意大利的国家合法化了。

亚历克修斯一世的"伐交"之策就是要让他国的军队为自己办事。为了说动亨利四世讨伐意大利，亚历克修斯一次性就送去了36万枚金币和各种珍宝，如缠丝玛瑙杯、镶金圣骨匣等等。当然，最让亨利四世心动的还是罗伯特远离南意大利的消息。公元1080年，德意志国王亨利四世召开宗教会议，宣布罢免教皇格里高利，改立拉文纳大主教为新的教皇，新教皇史称"克莱门特三世"。次年春，亨利四世挥师南下，目标直指罗马城。

教皇格里高利无力抵挡亨利的大军，只能给罗伯特送去一封求救信，内容既有阿伯拉尔叛乱的情报，又有亨利四世包围罗马的消息。公爵非常清楚，亨利四世前往意大利是要推翻格里高利的，如果现任教皇被推翻，新教皇克莱门特势必会否定教廷与诺曼人的盟约，那诺曼人好不容易才得到的公爵头衔岂不是要失效？这样一来，诺曼人就会失去对南意大利统治的合法性，当地民众一定会顺势推翻他们的统治，阿伯拉尔反倒有可能投效新教皇，得到合法的公爵头衔。

罗伯特·吉斯卡尔看完信后怒摔酒杯，当场咆哮——为什么南意大利既遭到亨利四世的入侵，又发生了阿伯拉尔的叛乱？原因不用说也大致可以猜出，这全是东罗马帝国皇帝亚历克修斯一世的手段，如此一来，东罗马不用一兵一卒就点燃了诺曼人的后院。罗伯特没有选择，他必须回师救火，否则诺曼人真可能变成无家可归的流浪汉。好一招釜底抽薪。

公元1082年，阿普利亚公爵罗伯特留下儿子博希蒙德领军，自己率领主力急忙渡海返回南意大利。一回到自己的公国，罗伯特立马就发动了对叛军的攻势，双方围绕城市和乡村展开激烈的争夺，教皇格里高利一再催促罗伯特入卫罗马城，但公爵身陷平叛战争根本无暇顾及罗马城的安危。

公元1084年3月21日，亨利四世的军队杀入罗马城，教皇格里高利七世被迫逃到原哈德良陵，也就是后来的圣天使堡暂避。亨利四世毫不客气地把新教皇克莱门特三世送入罗马城，新教皇当即为亨利举行了神圣罗马皇帝的加冕仪式。

如今的巴尔干半岛就只剩下博希蒙德的军队，诺曼主力大部已去，亚历克修斯一世再次披挂上阵，主动迎战博希蒙德。东罗马帝国是否稳操胜券了呢？事实上，留在巴尔干的诺曼军队数量依然可观，博希蒙德又是一位优秀的统帅和骑士，他体格高大匀称，双臂有力，身高超出一般人至少一个头，棕色的头发和带有杀气的眼神让人不寒而栗。博希蒙德很小的时候就随着父亲上了战场，杀人无数，积累了丰富的作战经验，此刻的他年仅三十却是远近闻名的骁将。

罗伯特走前对博希蒙德叮嘱道："亚历克修斯不简单啊，这家伙少年老成，满肚子诡计，你切不要轻易与之交战，只要守住现有的战果即可，待我收拾了叛军就与你会合。"

然而博希蒙德却不以为然，父亲走后，博希蒙德很快就对东罗马帝国重新发动攻势，企图荡平色萨利后挥师色雷斯。亚历克修斯一世重新集结起一支军队，同样进入希腊地区作战，双方连战三场。

第一场，罗马皇帝特意打造了一种双轮镰刀战车，企图用它们击穿诺曼人的阵线，但这种战车早在共和国时期就被淘汰了，博希蒙德可能也听说过应对战车的方法，他命士兵们故意让出数条通道，战车由于体型、重量都很大，无法及时转向，完全没有杀伤任何诺曼士兵就跑到后方去了，博希蒙德反手一击，大破东罗马帝国军队。

第二场，双方交战于奥赫里德，亚历克修斯一世收拢败兵在奥赫里德重组防线。为了击败诺曼人的骑兵，亚历克修斯一世派人在战场上铺满了踢马刺，哪知这一情报被博希蒙德掌握，次日交战时，博希蒙德没有从正面进攻，而是从侧翼发动攻势，这一招令东罗马帝国始料未及，帝国军队再次大败。

第三场，亚历克修斯一世吸取了前两次的教训，他知道自己刚刚组建的军队大多是新兵，雇佣军又不肯死战，与博希蒙德正面交锋的胜算很小，所以皇帝只能以奇计谋取胜利。这次，皇帝不再用自己的主力与博希蒙德交战，而是选了一些机动灵活的轻骑兵和轻装步兵，让他们打着皇帝的旗号正面逼近博希蒙德。果然，博希蒙德看见是皇帝的军队，马上率领主力出战，两军一接触，东罗马帝国军队就诈败而逃，博希蒙德不知是计一连追出数千米。这时，皇帝才率领真正的主力出现，直接袭击了博希蒙德空虚的大营，把诺曼人的全部辎重和战利品抢掠一空。博希蒙德返回时，大营里只剩下灰烬和尸体。

其实，亚历克修斯一世的目的并不是杀伤诺曼人的军队，而是要劫走他们的粮饷。皇帝很清楚，博希蒙德的军队同样是以雇佣兵为主，这些诺曼人、伦巴第人都需要及时支付军饷，如果能让博希蒙德失去粮饷，这支军队必定军心大乱。此计可谓毒辣，又是一次釜底抽薪。

战后，诺曼人的军队果然一片大乱，纷纷抱怨博希蒙德草率出阵。而皇帝利用这一机会，私下联络诺曼军中的将领，许以真金白银和高官厚禄，于是不少人马倒戈到东罗马帝国阵营，博希蒙德失去了再次战斗的能力。

为了筹集军饷，博希蒙德急忙返回意大利征集钱粮，留下军队坚守大营。哪知他刚一走，他的军队就集体倒戈，毕竟皇帝手里的真金白银明显多过博希蒙德，而且东罗马帝国采取的坚壁清野政策也让诺曼军队不得不提前投降。

至此，诺曼人的第一次巴尔干远征以失败告终。此战，诺曼人虽然击败了东罗马的主力军队，但亚历克修斯一世的智慧远远胜过诺曼骑士们，皇帝用"伐谋""伐交"的策略成功驱逐了诺曼人，最后连博希蒙德的军队也一并招入麾下，可谓精彩绝伦的"智胜"。

第二场挑战——勒乌尼昂之战

罗伯特返回意大利后费了九牛二虎之力才平定了叛乱，但亨利四世却利用这一机会攻破了罗马城，格里高利七世被废黜，新教皇克莱门特三世暂时统治了罗马城。眼见自己的代言人被废黜，罗伯特还是带着诺曼军队北上，试图重新扶立格里高利七世。

不过，德意志骑士与诺曼勇士的战争并没有发生，因为亨利四世无意与诺曼人血战，他的目的只是推翻格里高利七世并加冕为西罗马的皇帝，这些目的已经实现。现在，亨利四世已对意大利失去兴趣，也不想与罗伯特一较高低，因为这不符合德意志的利益，所以罗伯特北上的消息传来后，亨利四世便留下克莱门特三世独自守护罗马城，自己逃之夭夭了。

罗伯特在亨利四世撤离后第三天杀入罗马城，他的军队基本没有遇到像样的抵抗，格里高利七世被救出。野蛮的诺曼人并没有因为救出格里高利就收手，这些人散入城中大肆掠劫，奸淫掳掠无恶不作，少女们被无助地掳走，老人的财产被洗劫一空，整座城市沦为诺曼人狂欢的乐园。

三天后，尚有血性的男人终于站了出来，他们与诺曼人展开了巷战，战斗随处可见，死伤者难以计数。随着越来越多的罗马市民加入战斗，罗伯特逐渐失去了对城市的控制，愤怒的他纵火焚城，罗马城内一片混乱，几乎所有的建筑都陷入了火海，包括教皇所在的拉布兰宫殿也未能幸免。格里高利七世在一片火海中恢复了教皇之位，但留给他的不是一座美丽、圣洁的罗马城，而是尸体与废墟堆积的地狱。格里高利的教廷勉强恢复了，但他失去了人们的支持。次年，倍受世人诟骂的格里高利七世心力交瘁，在流亡途中死去。

平定南意大利之乱后，七十来岁的罗伯特再次集结人马渡过海洋。他抵达科孚岛后，瘟疫突然在军中流行，数千人死亡。罗伯特并不甘心，他强忍着病痛登船起航。然而，天不假年，罗伯特再也抵达不了战场了，公元1085年7月17日，他于航行途中病逝。

罗伯特死后，阿普利亚、卡拉布里亚、西西里的继承问题摆上了台面。在罗伯特众多子女中，博希蒙德不仅年长，而且能力出众，然而，博希蒙德的母亲早已被罗伯特抛弃，西凯尔盖塔成了他的继母，显然两人并没有什么值得一书的感情，而且西凯尔盖塔还为罗伯特育有一子罗杰·博尔萨，从身份上讲，罗杰·博尔萨才是罗伯特的合法子嗣，至于博希蒙德，只能算是私生子，或者说是庶子。如此看来，有资格继承公爵之位的只能是罗杰·博尔萨，但博希蒙德能力如此出众，战功赫赫，怎么可能甘心屈居人后？

为了争夺南意大利的归属权，博希蒙德与罗杰·博尔萨上演了一场斗智斗勇的大戏，而作为他们的叔叔，西西里的罗杰也有意染指罗伯特的遗产，诺曼人陷入内斗，暂时无暇顾及远征东罗马帝国的战略目标。亚历克修斯一世利用这短暂的和平迅速恢复了东罗马帝国的秩序。然而，仅仅2年时间，东罗马帝国的第二场挑战就到来了。

自公元1087年起，多瑙河以北的游牧民族再次成为东罗马帝国关注的焦点，彪悍的库曼人和佩切涅格人频频越过多瑙河，洗劫帝国的村庄和城镇，而且更糟的是，蛮族的袭击并非单独的军事行动，背后还有一个强大的罗姆苏丹国，两者秘密结为同盟，从两个方向夹击东罗马帝国。

事实上，库曼人和佩切涅格人与东罗马帝国早已不是第一次交手了，马扎尔人、罗斯人、斯拉夫人、库曼人和佩切涅格人均是帝国玩弄于股掌的骰子，他们常常在帝国的金钱外交下自相残杀，往往谁对帝国的威胁最大，帝国就会鼓动其他部落袭击谁，因而在与东罗马帝国的博弈里，没有任何一个民族可以得到巴尔干半岛。

当然，在东罗马帝国不曾关注他们的时候，这些民族也各自征伐，其中位于罗斯荒原的基辅罗斯日渐强大，他们逐渐形成辽阔且统一的国家，马扎尔人、库曼人和佩切涅格人均落于下风，马扎尔人向东迁徙形成了匈牙利王国，库曼人和佩切涅格人则被迫南迁寻找新的家园，这就使得东罗马帝国成了他们的直接目标。

在很长一段时间里，库曼人和佩切涅格人结伴而行，一起攻击东罗马帝国的城池和乡村。曼齐刻尔特之战后，帝国军队的征召工作难以为继，东罗马帝国不得不雇用外族佣兵，库曼人和佩切涅格人有时也作为帝国的佣兵加入战场。

迪拉西乌姆会战失败后，巴尔干半岛的防御能力大打折扣，这给了游牧大军机会，库曼人和佩切涅格人便大举南下，占领城市和村庄。到公元1091年，库曼人和佩切涅格人已经将势力扩展到色雷斯地区，君士坦丁堡的危机似乎近在咫尺。

公元1087—公元1091年，亚历克修斯一世一直致力于驱逐游牧民族，但各族人民拖家带口席卷而来，东罗马帝国的努力收效甚微。如果要从正面战场上击退数十万游牧民族，东罗马帝国至少需要一支规模与马略当年的罗马军团相当的部队，可皇帝只有数千人的瓦兰吉卫队，正面击败游牧大军的可能性微乎其微。好在皇帝是位杰出的战略家，在他看来，既然正面交战的方式行不通，不如另辟蹊径，策略就是分化瓦解对手。

公元1091年，皇帝的间谍开始向两个游牧民族渗透。帝国的间谍非常善于挑拨离间，煽动两个民族争夺战利品，从而导致双方因分赃不均而相互敌视。接着，东罗马帝国单独给库曼人送去了大量的金银珠宝，许诺赐予库曼人首领高官显爵，最重要的是，皇帝允许库曼人到巴尔干生活，这样的条件自然让人难以拒绝。在皇帝的操作下，库曼人和佩切涅格人的同盟已然不复存在了。就这样，东罗马帝国突然就新增了2万~4万人的军队。

亚历克修斯一世准备反击了。

公元1091年4月，佩切涅格人的数十万主力已经抵达了色雷斯南部的勒乌尼昂，他们完全没有意识到库曼人加入东罗马帝国的危险，这些游牧勇士依然毫无戒备地四处掠劫，并把大营扎在非常显眼的地方，仿佛是一只恶狼在羊群中睡觉一样安全。

4月28日，一支人数不低于4万的东罗马军队突然出现在佩切涅格人的营地外，由于隐蔽得很好，佩切涅格人竟然没有发现东罗马帝国军队。这支军队由瓦兰吉人、诺曼人、库曼人等佣兵组成，领兵的不是别人，正是皇帝亚历克修斯一世。次日清晨，皇帝率领这支佣兵联军悄悄接近了佩切涅格大营，此刻的佩切涅格人依然处于安睡状态，营地毫无防备，连哨兵都懒洋洋的。奇袭的条件已经具备，亚历克修斯一世不可能放过这样好的战机，当即下令：全军出击。

霎时间，东罗马帝国军队如脱缰的野马狂奔起来，刚刚的安静连昆虫的叫声都让人觉得刺耳，现在除了战斗的喊杀声外，已不能听到任何其他声音了。疯狂的东罗马军队从四面围攻营寨，弓箭手用箭矢射杀守卫营门的卫兵，工兵将准备多时的燃烧罐全部抛入营中，大火很快就烧成了一片。疯狂的重步兵们推倒了无人看守的大门，骑兵们和瓦兰吉卫队纷纷杀入，他们见人就砍，逢营就烧，到处都是屠杀与被屠杀。

佩切涅格人对突如其来的袭击毫无准备，营地里乱成了一锅粥，人马自相践踏，妇女和小孩混杂在军队中间，根本无法形成有效的抵抗，残兵只能各自为战，根本敌不过东罗马军队有序的攻击。不少佩切涅格勇士甚至还来不及穿上战甲，有的连剑都没有找到就被东罗马士兵当场砍杀，无人能逃过库曼人的弓箭和瓦兰吉卫队的巨斧。

激烈的战斗很快就结束了，数十万佩切涅格人，包括老人、妇女、小孩，通通被东罗马军屠杀，只有为数不多的人被俘虏成了奴隶，这个曾经令人生畏的游牧民族就这样被全数歼灭。毫不夸张地说，此战是亚历克修斯一世创造的奇迹，皇帝歼灭了一支为祸东罗马帝国近百年的游牧强盗，这甚至在巴西尔二世时期都没有做到。

勒乌尼昂之战扭转了东罗马帝国在巴尔干地区的颓势，东罗马帝国很快就恢复了对多瑙河地区的统治。皇帝的胜利让君士坦丁堡陷入狂欢，人们纷纷高呼"救世主科穆宁"的口号，走上街头庆祝，亚历克修斯一世的御驾在城内被围得水泄不通，花瓣漫天飞舞，仿佛回到了古罗马共和国的凯旋仪式上。

的确，人们有理由为胜利而欢呼，勒乌尼昂之战让东罗马帝国的巴尔干地区恢复了秩序与和平，只要没有新的外来入侵者，巴尔干的民众可以高枕无忧了。然而，皇帝清楚，无论是马扎尔人、库曼人，还是佩切涅格人，他们都不是帝国最大的威胁，真正的威胁来自东方，来自巴格达和开罗，也来自尼西亚和科尼亚，只要东罗马帝国一天不收复小亚细亚，罗马帝国灭亡的倒计时就不会停止。

第三场挑战——十字军东征

东罗马皇帝经过数十年的努力，暂时保住了巴尔干的领土。收拾了诺曼人和佩切涅格人后，亚历克修斯的威望与日俱增，科穆宁家族的皇位稳如泰山，帝国民众似乎又看到了复兴的希望，而且此时的亚洲很不太平，迅疾如风的塞尔柱帝国分崩离析，坐拥重镇的埃米尔们割据一方，罗姆苏丹国也发生了分裂，这正是东罗马帝国收复亚洲旧土的大好良机。

诺曼人和佩切涅格人的投降充实了东罗马帝国的军事实力，即便如此，东罗马帝国还是不够强大。需要知道的是，此时的东罗马帝国军队依然倚重各族雇佣军，与军区制下的本国农兵截然不同，雇佣军虽然战力不弱，但军费高昂又缺乏忠诚，而且现在掌握在帝国手中的军队数量依然有限，他们是否能完成收复亚洲行省的任务，亚历克修斯一世心中很没有底。

东罗马帝国需要更多的军队，可是上哪里去招募更多的人马呢？皇帝将目光投向了罗马教廷。格里高利死后，罗马教廷改弦更张，新任教皇着手恢复与东罗马帝国的关系，自公元1089年起，双方使节频繁往来，东罗马帝国被邀请出席在皮亚琴察举行的宗教会议，这让亚历克修斯一世看到了机会。公元1095年4月，东罗马帝国特使代表皇帝在宗教会议上向西方天主教国家求助，恳请勇敢的基督骑士们驰援东罗马帝国,讨伐塞尔柱穆斯林,解救基督的子民。

这一恳请让时任教皇乌尔班二世大为震撼,修复东西教会并重新统一基督教一直是他的理想。皇帝的求助让教皇得到了插手亚洲事务的机会,他认为帮助东罗马帝国驱逐塞尔柱人是一项伟大的宗教事业,他的心中立刻形成了一个宏伟的计划——十字军东征。

公元1095年11月27日,乌尔班二世在法国克莱芒召开了宗教大会,呼吁全体基督徒发动一场收复圣城耶路撒冷、驱逐穆斯林的东征。消息迅速传遍了西欧各国,这场掀起十字军东征的大会被称为"克莱芒会议"。克莱芒会议是乌尔班二世深思熟虑的结果,比起格里高利七世的宗教改革,驱逐穆斯林、解救耶路撒冷的计划似乎更加引人注目。为了让基督教信徒们加入十字军,乌尔班二世向他们承诺:

一、凡是参与十字军东征的人,无论有多少罪孽都将得到救赎,他们的灵魂将被净化,死后将进入天堂;

二、以耶路撒冷为中心的黎凡特地区,遍地都是黄金,是流着奶和蜜的天国,解放耶路撒冷将是一项有着巨大回报的伟大事业。

乌尔班二世的话被神职人员广为传播,西欧各地掀起了参加十字军的热潮,主教、牧师纷纷拿起十字游走在城镇与乡村,越来越多的人被教皇的承诺打动。不得不说,乌尔班二世的宣讲直慑人心:对于信仰虔诚的人来说,参加十字军就能消除业罪,死后还能进入天堂,这当然是求之不得的;对于追求现实利益的人来说,驱逐穆斯林的战争给了他们合法掠劫东方的机会,富饶的亚洲实在是让人难以拒绝。

第一支踏上征途的十字军被称为"贫民十字军",他们是一群虔诚的穷人朝圣者,人数多达10万,包括老人、小孩和乞丐。这不是一支正规的军队,领头的教士彼得也不懂军事,没有武器,没补给,没有计划,犹如蝗虫过境一样洗劫经过的地方,他们既是难民,更是强盗。

贫民十字军的结局是全军覆没,几乎一登上亚洲的土地就被塞尔柱人消灭了,没有任何人对此感到意外,恐怕教皇也心知肚明。罗马皇帝根本不关心这些人的生死,他真正关注的是由贵族、骑士组成的正规军——诸侯十字军。

在当时的西欧,天主教大致可以分为五股势力。

第一股势力当然是号称"神圣罗马帝国"的德意志，他们由日耳曼各大诸侯联合而成，以德意志皇帝为领袖，与东罗马帝国邻近，其前身是东法兰克王国。

第二股势力是以法兰西国王为首的法兰西，同样也是各大领主组成的联合体，其中不少诸侯的实力都与国王不相上下，其前身是西法兰克王国。

第三股势力是混乱不堪的意大利，这里没有统一的领袖，北部地区有威尼斯、比萨、热那亚等商业共和国，中部有罗马教皇国，南部地区则是诺曼人统治的国家。

第四股势力是穆斯林与基督王国相互争斗的西班牙，这里曾一度被后倭马亚王朝统治，但基督王国已经开始收复失地，双方时常发生战争，目前依然看不出胜负。

第五股势力则是被诺曼公爵威廉征服的不列颠岛屿，当地的盎格鲁-撒克逊人已经臣服于威廉，他们与大陆隔绝，俨然是一股独立而又强大的新势力。

乌尔班二世的号召激起了基督徒的战斗欲，不管是为了"灵魂的救赎"，还是为了掠夺亚洲的财富，西欧诸侯都有出兵作战的理由。由于西班牙地区尚处于战争状态，不列颠王国又忙于内政，这两个地区的封建诸侯暂时无意参加这场冒险，但德意志、法兰西和意大利的诸侯却积极领取了教皇分发的十字，由七镇诸侯组成的第一次十字军东征部队宣告成立。

第一镇，法兰西大诸侯，图卢兹伯爵兼普罗旺斯侯爵雷蒙四世，东征军最年长者，其领地占法国领土的四分之一，实力远胜法兰西国王，同行的还有教皇代表—主教阿德马尔，出征兵力5万。

第二镇，德意志大诸侯、下洛林公爵戈德弗雷，同其一起出征的还有他的弟弟鲍德温，出征兵力4万。

第三镇，塔兰托公爵、罗伯特之子博希蒙德，同其一起出征的还有他的侄子坦克雷德，出征兵力3万。

第四镇，法兰西亲王、韦尔芒杜瓦伯爵于格，法兰西国王腓力一世的弟弟，出征兵力不足万人。

第五镇，诺曼底公爵、征服者威廉之子罗贝尔二世，出征兵力不足万人。

第六镇，德意志诸侯、佛兰德斯伯爵罗伯特，出征兵力不足万人。

第七镇，法兰西诸侯、布洛瓦伯爵埃蒂安，出征兵力不足万人。

七镇诸侯各自朝君士坦丁堡出发，韦尔芒杜瓦伯爵于格、下洛林公爵戈德弗雷、图卢兹伯爵雷蒙、塔兰托公爵博希蒙德先后抵达，他们与罗马皇帝明确了一个基本原则：所有诸侯必须臣服于皇帝，收复的土地均属于东罗马帝国。公元1097年4月，皇帝将这支恐怖的军队送到了小亚细亚，十字军东征开始了。

十字军是一支穆斯林从未接触过的西方军队，他们以重装骑兵为主力，配有防御力良好的全身装甲，所使用的头盔只露出眼睛，大部分战马也配有全身甲，长剑、长枪、标枪、弩箭、方盾为主要武器，一般的远程打击对重装骑士毫无效果，这种骑兵在冲锋时形成整齐的战线，再加上各式图案的家族纹章，令敌人眼花缭乱，从而猝不及防。

渡过海峡后，十字军在东罗马帝国向导的指引下，途经尼科米底亚，直奔罗姆苏丹国的首都尼西亚。当时的罗姆苏丹国早已陷入内战，基利杰·阿尔斯兰一世统治着以尼西亚为首都的西部国土，达尼斯蒙德则控制着以科尼亚为首都的东部疆域。此时，两位苏丹正相互攻杀，基利杰出动了绝大多数主力讨伐科尼亚。

尼西亚曾是东罗马帝国在比提尼亚的首府，全城拥有近6千米的城墙和370座塔楼，可谓易守难攻。5月6日，十字军开始围攻尼西亚城。21日，苏丹基利杰突然率领1万骑兵攻击十字军的侧翼，首当其冲的便是图卢兹伯爵雷蒙。这场西欧重骑兵与突厥轻骑兵的战斗从早上一直持续到夜晚，以弓箭射击为主的突厥骑兵完败，十字军以死伤2000人的代价斩首突厥骑兵4000余人，基利杰被迫逃离战场。

6月17日，尼西亚开城投降，东罗马帝国的鹰旗重新飘扬。

夺取尼西亚后，十字军兵分两路朝科尼亚进军，苏丹基利杰又召集了一支军队，埋伏在十字军南下的道路上，这里有一处山谷，周围有河流汇入，是极好的伏击地。6月30日，双方在多利留姆发生交战，超过2万突厥人被斩首，4000名十字军士兵阵亡，基利杰再次失败了。

多利留姆之战后，突厥人只能在小亚细亚被动防守，虽然他们使用烧田、堵井、投毒、游击的方式阻止十字军推进，但收复圣城的宗教热情让十字军战士们不畏艰险，顶着炎炎烈日穿过了一望无垠的荒原。当年8月，十字军一路南下，攻入了杳无人烟的科尼亚，作为该城的苏丹，达尼斯蒙德早已拖家带口逃离了自己的首都，十字军在毫无阻碍的情况下抵达了托罗斯山脉。

在这里，十字军第一次发生了分裂，大部分人按照亚历克修斯一世的计划，先北上攻占恺撒里亚，然后再南下叙利亚，但鲍德温和坦克雷德率领数千人马单独行动，攻克了奇里乞亚首府塔尔苏斯，这座城市成了第一个拒绝移交给皇帝的战利品。

消息传到十字军主力部队后，诸侯倍感鼓舞，这意味着十字军以后夺取的城池都不必转交给东罗马皇帝，因为皇帝也无力收复。这之后，鲍德温又一次偏离目标，率部东征埃德萨，多次击败突厥人，还顺便收复了埃德萨周围的土地，当地领主收其为养子，鲍德温遂按照法定程序继承了埃德萨，第一个十字军王国建立，史称"埃德萨伯国"。

有了埃德萨伯国的不良示范，十字军不再听命于皇帝，当年10月他们开始围攻叙利亚首府安条克。公元1098年6月3日，经过近8个月的围攻，安条克终于被十字军攻陷，第二个十字军国家建立，史称"安条克公国"，公爵是皇帝的老对手博希蒙德。

公元1099年6月7日，疲惫不堪的十字军终于看到耶路撒冷的城墙了。7月13日，各镇十字军发动总攻。兵力薄弱的穆斯林守军只能把军队分散到三段城墙上。当日的战斗相当惨烈，此刻的十字军只能用疯狂来形容，他们相信战死的人可以进入天堂，故而全军上下无不奋勇向前。

穆斯林守军似乎也意识到最后时刻的来临，他们请出了不知从何处得到的希腊火，虽然弓箭和刀枪不能伤及骑士们的重甲，可一旦被希腊火沾上，唯有被烧死这一种结局。据说城西的战斗尤为激烈，戈德弗雷和坦克雷德的军队陷入了一片火海，大量的十字军战士葬身于此。

戈德弗雷不得不将军队撤到城北的位置，会合佛兰德斯伯爵和诺曼底公爵的军队，加强了对城北的攻势。这一决定起到了惊人的效果，由于城北攻势的加强，该处守军渐渐不支。7月15日，十字军的攻城塔靠上城北的墙壁，以戈德弗雷为首的十字军指挥官们一拥而上。血战过后，希律门被人打开，疯狂的十字军蜂拥入城，数千守军几乎全数被歼，耶路撒冷陷落了。如果有人以为耶路撒冷真的是天堂的话，十字军用实际行动证明了那里其实与地狱无异。

城市陷落后，十字军变得如同恶魔一样疯狂，他们毫不留情地屠杀能见到的每一个活物，无论男女老幼尽皆被屠戮，死者的断肢随处可见，鲜血将街道染成了猩红色。所有十字军将士都变成了掠夺财富的强盗，他们到处搜刮财物，抢占房屋，为此不惜剖开死者的肚子查看是否有遗漏，后来干脆把所有尸体堆在一起焚烧，然后在灰烬里寻找残留的黄金或珠宝。

一些人甚至在城内纵火，不少房屋被引燃，坦克雷德的军队为了抢掠阿克萨清真寺的财宝，连同躲在里面避难的穆斯林一起焚烧，死难者不计其数。在这场大屠杀中，耶路撒冷的居民几乎没有生还者，一些亲历了此战的十字军战士声称，屠城过后，地上的鲜血几乎漫过了脚踝。

公元1099年，下洛林公爵戈德弗雷被选为耶路撒冷的君主，但他拒绝了"国王"的虚名，只接受了"圣墓守护者"的称号。次年，戈德弗雷病逝，作为戈德弗雷的兄弟，埃德萨伯爵鲍德温得到了耶路撒冷的宣称权，他急忙赶赴耶路撒冷，接受了耶路撒冷大主教的加冕，自称耶路撒冷国王。这一年，第三个十字军国家建立，史称"耶路撒冷王国"。

第一次十字军东征取得了空前的成功，从奇里乞亚到巴勒斯坦，基督教国家一个接一个地建立起来，大多数骑士和朝圣者在战后留下来经营新的领地，但安条克公爵博希蒙德却没有，这倒不是他不喜欢新公国，而是经过从君士坦丁堡到耶路撒冷的东征后，他发现所谓的"救赎"不过是披上合法外衣的抢掠，既然要抢，为什么不抢最繁荣的君士坦丁堡呢？为什么不去当罗马帝国的拉丁皇帝呢？

落幕，亚历克修斯

安条克公爵博希蒙德于1105年觐见教皇，利用自己的"圣战士"身份大肆宣扬东罗马帝国的背叛，称东罗马皇帝故意抛弃十字军，使得不少人被异教徒杀害，这激起了西欧天主教世界对东罗马帝国的不满。此后他又拜访了法兰西国王腓力一世，并成功当上腓力一世的驸马，由此在法国招募了 3 万新十字军，博希蒙德当即宣布要发动新的十字军战争。不过，博希蒙德的目标不是"圣域"，而是君士坦丁堡。

公元 1107 年秋，3 万新十字军从意大利扬帆起航。博希蒙德的作战计划沿袭了罗伯特的思路，他的首要目标还是迪拉西乌姆。东罗马帝国皇帝亚历克修斯一世早已洞悉了一切，提前调拨了足够的军队进驻迪拉西乌姆，加固了城墙，并收集了足够的补给，而博希蒙德是否知道这一切，我们已不得而知，但他登陆后立刻发动了对迪拉西乌姆的突袭，结果并不令人意外，东罗马帝国的守军轻松地击退了博希蒙德，虽然双方死伤都不惨重，但让新十字军的士气下降不少。

博希蒙德只好就地驻扎，全力围困迪拉西乌姆。按照博希蒙德的剧本，皇帝应该率领帝国主力驰援迪拉西乌姆，这样十字军就能以逸待劳地击败东罗马帝国军队，这便是当年罗伯特的策略。可惜的是，亚历克修斯一世并不喜欢这个剧本，东罗马帝国军队在整个 1107 年都不曾前来救援，博希蒙德只好无聊地围困城池。事实上，皇帝早在博希蒙德突袭迪拉西乌姆前就已经决定坚守，他预定的主战场并不在迪拉西乌姆，而在亚德里亚海。

经过多年的经营，亚历克修斯一世重新组建了一支帝国海军，再加上威尼斯的舰队，东罗马帝国的海上力量拥有压倒性的优势，而博希蒙德的十字军渡海远征，补给不是来自对迪拉西乌姆周边的掠劫就是来自他的公爵领，所以只要能控制住亚德里亚海，博希蒙德就不可能从南意大利得到一个援军和一粒粮食。这一年的亚得里亚海成了帝国海军的舞台，博希蒙德的补给线被完全截断，他的舰队在帝国海军的打击下一败涂地，别说援军和补给物资，就连把十字军安全运回意大利都不可能了。

无奈之下，博希蒙德只能继续围困迪拉西乌姆，公元 1107 年冬就这么无聊地过去了。次年开春万物复苏，亚历克修斯一世终于活跃起来，皇帝召集了一支战斗力强悍的军队，很快出现在迪拉西乌姆的外围，城内守军见皇帝御驾亲征，士气大振。而博希蒙德的十字军士气十分低落，因为他们被帝国军队完全包围了。

亚历克修斯一世继续打击十字军的士气，命军队四处袭击外出征粮的十字军士兵，完全把对方困在了营地里。粮食一天天耗尽，疫病也在这个时候肆虐军营，博希蒙德骑虎难下，十字军内部怨声载道，不少人被饿死，更多的人病死在床上。博希蒙德试图突围，但亚历克修斯一世严防死守，完全不给对方逃脱的可能性，更不与十字军决战，就这样一天天耗着十字军。

到了9月，博希蒙德的军队已经减员大半，一些人不告而别，大公本人也失去了战斗的信心，在众将领的劝说下，曾经骄傲无比的大公终于跪在了亚历克修斯一世脚下，他投降了。

在德沃尔河的皇帝御帐中，博希蒙德与东罗马帝国签署了《德沃尔河和约》，按照协议，东罗马帝国成为安条克公国的宗主国，博希蒙德成为皇帝的封臣，安条克牧首必须由东正教指定。仪式结束后，亚历克修斯一世心满意足，而博希蒙德却羞愧难当，他的威望也一落千丈，成了西欧宫廷的笑料。大公无颜前往安条克公国，更不愿面对十字军兄弟，只好返回了阿普利亚，从此躲在城堡里再也没有出来。3年后，博希蒙德郁郁而终。

《德沃尔河和约》虽然并没有得到有效执行，但对东罗马帝国来说，这依然是一场罗马人对诺曼人的辉煌胜利，也是双方数十年战争的完美落幕。

亚历克修斯一世的出现延续了东罗马帝国的国祚，他接手时的东罗马帝国内外交困、国土沦丧，诺曼人、突厥人、佩切涅格人、库曼人，一个又一个的敌人侵入帝国行省，各大军区形同虚设，东罗马帝国甚至都凑不齐一支像样的军队，但亚历克修斯一世改变了这一切：他虽然没有恢复帝国的军区制改革，却用高效的行政改革和中央集权重振了帝国的权威；他虽然大量雇用外籍军队，却能很好地掌控他们，甚至利用十字军东征收复了小亚细亚大部分地区，把穆斯林政权驱逐出了叙利亚和巴勒斯坦。

第一次十字军东征结束时，亚历克修斯一世已是六十多岁的老人了。他无疑是一个明君，一个成功的外交家、政治家和军事家，即便垂垂老矣，亚历克修斯一世依然披挂上阵，各处征战。

从公元1111年起，东罗马帝国的外交形势再次恶化，热那亚、比萨共和国羡慕威尼斯人得到的商业利益，公然在爱奥尼亚海沿岸展开军事行动，突厥人的苏丹兵临尼西亚城，而库曼人再次袭击帝国在巴尔干的行省。

公元1112年，亚历克修斯一世再次御驾亲征，于次年挫败了突厥军队对尼西亚的围攻，获得了多利留姆大捷。公元1114年，皇帝又率部返回色雷斯与库曼人作战。两年后，他又出兵反击塞尔柱苏丹对小亚细亚的进攻，据说他在菲罗梅隆击败了苏丹马立克沙的军队，迫使对方割地求和。公元1117年，宫廷争斗令亚历克修斯一世的健康情况日益恶化，皇帝自知大限将至，迅速率部返回了君士坦丁堡。

回到首都后，亚历克修斯一世使用各种方法加强儿子约翰的权威，他知道女儿安娜·科穆宁一直觊觎帝国的皇位，而且皇后伊琳娜也站在安娜一边，两人结为一党，试图拥立驸马尼基弗鲁斯·布兰恩努斯为帝。

安娜的野心缘于她的第一段婚姻，她的首任丈夫是共治皇帝君士坦丁，这让安娜以为她能成为女皇，但君士坦丁早逝，以致安娜嫁给了普通贵族布兰恩努斯，身份的落差令安娜大为失望。为了重新成为女皇，她不惜诋毁、诬陷弟弟约翰·科穆宁，用尽一切手段削弱约翰的权威。

亚历克修斯一世虽然年迈却心如明镜，他深爱着安娜，但并不代表他会纵容安娜的逾矩，他了解自己的儿子，更信任约翰的能力，在宫廷阴谋频发的时候，亚历克修斯一世不动声色地保护着约翰。

公元1118年，皇帝的身体情况已经恶化到不能吞咽和正常呼吸，于是他支开了皇后伊琳娜，急召约翰进宫，用最后的力气将皇帝的戒指戴在了约翰手上，并让他立刻找牧首加冕称帝。约翰·科穆宁接过戒指后，立刻出宫，直奔圣索菲亚大教堂，在那里他进行了简短的加冕仪式，正式即位称帝，史称"约翰二世"。

皇后伊琳娜返回时才发现中计，约翰已经称帝，宫廷卫队已然宣誓效忠，而亚历克修斯一世依然不肯认可女儿和女婿的继承权。当晚，一生戎马、纵横捭阖的亚历克修斯一世驾崩，遗体被安葬在慈爱基督修道院。科穆宁王朝进入了另一个时代。令人欣慰的是，亚历克修斯一世的眼光得到了证实，约翰·科穆宁是不输于父亲的杰出皇帝，他进一步扩大了东罗马帝国的版图，拉开了科穆宁复兴的大幕。

第四十八章 科穆宁复兴

"美男子"约翰的攻略

约翰·科穆宁是亚历克修斯一世的长子，不过他却不是亚历克修斯的第一个孩子，安娜·科穆宁作为皇帝的第一个孩子一直被寄予厚望，当年科穆宁起兵的时候，曾打着恢复米海尔七世嫡子君士坦丁的皇位的旗帜，夺位成功后，亚历克修斯当然不好违背自己的承诺，于是把女儿安娜嫁给了君士坦丁，并立其为共治皇帝。这样一来，如果亚历克修斯没生下男性继承人，君士坦丁和安娜将自动成为东罗马的继承人，可惜，约翰诞生了。

约翰二世遗传了父亲的基因，皮肤黝黑，眼眸和头发都是乌黑的，而且个子也不算高，额宽脸窄，普遍认为只能算是中等相貌，而且由于皮肤发黑，一些反对者甚至戏称他为"摩尔人"。虽然约翰二世的外貌并不出众，但他自幼热衷学习、意志坚定，也继承了父亲的智慧，做事有条不紊，胸有丘壑。

约翰二世自律、虔诚、崇尚节俭、厌恶腐化堕落、不喜奢华，有资料认为他的生活近乎苦修。这些性格和品行足以让他赢得好皇帝的名声。此外，约翰二世最大的特点是仁慈，不轻易动用刑罚，对敌人也宽大为怀，因此，后世给他取了一个与其外表完全不符的称号——美男子约翰。

约翰二世是先帝钦定的皇帝，这一点无人能够质疑。因为君士坦丁七世已经驾崩，安娜自动失去了成为皇后的机会，但安娜不甘心。为了夺回属于自己的皇位，安娜不遗余力地反对自己的弟弟，她先是准备在先帝葬礼上刺杀约翰，但约翰的情报系统早已掌握了安娜的行动，所以刺杀行动以失败告终。

事后，约翰二世也没有深究，仿佛一切都不曾发生一样，也许这是约翰对安娜的宽容。然而安娜并没有收手，她得到了母后伊琳娜的支持，决定将第二任丈夫尼基弗鲁斯·布兰恩努斯推上皇位。先皇的葬礼结束几个月后，安娜计划让丈夫率领一队死士突袭菲罗帕提昂宫，杀死约翰二世。

等到了计划好的日子，作为行动总指挥的布兰恩努斯却中途变卦，没有出现。他去了哪里？布兰恩努斯很可能直接向约翰二世自首了，因为皇帝的卫士不久后就把所有行刺的死士通通收拾了，而布兰恩努斯没有受到任何处罚，并且还得到了约翰二世的信任，此后一直在朝中担当要职。

至于幕后主使安娜和伊琳娜，她们的财产被查抄，党羽被剪除，伊琳娜失去了干政的能力，安娜被流放到了慈爱圣母修女院，从此安心在修女院里研究历史，著有《亚历克修斯传》流传后世，成了东罗马知名的历史学家。

其实，除了安娜外，约翰二世的其他兄弟也有意夺取帝位，但这些事情都没有逃过约翰二世的眼睛，没有一个人的阴谋能够得逞，事后约翰二世也没有大肆株连，没有任何人受到严厉的惩罚，约翰二世的仁慈可见一斑。

约翰二世继承的东罗马帝国终于从官僚乱政的阵痛中走了出来，先帝亚历克修斯功不可没。约翰二世继位时，国库充盈、百废俱兴，除了威尼斯人的商业特权沉重打击了帝国本土商人外，东罗马帝国并没有明显的隐患，这让约翰二世萌生了重现巴西尔二世辉煌的雄心。

事实上，约翰二世的想法绝不只是他的一厢情愿，从当时的局势来看，西欧的德意志与东罗马帝国关系和谐，诺曼人的公国内乱不断，小亚细亚的苏丹国一再分裂，新崛起的达尼什曼德王朝和科尼亚苏丹明争暗斗，奇里乞亚的小亚美尼亚王国与安条克公国交恶，更东方的赞吉王朝又与埃德萨伯国鏖战不断，耶路撒冷王国土地贫瘠，盘踞在埃及的法蒂玛王朝时刻不忘北进巴勒斯坦，此时收复失地可谓天赐良机。

不过，在约翰二世出兵收复帝国失地前，他首先需要巩固帝国现有的领土。土库曼人曾与佩切涅格人一起入侵东罗马帝国的巴尔干半岛，在亚历克修斯一世的分化瓦解下，土库曼人被招降到帝国一方，后来便作为帝国的雇佣军进入了小亚细亚。然而，土库曼人终究是不忠诚的，他们与穆斯林同样关系很好，而且也成了对方的雇佣兵。这么一来，土库曼人两头讨好，把势力发展到了弗里吉亚，间接破坏了帝国与阿塔利亚（今安塔利）的交通，所以土库曼人反倒成了约翰二世东征之路的第一块绊脚石。

公元1119年，约翰二世亲率数万精兵讨伐土库曼人，第一个打击的目标是弗里吉亚首府老底嘉，这座城市算不上要塞，战斗结果也毫无悬念。埃米尔阿布拉弃城而逃，罗马皇帝旋即挥师北上，在索佐波利斯再次大获全胜，帝国与阿塔利亚的交通完全恢复，土库曼人的威胁暂时解除。此乃约翰二世继位后的初阵，意义非凡。

东罗马帝国与土库曼人的战争只能算是约翰二世的牛刀小试，如今的小亚细亚诸国各忙各的，科尼亚苏丹国国力日益衰弱，根本构不成对东罗马帝国的威胁，而新崛起的达尼什曼德尚未将矛头指向帝国，亚洲暂时恢复了安全。基于亚洲的局势，约翰二世决定掉转矛头。

与亚洲比起来，欧洲的情况简单得多。首先是马扎尔人建立的匈牙利王国，当年为了结好匈牙利，先帝让约翰二世迎娶了匈牙利公主皮里斯卡，两国算是姻亲。然而匈牙利爆发内乱，国王卡尔曼驱逐了兄弟阿尔姆斯和侄子贝拉。这两人投奔了约翰二世，不仅得到了庇护，还被封为贵族，于是两国关系迅速恶化。新的匈牙利王斯蒂芬二世继位后，要求帝国交出阿尔姆斯等人，但约翰二世有意插手匈牙利王位问题，断然拒绝，这代表两国关系全面破裂。

其次是威尼斯共和国，该国作为亚得里亚海的商业共和国，海军冠绝地中海，先帝当年用贸易特权换取威尼斯海军支持，这被证明是饮鸩止渴的政策，到约翰二世继位时，罗马本土商人一个接一个破产，这严重破坏了东罗马的经济。约翰不得不出手干预，结束了两国的贸易协定，还用热那亚和比萨共和国牵制威尼斯，这让威尼斯人非常恼火。威尼斯总督亲率71艘战舰渡海来攻，在帝国海军舰队建成前，皇帝只好暂时妥协。

再次是佩切涅格人残部，他们的先辈被亚历克修斯一世击败后，这些人一部分加入帝国充当雇佣军，另一部分退回多瑙河以北休养生息。虽然谈不上什么大敌，但他们在公元1121年再次渡过多瑙河，一路烧杀抢掠至色雷斯，好像完全忘记了先辈们的惨败。显然，约翰二世不可能任由这些强盗肆虐巴尔干地区。

欧洲的几个主要敌国中，佩切涅格人无疑是最弱的，本着先易后难的策略，约翰二世的剑锋首先指向了佩切涅格人。公元1121年，约翰二世御驾亲征，成功将佩切涅格人残部包围，佩切涅格人只能接受又一次惨败的命运，不幸的人大多被杀，幸运的人被帝国俘虏，妇孺则被迁到小亚细亚补充人口。

佩切涅格人的覆灭惊醒了近在咫尺的匈牙利人，他们本以为东罗马帝国会被蛮族弄得焦头烂额，没想到约翰二世身先士卒、英勇无畏，就算在战斗中受伤，还是坚持歼灭了佩切涅格人，这样的皇帝绝对是匈牙利的威胁。因此，歼灭佩切涅格人7年后，约翰二世的敌人匈牙利人抢先发动了进攻。

公元1128年夏，匈牙利国王斯蒂芬二世拉上塞尔维亚，渡过多瑙河，接连攻占了贝尔格莱德、尼什、塞尔迪卡、菲利普波利斯。约翰二世接报后，立即集结军队发动反击。慑于约翰二世的兵威，斯蒂芬二世决定朝北线撤退，目的可能是想把约翰诱至匈牙利境内伏击。然而匈牙利人根本没有机会渡过多瑙河，因为约翰二世一路攻城拔寨而来，以令人难以想象的速度赶到了多瑙河。

东罗马帝国的海军舰队早已在河中待命，皇帝立刻率部登船，在匈牙利人没有察觉的情况下来到了河流的下游，位置就在匈牙利的背后。结果不用怀疑，约翰二世抓住战机发动了奇袭，大破匈、塞联军。匈牙利王国被迫承认帝国对贝尔格莱德、尼什等地的主权，塞尔维亚再次臣服于东罗马，帝国轻而易举地收复了多瑙河的全部失地。

约翰二世的欧洲攻略恢复了帝国在巴尔干的权威。欧洲秩序恢复了，亚洲攻略势在必行。

亚洲的情况比欧洲复杂很多：首先是达尼什曼德，这个国家东征西讨，占领了大半个安纳托利亚，势力一度向东延伸至亚美尼亚；其次是奇里乞亚的小亚美尼亚，这里的人虽然信奉基督教，但与东罗马帝国的关系向来很差，最近又被安条克大公击败；最后一个是安条克公国，诺曼人与罗马仇深似海，上一代的恩怨还没结束，更何况安条克公国是南下巴勒斯坦的必经关口。

以上这些都难不住约翰。公元1130年，约翰二世发兵讨伐达尼什曼德，花了整整3年时间开辟了一条进入叙利亚的通道。公元1137年，约翰二世御驾亲征奇里乞亚，阿达纳、摩普绥提亚、塔尔苏斯和阿纳瓦萨沦陷，奇里乞亚基本被东罗马帝国收复。同年8月29日，安条克大公雷蒙德打开了城门，跪在皇帝脚下宣誓效忠。消息传到埃德萨和的黎波里，两位伯爵吓得赶紧向约翰二世表示效忠，约翰二世犹如霸主一般傲视群雄。

不知不觉中，约翰二世把几个基督教国家都纳入了麾下，有了他们的力量，约翰二世决定讨伐穆斯林的政权。公元1138年，约翰二世、安条克大公雷蒙德、埃德萨伯爵乔斯林组成联军，围攻夏萨的埃米尔。夏萨埃米尔哪敢鸡蛋碰石头，只能臣服于东罗马帝国，承诺每年支付岁贡，还送去了大量的礼物，包括当年罗曼努斯四世的红宝石十字架。约翰二世见对方服软，果断同意了夏萨埃米尔的条件，双方握手言和，各自退兵。

一连串的胜利为约翰二世赢得了凯旋式，也极大地增强了皇帝的信心，他的野心也进一步膨胀，在明知耶路撒冷与帝国交好的情况下，依然把收复巴勒斯坦和埃及作为下一个目标。要实现这一目标，他还需要集结更多的兵力，筹集更多的粮草资金。

可是问题随之出现，约翰二世并未征服小亚细亚，穆斯林政权依然盘踞在大后方，如果皇帝继续南征，战线就会被拉得更长，补给线自然也会被拉长，所以东罗马帝国会面临两个问题：一是穆斯林可能截断归路，扰乱兵力空虚的帝国后方；二是东罗马帝国目前的国力根本支撑不了这种规模的远征，所以他还需要附庸国拿出更多的钱和兵。

基于这一判断，约翰二世加大了对附庸国的压榨力度，除了从帝国各军区调集更多的粮草物资外，皇帝还要求接管安条克城，以其作为南征的大本营。

这一决定对安条克大公来说简直是五雷轰顶——交出城市不等于被直接吞并吗？如果没有主权，他的公国不就等于一个帝国行省吗？雷蒙德当然不愿意。同样，埃德萨伯爵乔斯林也非常害怕，正所谓"唇亡齿寒"，如果安条克就这么被吞并了，埃德萨还能独善其身？于是一个反对约翰二世的联盟建立了。

公元1138年末，安条克有流言称罗马皇帝要赶走所有的法兰克人，这激起了全城人的反对，城市立刻发生了暴乱，两个月未平，这让约翰二世以安条克为大本营的计划落空了。次年，特拉布宗总督加巴拉斯联合达尼什曼德举兵反叛，皇帝虽然及时北伐收复了特拉布宗，但果然如约翰担忧的那样，穆斯林切断了他的归路和补给线，约翰二世围攻恺撒里亚城直到1140年末也未能攻破。这意味着他南下巴勒斯坦的计划已无实现的可能。

约翰二世的攻略迎来了转折。这些年的征战大致是顺利的，除了被迫恢复威尼斯的贸易特权外，匈牙利、塞尔维亚、佩切涅格、达尼什曼德、奇里乞亚、安条克、埃德萨、夏萨均被约翰二世击败，这应该是曼齐刻尔特之后东罗马帝国重塑权威的胜利，但是安条克的背叛、达尼什曼德的偷袭却暴露了另一个问题：皇帝的征战并不彻底，或者说进程太快，这种仅靠臣服建立的同盟很不牢靠。

第三位贤君——曼努埃尔

公元1143年4月8日，53岁的约翰二世驾崩于奇里乞亚前线。皇帝一生征战，收复了帝国大片旧领，几乎快要再现巴西尔二世的辉煌了，但天不假年，约翰二世还没来得及惩罚安条克便溘然长逝，这让东罗马帝国的征服计划暂时停止。皇帝临终前指定幼子曼努埃尔继位，史称"曼努埃尔一世"。

曼努埃尔与他的父皇很不相同，除了继承了约翰黝黑的皮肤外，曼努埃尔长得格外健壮，身材颀长，面容英俊，眼眸明亮，举止有礼，风度翩翩。与约翰二世近乎苛刻的节俭生活不同，曼努埃尔喜好奢华和享乐，对情爱之事颇有热情，可能因为妻子德意志公主贝尔塔相貌平庸，曼努埃尔私下有很多情人。

虽为紫衣贵胄，曼努埃尔也有复兴罗马帝国的雄心。在追随约翰二世东征西讨的时候，曼努埃尔作战英勇、武艺高超，既可以纵马驰骋在流矢漫天的战场，又能单手击败舍生忘死的突厥战士，甚至在骑士对决里击倒最精锐的拉丁重骑士。曼努埃尔虽不是约翰二世唯一的选择，却是东罗马帝国最好的选择。

约翰二世生有4个儿子，长子亚历克修斯和次子安德罗尼卡都在讨伐安条克的战争中病逝，三子伊萨克护送兄长灵柩回京后便留在了君士坦丁堡，只有曼努埃尔随侍在约翰二世身旁。约翰二世病逝在奇里乞亚的军营里，曼努埃尔当时也在奇里乞亚，这给他出了一道难题，因为首都在哥哥伊萨克手中。近水楼台先得月，如果伊萨克抢在曼努埃尔之前得到普世牧首的加冕，不管约翰二世的遗嘱是什么，曼努埃尔都可能落败。

因此时间对曼努埃尔尤为重要。在得到军队支持后，曼努埃尔立刻拔营撤退，但大军的行动受限于辎重，不可能立刻返回遥远的君士坦丁堡，于是曼努埃尔派心腹阿克索赫（突厥人，时任东罗马帝国高阶统帅）率领一队轻骑兵急速返回首都，目的是要抢在先帝驾崩的消息传回前抵达皇宫。

阿克索赫一行人昼夜急行，很快就回到了君士坦丁堡，所幸约翰二世驾崩的消息还未传回，宫廷和元老院都不知道发生了什么事。阿克索赫立即宣布了新皇帝的命令，当即控制了伊萨克·科穆宁及其党羽，同时还粉碎了"恺撒"兼驸马爷约翰·罗杰的政变计划。期间，阿克索赫还带着曼努埃尔的亲笔信拜访了圣索菲亚大教堂的主教们，新皇帝承诺每年给教士们捐赠200枚银币，教会马上识趣地宣布支持曼努埃尔继位。

阿克索赫出色地完成了使命。当年8月，曼努埃尔的队伍在毫无阻碍的情况下进入君士坦丁堡，他立刻任命另一心腹米海尔·库尔库阿斯为新的普世牧首，后者马上为曼努埃尔举行了盛大的加冕仪式。从这时起，曼努埃尔终于可以名正言顺地自称皇帝了。事后，皇帝不仅赏赐给教堂多达200磅黄金，还赦免了兄弟伊萨克等贵族，因为曼努埃尔一世已经完全控制了局势，他的皇位已经坐稳了。

曼努埃尔继位时的东罗马帝国正处于复兴阶段，在两位先帝的励精图治下，东罗马帝国的财富足以支撑一系列的大型战争，虽然军区制改革已经彻底放弃，但帝国有一支战斗力强悍的雇佣军团，军团构成复杂，既有来自北欧的瓦兰吉人、撒克逊人，也有草原上的佩切涅格人和沙漠中的突厥人，甚至一些诺曼人也在东罗马帝国军中服役。对曼努埃尔来说，帝国现下的资源丰富，他不需要小心翼翼地提防蛮族入侵，反倒有机会主动挑起一场新的战争，从这一点上讲，这一时期的东罗马帝国与查士丁尼时代有几分相似。

东罗马帝国的国际环境依然属于强敌环伺：

在亚洲，以鲁本家族为首的亚美尼亚贵族重新回到了奇里乞亚，利用新旧皇帝交接之际夺回了不少城市。差一点亡国的安条克公国因约翰二世之死再次嚣张起来，趁曼努埃尔撤军时袭击了帝国城市。另外，科尼亚、摩苏尔、阿勒颇、大马士革的穆斯林领袖也是帝国的巨大威胁。

在欧洲，匈牙利王国一直觊觎多瑙河南岸的土地，不断南下骚扰，他们还与塞尔维亚结盟，威胁东罗马帝国在巴尔干半岛的统治。诺曼人罗杰统一了整个南意大利，加冕为西西里国王，他的实力比起罗伯特有过之而无不及。此人致力于推翻东罗马政府，在西欧到处拉帮结派，妄想组建一个反罗马联盟。

纵然有强敌如此，曼努埃尔一世依然有雄霸天下之心。

曼努埃尔一世也是位尚武的皇帝，即位之初便将战火烧到了亚洲，原因不言自明：奇里乞亚的鲁本家族和安条克的雷蒙德都在约翰二世驾崩后趁火打劫，帝国好不容易收复的土地再次丢失。由于曼努埃尔急于回首都加冕，他暂时容忍了上述两位君主的冒犯，但一切都进入正轨后，曼努埃尔立刻派大军讨伐奇里乞亚。

鲁本家族根本不是帝国的对手,他们再次逃回山中藏匿,失地被全数收复,但皇帝也犯了与先帝相同的错误,没有追亡逐北,彻底剿杀这个家族。紧接着,皇帝杀入安条克公国,大掠境内的城市和乡村。大公本人无法组织有效的抵抗,因为他的盟友埃德萨伯国被赞吉王朝吞并,伊斯兰教的残月旗帜出现在安条克东部边境。两线夹击的恐惧让雷蒙德没了脾气,他被迫求和,尊奉东罗马帝国为宗主国。消息传到东方,赞吉王朝暂时打消了吞并安条克的想法,他们还没做好与曼努埃尔交手的准备。

同一时间,埃德萨伯国灭亡的消息传回欧洲,狂热的基督徒无不义愤填膺,他们叫嚣着发动了第二次东征。不同于第一次十字军东征,此次远征的热情略有下降,但激起了法王路易和德皇康拉德的兴趣,两人召集封臣,共集结了约2万法德联军。

公元1146年,曼努埃尔收到了法王路易的国书,得知第二次十字军东征即将开始时,皇帝的心情可想而知,虽然曼努埃尔非常喜欢西欧文化,但他知道十字军是一群毫无纪律的强盗,"朝圣"的最终目的是财富和土地。上一次东征对帝国造成的伤害还没有完全恢复,此次恐怕更难以控制。

公元1147年,2万十字军跨过边境,曼努埃尔效仿他的祖父,派佩切涅格骑兵沿途警戒,但双方还是爆发了不止一次的冲突,究其原因还是十字军败坏的军纪,他们沿途抢劫、奸淫,甚至焚烧教堂,真看不出一点"朝圣者"该有的模样。当年9月,十字军抵达君士坦丁堡时,皇帝甚至拒绝他们进入城内,双方的敌对情绪空前高涨,特别是法兰西国王路易和公爵腓特烈自视甚高,与曼努埃尔势同水火。

为此,东罗马帝国像送瘟神一样迅速把十字军运到了海峡对岸。别看第二次十字军中既有法王又有德皇,但整场战争就是个笑话,他们刚一进入亚洲就遭到了惨败。事后,以法王路易为首的狂热信徒把战争失败归咎于曼努埃尔的冷漠,这明显是道德绑架,须知正是这群人在东罗马帝国境内四处打劫,到了亚洲后又不听帝国向导的建议,这才导致了全面的失败,可见作为领袖的路易是何等无能。

纵然东罗马帝国被法王指责为"叛徒",但曼努埃尔一世依然伸出了援手,德意志皇帝康拉德就因伤病被曼努埃尔接到了君士坦丁堡疗养，两位皇帝很快就建立了私人友谊。这种友谊发自内心却也有相互利用的成分，按照两人的约定，德意志和东罗马将结为同盟，共同打击占据南意大利的西西里王国，曼努埃尔还将侄女狄奥多拉嫁给奥地利公爵路易，双方皇室借此建立了姻亲关系。

曼努埃尔一世"远法近德"的政策有很深的战略考量，拉拢德意志是为了对付袭扰达尔马提亚的西西里。共同讨伐西西里符合东罗马和德意志的利益：前者与诺曼人是宿敌，后者只有击败西西里国王罗杰后才能前往罗马加冕。按照两位皇帝的计划，康拉德将率领德意志陆军翻越阿尔卑斯山南下，曼努埃尔则要指挥海军舰队横渡亚德里亚海，从而形成对西西里的两面夹击。只可惜欧洲的局势错综复杂，两位皇帝都不具备实现上述战略的能力。

德意志并不是统一的帝国，被后世戏称"既不神圣又不罗马"，他们由大大小小的诸侯联合而成，康拉德除了直辖领地外，对各路诸侯的动员力非常有限，而且觊觎王位的诸侯也不在少数，康拉德的大后方严重不稳。至于东罗马帝国，要渡过亚得里亚海就不能绕开老对手威尼斯，所以曼努埃尔一世不惜继续出让贸易特权换取威尼斯人的合作。且东罗马帝国没有一支精锐的海上力量，临时组建的海军多属新兵，即便有 600 艘战舰和 1000 艘运输船，也还是不够强大。

正是由于上述原因，这场联合行动并不顺利。首先是曼努埃尔的计划一再拖延，库曼人的袭击和天气不佳让军队迟迟无法渡海，好不容易攻下科孚岛，塞尔维亚又发生叛乱，曼努埃尔只好回国平叛。至于康拉德，他的问题更加麻烦——巴伐利亚公爵韦尔夫起兵叛乱了。这位大公爵的实力很强，一直是帝位的主要争夺者，他的叛乱足以让康拉德冷汗直流。

公元 1152 年 2 月 15 日，尚未到罗马加冕的康拉德病逝，新的德意志皇帝是暴虐的腓特烈，绰号"巴巴罗萨"。腓特烈非常痛恨东罗马帝国，他似乎不能容忍在君士坦丁堡还有一个人也自称皇帝，即使那个皇帝才是货真价实的罗马皇帝。腓特烈的继位直接导致两国同盟关系破裂，东罗马帝国只能靠自己的力量收拾西西里王国了。

腓特烈的好战程度比起他叔叔康拉德有过之而无不及，刚一继位便发动了对北意大利的战争，包括米兰在内的城邦均反对德皇踏入意大利，战火随即焚毁了美丽的波河平原。腓特烈最终未能打服意大利城邦，不过他还是进入了罗马城，完成了皇帝的加冕仪式，但罗马城之后也爆发了反对德意志皇帝的起义，双方都有上千人的死亡，腓特烈只好灰溜溜地撤回了自己的地盘。

缺少德意志的协助也无法打消曼努埃尔向西西里复仇的决心，巧的是，西西里国王罗杰在这个时候逝世，给东罗马帝国创造了机会。公元1155年，皇帝派到南意大利的间谍一手策划了当地贵族的谋反，战火很快席卷南意大利各地。皇帝当即派米海尔·巴列奥略和约翰·杜卡斯杀入南意地区，洛里泰罗伯爵罗伯特与东罗马帝国缔结盟约，联军很快就攻克了重镇巴里城。

西西里新国王威廉此时疾病缠身，暂时无力抵抗帝国的入侵，联军抓住战机连下多座城池，连教皇哈德良也意外地站到东罗马帝国这边，为曼努埃尔提供了数量可观的雇佣兵，还出让了安科纳等数座要塞供东罗马帝国军队驻扎。不久之后，坎帕尼亚、阿普利亚全境陷落，东罗马帝国的双头鹰旗帜四处飘扬。战况异常乐观，曼努埃尔一世甚至打算亲临意大利，组织更大规模的进攻。

然而，随着西西里国王威廉恢复健康，战争走向开始转变。公元1156年，东罗马帝国的联军包围了当地最大的海港布林迪西，威廉闻报后亲率西西里岛主力驰援，他没有执着于一城一地的得失，推进得很快。就在决战即将爆发时，东罗马帝国联军却因为一系列胜利发生了内讧，不仅伯爵罗伯特负气出走，约翰·杜卡斯也篡夺了米海尔·巴列奥略的指挥权，布林迪西迟迟不能攻下。

威廉的援军即将抵达的消息传入城中后，布林迪西的战斗意志更加强烈，联军中的雇佣军却在此时要求加薪，显然他们已经知道西西里国王正率军逼近，这些雇佣兵不想冒险一战，便用加薪的借口公然哗变。联军统帅当然不会答应他们的要求，这正中其下怀，雇佣兵随即一哄而散，联军就只剩下东罗马帝国的直属部队，数量少得可怜。威廉随后轻松击溃了剩余的联军，米海尔·巴列奥略和约翰·杜卡斯均被俘虏。东罗马帝国好不容易才收复的城市全部沦陷。

曼努埃尔在南意大利投入了至少3万磅黄金，但结果令人唏嘘，除了教皇交给皇帝管辖的安科纳外，东罗马帝国一无所获，而且两位统帅均遭俘虏，让帝国颜面尽失，东罗马的鹰旗又一次从意大利的城头坠落。曼努埃尔忽然意识到，征服遥远的意大利只是徒耗钱粮，也许帝国应该引兵东向，先复亚洲，再图罗马。

科穆宁中兴，走向鼎盛

远征意大利的失败让曼努埃尔无比懊恼，他已经意识到收复意大利是个不切实际的想法，如果皇帝继续把黄金和军队投入意大利，相信他还是可以掀起不小的波澜，但东罗马帝国在西欧的人缘实在太差了，不仅诺曼人、威尼斯人反对帝国，德意志的腓特烈也不会任由东罗马帝国破坏当地的平衡，教皇更不愿意被东罗马帝国的势力控制。显然，意大利看起来是块肥肉，其实完全没有油水，曼努埃尔犯了与查士丁尼相同的错误，如今将战略重心重新放到亚洲才是最明智的决定。

事实上，东罗马帝国转移战略重心也是大势所趋，在曼努埃尔攻略意大利的关键时刻，即公元1156年，安条克大公雷纳尔和鲁本家族的索罗斯联手入侵了东罗马帝国，联军渡海杀入了塞浦路斯，大败东罗马帝国的驻军，总督约翰·科穆宁被俘。雷纳尔残忍地对待当地人，不少无辜者不是被斩首就是被刺瞎，甚至连东正教的教士也没能逃过一劫，奇里乞亚也在联军的攻略下再次易手。

消息传到罗马皇帝耳中，曼努埃尔震怒不已，他不能容忍安条克公国屡次挑衅，更不能容忍他们的狂妄与残忍。很快，一支由曼努埃尔亲自领兵的东罗马军队被组织起来，大军行动迅速，不少城市一看见皇帝的旗帜便开城投降，索罗斯因提前得知消息遁入深山，奇里乞亚全境收复。起初还狂傲无比的雷纳尔如泄了气的皮球，连连遣使求和，然而皇帝对此没有任何回应，这更吓坏了雷纳尔。

为了表示投降的诚意，雷纳尔用绳子绑着脖子并换上粗布衣衫，亲自前往曼努埃尔的大营投降，他双膝跪在皇帝的面前恳请宽恕，但皇帝根本就不搭理他，直到他表现得如同奴隶一般真诚后，曼努埃尔才开口说话。就这样，安条克公国也宣布投降东罗马帝国。

按照协议，安条克的城市堡垒尽数移交给帝国驻军，当地大主教必须换成东正教的人，东罗马帝国有权在战争时征召安条克军队参战。消息传到耶路撒冷后，国王鲍德温和的黎波里伯爵也急忙赶到军中觐见曼努埃尔，他们的王国也尊奉东罗马帝国为宗主，如此算来，亚洲所有的基督教国家都投降了曼努埃尔一世，东罗马帝国的影响力又一次远达巴勒斯坦。

公元1159年4月12日，东罗马帝国大军浩浩荡荡进驻安条克城，皇帝在当日举行了盛大的入城仪式，令人们惊讶的是，为皇帝牵马坠镫的竟是安条克大公本人，而耶路撒冷国王鲍德温则如侍从般亦步亦趋跟在皇帝身后。盛大的典礼整整举行了8天，期间各种表演、舞会轮番登场，曼努埃尔还亲自上阵比武，击败了好几个法兰克骑士。皇帝慷慨的赏赐以及近乎奇迹的典礼让当地人大开眼界、叹为观止，起初还对曼努埃尔抱有敌对情绪的人，现在通通成了罗马皇帝的追随者。这一切都在曼努埃尔的预料之中，因为这正是他此行的目的。

典礼结束后，法兰克贵族请求皇帝出兵讨伐赞吉王朝的努尔丁，东罗马帝国大军随即拔营启程。强大的兵势令穆斯林领袖惊恐不已，努尔丁立刻遣使觐见曼努埃尔，承诺归顺东罗马帝国并立即释放6000名基督徒俘虏。皇帝欣然应允，但要求努尔丁在帝国征召时派军从征，努尔丁答应了这一条件，赞吉王朝也归顺东罗马帝国了。不得不说，这是一个伟大的成就，曼努埃尔仅通过一次远征就收复了奇里乞亚，并迫使安条克公国、耶路撒冷王国、赞吉王朝俯首称臣，远在巴格达的哈里发也惶恐不安。

亚洲战争的胜利极大地鼓舞了曼努埃尔一世，公元1159年秋，他决定讨伐亚洲最大的敌人——罗姆苏丹国。此战，东罗马帝国的附庸国尽数出战，塞尔维亚王国、安条克公国、耶路撒冷王国、达尼什曼德王朝和赞吉王朝均受命出兵，曼努埃尔一世拉了一个巨大的包围网，联军四路并进，讨伐基利杰·阿尔斯兰二世。

皇帝曼努埃尔一世亲率主力大军及塞尔维亚附庸军从米安德河谷朝东推进，约翰·康托斯克凡诺斯率领安条克附庸军从托罗斯山口朝西北方向进攻，达尼什曼德王朝军队从东北方向南下，赞吉王朝军队则从幼发拉底河中游直插敌境。

四路大军有泰山压顶之势，阿尔斯兰二世曾考虑集中优势兵力逐个击破，但他很快发现这是无法实现的，因为四路大军的推进速度很快，各处关隘相继投降，战略纵深已不复存在，别说击破四路大军，仅一路也足够阿尔斯兰喝一壶了，这让他明白此战是必败之战。于是，公元1162年，阿尔斯兰二世割让了安纳托利亚的城池土地，苏丹投降了。

公元1156—公元1162年，东罗马皇帝曼努埃尔相继征服了奇里乞亚、安条克、耶路撒冷、的黎波里、赞吉王朝以及科尼亚苏丹国，以上诸国均向帝国称臣纳贡并按约定派遣附庸军。虽然皇帝没有直接占领上述各国的土地，但在形式上，东罗马帝国恢复了除埃及以外的几乎整个亚洲旧领，即使附庸国的忠诚很成问题，但这仍是巴西尔二世不曾实现的壮举。

振奋人心的消息还不止这些。公元1161年5月31日，匈牙利国王盖萨二世病逝，匈牙利随即爆发内战。曼努埃尔企图扶持盖萨二世的兄弟斯蒂芬夺位，但战争的胜利者却是盖萨二世的儿子盖萨三世。不过曼努埃尔没有放弃，既然幕后操纵不能成功，东罗马帝国就亲自上场战斗。这吓坏了盖萨三世，他不得不与曼努埃尔议和，同意让王子贝拉到君士坦丁堡为质，并把克罗地亚和达尔马提亚封给贝拉。皇帝则准备将公主玛利亚嫁与贝拉，并敕封其为东罗马帝国的"专制君主"，还承诺将来由贝拉继承东罗马帝国的皇位，贝拉遂更名为亚历克修斯，东罗马帝国与匈牙利的争端暂时结束。

公元1164年，经过长达3年的准备，曼努埃尔以盖萨三世违背和约为由，悍然出兵讨伐匈牙利。其实，曼努埃尔一直不曾放弃蚕食匈牙利的计划，他打着贝拉的旗号企图强行兼并匈牙利的土地城池，此举必然激怒匈牙利王国，盖萨三世遂出兵攻击东罗马帝国的驻军。皇帝再次召集了一众附庸，阿尔斯兰二世的突厥军队也应召参战，双方会战于西尔米乌姆，声势惊人。

此战被称为西尔米乌姆之战，东罗马帝国联军的指挥官是曼努埃尔的外甥安德罗尼卡·康托斯特法诺斯，他们以库曼、突厥弓骑兵为前卫，以瓦兰吉卫队、罗马精锐步骑为中军，以西欧雇佣兵及地方卫戍部队为两翼，同时还特别布置了3000人的预备队，三军形成十字阵形。匈牙利则由丹尼斯伯爵领兵，仰仗的是最精锐的马扎尔骑兵。

战斗开始后，安德罗尼卡故意命联军弓骑兵冲到匈牙利军近前射击，待其出动重骑兵追逐时诈败而逃，此举成功把匈牙利军队引诱至罗马军前，双方遂展开血战。有趣的是，匈牙利骑兵逼得东罗马军队左翼节节败退，而东罗马军队也几乎击溃了对方的左翼。关键时刻，因为匈牙利人缺乏足够的远程火力，东罗马军队抢在自己左翼完全崩溃前驱逐了对方的左翼，安德罗尼卡遂率领得胜的罗马右翼返回支援，早已蓄势待发的预备队也在此时加入战场，在三军的合力打击下，匈牙利军队全军崩溃，死伤无数。

胜利的联军于匈牙利境内攻城拔寨，连续击溃多支匈牙利军队，皇帝借此吞并了达尔马提亚和西尔米乌姆。匈牙利国王被迫割地求和，承认贝拉对匈牙利王位的继承权。如此一来，东罗马帝国征服了巴尔干最大的对手，再加上贝拉王子是皇帝的准女婿和继承人，东罗马和匈牙利将在他的手中合并，这绝对是有利于东罗马帝国的伟大胜利。

只可惜贝拉并未等到继承东罗马帝国的机会，因为皇帝的婚姻直接关系到贝拉的继承权。公元1159年，皇后贝尔塔病逝，曼努埃尔一世遂让耶路撒冷王鲍德温为其寻找新的皇后，鲍德温决定将的黎波里伯爵的公主嫁给皇帝。

此事尚未敲定，中途便横生变故——安条克公国此时出了问题：大公雷纳尔败于努尔丁，其子博希蒙德三世继位，公爵夫人康斯坦丝遂与安条克大主教争夺摄政权。为了得到外部援助，康斯坦丝愿意把安条克公主玛丽嫁给罗马皇帝。曼努埃尔认为这是他直接吞并安条克的绝好机会，便拒绝了鲍德温的安排，迎娶了安条克公主玛丽。不久后，玛丽为皇帝生下了一个儿子——小亚历克修斯。这样一来，匈牙利王子贝拉自动失去了皇位继承权，皇帝遂将他的爵位降低成"恺撒"。

公元1172年，为了补偿贝拉，曼努埃尔公然介入匈牙利王位的继承问题，使得贝拉如愿成为新的匈牙利国王。同年，曼努埃尔联合匈牙利新王贝拉大举征讨塞尔维亚，塞尔维亚战败投降，再次臣服于东罗马帝国。至此，曼努埃尔一世在形式上重新统一了整个巴尔干地区，匈牙利、塞尔维亚都成了东罗马帝国的附庸国，达尔马提亚等地也成了帝国行省，曼努埃尔所统治的巴尔干地区比巴西尔二世时还要庞大。

现在终于轮到贪婪的威尼斯人了。

公元1171年，曼努埃尔一世通过与比萨、热那亚的反复接触，建立了三方同盟。同年，皇帝以威尼斯人袭击热那亚在君士坦丁堡的定居点为由，突然赶走了超过1万名威尼斯商人，东罗马帝国借机终止了威尼斯在帝国的贸易特权，转而支持比萨和热那亚人。

公元1172年，愤怒的威尼斯人决定开战。在总督的亲自带领下，威尼斯出动了120艘战舰进攻东罗马帝国，不过狡猾的曼努埃尔却派人与总督和谈，称可以恢复和平并再次给予他们特权。总督不知这是皇帝的缓兵之计，浪费了大量的时间与皇帝磋商，在此期间，瘟疫在威尼斯军中暴发，威尼斯舰队有数千人死亡。得知这一消息后，曼努埃尔断然拒绝了任何形式的谈判，威尼斯人虽然怒不可遏，但他们的舰队已经失去了战斗力，被迫逃回国内，结果这些士兵将瘟疫也一并带回了国，导致威尼斯瘟疫四起，愤怒的威尼斯人因此刺杀了他们的总督，威尼斯共和国大乱。

公元1172年是曼努埃尔一世最愉快的一年，经过数十年的征战，东罗马帝国降服了大量的敌人。在亚洲，十字军王国和苏丹国均臣服于曼努埃尔，皇帝的影响力远至叙利亚和巴勒斯坦；在欧洲，威尼斯被东罗马帝国搅得大乱，匈牙利和塞尔维亚也俯首称臣，罗马皇帝恢复了巴尔干半岛的秩序。现在的科穆宁王朝臻于鼎盛，曼努埃尔·科穆宁的威名足以让地中海的所有君主战栗，包括"巴巴罗萨"腓特烈也不得不忌惮东罗马帝国现今的威望。

曼努埃尔一世似乎实现了复兴东罗马帝国的伟大事业，然而这一切的成功都缘于科穆宁王朝前两位君主的励精图治。不可否认，曼努埃尔是位雄才伟略的罗马皇帝，但更需要看清的是，科穆宁的复兴与查士丁尼时期相差无几，两者都是靠庞大的资金投入，而且曼努埃尔并未吞并附庸国，这种仅靠威势建立的臣属关系并不牢靠，维持这种状态远比得到它困难，曼努埃尔一世是否能保住自己的霸业呢？

复兴的终止符——密列奥塞法隆

科穆宁霸权的建立以科尼亚苏丹阿尔斯兰二世前往君士坦丁堡觐见罗马皇帝为标志，科尼亚苏丹国沦为东罗马藩属后，两国维持了近10年的和平。10年间，曼努埃尔一世东征西讨，连战连胜，麾下附庸国无数。胜利滋长了皇帝的野心，他的手也越伸越长。

公元1068年，作为东罗马帝国附庸国的耶路撒冷广结盟友，妄想征讨埃及，首先联合了同样屈从于东罗马帝国的赞吉王朝，努尔丁遂派施尔科和萨拉丁进攻埃及。另一方面，公元1069年，接受耶路撒冷王国求援后，曼努埃尔一世派遣了一支拥有230艘船舰的远征军，他们的目的是与耶路撒冷军队一道讨伐埃及的哈里发。无论是东罗马帝国皇帝还是耶路撒冷国王，两位君主都想吞并富庶的埃及，看似和谐的联盟其实各怀鬼胎。

在埃及重镇杜姆亚特，两国远征军发动了一场又一场战役，看似必胜无疑的战争却因各怀心思迁延时日，不仅没有合作破敌，反而相互掣肘。随着进攻初期的锐气的丧失，战局朝着不利于联军的方向发展，减员与疫病让耶路撒冷失去了耐心，耶路撒冷国王竟然背着东罗马帝国悄悄与埃及议和。此事很快被东罗马皇帝得知，愤怒的曼努埃尔一世遂撤兵返国，耶路撒冷军也就此撤退。回国途中，东罗马海军遭遇了海难，而耶路撒冷军也损失了不少，远征无果。

在一连串的胜利后，远征埃及的失败如一盆冷水浇到曼努埃尔的头上，虽说此战不是曼努埃尔执政生涯的重挫，但无疑是对皇帝过度扩张的严正警告。然而，这没有引起皇帝的警觉，他只把失败归咎于耶路撒冷国王的私心，并没有认真审视东罗马帝国的现实隐患，他还想继续扩张，他的野心似乎没有尽头。

赞吉王朝成为远征埃及的最大受益者，东罗马帝国和耶路撒冷撤走后，赞吉将领萨拉丁被任命为法蒂玛王朝的宰相，萨拉丁遂掀起了一场逊尼派取代什叶派的革命，一代枭雄萨拉丁走到了历史的最前沿。

公元1174年，赞吉王朝的努尔丁病逝，摩苏尔对周边势力的影响也随着他的离世极速衰退，除了萨拉丁独立并蚕食叙利亚外，受到努尔丁保护的达尼什曼德王朝也遭到了科尼亚苏丹的进攻，仅一年的战争，阿尔斯兰二世就吞并了达尼什曼德王朝的疆土，其势力迅速扩张至小亚细亚东部。

阿尔斯兰二世的扩张让东罗马帝国感到了不安，毕竟任何一个附庸变强后都有可能威胁曾经的宗主国，于是曼努埃尔以宗主的身份要求阿尔斯兰二世交出一部分征服的土地，这符合两国之前达成的协议，但突厥苏丹断然拒绝，曼努埃尔自然是雷霆震怒，他认为这是突厥苏丹对帝国的公然宣战。

公元1176年，东罗马帝国的特使相继出现在匈牙利、安条克等国的宫廷里，他们带来了皇帝曼努埃尔一世的征召令，一场大规模的征服战争开始了。

曼努埃尔此次不再采用兵分多路的策略，皇帝打算集中力量猛攻科尼亚。为此，库曼人、北欧人、突厥人、匈牙利人、法兰克人、罗马人组建的联军宣告成立，主力共计3.5万人，再加上各地的仆从军以及帝国特意部署在黑海南岸的军队，总兵力超过了5万，包括匈牙利国王贝拉、安条克的鲍德温等人均亲临战场。毫无疑问，联军的最高统帅还是曼努埃尔一世。

东罗马联军的计划总共分为两个步骤：

第一步是巩固东部边境。东罗马帝国在多利留姆、希比利亚等地建立了一系列要塞堡垒，作为联军东征的后方基地，既能够保障帝国的补给线，又能阻挡突厥人偷袭。

第二步是联军的两路进攻：第一路由帝国大将安德罗尼卡任北方军团指挥官，率领数万人马从黑海南岸出兵，攻打突厥人的北方要塞阿马西亚，目的是牵制阿尔斯兰二世；另一路则是由罗马皇帝亲自指挥的3.5万联军，他们计划穿过沙漠直插苏丹首都科尼亚，意在瘫痪苏丹的指挥系统，打击穆斯林军队的士气，这一路无疑是打垮阿尔斯兰二世的主力。

皇帝大举征讨的消息很快传到了科尼亚宫廷，突厥人迅速进行了战争动员。平心而论，突厥苏丹所拥有的兵力根本不可能在正面交锋中击败帝国联军，阿尔斯兰二世对此心知肚明，但是战争既然已经爆发就不可能轻易停止。面对强大的东罗马帝国联军，阿尔斯兰二世决定以伏击战术分别破敌，这也是苏丹当时唯一的选择。

阿尔斯兰二世首先把目标锁定在北方，因为东罗马帝国的北方军团人数较少且与主力缺乏联系，这给突厥骑兵迅速击破对方提供了可能。为此，苏丹特地精选了大量轻装弓骑兵，命他们埋伏在帝国北路军团南下的密林中。为了诱使东罗马帝国军队进入密林，阿尔斯兰二世特别准备了一些"开胃菜"，他让一些战力不佳的士兵诈败而逃，东罗马指挥官安德罗尼卡不知是计，便率领军队冒失地进入了密林。

东罗马军队进入密林后，起伏跌宕的地形迫使帝国军队放弃了原有的阵形，早已埋伏多时的突厥马弓手突然展开射击，无数箭矢落在罗马人的头上，一些安装好的陷阱也发挥了作用，罗马军队大乱。而后，突厥骑兵迅速穿插杀敌，整个北方军团被切割成好几个部分，最终被突厥人各个击破，指挥官安德罗尼卡当场阵亡，首级被突厥人割下送到苏丹处邀功。

由于遭到了全歼，东罗马帝国北方军团覆灭的消息并没有及时传到曼努埃尔耳中，皇帝率领数万大军如计划越过边境，只身进入了沙漠和荒无人烟的城镇，所过之地到处都是废弃的枯井和化为焦土的农田。坚壁清野是突厥人惯用的伎俩，虽然有些无耻，但效果极好，之前十字军东征时就吃过大亏。

恶劣的环境和补给的匮乏并没有打消曼努埃尔的雄心，此时的他已年过半百，用"老骥伏枥，志在千里"来形容也毫不为过。皇帝热情地鼓励联军将士，称科尼亚城中尽是财宝和粮食，只要迅速抵达科尼亚，一切问题都会迎刃而解。也许人们会疑惑：为什么皇帝对攻克科尼亚这么有信心？在缺乏补给时围城不是兵家大忌吗？难道他对眼前的处境毫无察觉？

事实上，皇帝特地带上了不少攻城器械，包括大型攻城车、攻城塔、巨形投石机等，这些装备是东罗马帝国耗费大量资金和时间打造的，在没有火炮的时代，东罗马帝国的精良装备堪称冷兵器中的顶尖科技，除了君士坦丁堡的城墙外，这些武器能击垮任何城池的壁垒。有了这些东西，不但科尼亚的城墙挡不住曼努埃尔，就是巴格达的城墙也未必能坚守得住。

阿尔斯兰二世坚壁清野的策略很快就起到了效果，联军因气候恶劣以及饮水缺乏，不少人病倒，当联军抵达被废弃的密列奥塞法隆要塞时，减员已经非常严重，诸侯和将军们都倍感艰辛。这时，阿尔斯兰二世的使节来到罗马皇帝的大营，他带来了苏丹的求和信。

考虑到两国实力的差距，阿尔斯兰二世应该不是为了拖延时间，他可能是真的打算议和，因为苏丹的军队不到帝国的三分之一，即便使用伏击之术，阿尔斯兰二世也没有必胜的信心，所以他派人告诉曼努埃尔，称其愿意按照当年的协议割让新占领的土地，并赔偿帝国军费。

这份协议非常有利于东罗马帝国，"不战而屈人之兵"从来都是上上之策，曼努埃尔一世自然也明白这一点。然而，在联军的议事大营里，将军们却为此分成两派争吵不休。其中，老将们则组成了持重派，年轻将领们组成了少壮派。持重派认为战争爆发以来，联军向东推进了很远却始终没有遭遇突厥军队，这证明此前掌握的情报根本不对，再加上补给匮乏，继续深入的风险非常大，所以接受议和不失为上策。可是少壮派坚决反对，他们认为阿尔斯兰二世之所以求和就是因为对方实力太弱，他们因害怕而求和，现在只要皇帝能率领大军兵临科尼亚，苏丹除了投降别无他法，这是东罗马帝国收复整个小亚细亚光复罗马的绝好机会，因此应该拒绝和谈，继续向东挺进。

皇帝听到"光复罗马"的口号时，他的心中激情澎湃，仿佛看到了巴西尔二世辉煌时代的降临，热血让老皇帝恢复了青春，冲动占据了他的理智，于是他振臂一呼，大喊道："进军！"

决策已定，东罗马帝国联军当即告别了密列奥塞法隆，继续朝科尼亚挺进。然而，所有人都不知道阿尔斯兰二世精心准备的伏击圈就在密列奥塞法隆前方不远处的峡谷。

该处峡谷沟壑交错，两侧尽是高山峭壁，要通过这样一处地方，联军就不可能保持原有的行军队列，这就是兵家所谓的"险地"。要通过如此险要的峡谷，侦察兵肯定是不能少的，但曼努埃尔等人心急如焚，只派了几个骑兵查探，并没有派足够的斥候详细探明峡谷内的情况。

为了快速通过峡谷，东罗马帝国联军分成了四部。第一部是东罗马帝国的步兵，包括不少远程步兵，他们作为开路先锋首先进入峡谷；第二部是以法兰克骑士为主力的西欧军队，指挥官是安条克的鲍德温，他们负责压阵并保护后方的辎重；第三部是帝国最为倚重的攻城器械和辎重队伍，由于体积庞大、沉重，这路人马行军较慢；第四部则是东罗马帝国的主力步骑以及曼努埃尔一世的卫队，他们最后进入峡谷。

曼努埃尔怎么也想不到，联军进入峡谷时，突厥苏丹阿尔斯兰二世正率领他的军队埋伏在峡谷两侧的丘陵上。突厥人擅于伏击，隐蔽得很好，东罗马帝国的先锋部队丝毫没有发现异常，联军就这样进入了崎岖难行的峡谷。

毫无防备的联军先锋很快就落入了突厥人的陷阱，只听一声长啸，突厥弓骑兵突然出现在峡谷两侧，他们先是按惯例朝联军士兵投射矢石，接着便挥舞着长刀冲杀下山。联军虽然感到惊讶，但他们都是百战老兵，即使地形限制了阵形，联军先锋还是凭借良好的素质和精良的装备挡住了敌军的进攻。由于突厥人多以轻骑兵为主，联军先锋成功击退了敌人的第一波进攻。

队伍突然停止不前虽然没有给东罗马帝国造成多大损失，却让后方军队不明所以、惊恐万分。阿尔斯兰二世旋即投入了更多的远程军队和重装骑兵，这些人无差别地攻击帝国联军，甚至绕过联军先锋攻向法兰克骑士。双方战力对比上，法兰克骑士仍然是占有优势的，但联军在被敌军反复冲杀下已混乱不堪，彼此之间无法呼应，只能各自为战。后面的军队虽然急得直咬牙，但受制于峡谷的宽度，只能远远看着，根本无法与敌军交兵。

不久之后，缺乏步兵和骑兵掩护的远程步兵就遭到了突厥人围歼，他们战死后，东罗马帝国联军也失去了远程掩护，使得突厥骑兵肆无忌惮地射击，不少人马殒命于箭矢之下，而作为法兰克骑士指挥官的鲍德温因无人增援，惨遭包围，纵然他英勇奋战斩杀了不少突厥人，但冰冷的弯刀还是刺穿了他的胸膛，鲍德温阵亡，法兰克骑士士气大跌，乱成一团。

东罗马帝国联军的头两支军队死伤惨重，而后，突厥人又杀到了帝国辎重部队中，没有精锐部队掩护的他们如同羔羊，突厥人趁机放火焚烧各种器械，庞大的器械散落在各处，而被射死的牲畜倒伏在路中央，使得道路拥堵不堪，前面的溃兵逃不出来，后面的援军也攻不进去，曼努埃尔一世完全失去了对战场的掌控。很快，突厥人的攻击就覆盖到曼努埃尔所在的主力，帝国士兵们各自为战，不少人因脱离队伍而被围杀，连皇帝本人都亲自提枪战斗，连续斩杀了好几个突厥骑兵，而他的头盔也在战斗里被敌人击中，要不是材质好，皇帝怕是会当场殒命。

精疲力竭的曼努埃尔被迫退到一棵枯树下休息，他的护卫已经被打散了，皇帝浑身是血，虽未受伤却惊恐不已。据说曼努埃尔已经决定以身殉国了，但发现他的东罗马骑兵拼命护在他的身前，宁死不退，这一幕深深鼓舞了曼努埃尔，他终于重新振作，站起来指挥军队扫除挡在路上的障碍，成功把大部分士兵救了出来，这才暂时化解了危机。皇帝经过激烈的搏杀后恢复了勇气，他翻身上马，和身边的士兵一起冲出了包围。

提前冲出峡谷的联军就地搭建营寨，良好的战斗素养让他们迅速完成了营地的搭建，后面逃出的帝国士兵随即进入营寨坚守，皇帝和他的勇士们终于得到了喘息的时间。胶着的战斗从白天持续到黑夜，突厥人无法突破东罗马军队的营寨，只能暂时放弃追击。

阿尔斯兰二世的伏击无疑得手了，但当日的激战也让不少突厥勇士阵亡，双方的损失都很惨重。次日，苏丹令突厥马弓手包围了东罗马军队的营寨，可以随时实施远程打击，这一幕像极了帕提亚对克拉苏的包围。但激烈的战斗并未发生，将领们鼓励皇帝坚守营寨，利用工事与敌军周旋。

历史总是如此相似，密列奥塞法隆之战与曼齐刻尔特战役均是东罗马帝国深入敌境的惨败，主因都是不重视情报收集，而且对手均叫阿尔斯兰，都在战前提出了和议，皇帝因拒绝议和而陷入险境。唯一不同的是，东罗马帝国在密列奥塞法隆之战里重创了对手，皇帝曼努埃尔也没有被俘虏，虽然突厥人击败了东罗马帝国联军，但他们无法攻破帝国的大营，只能僵持在战场上。

最终，苏丹阿尔斯兰二世的使节敲开了帝国的营门，他们带来了苏丹的第二份和谈协议，仅要求皇帝拆除修筑在多利留姆和希比利亚的两处要塞，别无其他。曼努埃尔的心情低落到了极点，他的雄心壮志随着密列奥塞法隆的战败而烟消云散，皇帝害怕再次拒绝和谈会遭到敌军的长久围困，届时粮草不济的联军势必自行崩溃。为了尽快脱离险境，皇帝同意了苏丹的要求，双方撤军，密列奥塞法隆之战就此结束。

此战，东罗马帝国集结了5万余人的军队，其中北方军团全军覆没，统帅安德罗尼卡阵亡，而皇帝率领的3.5万主力损失同样惨重，据不完全估计，主力军团阵亡人数为6000~12000人，其中皇帝的妹夫安条克的鲍德温阵亡，帝国指挥官约翰阵亡，曼努埃尔引以为傲的攻城器械全部被毁，经营多年的精锐军队在此战中被击垮，特别是精锐步骑和弓箭手的损失帝国无法弥补的，而雇佣骑士的损失也让帝国的真金白银都打了水漂。

树倒猢狲散，墙倒众人推。对东罗马来说，军队损失所带来的连锁反应比直接的伤亡更加可怕，皇帝曼努埃尔和东罗马帝国的威望因此战严重受损，塞尔维亚、匈牙利、安条克、耶路撒冷、德意志等国皆蠢蠢欲动，曼努埃尔所建立的附庸国体系走到了崩溃的边缘，科穆宁中兴戛然而止。

第四十九章
帝国破碎

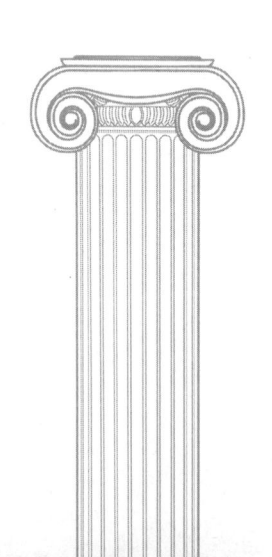

动乱的开始

经历了密列奥塞法隆惨败后，曼努埃尔一世的勇气与魄力大不如前了，判断力明显受到了惨败的影响，刚刚脱离险境的皇帝立即撕毁了与阿尔斯兰二世达成的协议，他拒绝拆除多利留姆的堡垒，理由是担心突厥骑兵长驱直入。虽说皇帝的担忧是正确的，但草率毁约无疑是危险的，阿尔斯兰二世必定兴兵来犯，曼努埃尔是否做好了再次开战的准备呢？

公元1177年，即密列奥塞法隆之战的次年，阿尔斯兰二世遣2万名突厥骑兵杀入东罗马帝国，目标正是富庶的南部滨海，这里环境优美且水粮丰富，人口密度也比安纳托利亚高，是非常适合掠劫的地方。当地驻军根本不是他们的对手，很快就被击溃，突厥人遂大掠米安德河谷。

消息传到君士坦丁堡时，皇帝曼努埃尔正卧病在床，常年征战在外以及密列奥塞法隆的重创让他身心俱疲，暂时无法领兵御敌。那皇帝会低头求和吗？当然不会。曼努埃尔于病榻上召见了侄子约翰·科穆宁·维塔斯，命其领几千精兵前去阻止突厥人。约翰自幼在军中历练，曾参与过多场帝国大战，算是比较成熟的指挥官，皇帝对他很有信心，只可惜帝国不能为他组织一支军力等同于突厥人的军团，所以约翰只能自力更生。

事实上，皇帝交给约翰的军队少而精，兵力虽少却忠心耿耿，约翰当然知道这一点，所以他不急于野战。鉴于突厥人在密列奥塞法隆伏击了帝国军队，约翰的战术是"以彼之道还施彼身"，因为突厥人在米安德河谷掠劫了大量的战利品，这使得他们不得不拖拽这些"累赘"返回本土，机动性和战斗力都大为降低。此战，约翰·科穆宁·维塔斯巧妙地收拢各地驻军，成功奇袭了突厥人，斩首上千余级，抢回了不少战利品。

米安德河谷之战的规模尚不足以抵消此前的惨败，却极大地鼓舞了东罗马帝国的士气，也缓解了曼努埃尔一世的焦虑，但这场胜利仍旧不能扭转东罗马帝国的颓势。此后几年，曼努埃尔再次披挂上阵，频频与突厥骑兵交手，双方互有胜负，总体上仍处于被动防御，之前臣服于东罗马帝国的附庸们纷纷宣布独立，一些试图与曼努埃尔结盟的国家也敬而远之，东罗马在外交上被孤立了起来。皇帝本人的健康状况也越发令人担忧，继承人问题又一次摆上了桌面。

科穆宁王朝是东罗马帝国历史上最开放的王朝，自第二代皇帝约翰二世起，皇室就频繁与西欧各国建立姻亲关系，其中亚历克修斯一世为约翰选择的妻子是匈牙利公主伊琳娜，而约翰二世为曼努埃尔选择的配偶又是康拉德三世的妻妹贝尔塔公主，如果曼努埃尔能与德意志公主生下皇嗣，科穆宁王朝的皇帝就会同时拥有匈牙利、德意志王室的血统，相信对东罗马帝国的外交有很大的帮助。

可惜皇后贝尔塔仅为曼努埃尔诞下了两位公主，玛利亚和安娜，之后便离开了人世。起初，没有男嗣的曼努埃尔打算将玛利亚嫁给匈牙利王子贝拉，并让贝拉继承皇位，但皇帝的再婚改变了这一切。新皇后安条克公主玛丽为曼努埃尔生下了一名男嗣，取名亚历克修斯。有了小亚历克修斯，曼努埃尔自然剥夺了贝拉的继承权，连女儿玛利亚与贝拉的联姻也被取消了，这使得此前拟订的东罗马、匈牙利合并计划落空，两国的关系也因此急速下滑。

然而，东罗马帝国的继承问题远比曼努埃尔想的严重：一是曼努埃尔坚持不到小皇子成年，若是少主继位，国内必定会发生动乱；二是皇后玛丽来自诺曼人建立的安条克公国，诺曼人与罗马人的关系最为恶劣，玛丽自然也不受帝国臣民待见；三是曼努埃尔因崇尚西欧文化而偏爱西欧各国，西欧人因此挤占了不少重要职位，这让本国臣民颇为不满。

公元1179年，曼努埃尔一世通过佛兰德斯伯爵菲利普牵线，成功与法兰西王国建立姻亲关系，年仅9岁的法兰西公主阿涅丝和年仅10岁的小亚历克修斯成婚。公元1180年9月24日，科穆宁王朝第三代皇帝曼努埃尔·科穆宁病逝，时年60岁。

曼努埃尔一世无疑是位浪漫的君主，他喜好奢华，注重排场，崇尚西欧风俗和文化，他的宫廷里从来都不缺少美酒和声色，但皇帝也是位勤勉的君王，一生四处征战，曾迫使匈牙利、塞尔维亚、赞吉王朝、科尼亚苏丹国、安条克公国、的黎波里伯国、耶路撒冷王国臣服，神圣罗马皇帝康拉德三世是他的朋友和盟友，意大利南部也曾被他收复，最鼎盛时，曼努埃尔的影响力遍及整个东地中海。

不过，曼努埃尔一世所建立的霸权过于脆弱，他的成功多少缘于帝国的真金白银，过度的扩张、频繁的战争以及毫无节制的施与最终耗尽了国库，他离世时，东罗马帝国的负担远比科穆宁王朝建立时沉重。也许曼努埃尔没有想到，他的霸业最终敲响了王朝乃至罗马帝国的丧钟。

先帝驾崩后，小亚历克修斯继位，史称"亚历克修斯二世"。由于小皇帝只有11岁，皇太后玛丽成为摄政女皇，她是第一位非罗马裔的摄政女皇。出身高贵的玛丽在罗马人眼中依然是个野蛮人，朝臣和教会都不怎么喜欢玛丽，因此，玛丽一上台便加强了西欧人在东罗马帝国的地位，她的内阁也多是亲西欧的贵族。诚然，玛丽这么做无可厚非，因为她的儿子还太小，自己又不受罗马臣民欢迎，如果不寻找盟友，她怎能安坐皇位？可这导致了恶性循环——玛丽越亲近西欧人，罗马人越讨厌她；罗马人越讨厌她，她就越要拉拢西欧人。

几乎是在先帝刚刚离世时，宫廷阴谋便笼罩了君士坦丁堡。作为先帝长女的玛利亚·科穆宁自认为比亚历克修斯二世更有资格坐上皇位，一来她是皇帝的嫡出公主，二来她的年龄早已符合执政的条件。于是，玛利亚和她的丈夫发动了宫廷政变，只可惜阴谋败露，两人不得不逃到圣索菲亚大教堂避难。皇太后对东正教的教堂并无顾忌，当即派兵进入教堂抓人，普世牧首拒不配合，气得玛丽流放了牧首。玛丽的强硬作风引起了东罗马帝国上下的不满，从政界、军界到教会都不再支持玛丽和她的儿子。

事实上，长公主缺乏夺权的能力和条件，所以她注定失败。但她的政变严重动摇了摄政女皇的威望，犹如打开了潘多拉魔盒，同样觊觎帝位的科穆宁王族还有很多，其中一位便是曼努埃尔一世的堂兄弟安德罗尼卡·科穆宁。

安德罗尼卡·科穆宁是出了名的美男子，身材颀长，肩膀宽阔，相貌堂堂，且诙谐幽默，他是约翰二世的兄弟伊萨克·科穆宁的儿子，一直认为自己更有资格登基继位。

早年的安德罗尼卡曾在军中服役，但他缺乏军事天赋，还沦为突厥人的阶下囚。可能他颇有魅力，也可能因为得到叛变投敌的哥哥的帮助，突厥人最终释放了他。重新回到帝国的安德罗尼卡赢得了曼努埃尔一世的信任，但在君士坦丁堡居住期间，他与侄女欧多齐娅·科穆宁成了情人，两人出双入对如同夫妻，曼努埃尔无法容忍这样的丑闻，便将安德罗尼卡打发到了奇里乞亚。

公元1152年，安德罗尼卡在奇里乞亚战败。缺乏军事才华的他不但不想着如何建功立业，反而参与了一场推翻曼努埃尔的政变，结果皇帝雷霆震怒，将他投入了监狱。即便是在监狱里，安德罗尼卡依然不安分，大概在4年后，他意外发现了一条被封的古老地道，于是他在公元 1158 年秋成功逃出，可惜最后被抓了回去。

大概又过了 8 年，46 岁的安德罗尼卡依然没有放弃越狱的企图，这次他让儿子曼努埃尔·科穆宁用酒肉灌醉了守卫，利用软蜡复制了一把钥匙，从而再次越狱成功。比起当初，"惯犯"安德罗尼卡反侦查意识增强了，连续 3 天躲过了追捕的士兵。夜晚降临后，安德罗尼卡连夜逃去了遥远的遥远的罗斯，大公亚罗斯拉夫接纳了他，两人还成了朋友。

这时，东罗马帝国与匈牙利的战争爆发，安德罗尼卡便找罗斯大公借来了数千兵马，他率军加入东罗马军队，取得了不小的战功，曼努埃尔一世这才原谅了他，安德罗尼卡借此得以回到帝国。不久后，安德罗尼卡因反对匈牙利王子贝拉成为曼努埃尔的继承人，皇帝不得不把他提拔为奇里乞亚总督以示安抚，同时也有打发他离开的另一层意思。哪知他上任后根本无心政事，反而跑去安条克公国勾搭曼努埃尔一世皇后玛丽的妹妹菲利帕公主。

不得不承认，已经 50 岁的安德罗尼卡依然魅力十足，年仅 20 岁的安条克公主很快就倾倒在他的怀中，丑闻令罗马皇帝和安条克大公颇为震怒，安德罗尼卡只好抛弃公主逃去了耶路撒冷王国。

在耶路撒冷宫廷，安德罗尼卡再次成为座上宾，国王阿马尔里克把贝鲁克封给了安德罗尼卡，本意是让安德罗尼卡为自己征战，哪知花心的安德罗尼卡又看上了 23 岁的王太后狄奥多拉·科穆宁，两人私订终身后竟然一起逃离了耶路撒冷，投奔了突厥埃米尔。

选择为突厥人服务的安德罗尼卡奉命率领一支军队进攻东罗马帝国的特拉布宗，结果没有军事天赋的安德罗尼卡再次兵败，连狄奥多拉和两个孩子都被俘虏了，安德罗尼卡这才前往君士坦丁堡投降，他跪在罗马皇帝面前，泪流满面地请求皇帝释放妻子和儿子，考虑到狄奥多拉也是科穆宁王室成员，曼努埃尔一世的仁慈再次占据了他的理智，安德罗尼卡又被赦免了。

如今的安德罗尼卡已经年过半百，但他依然不安于现状，当首都传来皇太后玛丽与教廷翻脸的消息时，安德罗尼卡知道，他等待数十年的机会终于来了。

安德罗尼卡篡位

玛丽太后独自统治东罗马帝国后才发现，摄政真是一件令人苦恼的事情，先不说国内臣民对自己不满，外部势力也趁机占便宜，曾是帝国最亲密盟友的匈牙利国王贝拉三世首先提出了领土继承要求，虽然众人都知道曼努埃尔在世时就取消了他的继承权，但贝拉三世还是以达尔马提亚等地隶属于匈牙利为借口，悍然入侵了东罗马帝国，大军很快就击败了没有皇帝坐镇指挥的驻军，包括西尔米乌姆在内的地区均被贝拉吞并。

民众的不满情绪随着战争的失败而爆发，太后玛丽和亚历克修斯二世孤立无援。传奇王子安德罗尼卡·科穆宁仅带着人数不多的仆从便朝着君士坦丁堡进军了，他以科穆宁王室成员的身份为旗帜，号召人们加入他的队伍，推翻蛮族人玛丽。

消息传到君士坦丁堡后，玛丽立刻派将军安德罗尼卡·安吉洛斯领兵镇压，谁知安吉洛斯非但没有进攻安德罗尼卡，反而倒戈加入了叛军，叛军这才拥有了一支数量可观的正规军。等他们抵达博斯普鲁斯海峡时，负责封锁海峡的舰队也齐齐倒戈叛军阵营，安德罗尼卡遂从容登船渡海。

安德罗尼卡即将抵达的消息在首都内传得沸沸扬扬，人们因叛军即将攻城而变得亢奋又无所畏惧，君士坦丁堡爆发了反对西欧人的大暴乱，凡是生活在君士坦丁堡内的外国人都成了被攻击的对象，他们的家被洗劫，房子被纵火烧毁，商铺也遭到抢劫，外国商人被毒打、屠杀，居住在君士坦丁堡的拉丁主教也被愤怒的暴民砍下了脑袋。城门被打开，人们拥挤在街道两旁，争相欢迎"帝国救星"的到来。

安德罗尼卡依旧风度翩翩，亲切接待了前来投靠的帝国臣民。看似和蔼可亲的他转身就毒死了先帝的长公主玛利亚和她的丈夫，同时强迫小皇帝签署了处决自己母亲的法令。公元1182年9月，安德罗尼卡被加冕为共治皇帝，11月，小皇帝亚历克修斯二世被弓弦活勒死，尸体被抛进了大海。至于小皇帝的妻子，还未成年的法兰西公主则被迫改嫁给安德罗尼卡。

公元1182年，安德罗尼卡·科穆宁终于成了东罗马帝国的皇帝，史称"安德罗尼卡一世"。

安德罗尼卡一世掌权后,人们失望地发现,所谓"帝国救星"根本就是"灾星":新皇帝残暴、无情、嗜血,对曾经支持他的官僚痛下杀手,以打击腐败为由,不分青红皂白地滥杀无辜,对那些欢迎他的普通民众,他也常以通敌、谋反之名将其处决,首都君士坦丁堡被无声的恐怖笼罩。人们纷纷起来反对他,但得到的却是皇帝更无情的屠杀。

安德罗尼卡一世登基的次年,塞尔维亚宣布脱离帝国,他们与匈牙利王国联手杀入帝国行省,掠劫了从尼什到塞尔迪卡的城池,皇帝的无所作为令该地区尸骸遍地、焦土盈野。同年,东罗马帝国驻塞浦路斯总督伊萨克·科穆宁独立,突厥人再次攻入帝国境内掠劫,东西两线都很不稳定。

公元1185年,听闻东罗马帝国陷入混乱的西西里国王威廉喜上眉梢,因为他迎来了一位身份特殊的客人——曼努埃尔一世的另一个侄子亚历克修斯·科穆宁。亚历克修斯请求威廉派兵助他夺取帝国皇位,事后愿意满足他一切条件。威廉当然不会放弃这样好的机会,立马集结军队、打造战舰,一支包括5000名骑士、200余艘战舰、总兵力达8万人的远征军被组建了起来。

当年6月11日,8万西西里远征军起航杀奔巴尔干半岛。安德罗尼卡一世知晓后只下了一道命令——任命约翰·瓦兰纳斯为迪拉西乌姆大将军,仅此而已。这位大将军既没有充足的粮食守城,也没有足够的铠甲和兵器出战,望着数十倍于己的西西里军,他只能投降。仅用了13天,诺曼人就占领了帝国位于亚得里亚海的门户。2个月后,西西里大军包围了东罗马帝国第二大城市塞萨洛尼基。

负责塞萨洛尼基防务的也是科穆宁王室成员,名叫大卫·科穆宁。大卫以为打仗和享受贵族生活差不多,只管安排下人去做就行了,不过他倒没有像约翰那样立刻投降,而是尝试坚守城市。从这一点上讲,他还算忠诚。驻军坚持了一段时间后,8月24日,负责一处城门的外籍雇佣兵被策反投敌,诺曼人遂杀入城内,塞萨洛尼基陷落。

诺曼人突破城墙后进行了长达3天的掠劫和屠杀,城内居民遭受了无法言状的浩劫。诺曼人肆意杀人,疯狂地抢夺财物、奸淫妇女,还破坏东正教的教堂,牧师也被羞辱、斩首,无数名贵的艺术品被烧掉,雕像被推倒,圣坛被砸成碎片，城内街道上是堆积如山的尸体，恶臭的残躯在烈日下腐败，饮水也被污染，城内随后暴发了瘟疫，刚刚才躲过掠劫的居民又被瘟疫夺去了生命，这无疑是塞萨洛尼基最恐怖的日子。

噩耗传到君士坦丁堡后，皇帝安德罗尼卡终于意识到了情况的严重性，他匆忙派了5支军队前去御敌。5路人马看起来声势浩大，但这些军队毫无战意又缺乏指挥，根本不知道如何与敌人交战，西西里军继续攻城略地，仿佛是在嘲讽东罗马帝国军队。

东罗马帝国又一次陷入了危机。可是安德罗尼卡依然我行我素，他既没有御驾亲征的勇气，又想不出破敌之策，只能继续用杀人的方式寻找安全感。此时的皇帝变得杯弓蛇影，看谁都像是密谋者，惊恐不安的他甚至下令处决所有囚犯和王室外戚，这其中就有伊萨克·安吉洛斯。看来皇帝已经疯了。惊恐的安吉洛斯知道俯首听命的下场，当场拔剑杀掉了卫兵，躲进了圣索菲亚大教堂。

安吉洛斯在教堂内鼓动人们推翻安德罗尼卡的统治，人们的积怨在其煽动下爆发，越来越多的人前往教堂加入了他，连帝国的显贵们也在这个时候站出来反对安德罗尼卡。起义的民众占领了监狱，释放了所有的囚徒，而后包围了安德罗尼卡所在的宫殿，负责皇宫警卫的士兵象征性地放了几箭后就投降了。安德罗尼卡知道大势已去，急忙脱下紫袍逃离皇宫，但不久后便被押到安吉洛斯脚下。

伊萨克·安吉洛斯不愿背上弑君的恶名，便把皇帝交给首都民众，称一切处置皆听从民意。人们将安德罗尼卡绑起来放在驴背上游行，用各种污秽之物砸向他，一位妇女还将滚烫的开水泼到他的脸上，他的右手被砍掉了，牙齿和头发也被拔光了，一些人甚至用剑刺入他的身体。在被反复折磨后，安德罗尼卡一世一声不发地气绝身亡，据说他死时还在用嘴吸食手臂流出的鲜血，看来传奇王子的求生欲不是一般的强。

安德罗尼卡一世短暂的统治就此结束，科穆宁王朝也仓皇落幕。哀哉，科穆宁王朝的终结显得如此仓促，它虽不是东罗马历史上最伟大的王朝，却是充满了希望的王朝，是寄托了万千罗马人复兴之梦的王朝，它的落幕多少让人有些惋惜。当年，如果不是亚历克修斯一世及时上台，东罗马帝国的历史可能在官僚乱政下提前结束。

亚历克修斯一世没有巴西尔二世那样的军事天赋，但他是东罗马帝国最具智慧的皇帝，他天才的外交策略、纵横捭阖的政治手腕，以及锐意又稳重的改革，成功挽救了大厦将倾的东罗马帝国。在军区制完全崩溃的情况下，亚历克修斯推行了名为普诺尼埃的封地制度，把国家公有土地临时分封给贵族或军队（不能世袭），军力得到一定程度的恢复。

约翰·科穆宁同样让人赞叹，他严于律己、宽以待人，延续了亚历克修斯一世的政策。谨慎的策略、灵活的外交手腕，以及强势的对外战争，东罗马帝国在他手中恢复了活力，欧洲、亚洲的敌人都被他击败，如果不是天不假年，也许凭借约翰二世的军事才华，东罗马帝国将提前收复叙利亚和巴勒斯坦，甚至光复埃及也不无可能。

科穆宁王朝的前三代帝王都是勤政有为之君，曼努埃尔一世虽然不如他的父亲和祖父一样谨慎，但他依然充满了活力，不知疲倦地对外征战，延续了前代帝王的理想，奇迹般地征服了巴尔干、小亚细亚、叙利亚、巴勒斯坦的君主国，当曼努埃尔一世发出征召令时，来自匈牙利、突厥、阿拉伯、法兰克的仆从军足以让罗马人自豪。只可惜曼努埃尔的政策过于激进，没有节制的挥霍以及永无休止的征战终于耗尽了父辈们积累的家底，这也是他在密列奥塞法隆惨败的深层次原因。

人们也许不希望科穆宁王朝就此结束，但历史从来都不是偶然的，科穆宁王朝的崩溃同样是大势所趋，即便亚历克修斯爷孙三代励精图治，科穆宁王朝所隐藏的问题依然不应忽视。

首先，科穆宁王朝为了避免被其他贵族世家推翻，严格推行"任人唯亲"的用人政策，科穆宁家族成员及其外戚都被授予了高官，不管他们能力如何，这些人挤占了帝国的主要职位，使得其他家族和寒门子弟难有上升空间，这间接关闭了引入人才的大门，也导致国家缺乏治国能臣和领兵良将。

其次，亚历克修斯制订的普诺尼埃制度注定夭折。随着土地兼并的加剧，国家公有土地日益减少，普诺尼埃制度并没有扩大推广的可能，再加上被授予土地的多是贵族子弟，"不可世袭"的规定便被人为破坏，这导致国家公地逐渐变成贵族私产，皇帝不但不能收取租税，反而连土地所有权都丢了。

再次，科穆宁王朝忽视了海军力量的建设，他们为了对抗诺曼人，主动将贸易特权给了商业共和国威尼斯，导致该国商人肆意侵占本国市场，破坏了罗马商业的发展。后来为了限制威尼斯的特权，科穆宁又把几乎相同的贸易权给了热那亚和比萨，结果非但没能制约威尼斯，反而让更多的外国商团进入了帝国市场，最终让本国贸易遭到了近乎毁灭的打击，国家税收大幅下跌，工商业也受到了难以修复的重创。

最后，科穆宁王朝三代皇帝都有一个相同的毛病——仁慈。据说约翰二世在位期间，帝国没有一个人被处以极刑，也没有一个王室亲属遭到贬斥，即便发生了安娜·科穆宁行刺的恶性事件，约翰二世也没有处死一个人，这种过分的宽容延续到了曼努埃尔身上，致使安德罗尼卡·科穆宁屡次背叛，又屡次被赦免，这颗由曼努埃尔亲手种下的苦果终于被他的儿子吞了下去。

科穆宁王朝兴起的时候，东罗马帝国危机四伏，而它结束的时候，国家依然动乱不已。

内外交困的新王朝

推翻科穆宁王朝后，不少市民聚集在圣索菲亚大教堂，伊萨克·安吉洛斯半推半就地戴上了皇帝的冠冕，史称"伊萨克二世"。伊萨克二世的登基确实有很多偶然的成分，谁都没想到一个毫无实权的外戚能坐上皇位，须知在当时的帝国，科穆宁王室成员还有很多，其中也包括在塞浦路斯自立的伊萨克·科穆宁。

伊萨克二世上台后立即任命亚历克修斯·瓦兰纳斯统领之前派去抵御诺曼人的5支军队。有了统一的指挥，军队的士气也奇迹般地提高了，诺曼人反倒成了强弩之末，竟然主动求和。瓦兰纳斯将计就计，一面答应议和，另一面却指挥军队发动奇袭，毫无防备的诺曼人被击溃，残部逃到河边，一部分人在渡河时溺亡，另一些人则被杀死在岸上。

消息传到塞萨洛尼基后，当地市民也发动武装起义，攻击了驻守城市的诺曼驻军，幸存的诺曼人被迫翻越雪山逃回意大利，但能完成这段艰难旅途的人寥寥无几。诺曼人的指挥官被瓦兰纳斯俘虏，叛徒亚历克修斯·科穆宁也被俘送君士坦丁堡刺瞎双眼。

能快速击退诺曼人，伊萨克二世的运气成分确实很大，新皇帝不过是执行了安德罗尼卡已经定好的政策，也许科穆宁王朝再坚持一下，问题也能得到解决。

至于诺曼人，他们并未发现自己错过了征服东罗马的最好时机。现在的罗马政府，内不能安民外不能拒敌。

靠暴乱登上皇位的伊萨克还有两大难题没有解决：一是官僚腐败问题，二是内部动乱问题。前者是由来已久的顽瘴痼疾，后者是皇帝缺乏正统性的必然结果。

伊萨克·安吉洛斯的统治标志着新王朝的开始，新皇帝很快就证明了他的肩膀担不起整个帝国。为了讨好市民，伊萨克二世废除了安德罗尼卡的所有政策，各级官僚和贵族无不欢欣鼓舞。奢靡的生活和公开的行贿无处不在，皇帝为了满足宫廷宴会的用度，竟然把官职和爵位标价出售，地方官员无论大小均公开贪腐，各种名目的苛捐杂税压得人们透不过气，再加上意大利商业共和国的贸易垄断，破产的中产阶级越来越多，东罗马帝国正滑向看不见底的深渊。

另一方面，伊萨克二世对维护中央政府的权威显得力不从心，地方分裂势力趁机抬头。公元1185年，来自瓦拉几亚的彼得·阿森和伊凡·阿森觐见了伊萨克二世，他们想成为东罗马帝国的雇佣兵，条件是将巴尔干山脉的土地分封给他们。伊萨克二世认为这是非常无礼的要求，在羞辱了两人后断然拒绝了他们。

公元1185年10月26日，愤怒的彼得·阿森和伊凡·阿森两兄弟利用民众对高昂赋税的不满情绪煽动叛乱，不少生活困苦的人加入了他们，一支规模可观的叛军被组织了起来。阿森兄弟的叛乱远比伊萨克二世预想的严重，叛军很快形成燎原之势，还得到库曼人的加盟，原保加利亚大部分城镇倒戈加入叛军，连皇帝派去平定叛乱的将军瓦兰纳斯也举兵谋反，若不是意大利王公康拉德出兵协助，后果不堪设想。

公元1187年，叛军席卷了巴尔干半岛，越来越多的人加入了阿森兄弟，伊萨克二世亲自领兵镇压却惨遭失败。3 年后，伊萨克二世集结了一支规模更大的军队，从海路直达墨森布里亚，目标很可能是普雷斯拉夫。这一次，保加利亚人抵挡不住，连连后撤。阿森兄弟清楚正面对决无法赢过皇帝，于是派间谍散布库曼人即将南下的谣言。伊萨克二世果然上当，为避免补给线被切断，东罗马军队慌忙从特里亚夫纳山口南撤。

这一路线距离很短，但过于狭窄，只有一条小径穿过森林，伊萨克二世的军队不得不改成长蛇阵，分为三部行军，这使得他们首尾不能相顾。阿森兄弟吃准了皇帝的撤军路线，早就埋伏在森林里，皇帝的旗帜出现后，保加利亚人突然对三部人马发动奇袭，不少东罗马士兵当场阵亡。伊萨克二世差点被俘，军队折损了大半，平叛战争由此陷入僵局。

早有独立野心的塞尔维亚君主斯蒂芬·内马尼亚也趁机起兵，他们同阿森兄弟结为同盟，一起攻略东罗马帝国的城市。伊萨克二世很难同时应付塞尔维亚和保加利亚，所以他把侄女嫁给了内马尼亚的儿子，并赐爵"尊贵者"，变相承认了塞尔维亚的独立。从这以后，保加利亚和塞尔维亚的独立成为无法改变的事实，东罗马帝国再也没能收复以上地区。

巴尔干问题尚未解决，更糟的消息传来——第三次十字军东征开始了。公元 1187 年，一代雄主萨拉丁终于攻陷了耶路撒冷，十字军王国在巴勒斯坦的统治基本结束，伊斯兰教势力再次主导了整个黎凡特地区。罗马教皇以收复耶路撒冷为口号，呼吁各国君主组成十字军。神圣罗马皇帝腓特烈、法兰西国王菲利普、英格兰狮心王理查德均领兵上路。其中法、英两军走海路前往巴勒斯坦，但德意志军队要借道东罗马帝国。据说腓特烈的主力有 2 万余人，加上仆从和奴隶，对外号称 10 万大军。伊萨克二世为此大为惊骇。

德意志君主腓特烈与东罗马帝国素来不和，他的到来受到了保加利亚和塞尔维亚的热烈欢迎，三方势力很快就勾结在一起。伊萨克二世效仿科穆宁王朝的皇帝，派军队去监视德意志人行动，却没想到他的将军直接投奔了腓特烈，甚至引导他们攻陷了菲利普波利斯，两大帝国旋即爆发武装冲突，德意志军大掠城乡，又攻陷了季季莫蒂霍，伊萨克二世被迫屈服，在承诺提供足够的运输船和粮秣后，德意志军队才取道赫勒斯滂海峡前往亚洲。

腓特烈对东罗马帝国的伤害不可估量，第三次十字军东征的结果却令东罗马帝国欣慰。骄傲无比的腓特烈在亚洲的一条小河里被淹死,他的军队作鸟兽散,儿子也死在了圣域。同时,法兰西国王菲利普提前结束了东征,狮心王理查德历尽艰辛也没能收复耶路撒冷,回国的途中又被奥地利公爵利奥波德软禁,结果交了好大一笔赎金才得以脱身。

伊萨克二世差劲的军事能力显然无法恢复巴尔干秩序,匈牙利王国在这时伸出了橄榄枝,皇帝明智地与匈牙利结好,通过联姻并下赐"尊贵者"爵位,两国得以联手对付保加利亚和塞尔维亚。这一招很高明,如果两国能从东、西两面夹击阿森兄弟,还未形成气候的保加利亚很难坚持到底。然而,公元1195年,伊萨克二世准备再次讨伐保加利亚时,他的兄弟亚历克修斯·安吉洛斯突然闯入军营,伊萨克二世就这么莫名其妙地被废了。

亚历克修斯·安吉洛斯称帝,史称"亚历克修斯三世"。新皇帝毫不留情地刺瞎了他兄弟的双眼,同时停止了对保加利亚的军事行动。

东罗马帝国的国际形势不断恶化,高层统治者却依然忙着争权夺利,错失了平定叛乱的最佳时机,安吉洛斯王朝的无能埋下了动乱的种子,罗马文明的衰亡已经难以扭转了。

第四次十字军东征

第三次十字军东征以失败告终,但西欧天主教势力并不甘心。为收复耶路撒冷,公元1198年,新上位的教皇英诺森三世号召各地君主组建第四次十字军东征军队。然而法国、英国、德意志的君主都忙着争权夺利,没空理会教皇,唯有一些地方公侯还对东方感兴趣,其中香槟伯爵蒂博尔德、蒙费拉托侯爵博尼法斯作为十字军的领袖响应了教皇的号召。

第四次十字军东征的作战目标依然是耶路撒冷。不同于传统的进兵路线,各路诸侯决定走海路攻打埃及,然后再从埃及北上巴勒斯坦。之所以选择这一条路,一是因为十字军与东罗马帝国的关系很差,借道君士坦丁堡并不现实,二是埃及富庶,钱粮充足,十字军的潜在目的是抢钱,打埃及更容易得到战利品。要实现这一作战计划，十字军就必须拥有大量的运输船舰。为此，香槟伯爵蒂博尔德遣使出访威尼斯共和国，委托威尼斯准备远航所需的船只和粮草。

威尼斯人精于航海且唯利是图，总督恩里克·丹多洛接下了这单大生意。根据双方协定，威尼斯将在十字军出征时打造足够运输 4500 名骑士、9000 名扈从和 2 万名士兵的运输舰队，准备至少 9 个月的粮草，另外配备 50 艘战舰护航，而十字军则需支付给威尼斯 8.5 万银马克。

威尼斯总督恩里克·丹多洛年过八旬，双目视力大为下降，但他对第四次十字军东征异常积极。在他的努力下，十字军所需的物资和船舰按时准备完毕。公元 1202 年，各路十字军相继抵达威尼斯境内，令恩里克·丹多洛不快的是，之前承诺的 3 万十字军只来了 1.2 万，这就意味着他们根本用不上 400 艘船舰，所能支付的酬金还不到原来的三分之一。

之所以会发生这样的情况，一部分原因是香槟伯爵去世，他麾下的领主不愿独自冒险，另一部分原因是恩里克·丹多洛刻意泄露十字军进攻埃及的战略目标，目的是胁迫埃及同意威尼斯的贸易协定，一些以为大军将直接进攻耶路撒冷的人纷纷离开，他们不愿意去埃及冒险，这不是他们参加十字军的目的。

可是恩里克·丹多洛依然要求十字军支付 8.5 万银马克，十字军东拼西凑也只能支付一半的酬金，双方一度僵持不下。恩里克·丹多洛是个精明的商人，他很快想到了解决办法，对十字军高层说道："贵军如果能帮助我攻取扎拉，欠款便可以延期支付，同时威尼斯还愿意出动 2 万海军相助。"

扎拉位于亚得里亚海东岸，曾是威尼斯在达尔马提亚的贸易城市，如今已经并入了匈牙利王国。恩里克·丹多洛的提议令不少人震惊，因为匈牙利控制下的扎拉属于天主教，作为解放圣域的十字军怎么能攻打相同信仰的基督同胞呢？教皇英诺森三世写信警告十字军不得进攻基督同胞，博尼法斯等人虽有些不情愿，但还是同意了威尼斯的提议。消息传出后，一些有底线的十字军勇士脱离了队伍，拒绝与将要攻打同胞的匪徒为伍，但绝大多数人还是选择向扎拉举枪。

由此可见，当十字军决定进攻扎拉时，这支军队已经不再是解放圣域的基督军队了，他们只是为了利益而聚集在一起的强盗、土匪，而那些有信仰的十字军骑士早已离队回家。

公元1202年11月8日，由480艘船舰组成的远征军起航了，他们按照约定直奔扎拉，该城经过短暂抵抗后沦陷，得胜的十字军丝毫没有顾及自己的信仰，洗劫了城市，屠杀了反抗者。消息传到罗马城后，教皇英诺森三世勃然大怒，当即革除所有十字军的教籍，博尼法斯和恩里克·丹多洛为避免动摇军心，隐瞒了这一消息。

就在此时，博尼法斯突然收到了施瓦本公爵腓力的信，信中称有绝密要事需与博尼法斯面谈。博尼法斯遂起身前往施瓦本与腓力会面。施瓦本公爵腓力是德皇腓特烈的儿子，也是东罗马废帝伊萨克二世的女婿。在腓力的宫廷里，博尼法斯遇到了一位身份尊贵的东罗马帝国贵族——伊萨克二世的儿子亚历克修斯·安吉洛斯。

公元1201年，亚历克修斯·安吉洛斯乘坐一艘比萨商船逃离了东罗马，辗转来到了腓力的宫廷，他的目的是寻找能帮助他重返东罗马的盟友。第四次十字军东征的消息让亚历克修斯看到了希望，于是他拜托腓力请来了博尼法斯，他告诉后者，如果十字军愿意帮他夺回皇位，东罗马帝国将支付十字军20万银马克，派1万名士兵支援十字军对埃及的战争，而且东罗马愿意永远臣服于天主教教廷。

博尼法斯正为如何筹集欠款而焦虑，亚历克修斯的提议让他怦然心动，于是他带上亚历克修斯回到了扎拉，并将以上提议告诉了恩里克·丹多洛。威尼斯总督听后毫不犹豫地表示了同意，心中已经萌生灭亡东罗马帝国的想法，他积极劝说其他十字军领袖接受亚历克修斯的提议，称君士坦丁堡是世界上最富有的城市，那些为了金钱而来的十字军将领立刻欣然同意。

公元1203年6月23日，威尼斯舰队载着十字军绕过伯罗奔尼撒半岛，出现在博斯普鲁斯海峡。亚历克修斯三世对十字军的到来早有耳闻，他为此集结了大约1.5万人，其中有5000人是瓦兰吉卫队，而他的海军却只有10多艘旧船，因为东罗马帝国与威尼斯人签订了贸易协议，海上防务也顺带交给了他们，原来的海军舰船自然就被解散了。但君士坦丁堡的防御能力早在阿拉伯帝国时就得到了很好的证明，再加上亚历克修斯三世麾下的军队，东罗马帝国的胜算很大。

君士坦丁堡是当时地中海防御能力最好的堡垒，该城如同一个三角形，北面是金角湾，南面和东面是大海，只有西面一处是陆地。在城市的西面，罗马人修筑的狄奥多西城墙挡住了一个又一个试图征服它的外籍军团，虽然君士坦丁堡已经有数百年的历史，但高耸入云的狄奥多西城墙依然坚不可摧。而在城市的北面，罗马人在加拉塔郊区建造了一座大型圆塔，上面可以拉起封锁金角湾的巨型锁链，故而东罗马帝国有信心赢得战争。

十字军抵达君士坦丁堡海域后没有攻击狄奥多西城墙，他们知道那里是地中海的顶级城墙，他们首先进攻了君士坦丁堡东侧的迦克墩，那里有数量可观的守军和粮草。但苦战多时后，十字军发现来自亚洲的东罗马帝国驻军经常发动小规模突袭，虽不足以重创十字军，却颇让人厌烦，这样看来，迦克墩并不是理想的攻城大本营。

经过讨论，十字军决定攻打君士坦丁堡北岸的加拉塔，目的就是要夺取控制巨型锁链的圆塔。亚历克修斯三世看穿了敌军的企图，亲率数千军队进驻加拉塔。双方在此爆发血战，十字军把他们最精锐的骑士首先投入了战场，似乎使用了类似尼基弗鲁斯二世攻打克里特的甲板冲锋。血腥的战斗吓坏了亚历克修斯三世，皇帝竟然在决战时率先逃跑，剩下的守军被迫坚守在圆塔上。十字军围攻了一天后，整个加拉塔宣告沦陷。

失去加拉塔被认为是亚历克修斯三世的责任，作为领兵的最高指挥官，皇帝非但没有与敌人死战的勇气，反而率先逃跑，这极大地打击了东罗马军队的士气。

失去加拉塔后，十字军放下了封锁金角湾的巨型锁链，威尼斯舰队得以进入金角湾，击溃了帝国仅剩的几艘旧船，制海权落入十字军之手，激烈的攻城战正式拉开帷幕。

公元1203年7月17日，十字军海陆并进。陆军在博尼法斯的领导下攻打君士坦丁堡西北部的城墙，海军则在恩里克·丹多洛的指挥下进攻金角湾上的海墙。在陆战中，东罗马帝国出动了最精锐的重装步兵瓦兰吉卫队。瓦兰吉卫队的战力依然令人放心，他们挥舞着巨大战斧砍翻了大量的十字军士兵，博尼法斯所部大败而逃，陆上进攻就这样被轻易化解了。

海上的进攻却出现了相反的局面。威尼斯舰队装备了投石机、云梯和跳板，这对相对较低的海墙有着致命的威胁。战斗到最激烈的时候，老迈的恩里克·丹多洛居然带着圣马可旗帜跳上了海岸，此举鼓舞了所有人，十字军遂蜂拥冲上海墙，一口气夺取了25座塔楼。接着，十字军冲入了城市，与前来阻挡的东罗马帝国军队发生巷战，激战中的十字军把周围的房屋点燃，致使该区域陷入一片火海。躲在布拉赫内宫的亚历克修斯三世不甘心就此束手，鼓起勇气集结了超过1万人的军队。

亚历克修斯三世带着包括瓦兰吉卫队在内的主力从布拉赫内宫出城，计划先击败屯驻在城外的博尼法斯，然后再收复加拉塔。看着庞大的东罗马帝国军队，博尼法斯将军队带进了营地，企图利用营地的工事阻挡罗马皇帝的军队。得知陆军被围攻后，恩里克·丹多洛旋即率领半数威尼斯舰队驰援博尼法斯。似乎老总督又是第一个发起冲锋的人，他的勇气鼓舞了所有十字军，吓坏了懦弱的亚历克修斯三世。当夜，亚历克修斯三世带着妻儿匆匆逃离了君士坦丁堡。军队见皇帝又一次逃跑，自然也就跟着崩溃了。

亚历克修斯三世逃走后，贵族立刻释放了伊萨克二世并宣布恢复他的皇位，伊萨克二世立马册封儿子亚历克修斯为共治皇帝，史称"亚历克修斯四世"。十字军则全数退回到加拉塔等待亚历克修斯四世履行协议。

然而，伊萨克二世父子重新控制帝国后，他们惊恐地发现，国库的黄金早已被亚历克修斯三世挥霍一空，仅剩的也被他带走了，现在的国库空空如也。没办法，父子俩只好对首都市民征收高昂的赋税，还把教堂里的金银器物通通融化，铸成钱币，但即便这样也筹不到足够的酬金，这让十字军和首都市民都大为不满。

不久后，君士坦丁堡爆发了大规模的骚乱，市民们袭击了城内的拉丁人，威尼斯人也在城内与市民们爆发了武装冲突，其中阿拉伯人居住区的一座清真寺被威尼斯人烧毁，大火很快蔓延到其他地方，不少人被烧死，更多的人无家可归。十字军对亚历克修斯四世的表现非常不满，他们发出最后通牒，要求东罗马帝国立刻兑现全部承诺，但皇帝无能为力。

公元1204年1月25日，元老院、贵族、普通市民齐聚在圣索菲亚大教堂外，人们强烈要求罢免伊萨克二世和亚历克修斯四世，城内反对安吉洛斯王朝的呼声已达顶点。时任首席典衣官的亚历克修斯·杜卡斯突然闯入皇宫，称市民们已经公开叛乱，并劝皇帝立刻逃出皇宫。惊慌失措的亚历克修斯四世信以为真，立刻逃出宫去。但当他慌忙出宫时，杜卡斯事先布下的杀手用弓弦杀死了年轻的皇帝。老皇帝伊萨克二世听到这一消息后，当即暴毙而亡。

政变成功后，亚历克修斯·杜卡斯在圣索菲亚大教堂加冕称帝，史称"亚历克修斯五世"。亚历克修斯五世上台后立刻着手恢复城市防御，守军来到各处城墙驻守，工匠们夜以继日加高加固位于金角湾的海墙。新皇帝拒绝支付十字军的酬金，双方进入战争状态。在这危急时刻，瓦兰吉卫队却拒绝效忠篡位的新皇帝，他们要求增加薪酬，但亚历克修斯五世拿不出一分钱，瓦兰吉卫队遂撤离了城市。

瓦兰吉卫队的离开让君士坦丁堡失去了抵抗十字军的主要力量，这充分反映出北欧人对帝国高层内斗的不满。4月12日，十字军重新发动了攻势。威尼斯舰队再次进攻金角湾海墙，加固后的城墙起初挡住了威尼斯人的进攻，但丹德罗把两艘战舰绑在一起，用这种合成战舰朝城墙投射两倍于前的巨型石块，勇敢的士兵冒死冲上岸，破坏了海墙的地基，威尼斯最终夺取了2座塔楼，并攻破了布拉赫内宫的城门，十字军得以占据皇宫，并在城内四处纵火。

大火燃烧了一天一夜，十字军冲入城内屠杀，惊慌失措的市民到处逃窜，亚历克修斯五世知道大势已去，也仓皇逃离了城市，仅剩的守军英勇战斗一番后被迫投降。至此，拥有"众城女王"称号的君士坦丁堡沦陷了，这是它第一次落入外来入侵者之手，但不是最后一次。

需要说明的是，第四次十字军的战斗力并不算高，数量也不足3万人，他们远不能和曾经进攻君士坦丁堡的匈人、保加利亚人、阿拉伯人相比，但十字军却实现了其他国家一直不曾实现的目标，这很大程度上得益于东罗马帝国皇帝的懦弱与无能，更得益于帝国高层的争权夺利，若是帝国换一个领袖指挥，结局可能会不一样。

帝国破碎

公元1204年4月12日，君士坦丁堡的大门第一次被外来入侵者撞破，随之而来的便是十字军疯狂的掠劫与屠杀,整座城市沦为一片火海,仅仅3天时间,自诩为"圣战士"的十字军便将这座地中海第一名城破坏殆尽,珍贵的雕塑、绘画及各式艺术品均被洗劫,城内每一枚能找到的钱币都被十字军夺去,无论人们是否抵抗,十字军强盗均将他们无情斩杀,据说遇难的民众多达10万。燃烧的火焰把天空映成了赤色,街道上流淌的鲜血几乎汇集成了小溪,曾经美丽的新罗马城如今用炼狱形容也毫不为过。

在城市沦陷的紧急时刻,亚历克修斯五世逃走了,他抛弃了自己的子民,自然也配不上罗马帝国的冠冕,人们不约而同地躲进圣索菲亚大教堂,除了祈祷上帝的怜悯外,还推选出了另一个皇帝,他叫狄奥多尔·拉斯卡里斯,亚历克修斯三世的女婿。不过,狄奥多尔·拉斯卡里斯并未在城内多待,也没找到有资格举行加冕礼的主教,他带着追随者匆匆逃往亚洲。他带去了复兴罗马的希望。

3天屠杀过后,十字军终于停止了暴行,他们将抢掠而来的财宝全部堆放在3座教堂内,由于数量太多,十字军花了很长时间清点。按照十字军与威尼斯人的协议,这些战利品一部分用于支付威尼斯的欠款,其余则被十字军瓜分,据吉本的描述推算,总数不低于90万银马克。曾经伫立在大竞技场的4匹青铜马也被威尼斯人拖去了意大利,至今还摆在圣马可广场前。

早在十字军决定第二次攻城时,威尼斯总督恩里克·丹多洛就与十字军将领们达成协议,如果攻陷了君士坦丁堡,十字军将建立一个拉丁人的帝国,由6名威尼斯代表和6名法兰克代表选举一个信仰天主教的皇帝,如果威尼斯人当选,新的大牧首就由法兰克人担任,如果法兰克人当选,威尼斯人就必须担任大牧首。现在,掠夺者们终于可以瓜分东罗马帝国的土地了。

有资格竞选皇帝的只有三个人,他们分别是威尼斯总督恩里克·丹多洛、蒙费拉托侯爵博尼法斯、佛兰德斯伯爵鲍德温。此三人中,恩里克·丹多洛在十字军中的威望最高,也是呼声最高的候选人,不过总督以其年过九旬为由拒绝了提名,这倒不是他有多么高尚与谦逊,而是他知道自己时日无多,根本不可能去履行一个皇帝的职责。另外,作为威尼斯共和国的总督,他不可能去当一个封建王国的皇帝,否则他就违背了祖国的政治体制,这会给威尼斯带来不利影响。然而,恩里克·丹多洛却利用自己的威望和金币干涉选举,试图拥立一个威尼斯的傀儡。

经过看似公平、公正的选举，三人中最不起眼的鲍德温当选为拉丁帝国的皇帝。这个结果让博尼法斯大失所望，他作为十字军一直以来的领袖，威望及人气均不亚于恩里克·丹多洛，如果总督拒绝参选，皇位只能是博尼法斯的。为了增强自己当选的可能性与正当性，博尼法斯甚至强娶了伊萨克二世的遗孀玛利亚皇后，但现在看来都是徒劳。

其实，是恩里克·丹多洛通过人为操作让博尼法斯落选，威尼斯的金币成功贿赂了几名法兰克代表。他之所以这么做，除了博尼法斯威望过高外，更重要的原因是他很难被威尼斯人操纵，而鲍德温显得很温和。不过，鲍德温的温和只是装出来的，真正的鲍德温傲慢、专断，根本不适合做领导者。

根据协议，鲍德温将在君士坦丁堡建立一个名为罗马尼亚的国家，史称"拉丁帝国"。拉丁帝国占有东罗马帝国八分之五的土地，剩下的八分之三割让给威尼斯，其中首都沿着金角湾的海岸和圣索菲亚大教堂也都割让给了威尼斯，新皇帝只能占有剩余的地方。

经过大致的讨论，东罗马帝国的土地被重新划分。拉丁皇帝鲍德温的领地包括色雷斯、比提尼亚部分，博尼法斯被分封在克里特岛、安纳托利亚，布卢瓦伯爵路易被分封在尼西亚附近，威尼斯则得到了伯罗奔尼撒、阿德里安堡、爱奥尼亚群岛、优卑亚岛、安德罗斯岛、纳克索斯岛等地。

不过，以上分封只是临时性的协议，威尼斯放弃了阿德里安堡等内陆，换来了拉古萨、迪拉西乌姆、克里特等沿海要地，博尼法斯也拒绝接受安纳托利亚，要求换成塞萨洛尼基。显然，以上土地大多还在东罗马帝国手中，被分封的领主必须通过武力夺取自己的封地。

一切安排完毕之后，主导第四次十字军的威尼斯总督恩里克·丹多洛溘然长逝。恩里克·丹多洛是幸运的，因为他不用目睹拉丁帝国的悲惨命运，更听不见人们对他的唾骂与诅咒。毫无疑问，丹多洛是可憎的，因为他是一手促成君士坦丁堡毁灭的罪魁祸首，也是罗马文化最大的破坏者。

分封事宜暂告一段落后，拉丁帝国的领主们便开始了对封地的征伐，他们大致分为两路，一路渡过博斯普鲁斯海峡攻打亚洲，另一路沿着爱琴海攻略巴尔干半岛。征服活动进行得异常顺利，原东罗马帝国行省的人民热烈欢迎新的占领者，不少城市毫无抵抗意识，居然直接开城投降。

在欧洲，侯爵博尼法斯兵不血刃地夺取了塞萨洛尼基及马其顿地区，在当地建立了强权。由于博尼法斯曾是拉丁皇位的竞争者，名义上效忠鲍德温的博尼法斯无意与鲍德温一世分享战果，占领塞萨洛尼基的同时也与鲍德温开战。鲍德温本想吞并塞萨洛尼基，架空博尼法斯，但他发现自己根本无力约束封臣，只能默认博尼法斯自立为塞萨洛尼基国王。

此后，博尼法斯派两员大将南征：骑士奥托顺利占领了维奥蒂亚和阿提卡，被封为雅典公爵，建立雅典公国；仅率700余人的法兰西骑士威廉在康多罗斯橄榄林一举击败了米海尔·科穆宁·杜卡斯组建的4000人自卫军，建立了亚该亚公国。这两个公国均臣服于博尼法斯的塞萨洛尼基王国，它们形成了与拉丁帝国鼎足的第二个十字军政权。

在亚洲，鲍德温一世派兄弟亨利和伯爵路易征讨比提尼亚，精锐骑士组成的拉丁军队势如破竹，接连攻城拔寨。狄奥多尔·拉斯卡里斯刚刚逃到亚洲，立足不稳，焉能抵挡精锐的拉丁骑士，结果两军在波伊曼恩农决战，狄奥多尔·拉斯卡里斯惨败，被迫放弃了比提尼亚到布尔萨的整个海岸。

东罗马帝国臣民对外来入侵者的态度充分证明了帝国腐败问题的严重性，他们常年被各级官僚和贵族压榨，无穷无尽的征税早已把他们逼上了绝路，拉丁骑士的到来让他们看到了摆脱苛政的希望，于是普通民众争相投降拉丁骑士，而原帝国的官员也指望能在新政权里占有一席之地，这一切均加快了拉丁帝国征服罗马帝国旧领的速度。

然而，帝国遗民很快发现自己的想法不过是一厢情愿。新来的拉丁领主按照西欧的分封制统治国家，领主们把民众当成牲畜一样的私有财产，收取的租税一点儿也不比东罗马帝国少，而且这些高高在上的拉丁老爷把希腊人看成是低等人种，不仅不允许原东罗马贵族加入新政权，还把普诺尼埃领主的土地通通收走，连希腊人请求加入拉丁军队的要求都被无情驳回。

不仅如此，拉丁人与帝国民众在信仰上的分歧也引发了很多问题，其中强势的威尼斯大牧首莫罗西尼要求所有教堂都只能举行拉丁仪式，为此不惜关闭了大量的东正教教堂。各方面的差异很快就引发了统治阶级与普通民众的对立。

拉丁帝国对外征服的同时，并非所有的罗马遗民都束手就擒，心怀荣誉的贵族和民众依然利用有限的资源在地方行省建立了割据政权。

在亚洲，以狄奥多尔·拉斯卡里斯为代表的旧贵族逃到了安纳托利亚，按照罗马帝国的制度建立了尼西亚帝国。另外，安德罗尼卡一世明智地让儿子曼努埃尔·科穆宁与格鲁吉亚公主联姻，使得科穆宁家族诞生了亚历克修斯和大卫两个后代，在帝国崩溃前夕，科穆宁两兄弟得到了格鲁吉亚的鼎力支持，建立了特拉布宗君主国。

在欧洲，兵败康多罗斯的米海尔·科穆宁·杜卡斯被迫撤退到伊庇鲁斯山区，由于他是尊贵者约翰·安吉洛斯·杜卡斯的私生子，体内流有科穆宁、杜卡斯、安吉洛斯三族的血液，米海尔遂自立为专制君主，建立了伊庇鲁斯专制国，定都阿尔塔。

以上三大政权是东罗马遗民中强有力的继承者，其中尼西亚的狄奥多尔·拉斯卡里斯在当地重建了东正教会，还任命了新的普世牧首，他因此得以加冕为皇帝，后世称其政权为"尼西亚帝国"。尼西亚帝国的君主在正统性上虽不如特拉布宗的科穆宁和伊庇鲁斯的杜卡斯，但他们是完全继承了罗马理念的统治者，不少从欧洲逃离的帝国臣民均加入了尼西亚帝国，使得当地生机勃勃，前途大好。

然而尼西亚帝国也是罗马三国中最先遭到讨伐的国家，因为尼西亚被鲍德温一世分封给了伯爵路易，路易自然要带兵征服这里。眼看十字军在比提尼亚大破尼西亚军队，复兴罗马的种子就要被扼杀在摇篮里，路易却突然撤军了。人们满脸疑惑时，狄奥多尔·拉斯卡里斯却笑着说道："看来保加利亚出兵了！"

第五十章 涅槃重生

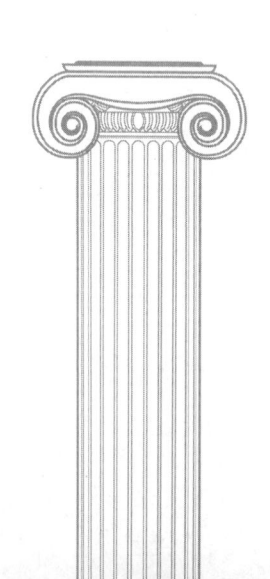

惨败阿德里安堡

保加利亚第二帝国由瓦拉几亚人彼得·阿森和伊凡·阿森兄弟创建，他们同库曼人结为同盟，趁科穆宁王朝垮台时发动起义，伊萨克二世和他的继承者均无法击败叛军，保加利亚就此独立。公元1204年，彼得和伊凡的另一个兄弟卡洛扬皈依天主教，被加冕为保加利亚国王。从信仰上看，新的保加利亚国王与拉丁皇帝算是同宗，党同伐异，卡洛扬遣使觐见拉丁皇帝鲍德温一世，请求结盟。

鲍德温一世之所以在十字军中看起来比较谦逊、温和，完全是因为他的实力太弱，但他加冕称帝后，其内心深处的傲慢暴露无遗。一方面，鲍德温一世轻视原东罗马帝国的臣民，认为他们不过是低等种族，不但强夺土地，还征收重税，这严重伤害了希腊臣民的心；另一方面，鲍德温一世也视原东罗马帝国统治的其他民族为下等人，包括保加利亚、斯拉夫、库曼、佩切涅格，所以鲍德温一世轻蔑地回复保加利亚使臣："笑话，保加利亚难道不是我的臣民？"

拉丁帝国的傲慢并非毫无道理：十字军以法兰克骑士为主力，战斗力强悍且装备精良，手握数万精兵的鲍德温一世自然信心十足；保加利亚第二帝国和库曼人都以轻骑兵为主，十字军认为这种军队毫无威胁。基于以上理由，鲍德温一世拒绝了保加利亚结盟的请求，他意在平定东罗马帝国后再征服保加利亚。

拉丁皇帝的傲慢激怒了卡洛扬，恰在此时，尼西亚皇帝狄奥多尔·拉斯卡里斯的使者来到了他的宫廷。比起拉丁人的傲慢，尼西亚皇帝颇为谦逊，狄奥多尔·拉斯卡里斯在信中称："拉丁人既无信仰更无信誉，他们意在吞并整个巴尔干地区，如果贵国任由拉丁帝国灭亡罗马，拉丁骑兵的下一个目标一定是保加利亚。"

就这样，拉丁帝国愚蠢地将保加利亚推到了尼西亚一方，这使得新生的拉丁帝国四面受敌。

公元1205年，拉丁人歧视性的政策激怒了罗马遗民，阿德里安堡附近的市民举行了大规模起义，驱逐了鲍德温一世的封臣，并向保加利亚国王卡洛扬求援，称愿意拥立他为新的皇帝。卡洛扬本就憋了一肚子气，当即召集 1.2 万人马驰援阿德里安堡。鲍德温一世视阿德里安堡为自己的地盘，也率领麾下精锐前往镇压。大战一触即发。

鲍德温一世统领的军队约 1.2 万人，核心战斗力以法兰克骑士为主，仆从步兵为辅，他们抢在卡洛扬前抵达了阿德里安堡，驻扎在城市东侧的高地上，并派兵围困城池。大约 10 天后，鲍德温一世的斥候发现了保加利亚的先锋部队——库曼弓骑兵。这些草原骑兵人数虽少，但主动进攻了拉丁人的大营。密集的箭雨射得拉丁人怒火中烧，一些骑士不顾将令擅自出阵，库曼弓骑兵见状掉头就跑，可拉丁骑士刚一回营，库曼弓骑兵就重新杀回，气得法兰克骑士拔马追击。

鲍德温一世大发雷霆，严令骑士们不得擅自进攻。路易伯爵却自信地说："怕什么？只要集中重骑兵冲杀一次，保加利亚人一定会崩溃，明日且看我提兵破敌。"

4 月 14 日，鲍德温一世命杰弗里·德·维拉杜安率领少数人马继续包围阿德里安堡，自己率领全部拉丁军队出营决战。他将军队部署在大营北面的大道上，以路易伯爵率领的精锐骑兵为先锋，步兵及远程部队为支援。不多时，卡洛扬的库曼弓骑兵再次出现在战场上，又冲到路易军前射击，密集的箭雨压得拉丁骑士抬不起头。鲍德温一世严令军队不得出击，因为他还没看见卡洛扬率领的保加利亚主力。

鲍德温一世的决定很谨慎，他并不打算盲目追击，可他的部下却不这么想，路易伯爵见库曼弓骑兵人数较少，便不顾鲍德温一世的命令发起进攻。骑士们的第一轮冲锋威力巨大且快如闪电，库曼人还没来得及转身便被拉丁骑士冲倒，弓骑兵不擅长短剑肉搏，短兵相接片刻后，库曼人不敌败逃，路易简直是一头不撞南墙不回头的野牛，竟不管不顾地追了过去。鲍德温一世此刻的心情肯定不佳，可他也无可奈何，只好带着军队去追赶路易的骑兵，拉丁军队就这么莽撞地发动了全面进攻。

库曼人的骑兵尽是轻骑，很快就拉开了与拉丁人的距离，不断用弓箭射击追来的拉丁骑士，虽然杀伤力很有限，却成功激怒了对方。路易下定了歼灭库曼骑兵的决心，死活不肯回头。库曼人就这样一点一点地把拉丁军队引到了丛林深处的沼泽,该处地势险要,西侧是森林和河流,东侧的丘陵密林满布。毫无疑问,这是绝佳的伏击之地。

路易和鲍德温的军队一路狂奔至此,厚重的铠甲令拉丁骑士不堪重负。突然,沼泽北面升起了一股狼烟,周围忽然杀声四起。鲍德温一世大惊失色,他知道自己落入了保加利亚的圈套,但想转身撤离已经来不及了,因为地面埋藏的陷阱困住了他们。这时,保加利亚国王卡洛扬的旗帜出现了,无数步兵从东侧的山丘上蜂拥而下,西侧的森林里也窜出了大量的骑兵,而之前溃逃的库曼人也在此时反身杀回。鲍德温和路易遭到了三面合围。

战斗进行得惨烈,疲惫不堪的拉丁骑士完全失去了机动能力,他们的战马无法列阵,更无法发起冲锋,骑士们只好下马步战。然而骑士一旦下马就代表他们只能死战到底。没人能从库曼人的箭雨下逃脱,疯狂的保加利亚军队大肆屠戮拉丁人,路易伯爵当场阵亡,鲍德温一世也被一击重锤打落下马,拉丁军队几乎全数被歼。

拉丁皇帝沦为卡洛扬的阶下囚,有资料认为,卡洛扬为了羞辱鲍德温,把鲍德温全身埋在土里,只留出头颅供秃鹰啄食,不过也有资料认为鲍德温死于囚禁或伤口感染。拉丁初代皇帝就这样狼狈地死去,可悲可叹,却也是自作自受。

皇帝被俘,伯爵阵亡,阿德里安堡之战重创了新生的拉丁帝国,上万精锐的十字军老兵被悉数歼灭,拉丁帝国为其傲慢付出了惨重的代价,它赖以称霸的军事力量就此瓦解,这个才刚刚建立的帝国立刻跌落谷底。保加利亚遂大举入侵色雷斯,夺取了拉丁帝国刚刚占领的大片土地,成为巴尔干半岛不可忽视的强大国家。

此后 2 年间,保加利亚不断南下攻城略地,新的拉丁皇帝亨利疲于应付,非常狼狈。公元 1207 年,卡洛扬率领保加利亚人阵斩了博尼法斯,包围了塞萨洛尼基,第二大十字军王国遭受重创,再也未能恢复。疯狂的保加利亚人每攻下一城就会屠杀所有居民,残忍的卡洛扬被称为"罗马人屠夫"。然而,连战连胜的卡洛扬却未能夺取塞萨洛尼基,他在围城战中被库曼贵族杀死,保加利亚被迫放弃了对拉丁人的围剿,暂时撤退回国,拉丁皇帝亨利一世这才松了一口气。

拉丁皇帝亨利是鲍德温一世的弟弟，他充分吸取了兄长失败的教训，用温和的手段统治帝国，既减轻了赋税，又提高了希腊臣民的地位，他在任内极力维持法兰克人和希腊人的平衡，尽量争取两者的支持与合作，国内的叛乱这才偃旗息鼓。恢复少许元气后，亨利一世决定报复尼西亚帝国，因为正是他们撺掇保加利亚发兵南下，于是他鼓动拉丁骑士出征亚洲，去找海峡对岸的尼西亚出气。

和保加利亚比起来，尼西亚帝国弱小很多，他们曾被拉丁帝国击败，狄奥多尔·拉斯卡里斯正是亨利的手下败将，当年若不是保加利亚入侵阿德里安堡，尼西亚帝国恐怕早已被拉丁军队踏平了。然而，曾经险些亡国的尼西亚却利用这几年时间快速崛起，亨利再次关注亚洲时，尼西亚帝国在皇帝狄奥多尔·拉斯卡里斯的领导下完成了西小亚细亚的统一。

卧榻之侧岂容他人鼾睡，亨利一世誓要吞并尼西亚才肯罢休。

为一战成功，亨利一世与特拉布宗结为同盟，约定东西夹击尼西亚帝国。同时，已经自立为专制君主的米海尔·科穆宁·杜卡斯也想颠覆尼西亚帝国，因为他不满狄奥多尔·拉斯卡里斯自封为罗马皇帝，于是重金赎回了前东罗马帝国皇帝亚历克修斯三世。废帝主动投奔了苏丹凯霍斯鲁，要求狄奥多尔·拉斯卡里斯主动让位，但遭到断然拒绝，亚历克修斯三世便鼓动苏丹与拉丁帝国结盟，共同讨伐弱小的尼西亚，凯霍斯鲁也觉得尼西亚是个潜在的威胁，遂起兵西征。不知不觉中，一个由拉丁帝国、伊庇鲁斯、特拉布宗、罗姆苏丹国组成的尼西亚包围网诞生了。

尼西亚战纪

拉斯卡里斯家族在东罗马帝国只能算是二流贵族，其家族在帝国历史上并未出现过显赫的成员，但亚历克修斯三世的女儿安娜择偶时，狄奥多尔·拉斯卡里斯抓住机会，成功赢得了安娜的芳心，借助安吉洛斯家族的政治资源，拉斯卡里斯一族也逐渐显赫起来。

狄奥多尔·拉斯卡里斯鹰视狼顾，面容苍桑，身材消瘦，平时喜欢留着一对分叉的胡子，君士坦丁堡沦陷时，狄奥多尔·拉斯卡里斯在圣索菲亚大教堂里被推举为帝，这让他得到了光复罗马的正当名义，使得人们相继逃离君士坦丁堡，随他渡海前往亚洲建立新政权。

彼时的亚洲行省虽未被战火波及，形势却也是一片混乱。若算上地方军阀，东罗马帝国巴掌大的亚洲行省至少有7路人马，其中安德罗尼卡一世的孙子亚历克修斯、大卫最具正统性，他们借助格鲁吉亚的军队占领了特拉布宗，自立为专制君主；军阀莫罗佐梅斯背靠着罗姆苏丹国，割据弗里吉亚；曼格法斯利用帝国中央崩溃之机，在菲拉德尔菲亚自立为君；萨巴斯·阿塞德鲁斯控制着米安德河谷。除此之外，科尼亚的罗姆苏丹国、奇里乞亚的小亚美尼亚国，再加上狄奥多尔·拉斯卡里斯的到来，小亚细亚简直是群雄并立的逐鹿场。

虽然地方势力很多，但更多的城市选择结寨自保，观望局势的发展，谁能保护他们，他们自然就会效忠于谁。狄奥多尔·拉斯卡里斯正是利用了这个机会，以前东罗马皇帝的名义迅速控制了尼西亚、尼科米底亚，然后就地征募军队，夺取了比提尼亚部分土地。有了地盘后，狄奥多尔·拉斯卡里斯便在尼西亚建立新政权，此时的他并未举行加冕仪式，还不能自称为皇帝。

小亚细亚的四大割据势力中，特拉布宗君主国无疑是最具攻击性的，大卫·科穆宁继承了科穆宁家族的军事才能，不仅为哥哥征服了特拉布宗全境，还率军西征，从黑海重镇锡诺普一直杀到了赫拉克利亚，占领了帕夫拉戈尼亚，俯视整个小亚细亚。赫拉克利亚位于尼科米底亚东侧，两地相距不远，这意味着大卫与狄奥多尔·拉斯卡里斯早晚都有一战。

公元1204年末，拉丁帝国兵分两路进入亚洲，其中伯爵路易率部渡过博斯普鲁斯海峡，兵临尼科米底亚，王弟亨利则渡过马尔马拉海，于卑斯尼亚整顿兵马，这两路人马有一个共同目标——尼西亚。狄奥多尔·拉斯卡里斯遭到南、北两个方向的夹击，焦头烂额。为此，他到处寻找可以结盟的对象。本着"敌人的敌人就是朋友"的原则，狄奥多尔·拉斯卡里斯积极联络保加利亚，试图用保加利亚牵制拉丁帝国。

这期间，鲍德温一世为抵御保加利亚人，把路易伯爵的军队调回了欧洲，尼科米底亚一线暂时没有拉丁人来犯，狄奥多尔·拉斯卡里斯得以集中力量对战亨利的军队。他拿出仅剩的黄金招募雇佣兵，并很快向西推进至波伊曼恩农，这明显是要把拉丁人逐出亚洲。令人意外的是，拉丁主将亨利看了看人数众多的尼西亚军队，笑着说道："一群乌合之众焉能挡住我的骑枪？"

亨利的自信源于他手里的拉丁重骑兵，比起尼西亚征募的民兵，一个拉丁骑士足以杀退上百农夫，于是亨利放弃了坚守城池的稳妥做法，亲自率军出城野战。公元1204年末，亨利指挥的拉丁骑士对尼西亚军发动了凌厉的冲锋，骑士们如炮弹一样轻易击穿了对方的阵形，缺乏训练的尼西亚民兵乱作一团，还没等他们重组阵线，亨利又勒马杀回，尼西亚军队几乎全灭，宁菲昂险些落入亨利之手。

主力丧失，城池沦陷，狄奥多尔·拉斯卡里斯几乎在一夜之间从天堂跌落地狱，若是亨利此刻出兵攻打尼西亚，狄奥多尔·拉斯卡里斯唯有以身殉国。然而，拉丁帝国在阿德里安堡的惨败拯救了尼西亚政权。由于鲍德温一世没有子嗣，皇帝被俘后的拉丁帝国群龙无首，王弟亨利自然成了第一继承人，他急于返回君士坦丁堡继位，便放弃了征服的亚洲领土，撤回了欧洲，狄奥多尔·拉斯卡里斯这才松了一口气。

狄奥多尔·拉斯卡里斯知道，亨利的退走只是暂时的，他早晚都会回来，若那时的尼西亚依然如此孱弱，复兴罗马的希望就只能是一场梦，如今的第一要务是抓紧时间壮大尼西亚政权。公元1205年夏，狄奥多尔·拉斯卡里斯又组建了一支军队，目标是米安德河谷。米安德河谷是西小亚细亚最富饶的地区，该处不仅地理位置优越，而且气候宜人，良好的环境使得当地的人口远比小亚细亚中西部稠密，如果能得到米安德河谷，尼西亚不但能招募到更多的军队，还能得到充足的粮食，实力自然会成倍增长。

基于相同的认识，菲拉德尔菲亚军阀曼格法斯也曾尝试攻占该地区，但亨利率领的拉丁骑士破坏了他的计划，甚至重创了他的主力。亨利撤离亚洲后，狄奥多尔·拉斯卡里斯抓住战机，率先征讨元气大伤的曼格法斯，吞并了菲拉德尔菲亚和米安德河谷。之后在双头鹰旗帜的感召下，狄奥多尔·拉斯卡里斯携胜北上，顺利击败了军阀莫罗佐梅斯，弗里吉亚也并入了尼西亚。到1207年，狄奥多尔·拉斯卡里斯又主动发兵征讨大卫·科穆宁，奇迹般地击退了特拉布宗的军队，还歼灭了300名拉丁骑士。至此，弱小的尼西亚政权成功逆袭，基本完成了对西小亚细亚的统一。

公元 1208 年，势力进一步增长的狄奥多尔·拉斯卡里斯决定为自己的政权正名，他将尼西亚大主教米海尔·奥托利亚努斯提升为新的普世牧首，新牧首旋即为他的恩主举行了加冕仪式，宣布狄奥多尔·拉斯卡里斯为新的罗马帝国皇帝，史称"狄奥多尔一世"。由于他还没有光复君士坦丁堡，狄奥多尔一世·拉斯卡里斯的政权被称为"尼西亚帝国"。

称帝后，狄奥多尔一世踌躇满志，亲率大军越过边境，誓要吞并大卫·科穆宁的赫拉克利亚。特拉布宗抵挡不住，只能以臣服拉丁帝国为条件请求亨利一世干预。亨利一世不能容忍尼西亚一再壮大，自然要出手牵制尼西亚帝国。

讨伐大卫的失败让狄奥多尔一世意识到自己战略上的失误，两线作战自古是兵家大忌，如今的拉丁帝国依然很强大，特拉布宗也不容小觑，如果一味两头奔袭，尼西亚难有胜算，于是他也玩起了"伐交"的把戏，遣使联络伊庇鲁斯和保加利亚两国，三方组成对拉丁帝国的包围网，合力进攻君士坦丁堡。

不过，拉丁包围网极其脆弱，没过多久就崩溃了。一是因为保加利亚发生内乱，卡洛扬被刺身亡，新沙皇得位不正，无暇顾及拉丁帝国；二是因为亨利一世与伊庇鲁斯的米海尔达成了和平协议，送还了亚历克修斯三世。亚历克修斯三世极力劝说米海尔帮助他复位，伊庇鲁斯遂萌生了利用亚历克修斯三世扰乱尼西亚帝国的想法。亨利一世的外交策略也不可小觑，他破解了拉丁包围网后，竟然组建了一个包围尼西亚的新联盟，这个联盟的成员包括拉丁帝国、伊庇鲁斯、特拉布宗、罗姆苏丹国。

在专制君主米海尔的帮助下，亚历克修斯三世渡海前往亚洲，求苏丹凯霍斯鲁帮助他恢复帝国。苏丹凯霍斯鲁欣然应允，这倒不是因为他多重情义，而是他得到了进兵西小亚细亚的借口，这会减少罗马遗民对他的抵触。还有一个原因是，拉丁人送来了一队雇佣骑士，这也是苏丹敢于出兵的理由。

公元 1211 年，苏丹凯霍斯鲁要求狄奥多尔一世交还帝位，狄奥多尔一世自然是严词拒绝，苏丹遂以帮助亚历克修斯三世复位为借口，亲率 1 万大军征讨尼西亚帝国，包围了米安德河谷的安条克城。面对来势汹汹的穆斯林大军，狄奥多尔一世竟然只带了 2000 余人就匆匆启程了。这一次，狄奥多尔一世吸取了与亨利交战的教训，不再搞毫无意义的"人海战术"，他所倚重的是战力最强的 800 名雇佣骑士。

狄奥多尔一世知道敌军数倍于己，起初打算发动一场奇袭，命军队丢下重型装备轻装疾行，但突厥人的斥候发现了他们，狄奥多尔一世被迫放弃原定计划，四处寻找新的战场。当下的局势非常清楚，苏丹兵强马壮、人多势众，是狄奥多尔一世的数倍之多，若两军正面对决，尼西亚军队难有胜算。因此，狄奥多尔一世必须想出破敌之策。

根据以往的经验，迎战强敌的最好办法无非有三种：第一种是在敌军必经之路上设伏，密列奥塞法隆会战就是如此；第二种是隐蔽自己的军队，趁夜发动奇袭，瓦达尔河战役就是如此；第三种则是选择一个狭窄的战场，利用地形限制敌军大部队的展开，从而实现以一当十的效果。

狄奥多尔一世的军队被苏丹发现后，伏击或是隐蔽都不太可能实现，唯有第三种方案还可操作，恰好尼西亚军队所处的米安德河谷并不缺乏河流和谷地，利用地形限制凯霍斯鲁大军有实现的可能。于是狄奥多尔一世四处寻找狭窄地带，终于找到一处河流与山谷交界的好战场，该处一侧靠河，河水湍急、深不可测，另一侧是陡峭的山谷，足以挡住突厥人的骑兵。狄奥多尔一世大喜过望，立即把骑兵布置在河流与山谷之间，决战就在此处。

凯霍斯鲁寻迹赶到了河谷，他仔细查看了地形后，颇为赞赏狄奥多尔一世选择的战场，因为穆斯林军队人数众多，如果在开阔的平原决战，尼西亚军便毫无胜算，但如果尼西亚守住狭窄的河谷，纵然凯霍斯鲁有数万大军也不可能发挥出优势，故而他让军队就地列阵，拒不出战。不过，苏丹并非一味防守，他也是用兵的行家里手，在凯霍斯鲁看来，既然狄奥多尔一世想依靠地形作战，那就应该设法诱使尼西亚军队离开峡谷。

凯霍斯鲁把军队一分为二，其中主力部队全数偃旗息鼓，在战场一侧的高山密林中隐蔽了起来，另一部分为老弱残兵，看起来非常"诱人"。苏丹故意指挥这支"诱人"的军队接近尼西亚军队，不断挑衅狄奥多尔一世。

狄奥多尔一世见敌军人数不多且毫无行动的迹象，便意识到策略已被识破。随着时间的流逝，尼西亚军队的士气开始下降，如果再不行动，尼西亚军就会不战自溃。狄奥多尔一世咬了咬牙，对身边的雇佣骑兵说道："此战我们背靠河流和高山，退无可退，若不能战胜异教徒，就只能马革裹尸了。"

狄奥多尔一世挥剑指向了穆斯林大军，大吼道："随我冲啊！"

随着这一声令下，2000名勇士朝穆斯林大军狂奔而去，其中最精锐的800名雇佣重骑兵最为抢眼，他们所掀起的满天烟尘遮蔽了穆斯林的视线，以致苏丹看不清尼西亚军的整体情况，只听见马蹄声越来越近，位于第一线的苏丹轻步兵还没反应过来便被雇佣重骑兵给撞飞，缺乏重甲保护的穆斯林步兵被尼西亚重骑兵轻易击破。前进受阻，狄奥多尔一世大吼一声，又率军脱离战场，重新拉开了与敌军的距离。穆斯林忙着重组阵形时，狄奥多尔一世又冲了回来，穆斯林军队再次被撞得血肉横飞。

反复冲锋后，狄奥多尔一世的军队已疲惫不堪，伤亡也十分巨大，而苏丹凯霍斯鲁见时机已然成熟，立即让传令官挥舞军旗，隐蔽在两侧的伏兵突然杀出，利用数量优势包围了尼西亚军。随着尼西亚军队的伤亡不断增加，原先的阵形已经荡然无存，800名雇佣骑士在拼死血战后几乎全数阵亡。苏丹见状，终于下达了总攻的命令。狄奥多尔一世且战且退，一路溃败至河流与高山的交界处，这时他身边的军队已经乱作一团，眼看就要崩溃了。

凯霍斯鲁于乱军之中看到了狄奥多尔一世，他立刻驱马杀向皇帝，一击重锤震得皇帝跌落马下，头盔顿时飞出数丈以外。苏丹自以为勇武，便骑马靠近了狄奥多尔一世，企图将他生擒。哪知狄奥多尔一世还很清醒，突然从地上翻身而起，一剑砍断了苏丹的马腿，凯霍斯鲁遂坠落马下。还没等苏丹站起来，一位不知名的勇士连忙补了一剑，要了苏丹的命。随后，狄奥多尔一世将凯霍斯鲁的头颅插在长矛上示众，穆斯林军队见苏丹已死，军心大乱，埃米尔们各怀鬼胎，为保存实力各自逃走，尼西亚军死里逃生。

此战的胜利令尼西亚帝国威名大振，新苏丹忙于制衡国内各派势力，无意与尼西亚交战，双方借此签订了停战协议，划分了各自的地盘，而亚历克修斯三世也在战后被送入修道院软禁。

公元1211年10月，狄奥多尔一世又赶赴西线迎战亨利一世，虽然他再次被亨利击败，但其顽强的战斗让亨利打消了灭亡尼西亚帝国的想法，所以亨利退而求其次，只要求狄奥多尔一世·拉斯卡里斯承认比提尼亚沿海是拉丁帝国的领土。狄奥多尔一世经过两场大战，手里的军队已经所剩无几，他渴望休养生息，欣然同意了亨利的条件。

至此，尼西亚帝国与东、西两个方向的敌人都签订了停战协议，得到了弥足珍贵的喘息时间，拉斯卡里斯王朝终于在亚洲站住了脚。更可喜的是，亨利一世不愿意再插手亚洲战事，结束了与特拉布宗的同盟关系，罗姆苏丹也准备攻打特拉布宗，这间接缓解了尼西亚的压力，也让狄奥多尔一世得到了东征特拉布宗的机会。

伊庇鲁斯战纪

尼西亚帝国的东、西两线恢复和平后，狄奥多尔一世立即将国家重心转移到建设上来，他按照东罗马帝国的旧制重建了尼西亚政府，革除了东罗马帝国后期各种荒诞政策。一方面，狄奥多尔一世以东罗马帝国继承者自居，重建了东正教教会，广泛吸纳从欧洲逃至亚洲的罗马遗民，极大地扩充了尼西亚的人口；另一方面，他恢复了早已崩溃的军区制，鼓励民众开垦荒地、新修水利，把开发的土地授予军队，以换取他们长期服兵役。经过狄奥多尔一世的励精图治，尼西亚帝国日渐强盛，与小亚细亚的突厥苏丹国和特拉布宗君主国形成了鼎足之势。

目光回到欧洲。鲍德温一世死后，欧洲逐渐形成四足鼎立的局面：拉丁帝国控制着色雷斯、部分比提尼亚，塞萨洛尼基统治着爱琴海沿岸、伯罗奔尼撒东部，保加利亚占有着马其顿至多瑙河一带的土地，而伊庇鲁斯君主国统治着伊比利亚山区和西伯罗奔尼撒除东部以外的其他地区。

起初，拉丁帝国是巴尔干地区最强大的国家，但他们在阿德里安堡的惨败致使主力军队沦丧，特别是重装拉丁骑兵，这些骑士来自法兰西和德意志，非常难补充，没有强大的战斗力直接终止了拉丁帝国的对外征服，多亏了精明强干的亨利一世，否则拉丁帝国可能被保加利亚提前吞并。只可惜，卡洛扬的帝国如昙花一现，他的死亡导致保加利亚退回本土，色雷斯和马其顿再次回到拉丁人手里。拉丁人看似重获优势，然而现实情况并非如此简单——经过保加利亚洗劫后的拉丁帝国和塞萨洛尼基王国大不如前，特别是博尼法斯死后，塞萨洛尼基没有出现第二个能与亨利比肩的君主，其国力日益衰退，大量的骑士抛弃塞萨洛尼基返回了家乡，这就使得塞萨洛尼基王国成了一个空壳子。

一直盘踞在伊庇鲁斯的杜卡斯看到了扩张的机会。

伊庇鲁斯统治者自封为专制君主，这个爵位在东罗马帝国的头衔里是介于皇帝和"恺撒"之间的，当初曼努埃尔一世曾将它赐给匈牙利国王贝拉三世，因为他当时准备立贝拉为继承人，由此可见该爵位的含金量。

首位伊庇鲁斯专制公米海尔·科穆宁·杜卡斯的血统非常高贵，他的父亲是安吉洛斯家的约翰·安吉洛斯·杜卡斯，之所以能在姓氏后面加上杜卡斯、科穆宁，是因为约翰的祖母来自杜卡斯家族，约翰的母亲是科穆宁公主狄奥多拉（安娜·科穆宁的妹妹），杜卡斯与科穆宁数代联姻，两大家族都是皇族。私生子米海尔同时具有科穆宁、杜卡斯、安吉洛斯三族的血统，自然拥有对东罗马帝国的宣称权，这也是他能自行建国的原因之一。

专制公米海尔统治期间以复兴罗马帝国为己任，吸纳了大量从君士坦丁堡逃来的难民，使得该国的罗马文化气息颇为浓厚。米海尔也是一个有作为的君主，曾散尽家财征募了4000名自卫军，驻守在伯罗奔尼撒南部，意图阻止拉丁骑士南下的步伐。

那时的博尼法斯刚刚攻克塞萨洛尼基，为继续扩大地盘，他派麾下大将南征，其中一支仅700余人的骑兵悍然杀向亚该亚，米海尔正好挡在他们面前。手握4000人马的米海尔本来胜算很大，但新征募的自卫军缺乏实战经验，在遭到700名拉丁骑兵的冲击后，米海尔的军队便崩溃了。战后，拉丁人夺取了亚该亚，建立了一个小公国。

米海尔虽然战败，但他并未放弃复兴罗马的梦想，而是带着追随者前往了伊庇鲁斯，该地西靠海洋，东枕群山，是易守难攻的战略要地。米海尔很快就在当地建立了另一个罗马政府，并出兵夺取了威尼斯控制的科孚岛和迪拉西乌姆。

有趣的是，专制公米海尔是私生子，自己也弄了个私生子小米海尔，而正式婚姻里却没有生下男性子嗣。作为一国之主，没有嗣君是导致亡国的重大隐患，于是米海尔想起了同样颇有才干的弟弟狄奥多尔·科穆宁·杜卡斯。和米海尔不同，狄奥多尔可是约翰·安吉洛斯·杜卡斯的嫡子，地位比米海尔更加尊贵,他在君士坦丁堡陷落时追随狄奥多尔一世·拉斯卡里斯去了亚洲,后来一直在尼西亚宫廷效力。

一日深夜,专制公米海尔的密使突然来到了尼西亚,他将米海尔的亲笔信交给了狄奥多尔,上面的内容让狄奥多尔颇为心动,因为他的哥哥决定立他为储君,要他迅速赶赴伊庇鲁斯。可要逃离尼西亚谈何容易,狄奥多尔为了从容离开,只好把事情原委禀明了狄奥多尔一世。皇帝听后打起了小算盘,他同意了狄奥多尔离去的请求,但条件是要他宣誓永远效忠尼西亚帝国,将来如果继位专制公,也要以尼西亚帝国为宗主国。狄奥多尔急于离开便答应了这个条件。

狄奥多尔来到伊庇鲁斯后不久,专制公米海尔就去世了。作为开国君主,米海尔死得蹊跷,据说他是被自己的仆人杀死的,不少人怀疑这是狄奥多尔的手笔。不过,这并不能挡住伊庇鲁斯开疆拓土的步伐,因为新的专制公同样雄心勃勃。

恰在此时,也就是公元1216年6月11日,拉丁帝国也发生了巨变,一代枭雄亨利一世病逝。由于他也没有男性子嗣,拉丁帝国的领主们只好推举亨利的妹夫彼得为新君。此时的彼得远在欧洲封地,接到亨利一世驾崩的消息后,他立刻率领5500人马渡海起航,同行的还有妻子约兰达和儿子罗伯特。

彼得对拉丁皇位充满了向往。在西欧,彼得只是一个遍地都能找到的普通贵族,可在君士坦丁堡就不一样了,他将成为皇帝。激动的彼得首先抵达了罗马城,但教皇并不看好彼得,只派了个主教主持加冕仪式,这让彼得心中颇为不快。在他看来,教皇不愿意为他加冕是因为他没有展现自己的实力,于是彼得让妻子和儿子走海路直接前往君士坦丁堡,自己则率领5500人攻打伊庇鲁斯的迪拉西乌姆。

听闻拉丁帝国皇帝亲自领兵来攻,专制公狄奥多尔立即从阿尔塔出兵。伊庇鲁斯军首先截断了彼得的陆上补给线,把附近村庄内的粮食全部运走,然后引兵突袭了彼得的运输船,迫使他们与彼得的陆军分离。一连串操作让彼得颇为恼火,他决定穿越地形崎岖的伊庇鲁斯,直接前往色雷斯。专制公狄奥多尔看穿了对方的计划,便将军队埋伏了起来,待彼得抵达,突然发动了袭击,5500人的拉丁军队全军覆没,彼得也被生擒。

彼得的"辉煌战绩"让他成了西欧的笑料，堂堂拉丁帝国皇帝竟然还没到首都就被敌国俘虏了，这下他的身价可是"跌停板"了，而他的妻子约兰达等人却经过海路顺利抵达了君士坦丁堡，拉丁帝国的领主们一商量，决定拥立约兰达的儿子罗伯特为皇帝，至于丢脸的彼得，就让他自生自灭吧，结果彼得被专制公狄奥多尔处死。拉丁帝国由此进入了妇人摄政时期。

换了皇帝的拉丁帝国自然无力对外征讨，而它的封臣们忙着各自经营领地，约兰达只好用较为温和的外交政策来稳定局势，她看中了尼西亚帝国，因为狄奥多尔一世·拉斯卡里斯正忙着重建罗马帝国，而且与拉丁帝国还有停战协议，于是约兰达把女儿玛丽嫁给了尼西亚皇帝，两国联姻，结为同盟，拉丁帝国暂时不用担心东线的战事。

东线虽不用担心，西线却事事烦心。专制公狄奥多尔处死彼得后，与保加利亚相约共同讨伐拉丁政权。公元1217年，专制公集结数万大军首先击溃了挡在面前的塞萨洛尼基，拔掉了对方在埃托利亚的要塞，把势力伸向了伯罗奔尼撒和色萨利。到公元1218年，专制公狄奥多尔连战连捷，一口气占领了马其顿南部大片土地，包围了塞萨洛尼基城。

教皇不忍看着塞萨洛尼基王国灭亡，号召意大利人组成了一支规模不小的十字军，他们横渡亚得里亚海，准备支援即将亡国的盟友。不过，专制公并不畏惧什么十字军，何况意大利人的战斗力是出了名的差，根本不是伊庇鲁斯山民的对手。最终，这支十字军几乎全军覆没，不仅没有拯救拉丁同胞，反而进一步打击了塞萨洛尼基的士气。

曾经风光无限的塞萨洛尼基王国终于走到了尽头，亚该亚、雅典两个公国脱离了它，而拉丁帝国又无力救援。公元1224年，伊庇鲁斯终于攻破了塞萨洛尼基的城门，该王国成为第四次十字军东征中第一个灭亡的国家，专制公收复了东罗马帝国的第二大城市，因此名声大噪。

此后数年间，伊庇鲁斯依然保持着很强的扩张欲，沿着爱琴海一路东征，收复了原东罗马帝国的大片领土，并在1225年攻克了重镇阿德里安堡。至此，伊庇鲁斯的疆域臻于至盛，其领土包括伊庇鲁斯、埃托利亚、伯罗奔尼撒、色萨利和马其顿大部，俨然是巴尔干半岛最强大的国家。

雄心勃勃的狄奥多尔仿佛看到了君士坦丁堡的皇座，也萌生了为伊庇鲁斯君主国正名的念头，既然狄奥多尔一世·拉斯卡里斯能让尼西亚大主教为他加冕称帝，为什么自己不可以呢？于是专制公找来了奥赫里德大主教，按照东罗马帝国的旧制加冕为罗马皇帝。

如此一来，伊庇鲁斯君主国也变成帝国，它与尼西亚都自称罗马帝国，两边的皇帝都叫"狄奥多尔一世"，双方也因此交恶，为了争夺罗马帝国的名号而明争暗斗。

从尼西亚、伊庇鲁斯的战纪不难发现，第四次十字军东征中最重要的历史事件无疑是保加利亚与拉丁帝国的阿德里安堡之战。此战让拉丁帝国失去了彻底灭亡东罗马帝国的可能。我们不妨设想一下，如果鲍德温一世接受了保加利亚的同盟请求，东罗马帝国会怎样呢？

在欧洲，仅700名拉丁骑兵就击败了米海尔的4000人马，在亚洲，亨利也将狄奥多尔一世·拉斯卡里斯的尼西亚军队轻松击溃，以上战役已经充分证明了拉丁重骑兵对东罗马军队的优势。相信凭借拉丁骑士的强大战斗力，亨利和路易可以轻易夺取尼西亚，而小亚细亚的军阀也不太可能存活。至于特拉布宗，他们可能永远被封锁在山谷里，鲍德温一世和博尼法斯完全有能力吞并伊庇鲁斯，完成对巴尔干半岛的征服。这样一来，罗马帝国会在13世纪提前灭亡，一个新的罗马尼亚帝国将取而代之。所以，保加利亚无疑起到了让罗马帝国起死回生的作用。多亏了阿德里安堡之战，拉丁帝国失去了灭亡罗马残余政权的可能，罗马遗民们方才逆袭成功。然而，在这场变乱中起到决定性作用的保加利亚会甘心罗马人轻易复国吗？

巴尔干再洗牌

大江东去浪淘尽，一代雄主尼西亚皇帝狄奥多尔一世·拉斯卡里斯于公元1222年去世，皇帝生前念念不忘的是征服特拉布宗君主国，该国名义上的君主是亚历克修斯，实际的统治者却是手握兵权的大卫。狄奥多尔一世·拉斯卡里斯联合新的罗姆苏丹发动了对特拉布宗的战争，攻陷了赫拉克利亚并占领了帕夫拉戈尼亚，而苏丹的军队从科尼亚北上，直取了锡诺普城，特拉布宗的势力被迫退回东北一隅，仅能偏安自守。

似乎所有参与东罗马帝国遗产争夺的国家都有一个通病——继承人危机，尼西亚帝国也是如此。狄奥多尔一世·拉斯卡里斯没有男性子嗣，只能立长女伊琳娜的丈夫约翰·瓦塔泽斯为君。公元1222年，约翰·瓦塔泽斯继位，史称"约翰三世"。约翰三世的名字不禁让人想起了约翰·科穆宁，两人均是文武兼备的统治者，但约翰三世不似约翰二世那样无底线的仁慈，他做事果敢、决绝，对待敌人毫不留情，手段也残忍很多。

约翰三世被证明是狄奥多尔一世·拉斯卡里斯最合适的继承者，他不仅勤于政务，而且力行节俭，还劝课农桑。在位期间，尼西亚帝国上自皇帝，下到百姓，均力行节俭、自力更生，不但抵制了威尼斯等国销售的奢侈品，还将突厥人不要的荒地开垦灌溉，整个国家本着自给自足的原则，只吃自己种的粮食，只买本国商人的商品，鼓励中小企业，抵制外国货物。据说，约翰三世亲下田耕种，自己养鸡卖钱，当时邻国发生饥荒，不少突厥人拥入尼西亚购买粮食，皇帝用卖鸡蛋的钱买了一顶宝石皇冠，史称"鸡蛋皇冠"。虽然这顶皇冠的实际价值一般，但它的象征意义却是无价的，是罗马遗民发奋图强、艰苦创业的见证。

本来尼西亚皇帝对东罗马的宣称权远不如伊庇鲁斯和特拉布宗，而约翰三世的继位更是让尼西亚的宣称权越走越远，因为他只是狄奥多尔一世·拉斯卡里斯的女婿，和科穆宁、安吉洛斯皇室没有一丁点儿血缘，这势必导致皇位争端，毕竟狄奥多尔一世·拉斯卡里斯还有两个亲兄弟亚历克修斯和伊萨克。先帝可能更倾向于有安吉洛斯血统的继承人，约翰是现下皇室中唯一符合条件的人，因为他与伊琳娜生有儿子小狄奥多尔（伊琳娜的生母是安吉洛斯王朝的公主），为了让拥有前朝血统的外孙继位，狄奥多尔一世·拉斯卡里斯想让约翰作为过渡。

约翰三世即位之初，拉斯卡里斯的两位亲王便公开谋逆，还煽动拉丁皇帝出兵东征。当时的拉丁皇帝罗伯特正值壮年，狄奥多尔一世·拉斯卡里斯曾将另一个女儿嫁给他，于是皇帝以"捍卫拉斯卡里斯王朝"为借口，正式对尼西亚帝国宣战。

拉丁帝国军队又一次渡过马尔马拉海，如果是亨利一世时期，尼西亚帝国一定会如临大敌，但经过多年的休养生息，尼西亚国力大增，实力已经远超拉丁帝国。约翰三世既不妥协，更不会求和，他亲率大军西进，于波伊曼恩农大破拉丁帝国的军队，阵斩骑士无数。此战拉丁帝国再遭重创，皇帝罗伯特心灰意冷。拉丁帝国非但没能夺取尼西亚的城池，反而失去了最后一点儿军事力量，还让尼西亚帝国得到了向西扩张的借口。

拉丁帝国的衰落已经非常明显了，随着对外战争的失败，罗伯特的威望跌至谷底，若此时皇帝能吸取教训，励精图治，也许拉丁帝国还有复兴的可能，但他安于现状，沉溺酒色，不理朝政，这让拉丁领主们更加轻视皇帝。此后不久，罗伯特看上了一个已有婚约的女孩，这个女孩的父亲是低阶骑士，她的母亲非常势利，见皇帝给的聘礼高，便单方面解除婚约，把女儿送进了罗伯特的寝宫。女孩的未婚夫得知此事后大怒，他也是血气方刚的勃艮第骑士，于是召集了一群流氓杀入皇宫，割下了女孩的鼻子和嘴唇，同时淹死了女孩的母亲。惊慌失措的罗伯特仓皇逃离君士坦丁堡，从此再也没能回来。此事彻底将皇帝的威望击得粉碎，同时也暴露出拉丁皇帝的统治已经相当脆弱。

公元1228年，罗伯特仅11岁的弟弟小鲍德温继承了拉丁帝国。新皇帝无法理政治国，自然要选择一个摄政者，但他们选来选去都没有合适的人选，摄政王只能空着。拉丁帝国的衰落激发了保加利亚的野心，新汗王伊凡·阿森二世野心勃勃，视西蒙大帝为榜样，早就想染指君士坦丁堡的皇位。他很快就向拉丁帝国派去了使节，承诺为拉丁帝国收复失去的色雷斯和马其顿，条件是小鲍德温迎娶保加利亚公主海伦娜，由阿森二世担任拉丁摄政王。

拉丁帝国的领主们当然知道这是保加利亚人的诡计，如果让阿森二世进入君士坦丁堡，拉丁帝国必将被保加利亚吞并，于是他们拒绝了阿森二世，同时向罗马教皇求助。教皇知道此事关系拉丁帝国的存亡，立即推荐了前耶路撒冷摄政约翰。比起被保加利亚吞并，拉丁领主们更愿意接受老约翰摄政。

阿森二世的提议被拒绝后，两国不可避免地交恶，保加利亚转而将公主嫁给了约翰三世的儿子小狄奥多尔，保加利亚与尼西亚结盟。然而，保加利亚没想到的是，他们这一连串外交操作得罪了伊庇鲁斯皇帝狄奥多尔。狄奥多尔本来视保加利亚为盟友，但保加利亚却背着他与尼西亚帝国联姻，要知道，尼西亚和伊庇鲁斯都是罗马帝国的宣称者，两国势同水火。

保加利亚沙皇明白"卧榻之侧岂容他人鼾睡"的道理，断不可能让一个强大的伊庇鲁斯出现，所以联合尼西亚牵制伊庇鲁斯是必然的结果，这非常符合"谁强就打谁"的原则。伊庇鲁斯皇帝似乎读懂了阿森二世的内心，既然与保加利亚早晚都有一战，不如先发制人。公元1230年，伊庇鲁斯皇帝狄奥多尔一世亲率数万大军讨伐保加利亚，伊、保同盟宣告破裂。

此战事关巴尔干半岛的霸权，也关乎伊庇鲁斯能否升级成东罗马帝国，两国君主均不敢怠慢。伊庇鲁斯方面，狄奥多尔一世召集了伊庇鲁斯山民、希腊民兵、法兰克雇佣军等军队，共计2万人马；保加利亚方面，阿森二世召集了瓦拉几亚军、保加利亚步兵、库曼弓骑兵等北方蛮军，兵力1万~1.5万。阿森二世为了宣扬战争的正义性，故意将两国和约写在旗帜上，以此打击伊庇鲁斯军的士气，毕竟不是所有人都想上战场。这与之前和东罗马交战的阿拉伯帝国如出一辙。

当年4月，两军在马里查河附近决战。狄奥多尔一世首先发动了进攻，他的军队人数众多却毫无秩序，乱哄哄地朝保加利亚军冲锋。阿森二世的作战部署非常巧妙，故意让精锐的库曼弓骑兵待在大军后方的密林中，把看似孱弱的步兵放在前面的大河沿岸。这样一来，主动进攻的伊庇鲁斯军必然会渡河，阿森二世的部队可以趁机突袭渡河的伊庇鲁斯人，一旦攻势被阻，困于河中的伊庇鲁斯人肯定破绽百出。

一切都如阿森二世所料，伊庇鲁斯的军队果然渡河来攻，阿森二世随即派出沿岸布置的军队阻截敌人，这使得伊庇鲁斯军背靠河流，进不得破敌，退不能逃走，已呈骑虎难下之势。见双方陷入僵持，等待多时的库曼弓骑兵迅速离开阵地，沿着两军交战的侧翼快速穿插。当狄奥多尔一世发现敌军骑兵时，他的军队已经无法调整阵形了，因为他的军队与敌军步兵缠斗在一起，根本无法脱身。

随后的发展不难想象，精锐的库曼弓骑兵从侧翼疯狂射杀伊庇鲁斯人，密集的箭雨压得他们抬不起头，一些缺乏训练的新兵当即崩溃，而训练有素的雇佣军却被乱哄哄的人群冲散，反被保加利亚人包围。最后，整个战场成了库曼弓骑兵的天下，他们以高速机动的穿插能力四处游走，逐一射杀了落单的士兵，伊庇鲁斯军几乎全灭，皇帝狄奥多尔一世当场被俘。

需要说明的是，这场名为克洛科特尼察之战的细节颇有争议，不同史学家的记载截然不同，稍微可信的资料也语焉不详，与康多罗斯橄榄林战役一样，克洛科特尼察之战的战斗细节也难以置信，不排除有记载上的错误，也有可能存在杜撰的情况。不过，战役的结果不存在疑问，保加利亚人以少胜多，击溃了企图复兴东罗马的伊庇鲁斯。

公元1230年的这场大战终结了伊庇鲁斯光复罗马的梦想，皇帝狄奥多尔一世被阿森二世刺瞎了双眼，再也无力问鼎君士坦丁堡的御座，而他的国家随后也发生了分裂，保加利亚军队借此长驱直入，攻占了色雷斯、马其顿和阿尔巴尼亚的大片土地。狄奥多尔的兄弟曼努埃尔在塞萨洛尼基匆忙继位，但取消了皇帝称号，仅自称专制君主，还被迫娶了阿森二世的女儿并向保加利亚称臣纳贡。

统治者的更替引发了伊庇鲁斯的分裂，前专制公米海尔一世的私生子小米海尔得到了大多数贵族的支持，他在伊庇鲁斯本土自立为君，称专制公米海尔二世。自此以后，曾在巴尔干半岛称王称霸的伊庇鲁斯帝国不复存在，在光复罗马帝国的道路上，杜卡斯家族率先出局。

伊庇鲁斯的落败看似具有偶然性，实则必然。它的崛起与尼西亚一样得益于拉丁帝国的衰落，特别是保加利亚重创了塞萨洛尼基王国后，伊庇鲁斯得以逐步蚕食该国的领土。但对外扩张过于迅速的伊庇鲁斯并没有像尼西亚一样深耕于内政，专制公也没有在帝国破碎的浪潮里吸取前人的教训，这使得伊庇鲁斯虽然继承了罗马的文化，却没有革除东罗马帝国晚期的弊政，因此伊庇鲁斯本质上外强中干，当它与真正的强敌交手，仅一战，其复国梦就破碎了。

天佑尼西亚

伊庇鲁斯君主国一分为二后，保加利亚再次成为巴尔干地区的霸主，势力迅速推进至爱琴海沿岸，不仅塞萨洛尼基称臣纳贡，塞尔维亚的国王也换成了阿森二世的女婿，再加上与尼西亚帝国的联姻，可以说除了拉丁帝国外，整个巴尔干半岛无人敢违逆阿森二世的意志。

公元1235年，阿森二世联合约翰三世夹击拉丁帝国，讨伐军海陆并进包围了君士坦丁堡。作为地中海的顶级要塞，君士坦丁堡的城墙始终让人绝望，保加利亚和尼西亚既没有先进的攻城技术，又没有强大的海上力量，攻打这样一座要塞，围困是唯一的办法。一年时间很快过去，三国就这么僵持着。

即便如此，拉丁帝国的情况依然难称乐观，保加利亚、尼西亚联盟太过强大，他们的物资源源不断，如不出意外，攻城方还能坚持很长时间。而拉丁帝国方面呢，虽然威尼斯在短期内愿意支援拉丁帝国，但长期输送粮草物资也会是笔不小的费用，唯利是图的威尼斯商人不可能一直做赔本的买卖，联军攻陷君士坦丁堡是早晚的事情。令约翰三世意外的是，保加利亚的军队在这个时候突然撤离了营地，而且是不告而别。

到底发生了什么事？两国联军包围城池一年以后，阿森二世发现威尼斯人依然控制着海洋，物资源源不断地运入城中，联军根本无法断绝君士坦丁堡的补给，他的信心明显下降了很多。更重要的是，居住在附近的希腊人更愿意投降尼西亚帝国，而保加利亚人在他们眼中只是外来者，可以想象，如果君士坦丁堡城陷，尼西亚帝国很可能得到当地人的拥护。拉丁摄政王的使者到来后，阿森二世的担忧被进一步证实。拉丁帝国成功上演了一场欧洲版的"烛之武退秦师"，保、尼同盟就此破裂。

公元1237年后，保加利亚公开援助拉丁帝国，阿森二世认为拉丁帝国的存在是对尼西亚扩张的遏制，他不仅将麾下的库曼弓骑兵派至拉丁军队服役，还率部攻打尼西亚帝国在欧洲的据点，后来还释放了约翰三世的竞争者——伊庇鲁斯的狄奥多尔。目不能视的狄奥多尔心如明镜，当他发现保加利亚与尼西亚关系恶化后，立即把女儿送到阿森二世的寝宫，说动阿森二世扶持伊庇鲁斯牵制尼西亚。

姜还是老的辣，狄奥多尔回到塞萨洛尼基后，废黜了兄弟曼努埃尔的专制公之位，转立儿子约翰为新的君主，自己则成了掌控朝政的摄政王，原来的贵族和将领们均倒戈到狄奥多尔麾下，少数反对者也被他断然处决。

约翰三世非常警觉，当他得知狄奥多尔回到塞萨洛尼基后，立刻意识到一个危险的敌人正在苏醒,皇帝担心伊庇鲁斯会再次成为自己光复罗马路上的绊脚石,于是趁对手尚未形成气候前摆出友好的姿态,邀请狄奥多尔到尼西亚进行"国事访问",商谈两国结盟事宜。狄奥多尔雄心未泯,内心深处并不想当保加利亚的傀儡,认为联合尼西亚能增加制衡保加利亚的筹码,于是欣然应允。

然而,约翰三世的笑脸只是一张面具,他热情接待了狄奥多尔,却拒绝对方回国的请求,老狄奥多尔这才发现自己被扣留了。这时,约翰三世终于说出了自己的真实目的:"如果阁下想回到欧洲,我的军队将护送你一同前往,但塞萨洛尼基必须臣服于我。"

老狄奥多尔只能点头同意。

公元1241年,一代枭雄阿森二世去世,巴尔干半岛的势力再次面临洗牌。就当时的情况来看,尼西亚帝国要挺进欧洲并不容易,和保加利亚、塞尔维亚、匈牙利等国比起来,尼西亚帝国依然实力不足,独自攻打君士坦丁堡必定会引来邻国的干预,各方势力都想吃掉拉丁帝国,都不想被别人抢先吃掉。然而,天佑罗马,东方最强大的蒙古人来了。

成吉思汗死后,三子窝阔台继承了蒙古帝国的汗位。蒙古人天生的征服欲促使他们发动更大规模的征服战争,按照成吉思汗在世时的构想,蒙古人分别朝三个方向扩张领地,其中大汗窝阔台亲率主力南下,目标是繁荣的南宋王朝,另外两路——南路和北路——西征:南路军攻略波斯高原,计划从两河流域杀至叙利亚;北路军则从罗斯人的土地进入东欧,推进至波兰、匈牙利,乃至遥远的大西洋。

公元1235年,蒙古帝国发动了著名的"长子西征",统帅是成吉思汗长子术赤的儿子拔都,麾下尽皆蒙古贵族的长子,总兵力多达13万人,另有大将速不台从旁协助。这支恐怖的军队全是精良的骑兵,包括弓骑兵和重骑兵,他们首先灭掉了孱弱的保加尔汗国,然后又吞并了钦察、阿兰、克里米亚的地盘,整个顿河都臣服于拔都。公元1238年,拔都的蒙古大军由顿河北上罗斯诸国,当即毁灭了弗拉基米尔,罗斯诸国一个接一个被征服,仅剩的诺夫哥罗德称臣纳贡,名城基辅则被夷为平地,超过5万人被屠杀。

公元1241年,拔都的西征军兵分两路进入波兰和匈牙利。北线,波兰首都克拉科夫被毁,国王亨利二世被斩首,波兰灭亡。南线,匈牙利国王贝拉组建的10万联军被蒙古全部歼灭，整个匈牙利被蒙古征服。随后，蒙古大军继续南下，塞尔维亚和保加利亚旋即遭到毁灭性的重创，沦为蒙古人的附庸国。南线，蒙古帝国的另一路军队从两河流域杀到了小亚细亚，罗姆苏丹国和特拉布宗君主国首当其冲，其主力均被歼灭，两国也成了蒙古的附庸国。

公元1241年12月11日，蒙古大汗窝阔台驾崩，蒙古人疯狂的征服活动骤然停止，作为西路军统帅的拔都因为要参与在蒙古本土举行的忽里勒台大会，远征军匆匆退走，尼西亚帝国得救了，西欧列国也得救了。

在蒙古大军西征的过程中，尼西亚所有劲敌都遭受了毁灭性的重创，只有尼西亚帝国得以幸免，除了用"天佑罗马"来解释，实在是找不到更好的理由了。

公元1242年，尼西亚帝国的约翰三世趁诸国重伤未愈之际，大规模挺进欧洲，他先是与罗姆苏丹国结为同盟，保证了东部疆域的安全，然后渡海吞并了保加利亚在色雷斯和马其顿的大片领土，将重镇阿德里安堡收入囊中。接着，约翰三世又在塞萨洛尼基王位交替之际悍然侵入帖撒利亚，并在公元1246年攻陷了塞萨洛尼基，强迫孙女玛利亚与伊庇鲁斯的储君尼基弗鲁斯订婚，从而将势力扩张至伯罗奔尼撒。

公元1251年，不甘失败的老狄奥多尔决心阻止尼西亚的对外扩张，成功说服米海尔二世背离尼西亚帝国。约翰三世毫不客气地亲提上万大军讨伐伊庇鲁斯，并在公元1253年迫使伊庇鲁斯再次投降称臣，割让了马其顿和阿尔巴尼亚的大片土地，储君尼基弗鲁斯也被送往尼西亚为质。老狄奥多尔又一次被软禁了，再也没有人能阻止约翰三世了。

尼西亚帝国经过上述征服战，基本完成了对拉丁帝国的包围。毫无疑问，约翰三世的下一个目标就是君士坦丁堡，光复罗马帝国的梦想几乎要实现了。公元1241年是攸关罗马命运的一年，虽然这一年是东欧各国的噩梦，却是尼西亚帝国的幸运之年，多亏了蒙古人对罗斯、匈牙利、塞尔维亚、保加利亚、罗姆苏丹国、特拉布宗的重创，尼西亚帝国竟成了该地区最强大的国家，为其收复君士坦丁堡创造了条件。

不得不说，罗马帝国是幸运的：在帝国破碎时，保加利亚的横空出世重创了拉丁帝国主力，从而避免了尼西亚的灭亡；在保加利亚崛起时，蒙古帝国又半途杀出，重创了尼西亚所有的敌人，成就了一个强大的尼西亚帝国。幸运总是眷顾不言放弃的人，尼西亚帝国几代帝王的励精图治终究得到了回报。

涅槃重生

公元1254年，执政32年的约翰三世驾崩，他生前有很严重的癫痫，却强忍病痛贯彻着光复罗马帝国的决心，到他离世时，尼西亚帝国的领土已经扩张了一倍多，大量的教堂、医院、救济院拔地而起，充盈的粮仓和府库让尼西亚人变得富足，尼西亚也成了罗马—希腊文化的新中心。

接任尼西亚皇位的是约翰三世的嫡子狄奥多尔·拉斯卡里斯，史称"狄奥多尔二世"。新皇帝继位时已经三十多岁了，按说这个年纪正值壮年，但狄奥多尔二世遗传了约翰三世的癫痫，自幼就体弱多病。虽然如此，狄奥多尔二世依然是个值得赞许的皇帝，他钟爱文学、哲学、艺术，特别是在哲学方面很有造诣，继承帝国以后，狄奥多尔二世在兴趣爱好和治国理政中，毅然决然地选择了后者，他曾说："如果我是狄奥多尔，我理当成为哲学家，但若朕是皇帝，朕只能为光复罗马而奋斗，前者是为了自己，后者却是为了全罗马人民。"

狄奥多尔二世执政期间特别注重削弱贵族的权力，有意提拔了很多出身低微的官僚，并用他们来限制传统贵族的势力，其中最受重用的便是首席典衣官乔治·穆扎隆。值得一提的是，约翰三世和狄奥多尔二世统治期间，一个名叫米海尔·巴列奥略的贵族成为皇帝重点猜忌的对象。

从此人的姓氏就可以知道，米海尔的出身高贵，算是传统贵族的代表人物，祖上乔治·巴列奥略曾协助亚历克修斯·科穆宁夺取皇位，从那以后，巴列奥略家族长期与皇室联姻，米海尔·巴列奥略与科穆宁、杜卡斯、安吉洛斯均有亲缘关系。因此，从某种程度上说，米海尔·巴列奥略也是帝国皇位的潜在宣称者。

米海尔·巴列奥略除了血统高贵外，还是个杰出的统帅和外交家，年纪轻轻就获得了不少军功，这可能滋生了米海尔的野心。约翰三世在位时，皇帝的密探就称米海尔私会外敌，目的非常可疑，教会也认为米海尔与拉丁人交往甚密，图谋篡位。为此，约翰三世将米海尔抓来审问，当主教要他徒手抓握烧红的烙铁来证明清白时，米海尔当即同意，但要求主教亲手把烙铁交到他手上，主教当然拒绝，米海尔自然也就拒绝认罪，这场审问最终无果。约翰三世只能释放米海尔，并任命他为外籍佣兵大元帅，负责掌管全部外籍雇佣军，还将侄孙女嫁给他以示安抚。

等到狄奥多尔二世统治尼西亚时，米海尔的不轨行为再次引起了皇帝的猜忌，这次他没有等到公开审问便投奔了突厥人，其间还作为穆斯林指挥官参与作战。没过多久，米海尔·巴列奥略又被狄奥多尔二世赦免了，原因是尼西亚突然爆发的战争缺乏合适的指挥官，米海尔得以回国出任统帅。之所以会爆发战争，是因为狄奥多尔二世不够谨慎的外交政策。

按照约翰三世时期的外交协议，公主玛利亚与伊庇鲁斯储君尼基弗鲁斯订有婚约，狄奥多尔二世时期两人都到了适婚年龄，婚约自然是要履行的。当新郎前往尼西亚迎亲的时候，狄奥多尔二世突然要求尼基弗鲁斯用迪拉西乌姆和塞尔维亚作为聘礼，伊庇鲁斯使团担心拒绝会被软禁，在未禀告专制公米海尔二世的情况下擅自答应了这个条件。使团回到伊庇鲁斯后，专制公勃然大怒，当即对尼西亚帝国宣战，并拉上伯罗奔尼撒的拉丁政权一起讨伐尼西亚。

由于事出突然，尼西亚方面准备不足，伊庇鲁斯联军先后攻克多座城池，击败了尼西亚分散的驻军，兵锋直逼塞萨洛尼基。狄奥多尔二世低估了伊庇鲁斯的力量，不得不委任米海尔·巴列奥略为统帅，让其领兵阻挡伊庇鲁斯军。然而，米海尔先胜后败，从迪拉西乌姆一路败退至塞萨洛尼基。狄奥多尔二世震怒，又以通敌之名解除了米海尔的职务，还把他丢进了监狱。

孱弱的身体、失利的战争，狄奥多尔二世仅仅当了4年皇帝便病入膏肓，而他的儿子约翰·拉斯卡里斯只有6岁。临终前，皇帝不顾大臣反对，执意任命心腹乔治·穆扎隆为辅政大臣。公元1258年8月，狄奥多尔二世病逝，时年36岁。

辅政大臣乔治·穆扎隆出身卑微，骤登高位难免让人妒忌，再加上狄奥多尔二世曾用他打压权贵，乔治自然也被贵族们痛恨。米海尔·巴列奥略看到了机会，积极派人外出活动，虽然他身在狱中，手却伸进了宫廷和军队，连教会也改变态度称赞他。

在米海尔的秘密串联下，不满辅政大臣的朝臣在先帝追思会上策划了一场政变。辅政大臣乔治·穆扎隆被刺客当场斩杀，米海尔·巴列奥略被释放并立即控制了朝政。不久后，米海尔·巴列奥略在众人的拥戴下出任新的辅政大臣，赐爵"专制君主"。11月，米海尔更进一步，于圣诞节加冕为共治皇帝，地位在小皇帝约翰四世之上，尼西亚帝国的大权全部落入米海尔·巴列奥略之手，而权力交替仅用了不到3个月时间。

米海尔夺权时，尼西亚与伊庇鲁斯的战争并未停止。西西里的曼弗雷德突然入侵伊庇鲁斯，夺取了迪拉西乌姆及亚德里亚海沿岸的诸多城市，遏止了伊庇鲁斯进攻的势头，但专制公对尼西亚的恨意已深，宁可把曼弗雷德夺取的城市通通割让给了他，也要把战争进行到底。西西里遂派出400名德意志骑士支援伊庇鲁斯，而亚该亚公爵纪尧姆也在此时加入了伊庇鲁斯的联盟，专制公因而集结了一支4.5万人的联军讨伐尼西亚帝国。

米海尔·巴列奥略一边用假和谈拖延敌军的攻势，一边紧急雇用库曼、突厥、匈牙利、塞尔维亚近2万人马，任命兄弟约翰·巴列奥略、亚历克修斯·斯拉格普鲁斯为指挥官。尼西亚军趁专制公上当和谈时，突袭了对方的军队，斩杀了不少敌军，迫使伊庇鲁斯退回本土。但很快，得到盟友增援的伊庇鲁斯发起了反击，尼西亚军也毫不示弱，两军于公元1259年会战于佩拉格尼亚。

决战开始前，约翰·巴列奥略向联军阵营派去了3批使者，分别秘密会见专制公米海尔二世、西西里曼德弗雷、亚该亚纪尧姆，这些使者故意挑拨联军内部的关系，又故意让他国领袖发现自己的存在，引起了联军内部的猜忌。专制公因而怀疑尼西亚正与西西里进行秘密谈判，目的是要从背后偷袭自己，于是他趁夜逃离了战场。

决战开始后，伊庇鲁斯的主力不仅不见了踪影，甚至还有少量人马投降了尼西亚。西西里和亚该亚被完全孤立了，只能仓皇迎战。库曼弓骑兵和突厥骑兵擅长远程打击对手，大量的骑士被射杀，亚该亚公爵纪尧姆被俘虏，联军分崩离析，全面溃败。

公元1259年，尼西亚乘胜追击，又击败了孤立无援的伊庇鲁斯，夺回了被敌军占领的色萨利地区，还攻陷了伊庇鲁斯首府阿尔塔，伊庇鲁斯只好再次臣服于尼西亚帝国，并完全接受米海尔·巴列奥略的权威。亚该亚公爵也在割让莫奈姆瓦夏、米斯特拉斯、迈纳、耶拉基、金斯特纳等地后，宣布效忠米海尔。这一战的胜利让巴列奥略家族声威大振，约翰·巴列奥略因功晋爵"尊贵者"，斯拉格普鲁斯也获封"恺撒"。

公元1260年，米海尔·巴列奥略尝试攻打君士坦丁堡。为控制封锁金角湾的巨型铁索，尼西亚首先攻打金角湾北岸的加拉塔，拉丁帝国集结了几乎全部力量防守，再加上尼西亚缺乏类似于威尼斯的海军舰队，尼西亚的首次围攻毫无成效，还遭遇惨重损失。无奈之下，米海尔·巴列奥略只能暂时与拉丁帝国议和，返回了尼西亚。

第一次对君士坦丁堡的围攻虽然失败了，米海尔·巴列奥略的威望却不降反升。他意识到，要攻陷像君士坦丁堡这样的港口城市，没有足够的海军舰队是根本不可能成功的，但尼西亚帝国常年发展陆军，没有一支合格的海上力量，于是米海尔·巴列奥略请来了热那亚人。对商业共和国热那亚来说，与尼西亚结盟就能得到进入东地中海的贸易资格，何乐而不为？双方一拍即合。尼西亚按照东罗马帝国当年与威尼斯的协议，把贸易特权全部转让给了热那亚，条件是热那亚要为尼西亚提供一支海军舰队，既要保护帝国领海，还要协助他们击败威尼斯。

这一协议从短期来看是有利于尼西亚的，因为当时的尼西亚因缺乏海军而无法击败威尼斯支持的拉丁帝国，而要光复君士坦丁堡，要么用海军夺取金角湾，要么截获威尼斯从海上运来的物资，两者都需要热那亚人的海上力量。然而从长远来看，米海尔的行为违背了狄奥多尔一世和约翰三世的初衷，两位先帝都拒绝把贸易特权完全转让给商业共和国，致力于打造属于自己的海军舰队，而不是雇用别国的船只。现在米海尔一味求快，放弃了发展本国海军的原定计划，无疑是饮鸩止渴，外国商品必然涌入尼西亚市场，刚刚才复兴的本国工商业一定会遭受重创，尼西亚可能重蹈东罗马帝国的覆辙。

令人震惊的是，一切都尚未就绪时，君士坦丁堡却突然被尼西亚攻陷了。公元1261年夏，尼西亚派了一支几百人的小部队进入色雷斯侦察，他们到达城外时惊讶地发现君士坦丁堡没有设防，侦察兵从当地人口中得知，拉丁帝国的军队刚刚登船出海，目标应该是尼西亚的某个港口，这多半是因为尼西亚与拉丁帝国签订的停战协议尚未到期，拉丁人以为不会有战争。

如此良机怎能错过？尼西亚军在指挥官亚历克修斯·斯拉格普鲁斯的带领下，于深夜突袭了君士坦丁堡的城墙，杀死仅剩的卫兵，然后从不设防的城门拥入了君士坦丁堡，四处放火制造混乱。拉丁人不明战况，四处逃窜，期间不少人惊呼"城市沦陷了"。鲍德温二世以为是尼西亚的大军真的杀来了，竟连皇冠和权杖都没带就仓皇逃离了皇宫。7月25日，尼西亚仅用几百人的军队就控制了君士坦丁堡全城，城内包括威尼斯人在内的拉丁人通通逃离了城市，君士坦丁堡光复了。

共治皇帝米海尔此时还在小亚细亚的军营里，对拉丁帝国灭亡一事尚不知情，当他看到部将寄来的皇冠和权杖时，激动得几乎要跳起来。惊喜的米海尔立即返回尼西亚，于8月15日从金门徒步进入君士坦丁堡。在荒凉的圣索菲亚大教堂里，普世牧首按照旧帝国的仪式为米海尔·巴列奥略举行了加冕礼，宣布他为东罗马帝国的皇帝，史称"米海尔八世"。

公元1261年，东罗马帝国涅槃重生。在今天看来，东罗马帝国死而复生绝非偶然，除了得益于阿德里安堡之战和蒙古人的入侵外，最根本的原因还是尼西亚帝国不屈不挠的民族精神。这些东罗马帝国的遗民在国破家亡之际，摒弃了昔日腐朽堕落的生活，上自皇帝，下至平民，所有人均力行节俭、自力更生，约翰三世为此甚至亲自下田耕种、经营农场，整个尼西亚帝国做到了自给自足，并且他们自觉抵制外来商品，成功将外来垄断势力抵御在尼西亚市场之外，也正因为这样，尼西亚帝国才逐步统一了西小亚细亚，并收复了塞萨洛尼基等地，米海尔八世这才得以轻易收复君士坦丁堡。

第五十一章 自毁与挣扎

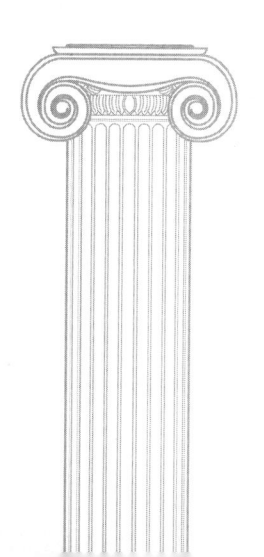

"八爪蜘蛛"米海尔八世

君士坦丁堡的光复令罗马人欢欣鼓舞,无论贵族还是平民都激动得热泪盈眶,庆祝活动通宵达旦,人们载歌载舞,仿佛回到了罗马帝国的盛世。收复君士坦丁堡的这一年既是东罗马帝国的转折,也是尼西亚帝国的转折。

然而,米海尔八世踏入旧都时不禁哑然失笑,曾经的"众城女王"竟然已沦为一片废墟,大多数民居被毁,建筑坍塌,连圣索菲亚大教堂也残破不堪,更不要说一些公共建筑和街道了,就连皇宫里也很难找到值钱的东西。显然,即便没有外来进攻,拉丁帝国的灭亡也只是时间问题。

一些清醒的人无疑要为东罗马帝国的未来担忧,如今的君士坦丁堡不再繁华,人口也极为稀缺,城内的废墟变成了荒地,一些穷人在那里种植粮食,牲畜和粪便随处可见,这样的景象简直不像一座城市,反倒像是偏远的山村。而且随着威尼斯等商业共和国对黑海和爱琴海贸易的垄断,东罗马帝国在这里的收入屈指可数,遍及港口的商业殖民区像是裂变的癌细胞,让人弄不清罗马到底是殖民地还是主权国家。收复君士坦丁堡的象征意义恐怕远大于实际意义。

如果说收复君士坦丁堡的过程是罗马人的一项挑战,那如何巩固在君士坦丁堡的统治就是另一项挑战,而新的挑战远比之前的困难。然而新皇帝被眼前的气氛感染,并没有意识到帝国未来的黯淡,他迫不及待地要建立一个属于他的新王朝,迅速刺瞎了合法的小皇帝约翰·拉斯卡里斯,而小约翰才刚满11岁。由此看来,约翰三世和狄奥多尔二世对米海尔的猜忌并非杞人忧天,这位出身显赫的贵族早就觊觎皇位了,拉斯卡里斯王朝在光复旧都的那一天反倒灭亡了,真是讽刺。

巴列奥略王朝的建立标志着尼西亚精神的结束,奢靡之风再次席卷而来,自力更生、艰苦朴素的精神丧失殆尽,没有人再关心耕地的多少和粮食的收成,新的皇帝和他的王朝均倾向于把统治重心放在欧洲,都城又一次迁回了君士坦丁堡,尼西亚和亚洲的土地被当成帝国的次要组成部分,渐渐变得不再重要。

客观地说,君士坦丁堡除了地理位置优越外,早已不能与尼西亚相比,但米海尔八世仿佛对它着了迷一样,坚持要恢复君士坦丁堡昔日的繁华。他为此不惜把尼西亚国库积攒多年的财富通通用尽，只为了重新整修首都的街道、民房、公共建筑、教堂以及残破的城墙，这些投入仅是表面工程，除了为皇帝的新首都增添几分威严外，似乎没有任何益处。

任何一个国家，若想走向强盛，人口、土地是必不可少的，所以在古罗马王政时期，罗马人的第一战略目标就是抢人口和地盘，正如之前总结的那样，有人就有兵，有土地就有钱粮。尼西亚帝国得以光复旧都很大程度上是积累了足够的人口和土地资源，然而，米海尔八世回到旧都后，东罗马帝国的开销极速增长，维持旧帝国体面的人力、物力、财力却没有增长，这不等于削弱了原有的国力吗？

巴列奥略王朝需要面对的问题比之前多得多。

首先，光复旧都的同时，东正教也重返了圣索菲亚大教堂，原先由罗马教皇指派的天主教会自然被赶走了，这引起了天主教的仇视。教皇是否会把收复君士坦丁堡看成是下一次"圣战"的目标呢？

其次，东罗马帝国的固有领土并未完全收复，伯罗奔尼撒、色萨利依然是拉丁政权的天下，暂时臣服的伊庇鲁斯始终是坚定的分离主义者，威尼斯、匈牙利、塞尔维亚、西西里都是企图灭亡帝国的反罗马政权，他们很快就会来找新政权的麻烦。

最后，东罗马始终未能恢复军区制，本国公民几乎无人从军，少得可怜的普诺尼埃战斗力低下，帝国的军事力量依然仰仗雇佣兵的支持，包括海军舰队。他们能完成收复失地的事业吗？能守住现在的江山吗？

这些问题很快变成现实的考验，巴列奥略王朝必须交出自己合格的答卷才能坐稳江山。第一位答卷人是米海尔八世，他知道帝国没有足够的军队和资源，正面作战是不太可能击败上述拉丁政权的，所以他的策略是"伐交"。

首先是敌视东正教的罗马教廷。

早在米海尔八世继位初期，皇帝就已经向教廷提出"合并教会"的建议，这可以说是釜底抽薪的策略，罗马教廷的最大目标就是统一整个基督教世界，如果巴列奥略王朝愿意归顺天主教，那就没有必要发兵征讨君士坦丁堡了。

吃准了这一心理的米海尔八世主动皈依天主教，与教廷展开了毫无结果的合并谈判。

表面上看，东正教正积极并入天主教，教皇将成为整个基督教的领袖，实际上这只是米海尔八世的障眼法，因为皈依天主教的只有皇帝一人，东罗马并没有举国改宗，而且双方展开的合并谈判既漫长又没有进展，不过是为了拖延时间。这期间教皇不好意思纵容拉丁政权进攻"同宗"兄弟，东罗马得到了短暂的喘息时间，间接阻止了西欧政权对东罗马的进一步行动。

由此看来，米海尔八世的"假合并"达到了"擒贼先擒王"的效果，搞定了教皇等于搞定了大半个西欧世界。

其次是航海共和国威尼斯。

威尼斯曾是旧帝国八分之三土地的所有者，在君士坦丁堡也有一块很大的殖民地。巴列奥略回来后，威尼斯被逐出了君士坦丁堡，而新王朝又与热那亚结盟排挤威尼斯，威尼斯自然要在海上找东罗马帝国的麻烦，说不定哪一天会再运来一支十字军。

米海尔八世最初的应对之策是"以蛮制蛮"，即扶持热那亚对抗威尼斯。然而现实情况并不如皇帝所愿，热那亚在东罗马帝国资金的支持下依然被威尼斯海军击败，米海尔八世没有占到一点便宜，反而损失了更多。这让米海尔八世变得清醒，他立即调整了策略，之前对威尼斯的苦瓜脸迅速转变成了笑脸，同意恢复对方的贸易特权，条件是保护帝国的海疆。

然而，皇帝并没有完全恢复对方的特权，因为他让热那亚也享有相同的特权，使两家形成了相互竞争的关系，如此便巧妙地避免了威尼斯一家独大的局面。这样一来，东罗马的海疆恢复了和平，米海尔八世不用担心海岸线的安全，也不用害怕新的十字军了，只不过代价是外国奢侈品持续挤占本国市场，更多的商业殖民地建立，一切仿佛回到了过去。但从短期来看，与威尼斯成功和解有利于新王朝的稳定。

最后是反罗马急先锋西西里王国。

从罗伯特时起，西西里王国便以灭亡东罗马为战略目标，两国反反复复爆发了数次大规模战争，他们一直是西线最难缠的敌人。当时的西西里国王是霍亨斯陶芬家族的曼弗雷德，此人曾以伊庇鲁斯为跳板进攻东罗马帝国，失败后依然没有放弃这一目标。米海尔八世很清楚，如果不赶走曼弗雷德，西西里再次入侵巴尔干只是时间问题。

米海尔八世的应对之策是"釜底抽薪"。皇帝充分利用了霍亨斯陶芬王室与教廷的矛盾，煽动教皇克莱芒四世赶走曼弗雷德。法兰西国王的兄弟安茹伯爵查理得以率领3万名法军入侵西西里，于贝内文托斩杀了曼弗雷德，西西里由此易手。

不过，新的西西里国王查理也是反罗马的急先锋，米海尔八世很快发现对方的能力和威胁比起曼弗雷德有过之而无不及，因为此人与拉丁帝国流亡政权、亚该亚公国、伊庇鲁斯结为同盟，积极打造远征君士坦丁堡的战舰，还宣称要征服东罗马。据说远征军有不低于3万名陆军和200艘战舰的规模，再加上伯罗奔尼撒、伊庇鲁斯能集结的1万人马，东罗马帝国赢得战争的概率非常低。

米海尔八世能拿得出手的军队早在之前讨伐亚该亚公国时就基本损失殆尽了，此时的他只有数千雇佣军可用，根本无力同时应付伊庇鲁斯、亚该亚、西西里三国，所以他尽可能地拖延远征军出征的日期。为此，皇帝积极鼓动法兰西国王发动针对异教徒的"圣战"，此时的法王路易非常虔诚，就想当一回"圣战士"，他决定讨伐非洲异教徒，作为法王封臣的查理自然也要跟着前去，结果查理的舰队遭遇了风暴，数千人淹死，不少战舰和物资沉入海底，这使得远征东罗马帝国的计划被暂时搁置。

米海尔八世理智而又清醒，知道查理的入侵不会因此结束，短暂的拖延无法从根本上解决问题，所以皇帝又采用了"驱虎吞狼"之策。一方面，米海尔八世派间谍携带大量黄金潜入西西里，针对查理征收什一税（也称什一奉献，常用于指犹太教和基督教的宗教奉献，欧洲封建社会时代用来指教会向成年教徒征收的宗教税）一事挑唆民众，煽动当地人反对法兰西占领者；另一方面，皇帝与相对友好的阿拉贡结为盟友，积极鼓动佩德罗三世夺取西西里岛，并主动出资承担大部分军费。

公元1282年3月30日，巴勒莫圣斯皮里托教堂外，几个醉酒的法兰西士兵试图强暴一名西西里少妇，当地人积压已久的愤怒终于爆发，人们高呼"杀死法兰西人"的口号，发动了反对法兰西占领者的起义，屠杀了城内2000名法兰西人。叛乱在东罗马帝国的推波助澜下迅速蔓延至整个西西里，仅一个月时间，叛乱已经波及墨西拿港，查理在这里的70艘战舰被焚毁。该事件史称"西西里晚祷"。

屋漏偏逢连夜雨，佩德罗三世在米海尔八世的资助下于8月30日登陆西西里，就地加冕为西西里国王。法兰西军连战连败，前不能击退阿拉贡侵略者，后不能镇压当地民众的叛乱，查理害怕被困死在西西里，不得不逃回法兰西，从此再也没有回来，西西里由此并入阿拉贡。米海尔八世未出一兵一卒，奇迹般地收拾了3万远征军，还得到了一个盟友，不可谓不高明。

以上三个问题的解决凸显了米海尔八世的智慧，长袖善舞的米海尔八世获得了"八爪蜘蛛"的称号。不过问题总是要辩证地看，虽然米海尔八世成功化解了上述三大威胁，但是他所建立的巴列奥略王朝并没有解决东罗马最根本的问题，只不过是扬汤止沸。为什么这么说呢？

其一，米海尔八世只是名义上光复了东罗马帝国，巴列奥略王朝并没有重新统一东罗马，特拉布宗、伊庇鲁斯两个希腊政权一直保持着自治，亚该亚和雅典两个公国长期由拉丁人把持，爱琴海岛屿在威尼斯、热那亚之间反复易手，这些国家占有了原帝国的资源，东罗马要想恢复强盛，不夺回以上资源几乎是不可能的。

其二，假意归顺天主教会确实带来了短暂的和平，但人的忍耐是有限度的，教廷也不全是傻子，他们早晚都会发现自己被欺骗了，这肯定会影响东罗马的国际信誉，下一次恐怕没人会相信"合并教会"的说辞了。另外，东罗马民众普遍憎恶天主教，曾有人说："宁可要穆斯林的头巾，也不要拉丁人的高帽！"这充分说明了东罗马人对天主教的憎恨，米海尔八世倒向罗马教廷的政策也许会导致东罗马内部的分裂。

其三，随着巴列奥略王朝重新迁都君士坦丁堡，东罗马帝国的政策重心也由亚洲转到了欧洲，须知尼西亚帝国之所以能收复欧洲旧土，靠的就是亚洲地区的人力、物力、财力，但是帝国回到旧都以后，本应该作为核心领土的亚洲地区反而被忽视，这间接助长了突厥人侵占帝国亚洲领土的野心。米海尔八世没有意识到，如果亚洲领土沦陷，君士坦丁堡绝对保不住。

其四，巴列奥略王朝建立后，摒弃或者说是遗忘了尼西亚帝国艰苦奋斗的精神，王朝上自皇帝下至平民又回到了旧帝国时的堕落生活中，而且拉斯卡里斯几代帝王严格抵制外国商品的政策也被废除。不仅如此，米海尔八世甚至将帝国的贸易特权尽数授予热那亚和威尼斯，这等于是扼杀了刚刚复苏的本国工商业，对帝国经济的打击简直是致命的。

鉴于以上四点，米海尔八世的巴列奥略王朝只恢复了东罗马帝国的名号，却扼杀了尼西亚帝国的精神，这等于是掐灭了帝国复兴的最后一点火种，一切又回到了君士坦丁堡陷落前的黑暗。很难想象，当另一个强大的敌人再次攻打君士坦丁堡时，罗马人是否还能像尼西亚一样涅槃重生？

昏着频出

公元1282年12月11日，"八爪蜘蛛"米海尔八世驾崩，共治皇帝安德罗尼卡继位，史称"安德罗尼卡二世"。安德罗尼卡二世一上位就推翻了先帝臣服天主教的政策，此举虽然惹怒了西欧，但在国内却是大快人心的事情，毕竟第四次十字军东征的惨痛往事还历历在目，牧首也高度赞扬新皇帝是颇有"骨气"的君主，然而皇帝接下来的政策却令人大跌眼镜，"骨气"一词反倒成了最大的讽刺。

鉴于财政上的窘迫，安德罗尼卡二世的考卷无疑与钱有关，如何解决帝国开销过大的问题，新皇帝很快给出了自己的答案。首先，皇帝以雇佣兵作战不利且薪水过高为由，解散了服役数十年的老雇佣兵团，取而代之的是由地痞流氓和乞丐组成的新军。新军薪酬低廉，在一定程度上节约了军费，但这些军队缺乏训练又没有战斗力，完全是用来充门面的摆设。其次，皇帝觉得海军舰队的维护费用也太高，于是又解散了成军不久的海军，卖掉了战舰，得到的钱全用于支付商业共和国的佣金，热那亚和威尼斯彻底垄断了帝国的海疆。

缩减开支的初衷是为了缓解当前的财政危机，这本无可厚非，但用裁撤陆海两军的方式缩减开支无疑是本末倒置，一个国家如果放弃建设自己的国防力量，外敌入侵就不可避免了。安德罗尼卡二世自以为在财政问题上提交了正确的答案，却不知道他这么做有极大的风险。老雇佣兵团和海军舰队虽然薪酬高，但战斗力较强，长期服役的他们深知东罗马的底细，这些人不可能就此解甲归田，他们带着东罗马的情报和技术投奔了拉丁人和突厥人，这等于是加强了敌人的力量，暴露了自身的弱点。

看着少了很大一笔支出的"账单"，安德罗尼卡二世认为他的魄力足以与先帝媲美，然而裁撤军队所带来的连锁效应很快就让皇帝后悔不已。

首先是制海权丧失的问题。公元1296年7月，为了争夺东罗马帝国的市场，75艘威尼斯战舰对加拉塔的热那亚人发动了进攻，战斗引发的大火波及了君士坦丁堡一侧，不少房屋和仓库被焚毁。5个月后，热那亚人又袭击了君士坦丁堡的威尼斯人，同样也摧毁了不少建筑，商业共和国的海军舰队在金角湾内横冲直撞，无所顾忌地撞沉挡路的小渔船，不少百姓死于两国争端。更可气的是，威尼斯认为是东罗马帝国没有尽到维护首都治安的义务，要求东罗马帝国赔偿全部损失，还突入金角湾，烧毁了沿岸的所有建筑。没有海军的皇帝只能仰人鼻息，同意支付全部赔款。

其次是新军打不了胜仗的问题。安茹伯爵查理死后，他的儿子查理二世依然统治着那不勒斯，新君主对巴尔干半岛同样充满了野心，两国很快就为伊庇鲁斯爆发了战争。不谙陆战的新兵一败涂地，刺激了邻国对东罗马领土的觊觎。看到机会的塞尔维亚也插了一脚，立即攻占并迁都东罗马帝国的斯科普里，安德罗尼卡二世孱弱的军队又一次惨败收场。皇帝无兵无将，只好将年仅5岁的女儿嫁给60多岁的塞尔维亚国王，用和亲换取区域性的和平，如此丧权辱国在罗马帝国史上实属罕见。

以上事例并不是巴列奥略王朝最主要的失败，真正的隐患始终来自东方。安德罗尼卡二世重欧洲轻亚洲的政策致使亚洲的领土不断被恢复元气的穆斯林蚕食。

当时，由于蒙古帝国的西征，不少民族被迫向西迁徙，一支400余人的队伍在首领埃尔图鲁尔的带领下来到了纷争不断的小亚细亚。他们正好经过一处战场，一眼就认出了占据优势的一方是蒙古骑兵，仇恨促使他们不管不顾地杀入了战场。生力军的加入让败退的一方士气大振，蒙古骑兵最终落败撤走。得胜后的埃尔图鲁尔被邀请会见这支军队的主人，没想到对方竟然是罗姆苏丹的阿拉丁。苏丹以改信伊斯兰教为条件，收这400名勇士为封臣，封地就在安纳托利亚北部的埃斯基谢西尔，当地紧靠东罗马，是两国理想的缓冲。没想到数年之后，第二代领袖奥斯曼将狭小的土地经营得有声有色，竟然通过蚕食东罗马把封地扩大了一倍多。奥斯曼遂被苏丹封为"贝伊"（伊斯兰教人士的一种头衔，有"总督""老爷"等意思），从此，这个由400名流浪汉建立的国家被称为奥斯曼贝伊国，该国人民史称"奥斯曼人"。

奥斯曼人信仰虔诚，以"加齐"（伊斯兰世界中一个头衔，可以理解为信仰武士与发动"圣战"的人）传统为荣，不喜欢与东侧的伊斯兰国家战斗，因此东罗马帝国成了他们主要的攻略对象。同时，奥斯曼人也是一个善于学习的民族，他们在和东罗马的交往中汲取了罗马—希腊文化的先进理念，特别是行政管理制度，再加上伊斯兰文化的熏陶，奥斯曼人成了一支与众不同的穆斯林，在政治、军事、文化、宗教上突飞猛进，对各种信仰兼容并包，很快就从一个部落转变成了国家，这吸引了更多的人口，包括被东罗马帝国解散的老雇佣兵团。人口日渐充实的奥斯曼人加快了对东罗马帝国的征讨。

在当时的小亚细亚，东罗马帝国掌控着以尼西亚为中心的西部海岸，其中以北侧的尼科米底亚、南侧的布尔萨最为繁荣，这三座城池构成了东罗马帝国在亚洲的防线。贝伊奥斯曼自然对以上三城垂涎三尺，但他却没有急着攻打三座坚城，而是采取了"农村包围城市"的策略，不断派兵侵入城市周围的乡镇，夺取了城市之外的土地和人口。

治国重心转移至欧洲的东罗马帝国迟迟不肯正视亚洲的危机，以致土地一点一点被穆斯林占领。这样一来，被城墙包围的城市便失去了可耕种的土地和上缴赋税的人丁，奥斯曼明显是要困死东罗马帝国的城市。事实上，这种策略在东罗马历史上并不罕见，早在蛮族入侵时代，迁徙的斯拉夫人就曾用这样的方式在巴尔干地区落地生根，现在的奥斯曼人如出一辙。

公元1302年，奥斯曼在南北两个方向对东罗马帝国发动进攻。共治皇帝米海尔向阿兰人求援，以"迁入帝国行省居住"为条件，招募了1万阿兰雇佣军。安德罗尼卡二世对这支新军寄予厚望，让儿子共治皇帝米海尔九世亲自指挥，万万没想到他们在米安德河谷的马格尼西亚被杀得溃不成军，整个亚洲门户洞开。奥斯曼接着夺取了珊加里奥斯河下游的阿克希萨尔，占领了马尔马拉海的卡洛利米尼岛，如此便切断了君士坦丁堡救援西小亚细亚的两条海路。从这时起，东罗马帝国的小亚细亚行省再无宁日。

安德罗尼卡二世此时的心情一定糟糕透顶，他解散的雇佣军投靠了自己的敌人，而他亲手建立的新军却在欧洲和亚洲连遭败绩，新来的奥斯曼人正有步骤地侵占比提尼亚，该如何是好？皇帝一定正被这个疑问所困扰。这时，一封来自加泰隆尼亚雇佣兵团的信引起了安德罗尼卡二世的注意，写信人是来自西班牙的佣兵团长罗杰·德·弗洛尔。

这支名为加泰隆尼亚兵团的雇佣军本是阿拉贡国王佩德罗用来对抗安茹伯爵查理的军队，双方战争结束后，佣兵团便失去了作用，无所事事的他们自然需要找到新的雇主，于是罗杰提议为东罗马帝国服役 9 个月。罗杰的来信无疑是雪中送炭，安德罗尼卡二世正为亚洲的战事忧心不已，加泰隆尼亚雇佣兵团也许会是一根救命的稻草。

不过，罗杰不同于一般的雇佣兵首领，此人除了喜欢黄金外，对权力也颇感兴趣，他不仅要求东罗马帝国支付普通佣兵两倍的薪酬，还要迎娶皇帝的外甥女玛利亚，并要求得到"大公"的封号。皇帝似乎没有选择，如果加泰隆尼亚兵团能证明他们的价值，这些付出都不是问题，于是皇帝答应了罗杰的要求，狼就这样被引入了房间。

公元 1302 年 9 月，加泰隆尼亚佣兵团乘坐 39 艘战舰抵达东罗马帝国，包括 4000 名步兵、1500 名骑兵，以及 1000 名仆从军。雇佣兵的到来令热那亚人非常不满，因为加泰隆尼亚佣兵骄傲又无纪律，严重影响了热那亚人在君士坦丁堡的贸易。热那亚人习惯了对安德罗尼卡二世颐指气使，现在面对新来的佣兵团也依然强势，如此便点燃了罗杰的怒火。就在罗杰与玛利亚成婚的当天，罗杰突然袭击了首都的热那亚人，毁掉了他们的商业建筑，抢走了他们的财富，屠杀了近 3000 人。懦弱的皇帝不敢干预，被迫承担了全部的损失，两边调停却两边受气。

在皇帝看来，如果罗杰能为东罗马帝国赢得战争，忍耐是值得的。公元 1303 年，加泰隆尼亚兵团开始履行合约，于博斯普鲁斯海峡对岸的基齐库斯大破穆斯林军队，斩杀了数千敌军。接着，佣兵团又一路攻城拔寨至菲拉德尔菲亚，以 5000 人的兵力击溃了 3 万卡拉曼军队，斩首近 1.8 万人，基本控制了小亚细亚西南部地区。当年晚些时候，罗杰又发起东征，在叙利亚铁门关再次击溃了穆斯林的军队，斩首数千人。

本来佣兵团的战绩让人欢欣鼓舞,但安德罗尼卡二世高兴不起来,因为他对佣兵团下达的命令根本不起任何作用,罗杰不仅赶走了皇帝为佣兵团安排的将领,而且完全无视皇帝制订的作战计划。皇帝不由得警惕起来,主要有两个原因:一是因为罗杰每占领一座城市都会让自己的军队驻守,坚决不允许帝国军队进驻;二是罗杰私自截留了各地理应上缴的赋税,而且随意任免官员,这是典型的僭越。以上两点让皇帝窥探出佣兵团的内心想法——建国,罗杰似乎是在用东罗马帝国的钱和地盘建立属于自己的私人王国。

负责指挥帝国军队的米海尔九世气愤至极,不久便下令帝国军队返回城市驻守,不再随佣兵们四处征战,甚至拒绝佣兵团进入帝国控制的城市。安德罗尼卡二世也连发"十二道金牌",急召罗杰返回君士坦丁堡述职。鉴于东罗马帝国已经欠了雇佣兵长达一年的佣兵费,气愤的罗杰遂以此为由,围攻帝国城市马格尼西亚和菲拉德尔菲亚,还公然前往首都武装讨薪。大惊失色的皇帝立即召开御前会议商讨对策。

公元1305年初,另一支西班牙佣兵团抵达了君士坦丁堡,指挥官贝伦格尔同样曾是阿拉贡国王的佣兵。新佣兵的到来让罗杰不敢轻举妄动,安德罗尼卡二世立即授予贝伦格尔"大公"的封号,不过也将罗杰提升为"恺撒"以示安抚。显然,这是安德罗尼卡二世牵制罗杰的一步好棋,但明显激怒了罗杰,当皇帝用贬值的海博菲隆金币支付佣兵费时,罗杰愤怒地拒绝了,并且在离开皇宫时,还将皇帝御赐的仪仗通通丢入大海。最后,屈服的人还是安德罗尼卡二世,他的国库空空如也,只能用土地来代替,而支付给罗杰的报酬是帝国在安纳托利亚的全部土地。这样看来,雇用加泰隆尼亚佣兵团非但没有收复任何失地,连固有领土都丢了。

如此丧权辱国,除了安德罗尼卡二世外,恐怕没人不愤怒,一贯激进的共治皇帝米海尔九世再也不想听从父亲的安排了,他决定铤而走险。在罗杰即将前往亚洲接管封地时,米海尔九世热情地邀请罗杰到阿德里安堡会面。可能出于缓和局势的目的,罗杰将军队留在了加里波利,独自去见米海尔九世。哪知在欢送宴会上,全副武装的阿兰人突然闯入大殿,一刀结果了喝得酩酊大醉的罗杰。几乎同一时间,佣兵团在君士坦丁堡的总部也被摧毁了。

东罗马高层是否考虑过这次行动的后果,我们已不得而知,但它带来的破坏却令人震惊。消息传到加里波利后，剩下的佣兵推举伯伦古尔·恩滕卡为新首领，洗劫了加里波利周围的村镇。东罗马帝国紧急组织了一支兵力多达3万人的军队，企图把佣兵团剿杀在加里波利。然而，米海尔九世指挥的军队在阿普鲁斯要塞遭遇惨败，共治皇帝本人身受重伤，险些阵亡。佣兵们自此再无后顾之忧，疯狂地蹂躏色雷斯长达两年时间，直到当地已经找不到任何粮食后，这伙强盗又一路杀到色萨利，沿途奸淫掳掠，无恶不作，只留下了沦为焦土的废墟。

公元1311年3月15日，佣兵团南下歼灭了雅典公国的主力军队，攻陷了雅典城，从此开始了佣兵团对雅典公国的统治，鉴于东罗马与他们的深仇大恨，雅典公国成了威胁帝国南疆的头号大敌。

雇用加泰隆尼亚兵团是安德罗尼卡二世最大的失策，佣兵们像蝗虫一样肆虐于帝国境内，从色雷斯到色萨利的城市无一幸免，所过之处如同地狱一般，焚毁的房屋、死难的平民不计其数，更多的人流亡在外、无家可归。难民们拥入了君士坦丁堡，甚至造成了饥荒和瘟疫，这给东罗马帝国带来的损害不亚于一场惨烈的战争。而佣兵团所夺得的亚洲土地再次被穆斯林抢了回去，东罗马帝国空耗钱粮，得不偿失。

内战30年

安德罗尼卡二世的执政简直是场灾难，除了色雷斯、马其顿沦为废墟外，10个新的穆斯林政权在小亚细亚出现，东罗马帝国行省再次被穆斯林围攻：奥斯曼土耳其夺取了特里科吉亚，斩断了尼西亚与尼科米底亚的联系；艾登埃米尔国夺取了以弗所，控制了米安德河谷大部；卡拉曼埃米尔国攻破了科尼亚，灭亡了罗姆苏丹国。国际形势异常糟糕。

皇帝的软弱无能不仅使得外来势力蚕食帝国领土，就连他的妻子也公开反对他。安德罗尼卡二世共有两段婚姻，第一任妻子是匈牙利公主，生有共治皇帝米海尔九世。第二任妻子是意大利蒙费拉托公爵的女儿约兰达，她与安德罗尼卡生有3个儿子。

4个皇子中,米海尔九世最勤勉,早早地被立为共治皇帝,他的儿子小安德罗尼卡成年后也被封为储君,祖孙三代携手称帝在帝国历史上还属首次。可能出于对拉丁人的提防,安德罗尼卡二世的另外3个儿子除了爵位什么也没有,这自然让皇后约兰达非常不满,她要求分割帝国,让3个儿子各自统治一块土地,但这种西欧式的均分继承制在东罗马帝国是行不通的,毕竟现在的帝国也没剩下多少土地了。

约兰达因此事与皇帝闹翻,愤怒地带着3个儿子离开了君士坦丁堡,移居塞萨洛尼基,后来她继承了蒙费拉托的领地,她将一个儿子送到意大利继承了爵位,巴列奥略便在意大利出现了一个分支。

安德罗尼卡二世立嫡立长的决定本来无可厚非,但他的孙子小安德罗尼卡很快就出了问题。年轻的小安德罗尼卡自幼生活优越、缺乏管教,成年后更是轻佻好色、沉溺赌博,经常和狐朋狗友们酗酒淫乐,还养了不少情妇。公元1320年,小安德罗尼卡为了情妇争风吃醋误杀了亲弟弟曼努埃尔。此事立刻上了君士坦丁堡的头版头条,当即气死了米海尔九世。消息传到安德罗尼卡二世那里,老皇帝既震惊更震怒,旋即剥夺了小安德罗尼卡的继承权。

可惜事情无法如此简单地解决,小安德罗尼卡早已有了自己的势力,身边都是各大世家的纨绔子弟,其中以约翰·坎塔库泽努斯最为精明,他们准备以此为契机推翻老皇帝,扶小安德罗尼卡继位。公元1321年,小安德罗尼卡逃往色雷斯,以废除老皇帝苛政为口号,在阿德里安堡起兵自立,该事件史称"两安德罗尼卡内战"。

公元1321—公元1328年,两位安德罗尼卡皇帝各自寻求支持,其中塞尔维亚支持安德罗尼卡二世,保加利亚支持安德罗尼卡三世,双方围绕色雷斯、马其顿等地展开激烈的争夺,期间也曾停战议和,但双方均无诚意,以至于战争打打停停,竟然持续了8年时间。

这8年间,东罗马帝国的行政系统完全瘫痪,中央政府的权威一落千丈,各地驻军被用于内战,亚洲行省的军队也被调往欧洲作战,这给了奥斯曼人夺取亚洲城市的机会。公元1326年4月6日,无人救援的布尔萨终于被奥斯曼新埃米尔奥尔汗攻陷,奥斯曼人旋即迁都于此,开始了更大规模的入侵。2年后，威尼斯和热那亚又在君士坦丁堡海域开战，这直接导致博斯普鲁斯海峡被封锁，君士坦丁堡爆发了饥荒。

欧、亚两侧的强邻在东罗马境内为所欲为，皇室却只知道打内战，老皇帝彻底失去了人民的信任。当年5月23日，懦弱的安德罗尼卡二世自知大势已去，只得逊位投降，于4年后病逝，时年73岁。

安德罗尼卡三世入主君士坦丁堡时年仅31岁，正值壮年，比起爷爷的懦弱无能，新皇帝立志要改变被动挨打的现状，对外政策变得非常强硬，然而他很快就被浇了一盆凉水。

公元1328年年末，新崛起的塞尔维亚与保加利亚携手讨伐东罗马帝国，塞萨洛尼基总督也趁机叛乱，安德罗尼卡三世打嘴仗内行，真刀真枪却一败涂地，塞尔维亚第一次把旗帜插到了马其顿和色雷斯，成了帝国在欧洲的第一强邻。次年，奥尔汗包围了旧都尼西亚，安德罗尼卡三世亲率2000人马救援，却在佩勒卡诺斯受伤逃走，孤立无援的尼西亚终于在公元1331年沦陷，尼科米底亚则在1337年失守，富饶的卑斯尼亚平原尽入奥斯曼之手。

安德罗尼卡三世曾扬言要恢复东罗马的霸权，可等他真的执政后才发现，东罗马帝国根本没有足够的资本。公元1341年，安德罗尼卡三世病入膏肓，而皇子小约翰还不到9岁，于是皇帝请求约翰·坎塔库泽努斯出任共治皇帝。此事虽然被大将军拒绝，却引起了皇后安妮的警惕。6月15日，安德罗尼卡三世病逝。

安德罗尼卡三世主动邀请约翰·坎塔库泽努斯出任共治皇帝的原因众说纷纭，有人认为皇帝觉得年仅9岁的儿子不能应对危险且复杂的形势，故而请有能力的大将军继位，但也有人认为皇帝不过是担心大将军觊觎帝位，便用让位的方式试探对方的野心，如果大将军约翰答应了，皇帝会立刻处死他。不管皇帝出于哪种目的，内战还是不可避免地爆发了。

安德罗尼卡三世死后，约翰·坎塔库泽努斯出任首辅大臣、摄政王，小约翰得以继位，史称"约翰五世"。摄政王约翰大权独揽，大小政事都由他一人专断。皇太后安妮对此忧心忡忡，她本就不信任约翰，现在更害怕约翰会觊觎帝位，于是她找到了同样不满摄政王的普世牧首卡勒卡斯，两人密谋除掉约翰。同年9月，亚该亚公国准备投降东罗马帝国，摄政王亲率大军前去接管新的领土，太后和牧首趁机罢免了摄政王的一切职务，不仅烧毁了他的府邸，抄没了他的地产，还软禁了他的家眷。

这种只图一时快感的政变毫无智慧可言，摄政王还有数千军队在手，根本不可能束手就擒。当年10月26日，约翰·坎塔库泽努斯于军中自立为帝，史称"约翰六世"。为了赢得战争，约翰六世不惜引狼入室，同时向艾登埃米尔乌穆尔、塞尔维亚国王斯蒂芬·杜尚、奥斯曼埃米尔奥尔汗求援。有了外籍军队协助，叛军一路攻城拔寨，控制了色萨利和马其顿大部分地区，到公元1343年战事结束时，约翰六世的叛军基本胜券在握，代价却是帝国固有领土被外援占领。

皇太后安妮这时才意识到事态严重，她派去教廷、威尼斯、热那亚求援的使者杳无音讯，除了用首都的各种名贵物品充抵军费外，她似乎没有更多的选择，历代皇帝用于传承权力的皇冠——巴西琉斯冠也被她典当给了威尼斯，价格才3万金币，但这依然无法为她组建一支军队，因为西欧无人愿意帮助一个落魄的皇太后。

公元1345年6月，君士坦丁堡爆发内乱，形势继续恶化。次年，约翰六世将女儿狄奥多拉嫁给了奥斯曼埃米尔奥尔汗，两国联军攻占了阿德里安堡。这一年，圣索菲亚大教堂发生了坍塌，皇太后安妮近乎绝望。公元1347年2月2日，君士坦丁堡城内的支持者协助约翰六世从金门进入了城市，皇宫卫队不愿给皇太后安妮陪葬，举手投降。至此，约翰六世的皇位终于得到了官方承认，普世牧首被罢免，摄政会议也被解散，内战暂告一段落。

新皇帝并没有废黜约翰五世的皇位，仅宣布与约翰五世一同执政，还把女儿海伦娜嫁给了小皇帝。然而在欢庆小皇帝新婚的典礼上，人们惊奇地发现，皇室成员们虽然看上去珠光宝气，但皇冠上的珠宝却是玻璃做的，宴饮的酒器和餐盘都是锡和陶土制成，宫殿中找不到任何黄金和白银，酒水也十分廉价，恐怕这是罗马帝国历史上最简陋的庆典。这倒不是新皇帝有多么节俭，而是国库里的钱都被用于内战，官员们实在凑不出更多的东西了。

约翰六世执政后的形势更加紧张。在巴尔干，塞尔维亚雄主斯蒂芬·杜尚在无人抵抗的情况下，一口气吞并了伊庇鲁斯、埃托利亚、阿尔巴尼亚、阿卡纳尼亚以及色萨利，他的塞尔维亚帝国从亚德里亚海一直延伸到爱琴海，俨然有取罗马而代之之势。在君士坦丁堡，恐怖的黑死病杀死了近五成市民，包括约翰六世的幼子安德罗尼卡，帝国农业濒临崩溃，热那亚人却趁机抬高物价，致使首都出现饥荒。皇帝为摆脱热那亚的胁迫，有意打造自己的海军力量，但在海上较量中一败涂地，约翰六世被迫出让更多的利益。

公元 1351 年，合法皇帝约翰五世逐渐长成，小皇帝忌恨岳父对自己的欺凌，要求得到更多的权力。约翰六世为了平衡皇室，让长子马修统治阿德里安堡，次子曼努埃尔统治摩里亚，约翰五世则统治塞萨洛尼基。这样一来，小皇帝便有了自己的地盘和军队。

公元 1352 年，约翰五世北上围攻马修的驻地阿德里安堡，马修的求援信一封接一封送达君士坦丁堡，可是约翰六世没有兵马，不得不再次求助于奥斯曼人。奥尔汗积极响应，遣子苏莱曼领上万大军进入欧洲。约翰五世见岳父找来奥斯曼人相助，也向塞尔维亚皇帝求援，斯蒂芬·杜尚同样积极响应，亲自领兵前往阿德里安堡。双方在马里查河决战，约翰六世—奥斯曼联军赢得了胜利，阿德里安堡之围解除。愤怒的约翰六世立即剥夺了女婿的继承权，立马修为新的共治皇帝，还把约翰五世和他的母亲安妮流放特内多斯岛。

然而事情并没有结束，奥斯曼人仗着兵强马壮赖着不走，始终不肯撤军回国。次年，地震毁坏了加里波利的城墙和房屋，奥斯曼趁机占领了加里波利，就地修建城墙和营房，宣布该城为奥斯曼人所有。约翰六世提出抗议，但奥尔汗辩称该城是真主赐予他们的，拒绝撤离欧洲，一只更可怕的豺狼终于被迎进了屋。

为了赢得内战，为了自己的皇位，伊庇鲁斯、马其顿被送给了塞尔维亚，小亚细亚和色雷斯落入奥斯曼土耳其之手，东罗马帝国仅剩欧洲的几个大城市还飘扬着鹰旗。约翰六世引狼入室的政策激怒了每一个有良知的罗马人，他虽夺得了皇宫的钥匙，却失去了人心，人们普遍支持约翰五世回归。公元 1354 年 11 月 22 日，约翰五世和他的追随者逃离了流放地，在黑夜的掩护下潜入君士坦丁堡，人们纷纷走上街头热情地呼喊着约翰五世的名字。两天后，御林军也背叛了老皇帝，约翰六世被迫放弃皇位，遁入了修道院，从此改名为约瑟夫。

约翰五世的胜利并不值得骄傲，夺回皇位容易，拯救罗马却十分困难，小皇帝所接手的东罗马帝国已经破产，不仅欠下了大量的外债，还得依靠商业共和国输送粮食，连母亲安妮典当给威尼斯的皇冠也无法赎回。更糟的是，皇室请来助战的外援都不是省油的灯，每一方势力都想趁机捞取好处，奥斯曼人强占加里波利就是最好的证明，他们侵入欧洲的趋势已经不可避免。

受辱与抗争

自苏莱曼占据加里波利后，奥斯曼土耳其在欧洲的势力急速膨胀，公元1361年季季莫蒂霍陷落，公元1362年阿德里安堡陷落，公元1363年菲利普波利斯陷落，东罗马帝国在色雷斯的统治权基本被奥斯曼人夺走。重获独裁地位的约翰五世心力交瘁，他的权力和能力远没有自己所想的那样大，帝国经过多年内战后，凡是皇帝能控制的地区无一不是废墟与荒地，约翰五世既没有兵马，更没有资金。眼见奥斯曼步步紧逼，约翰五世该如何应对他的难题呢？

如果说航海共和国械斗金角湾、紫衣小公主下嫁塞尔维亚、奥斯曼霸占加里波利三大事件是东罗马臣民最不能接受的羞辱，那他们无疑要失望了，约翰五世上台后的东罗马帝国又一次诠释了"耻辱"的定义和下限，这倒不是皇帝有多么荒淫无道，而是他所领导的东罗马帝国已经沦为三流小国，为了罗马文明的延续，皇帝不得不俯下身子向西欧人求援，期望教皇发动新的十字军东征赶走奥斯曼人，但这并不容易。

公元1366年，约翰五世让长子安德罗尼卡留守帝都，自己带着使团前往西欧诸国求援。这注定是一场艰难的旅行，如今的西欧诸国林立，各有各的麻烦，其中英法争端不断、德意志诸侯争权、意大利混乱且孱弱、西班牙鞭长莫及，与东罗马同病相怜的匈牙利、塞尔维亚、保加利亚三国暂无支援君士坦丁堡的计划，皇帝只有说服教皇帮忙，才有可能得到一支军队。

可是要说服教皇，"合并东西教会"是最基本的条件，有鉴于米海尔八世"忽悠"教廷的黑历史，现在的教皇根本不相信约翰五世的任何空头支票，就算他前往罗马亲吻教皇的戒指和脚趾，签署皈依天主教的文件，教皇依然不为所动。在这段西欧之旅中，约翰五世先后被保加利亚、威尼斯软禁，前者在皇帝途经保加利亚时软禁他长达 6 个月,全靠萨伏伊伯爵出兵相救才得以脱身,威尼斯总督因东罗马帝国欠债 2.5 万海博菲隆金币,威胁约翰五世不割地抵债就不能离开。

约翰五世被迫签订了割让特内多斯岛的条约,但等到威尼斯人前去接收海岛时,留守帝都的共治皇帝安德罗尼卡拒不从命,宁可父皇被软禁也不同意割让一寸土地,他因此倒向了热那亚。热那亚人知道特内多斯岛是能控制博斯普鲁斯海峡的战略要地,所以极力支持共治皇帝。如此一来,皇帝父子关系破裂,威尼斯支持约翰五世,热那亚支持安德罗尼卡四世,内战注定又要爆发。

公元 1371 年,在外漂泊 6 年的约翰五世在次子曼努埃尔的帮助下才得以回家。这段欧洲之行让皇帝颜面无存、威望大跌,不仅没能请来一个救兵,还被迫改信了天主教,甚至被软禁了两次,如此悲惨的经历在东罗马帝国史上可谓空前绝后。遭遇一连串的打击,约翰五世心中的苦楚难以想象,为了保住东罗马帝国仅剩的领土,皇帝终于向奥斯曼人低头称臣,除了每年上缴贡赋外,皇帝还必须接受穆拉德一世的征召,在苏丹帐前听令。可见,约翰五世已经对西欧的救援彻底失去了信心。

公元 1373 年 5 月,约翰五世按照协议领兵加入了苏丹的军队,但老皇帝刚一走,安德罗尼卡就与奥斯曼王子萨乌吉携手叛乱,目的都是推翻自己的父亲。不过,穆拉德以雷霆手段迅速平定了叛乱,直接刺瞎并杀死了萨乌吉,同时也要求约翰五世效法他处置安德罗尼卡。老皇帝于心不忍,仅命人假装刺瞎了安德罗尼卡,然后改立救驾有功的次子曼努埃尔为共治皇帝。

斩草不除根,春风吹又生。老皇帝并未意识到内战是一场生死之争,当安德罗尼卡决定起兵叛乱时,他们就不再是相亲相爱的父子了。威尼斯得知安德罗尼卡被废黜后,立即要求皇帝兑现割让特内多斯岛的协议。消息传到热那亚,执政官立即命令加拉塔总督务必拯救安德罗尼卡,于是在公元 1376 年 7 月,热那亚人成功策划了一起越狱事件,安德罗尼卡得以渡过金角湾,躲进热那亚的租界。

尔后,安德罗尼卡也向穆拉德一世称臣,求苏丹支援他一队兵马推翻老迈昏聩的父亲,条件是割地纳贡。苏丹乐于看到东罗马帝国陷入内乱,当即支援了部分兵马。安德罗尼卡遂率领奥斯曼和热那亚的援军围攻君士坦丁堡。经过一个月的围攻后，约翰五世心灰意冷，开城投降。安德罗尼卡成功加冕，史称"安德罗尼卡四世"，他的儿子小约翰也被封为共治皇帝，称"约翰七世"。至于曼努埃尔，新皇帝剥夺了他的继承权，还把他丢进了监狱。

有趣的是，3年后，曼努埃尔又在威尼斯人的帮助下成功越狱。不甘心流亡天涯的曼努埃尔把心一横，居然也跑去找苏丹借兵。曼努埃尔身材高大、体型健美、皮肤白皙、容貌俊美，高贵的气质和得体的谈吐得到了苏丹的欣赏，曼努埃尔欺骗苏丹称，只要苏丹愿意协助他的父亲重夺皇位，东罗马帝国将增加岁贡，并割让他们在亚洲的最后一座城池——菲拉德尔菲亚。苏丹大喜，当即同意了曼努埃尔的请求。

公元1379年7月，内战再次爆发，威尼斯支持约翰五世，热那亚支持安德罗尼卡四世，奥斯曼苏丹则两头讨好，从中渔利。就这样，双方你砍我杀了近两年时间，直到双方都精疲力竭后，约翰五世和安德罗尼卡四世才达成了和解协议，承认安德罗尼卡四世、约翰七世的皇帝头衔，封地在马尔马拉海北岸的瑟利姆布里亚和赫拉克利亚，而曼努埃尔的头衔降为专制君主。然而，勇武的曼努埃尔不可能认输，他于公元1382年起兵攻占了塞萨洛尼基，继续以共治皇帝的头衔统治周边地区，约翰五世的权威一落千丈。

3年后，安德罗尼卡四世病逝，约翰七世继承了他的遗产，东罗马帝国在事实上已经分裂：约翰五世统治着君士坦丁堡，约翰七世统治着马尔马拉海北岸的瑟利姆布里亚，曼努埃尔统治着塞萨洛尼基，约翰五世的幼子狄奥多尔以专制公之名统治着伯罗奔尼撒的米斯特拉斯。君士坦丁堡、瑟利姆布里亚、塞萨洛尼基、米斯特拉斯俨然是四个独立政权，名为帝国，实为联盟。

10年皇室内战继续透支着东罗马帝国的残躯，大量人口流亡，城市前所未有地萧条，而奥斯曼苏丹作为挑起内战的幕后黑手，谁开出的条件诱人，谁就会得到支持，利用东罗马帝国的内战，奥斯曼侵占了更多的土地，基本控制了色雷斯和小亚细亚，罗马灭亡的倒计时在不知不觉中又向前推进了几分。

事实上，帝国威名的下降始终伴随着皇权的衰落，当东罗马帝国已经不能有效阻止外来入侵者时，皇帝的权威在地方城市也已大为衰减，稍有实力的地方官员常常自行其是，拒绝上缴赋税和粮食，而君士坦丁堡的官员也无力强制征收。约翰五世的国土被分成四块时，帝国实际上已经变成了一个松散的联盟，仅在形式上保持着统一。

难道罗马人真的甘于被奴役吗？难道就没有一个罗马人愿意奋起抗争吗？当然有。

以上四大政权中，约翰五世、约翰七世、狄奥多尔都宣誓臣服于苏丹，唯有被剥夺了头衔的曼努埃尔独树一帜，不仅单方面否定了老皇帝降爵的敕令，更拒不承认东罗马与奥斯曼达成的臣属协议。曼努埃尔利用塞萨洛尼基优良的地理位置，积极与保加利亚、匈牙利建立联系，同时修筑城墙、海港、堡垒，囤积粮草，广召军士，一时间，塞萨洛尼基成了东罗马帝国最有朝气的地方，也成了反抗奥斯曼的前沿基地。

公元1383年，曼努埃尔率领新征募的军队杀入马其顿地区，斩杀了一个又一个突厥人，苏丹的驻军惊慌失措、连战连败，曼努埃尔挥舞长剑的英姿被当地民众广为传颂，保加利亚、匈牙利也在北方起兵策应，试图摆脱奥斯曼的控制。地方贵族大受鼓舞，纷纷加入了曼努埃尔的队伍，他们在双头鹰的旗帜下组成联军，一口气夺取了色萨利数座坚固的堡垒，一个由曼努埃尔领导的塞萨洛尼基君主国出现了。

曼努埃尔的行动引起了奥斯曼的兴趣，苏丹万万没想到一个落魄的皇子居然在这么短的时间内就掀起了风浪，而且还激起了保加利亚和匈牙利的抗争之心，看来不消灭塞萨洛尼基是不足以震慑诸国的。于是穆拉德一世兵分两路，首先攻克了塞雷城，拦腰斩断了曼努埃尔的势力，把他包围在塞萨洛尼基。接着，苏丹又亲率10万大军讨伐北面的保加利亚、匈牙利，聚歼了孱弱的保、匈联军，于公元1385年攻克了塞尔迪卡，次年又击破了尼什城，保加利亚率先灭亡，匈牙利被迫北撤。

保、匈联军惨败后，曼努埃尔发现自己被孤立了起来：南方的狄奥多尔臣服苏丹，拒绝与之联手对抗强大的奥斯曼；北方的侄子约翰七世视自己为皇位竞争者，根本没有合作的可能；而他的父皇在西欧受尽欺凌后，变得胆小怕事，一再劝曼努埃尔臣服苏丹；唯一能合力夹击苏丹的保加利亚却提前灭亡。曼努埃尔的处境变得十分危险。

事实上，曼努埃尔的实力还很弱小，他的军队在奥斯曼人眼中不过是一群农民和小贩，如果当时的东罗马能团结起来，摆脱奥斯曼也许并非毫无可能，但3年间，孤独的曼努埃尔一次又一次率兵突围，却一次又一次大败而归，一次又一次遣使求援，却一次又一次遭人拒绝。

到公元1387年4月时，塞萨洛尼基守军士气低落，濒临崩溃，粮草物资也即将耗尽，城中居民极为悲观，大多数人主张投降奥斯曼人，曼努埃尔却要坚决抵抗到底，这反倒让他成了市民们的敌人，人们将3年坚守的苦难归咎于曼努埃尔的冲动和固执，那些当初坚定地站在他身边的战士也相继逃走，曼努埃尔成了光杆司令。

曼努埃尔一次次站上演讲台呼吁"重振罗马帝国"，可是随着形势越发不利，已经没有人愿意听他的激昂陈词。此时的曼努埃尔如同一个隐形人，无论怎么努力想要唤起人们的荣誉感，最终得到的只是人们视而不见的冷漠。人们最终决定开城投降时，曼努埃尔匆忙登上快船，逃离了城市。很幸运，他躲过了被俘的厄运，当他回首眺望海港时，岸上尽是那些因没有捉住他而捶胸顿足的叛徒。4月9日，塞萨洛尼基陷落。

曼努埃尔丢掉了所有领地后，被迫流亡海外，反抗苏丹的壮举让他连安身立命之所也难以找到，他所路过的地方都将他拒之门外，整个夏日，曼努埃尔不得不在烈日下寻找睡觉的地方。一天夜里，精疲力竭的曼努埃尔倒在树下睡着了，然而危险的环境让他睡得并不安稳，半梦半醒间他仿佛听见了奥斯曼人的马蹄声。突然，曼努埃尔拔出了藏在腰间的匕首，猛地翻身坐起，只见面前站着几个突厥人，几人衣着光鲜，腰佩长剑，一看就知道是奥斯曼的高级军官。

已累得连腰都站不直的曼努埃尔以为死期将至，只想着在死前拉一个突厥人垫背，恶狠狠地盯着那几个突厥军官。纵然如此，曼努埃尔依旧保持着巴列奥略皇室的高贵气质。不过，他想错了，这些人并不是苏丹派来的刺客，相反，他们向曼努埃尔致敬并传达了苏丹的口信："苏丹请阁下前往他的营帐，他将以最尊贵的礼节招待您。"

曼努埃尔简直不敢相信自己的耳朵，虽然他不信任奥斯曼人，但此时的他早已没了选择的余地，于是，曼努埃尔被突厥人带到了穆拉德的大营。果然，苏丹友好地接待了曼努埃尔，对其抵抗奥斯曼的行为表示了钦佩，同时还赦免了曼努埃尔，并允许他返回君士坦丁堡，但条件只有一个——臣服奥斯曼帝国。

大丈夫能屈能伸，曼努埃尔无奈地答应了。回到君士坦丁堡的他立刻被约翰五世流放至利姆诺斯岛,这是皇帝对他的惩戒,也是对苏丹的交代。

这一时期的东罗马帝国在自我毁灭的路上越走越远,他们的衰落很大程度上是内战造成的,而每一次战争的受益人都是奥斯曼苏丹,皇室明知苏丹是剧毒的鸩酒,却一再饮鸩止渴,割地求援,只为了毫不值钱的皇冠,奥斯曼帝国成了东地中海的主角,罗马人只能在夹缝中生存。

也许,曼努埃尔的抗争在皇室眼中不值一提,但这种不屈不挠的精神却震撼了西欧,世人皆慕勇者,天下都敬战士,弱小的人越是不屈服越是能得到强者的敬畏。曾经不愿帮助约翰五世的西欧会坦然接受奥斯曼崛起,任由这头巨兽吞并巴尔干吗?

十字军的抵抗

曼努埃尔的实力过于弱小,作为第一个扛起反抗奥斯曼大旗的英雄,他已经做得很好了。在当时的巴尔干半岛,有能力接过反抗大旗的国家只有匈牙利、保加利亚、塞尔维亚,其中保加利亚已被吞并,匈牙利兵败北撤,这样看来,唯有塞尔维亚还有能力接过这面旗帜。

事实上,塞尔维亚的处境并不比东罗马帝国好多少,曾经雄霸巴尔干的斯蒂芬·杜尚已经去世,他的继承者乌罗什五世曾在苏丹用兵亚洲时偷袭阿德里安堡,但在马里查河一役中,3万名塞尔维亚人被数千奥斯曼骑兵击溃,乌罗什五世当场阵亡,穆拉德趁机控制了大半个塞尔维亚。如今,不愿臣服于人的塞尔维亚人都聚集在抵抗领袖拉扎尔麾下,一支由6万名基督徒组成的联军即刻成军。

公元1389年,穆拉德提兵13万挺进欧洲,麾下包括苏丹近卫军、阿金齐轻骑兵、西帕希重骑兵和阿扎布轻步兵,另外由数门火炮组成的新式军队也在这场大战里亮相。拉扎尔指挥的反抗联军主要是传统的塞尔维亚轻、重骑兵,鉴于己方兵力不足,拉扎尔将军队布置在科索沃,意在以逸待劳。

这是一场悲凉的决战,仅有6万余人的联军拼死抵抗,拉扎尔以生命为代价鼓舞了溃败的联军，十余名决死的塞尔维亚骑兵冒死突入苏丹阵中，一剑贯穿了穆拉德的胸膛。虽然联军最终一败涂地，但奥斯曼苏丹也在此役里阵亡，这多少鼓舞了勇于反抗奥斯曼帝国的战士。

科索沃之战后，塞尔维亚被迫奉奥斯曼为宗主，国王布尔科维奇不仅每年要给苏丹送去金银细软，还要应召参战，连他的妹妹也被送入苏丹的后宫。继保加利亚、东罗马帝国后，塞尔维亚也成了奥斯曼帝国的附庸。

新的苏丹名叫巴耶塞特，此人为人冷酷无情、喜怒无常且残暴好杀，绰号"雷霆"。为了贯彻他的"雷霆"之名，巴耶塞特在亚、欧两洲来回征战，10万奥斯曼大军征服了同为穆斯林的艾登、萨鲁罕、门泰谢三国后，又派兵入侵雅典海岸，迫使伯罗奔尼撒的公爵们俯首称臣。

当然，巴耶塞特不会忘记东罗马帝国，约翰七世、曼努埃尔均被苏丹召至军中，目的是要两人亲手打下东罗马帝国在亚洲的最后一座城池——菲拉德尔菲亚。这不是一场光荣的战争，而是对东罗马皇帝的羞辱，当守军看到进攻者是约翰七世和曼努埃尔时，悲愤、绝望的情绪交织在人们心中，还有谁能举刀反抗呢？

菲拉德尔菲亚失陷的同时，约翰五世的内心也跟着崩溃了，他少年继位，先是被约翰六世压迫，接着又在西欧受辱，如今霜鬓斑白的他又要故作坦然地接受苏丹的欺凌。作为苏丹的附庸，约翰不得不把儿子们送到奥斯曼军中为质，也不得不看着他们屠杀罗马臣民，他连自己的孩子也无法保护，更不要谈保护罗马帝国了，终于，老皇帝病倒了。

曼努埃尔的心情同样沉重，如今的他不但不能保护罗马人的城市，还要跪在苏丹帐下听令，罗马人何曾如此屈辱过？这时，一个噩耗突然传来，约翰五世驾崩了。

公元1391年2月16日，58岁的老皇帝悲惨地死去，他的一生充满了耻辱，虽然有心重振东罗马帝国，却以一败涂地收场，也许只有死亡能让他得到真正的安宁。约翰五世驾崩的消息被群臣严密封锁，除了曼努埃尔得到鸿雁传书外，连苏丹也不曾知晓。

很明显，如果苏丹先于曼努埃尔得知皇帝的死讯，他一定会插手皇位继承问题，甚至有可能直接吞并东罗马帝国，毕竟有资格继位的曼努埃尔和约翰七世都在苏丹军中为质。曼努埃尔清楚帝国臣民对自己的期望，没有悲伤，更来不及悲伤，他只是静静地等待着夜幕的降临。

当日夜，曼努埃尔逃离了苏丹的军营，马不停蹄地奔向马尔马拉海海岸，一艘君士坦丁堡的快船已经在那里等候着他。曼努埃尔随即回到君士坦丁堡加冕称帝，史称"曼努埃尔二世"。

得知曼努埃尔二世称帝的消息，巴耶塞特怒火中烧，当即砍死了负责监视曼努埃尔的士兵，并派人送去了最后通牒，要求割让君士坦丁堡四分之一的土地，并设立一个独立的穆斯林卡迪（法官）。曼努埃尔二世不愿轻易屈服，当即关闭了城门，苏丹遂派军队包围了君士坦丁堡。在经历了近7个月的围攻后，曼努埃尔二世以臣服于苏丹为条件换得了奥斯曼军队的解围。

然而，曼努埃尔并不想放弃，振兴东罗马帝国的雄心依然没有熄灭，"大丈夫能屈能伸"，皇帝依然这样告诉自己。对于缺兵少将又没有足够资金的东罗马帝国来说，要驱逐奥斯曼帝国在欧洲的势力，只能重启先帝的政策——请十字军相助。但这并不容易，约翰五世就用实际行动证明了西欧的冷漠。

好在现在的形势又有了新的改变，奥斯曼帝国在这些年里吞并了科尼亚的卡拉曼埃米尔国，安纳托利亚基本被他吃下，而欧洲的保加利亚、塞尔维亚、伯罗奔尼撒诸公国均宣誓臣服，西欧诸国终于能体会东罗马帝国的危机感。曼努埃尔正是利用这种情绪，频繁遣使前往巴尔干最后一个独立国家——匈牙利。匈牙利国王西吉斯蒙德自知无法独善其身，决心接过反抗奥斯曼的大旗。而保加利亚也在此时爆发了反对苏丹的起义，这极大地鼓舞了曼努埃尔二世。

公元1395年，巴耶塞特召曼努埃尔二世觐见，但曼努埃尔二世把使者通通赶了回去，此举无疑是向奥斯曼帝国宣战。巴耶塞特怒不可遏，旋即召集了数万大军，再次围攻君士坦丁堡。然而这一次不同了，曼努埃尔二世决心与城市共存亡，拒不接受任何妥协，他亲自登上城墙组织守城，皇帝鹰旗出现的地方，帝国守军无不士气大振。

面对巍峨的狄奥多西城墙，巴耶塞特的军队毫无斩获，即便装备了新式攻城大炮，奥斯曼人始终无法摧毁哪怕一小段城墙。至于海上的战斗，奥斯曼帝国还没有一支能突破横海铁索的海军舰队，威尼斯和热那亚牢牢地控制着金角湾。

为此，苏丹只能令军队屯驻在城外，企图通过长时间的围困饿死东罗马帝国的军民，可惜这一策略也不能发挥作用，因为奥斯曼没有制海权，威尼斯和热那亚人的船只可以自由出入港口，曼努埃尔二世能轻松获得来自外部的粮食援助，苏丹的封锁显得毫无意义。

转眼间，奥斯曼帝国的围困已经持续了近两年。这两年，曼努埃尔二世如同斗士一样奋战在城墙上，他的勇气鼓舞着全城军民，也激励了其他反抗奥斯曼欺压的基督教国家。正当巴耶塞特焦急地等待破城时，匈牙利国王西吉斯蒙德的外交使节已经前往意大利、法兰西、德意志、西班牙等地，他们带去了西吉斯蒙德、曼努埃尔二世成立十字军的号召，教皇积极回应了这一请求，以法国为代表的诸侯迅速行动了起来。

公元1396年，一支庞大的基督教十字军突然出现在奥斯曼帝国的边境，其中以6万匈牙利军队为主力，还包括1万名法兰西骑士、6000名德意志骑士、1万名瓦拉几亚军，以及1.5万名来自西班牙、英格兰、波兰、波西米亚、意大利的志愿军，和威尼斯、热那亚、医院骑士团提供的海上舰队，再加上人数众多的随军仆从，十字军总兵力超过了10万人，是中世纪规模最大的一支十字军。

10万大军于当年8月跨过了边境，轻松攻占了重镇亚丁，并在一个月后包围了尼科波利斯。得知这一消息的巴耶塞特大为震惊，常年不顾后果的攻略终于引发了巨大的反弹，如果苏丹不能击败这支规模庞大的十字军，奥斯曼帝国在欧洲的领土可能会就此失去。意识到事态严重的苏丹，只留下少数人马围困君士坦丁堡，主力均随他西进尼科波利斯，尼科波利斯之战爆发。

决战当日的战场上铁马金戈，十字军气气势如虹，他们轻松歼灭了一支前来侦察的奥斯曼骑兵，将所有俘虏尽数斩首，似乎是在嘲笑奥斯曼人的懦弱。此时巴耶塞特竟恢复了理智，并没有贸然进攻。苏丹的军队虽然也有数万人马，但比起十字军的规模，巴耶塞特明显逊色了几分，所以他把军队部署在山顶之上，以弓箭手和阿金基轻骑兵为前卫，以西帕希骑兵为两翼，以近卫军为中军，前方还安插了大量阻止骑兵的拒马，装出一副非常害怕的样子。

骄傲的法兰西骑士从未与奥斯曼人交手，见对方步兵极为孱弱，法兰西老爷们呼吁出动全部骑兵，一举冲垮奥斯曼人的军阵，这种战法在西欧非常普遍，说白了就是用重骑兵的夹枪冲锋直接击溃对方的步兵。然而，西吉斯蒙德清楚奥斯曼人的战术和实力，他反对这样的做法，因为敌军真正的主力是西帕希骑兵和基督教近卫军，这些人的位置还不明确，贸然出兵会十分被动。可惜法兰西骑士们鄙夷这种谨慎，竟然出动了全部骑兵，直奔奥斯曼步兵而去。

见法兰西骑兵来攻，巴耶塞特的弓骑兵纷纷后撤，不断用弓箭射击骑士，不过并未起到多大的效果，因为法兰西骑兵都是全身重甲，防御力绝非亚洲重骑兵可比。不过，骑士们的战马却没有这么厚的装甲，大部分战马被射死，以至于法兰西骑士只能下马步行，徒手拆除前方的拒马。法兰西骑士即便步行也是战力非凡的，他们挥舞着长剑，抬手之处尽是奥斯曼人的鲜血和断肢。不久后，奥斯曼的步兵便开始溃退。很快，法兰西骑士就杀到了西帕希骑兵近前，惊恐的西帕希骑兵未做抵抗也纷纷后撤，法兰西骑士随即冲上了山顶，只不过此时他们已疲惫不堪。

突然，大量的西帕希骑兵出现在法兰西骑士的侧翼，从两面包围了步行的骑士，这时的法兰西人才意识到，奥斯曼人之前的败退根本就是诈败，目的就是将法兰西人吸引到山顶，消耗十字军的体力。后方的西吉斯蒙德见法兰西骑士陷入重围，立刻率领余下的主力朝山上进攻，他以为只要能杀退西帕希骑兵，胜利依然是十字军的。然而，正当他与奥斯曼人鏖战时，匈牙利军的两翼突然杀出了不少的奥斯曼骑兵，包括阿金基轻骑兵、西帕希骑兵以及塞尔维亚军队，西吉斯蒙德旋即被围。

双重包围让十字军阵脚大乱，一些领主为保存实力匆忙逃离战场，西吉斯蒙德起初还打算坚持到底，可身边的战士纷纷战死后，国王的勇气即刻消散，再也顾不上救援深陷重围的法兰西友军，仅带着人数不多的军队绝尘而去。留在战场上的十字军就没这么幸运了，他们被奥斯曼人尽数屠戮，举手投降的人也被巴耶塞特全部斩首，这是为了回应十字军战前的傲慢。

尼科波利斯之战就此结束。此战，十字军损失了数万人马，大量骑士和贵族战死，西欧最精锐也是规模最大的十字军就这么草草退场。自此以后，匈牙利也无力抵挡奥斯曼帝国的侵蚀，西欧再也不敢轻易进攻奥斯曼，"雷霆"巴耶塞特由此威名大振。消息传到君士坦丁堡，曼努埃尔二世也大为惊讶，他没想到自己千辛万苦请来的十字军竟然如此不堪一击，而此时的君士坦丁堡依然深陷重围，艰难的岁月似乎没有尽头。

解救与徒劳

公元1395—公元1398年，君士坦丁堡经历了前所未有的封锁，奥斯曼苏丹巴耶塞特极为固执，纵然每一次攻城均被东罗马帝国守军击退，他还是坚持封锁城市。东罗马帝国皇帝曼努埃尔二世在这些年里展现出完全不同于其父的勇气，始终拒绝任何形式的妥协，皇帝的身影几乎在城市的每个角落都出现过，他以坚定的意志和信念坚守着帝都，无论环境多么恶劣，处境多么危险，曼努埃尔二世依然坚持着、等待着。他的臣民同样经受了巨大的考验，无论是心理上还是身体上，君士坦丁堡的市民都极为疲惫，濒临崩溃，但是皇帝捍卫帝国尊严的勇气和身影令无数罗马人动容，"既然皇帝都在坚持，为什么我们不呢？"

现实总是残酷又难测，曼努埃尔二世必须思考退敌的下一步行动，坐困孤城的他似乎只有求援一途而已。皇帝的使团再次渡海远航，沿着地中海前往罗马教廷、匈牙利、德意志、法兰西、西班牙、英格兰等地，可惜结果并不令人满意：教皇组建新十字军的呼声无人响应；匈牙利只能筹措3000马克的援助；法国倒是派了6艘战舰和1200人的援军，但杯水车薪，无法影响大局；其余国家均默不作声。

公元1399年12月，年近50岁的曼努埃尔二世亲赴西欧求援，先后造访了威尼斯、帕多瓦、维琴察、帕维亚和米兰，沿途受到了热烈的欢迎。各地的公爵、伯爵无不热情接待，皇帝的车驾前、驿馆外总是人山人海，拜访的贵族和骑士络绎不绝，而前来瞻仰东罗马皇帝的平民也挤破了头，热闹的宴会和盛大的欢迎仪式一日接一日。想必服侍过约翰五世的大臣一定感慨良多，当年约翰五世前往意大利求援时，几乎没有人欢迎他，接待规格也不高，卑微的约翰五世在意大利受尽了屈辱。

可是今天不同了，作为约翰五世的儿子，曼努埃尔二世从未丧失皇帝的尊严，他坚决抵抗奥斯曼帝国的行为被视为英雄壮举，他被视为捍卫基督世界的斗士，他以极其微弱的兵力坚守都城长达4年，击退了奥斯曼人一次又一次的进攻，10万尼科波利斯十字军在曼努埃尔二世的事迹前显得是那样的可悲又可笑，曼努埃尔二世的英雄事迹早已在西欧传遍。

另外，曼努埃尔二世不卑不亢的态度，高大挺拔的身躯，目光如炬的双眸，天生的高贵和神圣感，举手投足尽显皇室风范，就算是最显赫的意大利贵族也不敢长时间直视皇帝的眼睛。曼努埃尔理应得到这样的待遇，因为正是他的坚持抵抗，才避免了奥斯曼人更大规模的西进，就算是唯利是图的威尼斯人，也不得不承认东罗马帝国的皇帝是令人敬仰的英雄。世人的评判是公正的，懦夫和英雄，这便是约翰五世和曼努埃尔二世两父子会有不同待遇的原因。

公元1400年，曼努埃尔二世先后前往巴黎、伦敦等地，积极与法兰西、西班牙、英格兰的君主商谈援助事宜。然而，纵然欢迎仪式极其盛大，酒宴无比奢华，皇帝心中的悲凉感依然难以掩盖，西欧各国的君主都清楚奥斯曼帝国的威胁，更清楚东罗马帝国的艰难处境，但他们都忙于各自的事务，无暇他顾，除了送几枚金币外，没有人愿意出兵相助。

在经历了长时间的访问后，曼努埃尔二世终于明白，东罗马帝国不可能得到更多的援助了，罗马人只能靠自己的力量守护君士坦丁堡，守护罗马文明。于是，皇帝无奈地登上了返航的舰船，他不敢回头致意送行的人群，因为他不想让他们看到自己悲伤和绝望的神情，更不想让他们看清楚他那斑白的双鬓。

时间转眼到了公元1402年，君士坦丁堡已经被围困了整整8年，无数个日夜，无数次围攻与劝降，罗马人民始终不肯妥协，他们在曼努埃尔二世和摄政王约翰七世的带领下，捍卫着罗马文明最后的港湾。

当所有人都以为君士坦丁堡就要沦陷时，围城的军队却突然渡海离开，连苏丹巴耶塞特的大帐也移往亚洲，博斯普鲁斯海峡忽然恢复了往日的平静。

围城结束了？当人们惊讶地讨论奥斯曼人撤军的原因时，一个更加令人震惊的消息传来——巴耶塞特被俘了。

公元1399年，不可一世的巴耶塞特开始向东方扩张，但苏丹这次的敌人不是衰落的罗马帝国，也不是如西欧一样分裂的基督教国家，而是雄霸中亚的帖木儿帝国。

帖木儿帝国的主人是人称"跛雄"的帖木儿，据说此人是成吉思汗的后裔，天生就是一个战士。帖木儿可谓白手起家，从印度打到波斯，从波斯打到罗斯，相继征服了9个王朝，统治着从波斯到印度的辽阔土地。他的军队以骑兵为主，据说有不低于14万的骑兵部队，兵锋所到之处，敌人无不闻风而降。

巴耶塞特从成为苏丹起便不曾败北，特别是击败了塞尔维亚联军和尼科波利斯十字军后，巴耶塞特更是不可一世，以为全世界没有任何君主能与他比肩，所以当苏丹得知东方还有个帖木儿帝国时，骄傲的他认为帖木儿也该向他臣服，于是奥斯曼的军队攻占了锡瓦斯，吞并了一个受帖木儿帝国保护的土库曼公国。

巴耶塞特的行为无疑是在挑衅帖木儿，这位"跛雄"可不是忍气吞声之辈，他立刻行动起来，14万大军以雷霆万钧之势攻陷了锡瓦斯、阿勒颇、大马士革和巴格达，曾经繁华的城市就此被夷为平地，平民和守军被屠杀殆尽，死者的头颅还被帖木儿砍下，堆成了令人战栗的"京观"。一时间，黑色的旗帜插满了两河流域。巴耶塞特这才意识到，帖木儿是另一头恐怖的巨兽，如不把所有兵力集中到亚洲，小亚细亚沦陷也只是时间问题。

奥斯曼帝国为此集结了约10万主力，包括塞尔维亚附庸军、突厥重骑兵、蒙古弓骑兵以及基督近卫军等。巴耶塞特再次发挥了他的"雷霆"属性，立刻率兵进驻小亚细亚中部的安卡拉。奥斯曼的将军们建议就地修建防御工事，以逸待劳。可巴耶塞特急于收复锡瓦斯，四处寻找帖木儿的主力决战，却始终没有弄清楚帖木儿大军的位置。

彼时，机动性更强的帖木儿率军南下攻克了开塞利，收割了当地的全部粮草，接着又向西推进至安卡拉一线。巴耶塞特本能够以逸待劳击败帖木儿，但他过于性急，以为帖木儿要撤离，便急不可耐地指挥军队前去追击，结果绕了一个大圈后才发现，自己的军营已经被帖木儿霸占了，水源也被对方切断，无奈之下，又累又饥渴的巴耶塞特只能发动决战，安卡拉之战爆发。

这一战印证了那句老话——一山还有一山高。

安卡拉城外的平原上，奥斯曼帝国的阵容相当强大，几乎所有的精锐兵团都集中到了这里，连附庸塞尔维亚军也前来助战。令人意外的是，战斗的开始却是可耻的背叛，巴耶塞特的鞑靼人骑兵直接倒戈到帖木儿一方，因为他们都是蒙古后裔，更愿意效忠成吉思汗的子孙，这使得巴耶塞特骤然失去了四分之一的兵力，战场形势发生了戏剧性的逆转。

在这种情况下，巴耶塞特应该及时调整战术，但"雷霆"苏丹过于膨胀，坚持按原计划决战，结果他的左翼军队遭到了惨败，损失近1.5万人后崩溃。唯有塞尔维亚军爆发出惊人的战斗力，一度逼退帖木儿大军，但毕竟人数较少，在帖木儿投入大量机动力量后，塞尔维亚军也崩溃了。

最后只剩下苏丹的近卫军还在抵抗，他们同样损失惨重，被迫退到一座小山上。夜幕降临后，巴耶塞特试图冲破包围，却遇到了更多的敌军。最终，基督近卫军全部战死，苏丹本人也被拉下马来，成为帖木儿的俘虏。

帖木儿没有善待这位骄傲的苏丹，巴耶塞特被丢到笼子里供人参观，有时则会被当成帖木儿的马凳，供他上下马，而苏丹的塞尔维亚妻子变成了女奴，当着巴耶塞特的面，被扒光了衣服为帖木儿斟酒。8个月后，受尽折磨的巴耶塞特悲惨地死去，他的儿子们根本不敢报仇，全都成了帖木儿的奴仆。

此后，帖木儿的军队大肆攻略小亚细亚，原奥斯曼帝国的城池相继失陷，连旧都布尔萨也被帖木儿占领，整个小亚细亚都成了帖木儿放马的牧场，城镇和村庄均被洗劫一空，到处都是废墟和残骸，所有人都成了帖木儿的奴隶，稍有反抗就会身首异处。奥斯曼帝国遭到了前所未有的重创。

幸运的是，帖木儿对贫瘠的小亚细亚和巴尔干缺乏兴趣，他更关心遥远东方的大明王朝，那里同样有一位杰出的君主——明成祖朱棣。帖木儿早就听闻中原地区繁华富庶，所以无意在地中海久待，在让一拨被奥斯曼灭国的埃米尔重新复国后，帖木儿便率领他的铁骑返回了撒马尔罕，去筹备另一场战争。

经历了重创的奥斯曼帝国一分为四，巴耶塞特的四个王子苏莱曼、伊萨、穆萨、穆罕默德相继称王，围绕苏丹大位，四大王子时而结盟，时而对抗，内战持续了近10年。这是东罗马帝国难得的机遇，曼努埃尔二世呼吁教皇再发动一次十字军东征，趁奥斯曼统一前将其消灭。可惜西欧诸国无人有这样的远见，白白错失了良机。

曼努埃尔二世知道十字军是不能指望了，东罗马帝国又没有军队收复失地，于是他采用了一种新的策略——投资内战。老皇帝的眼光很准，他所投资的四王子穆罕默德相对温和、友好，一路过关斩将，重新统一了整个奥斯曼帝国，成为奥斯曼帝国新的苏丹，史称"穆罕默德一世"。有鉴于东罗马皇帝的协助和支持，新的苏丹归还了色雷斯、马其顿，允许皇帝不再进贡称臣。

的确，曼努埃尔二世利用奥斯曼帝国内战捞了不少油水，其中最重要的恐怕就是恢复了对塞萨洛尼基的统治，以及控制了黑海沿岸的墨森布里亚，还有就是将遥远的伯罗奔尼撒半岛纳入掌控。皇帝得以让次子狄奥多尔接管了摩里亚专制国，让三子安德罗尼卡接管了塞萨洛尼基。就这样，分裂的东罗马帝国得到了形式上的统一。

短暂的胜利没有让皇帝得意忘形，曼努埃尔立即做了两件事情：一是正式将塞萨洛尼基分封给儿子安德罗尼卡，命其专制该地，伺机经略马其顿；二是在伯罗奔尼撒半岛的入口处修建了一段近13千米的城墙，这样便将摩里亚地区与奥斯曼帝国的势力范围割裂开来，如果没有海军协助，奥斯曼人是难以进入摩里亚的。这一时期是巴列奥略王朝难得的和平时光。

可惜好景不长，几年过去后，曼努埃尔和穆罕默德均已老去，两国的青壮派却相互敌视，这短暂的友谊眼看就要破裂。公元1421年5月21日，穆罕默德一世驾崩，其子穆拉德继位。苏丹更替让东罗马帝国的鹰派欢喜鼓舞，以皇帝的长子约翰为代表，青壮派积极插手奥斯曼帝国的王位继承问题。当时的约翰已经被曼努埃尔二世立为共治皇帝，在朝中安插了不少党羽，加上常年协助皇帝理政，实际上已经大权在握。共治皇帝约翰决定反对穆拉德继位，试图效仿自己的父亲，投资另一位王位继承人穆斯塔法。

曼努埃尔二世本来反对如此草率的"赌博"，但考虑到此事能增加儿子的威望，便同意青壮派冒险一试。不过，他也准备了应急方案，另一个穆罕默德。约翰所投资的穆斯塔法远不如穆拉德能征惯战，很快就被合法苏丹击败，败亡的穆斯塔法最终被苏丹用弓弦勒死。奥斯曼帝国旋即对东罗马帝国宣战，君士坦丁堡、塞萨洛尼基均遭到穆拉德的围攻。

危急时刻，曼努埃尔二世一手策划了穆罕默德幼子的叛乱，事实证明老皇帝是最杰出的投资者，也是最具战略眼光的决策者，应急方案的启动促使穆拉德放弃了对君士坦丁堡的围攻，率军撤离了东罗马帝国，约翰这才松了一口气。

至于塞萨洛尼基就没这么幸运了，奥斯曼的军队昼夜攻城，令东罗马帝国守军举步维艰,而负责当地防务的安德罗尼卡卧病在床,根本不能胜任专制公一职。为了保护当地居民,安德罗尼卡竟然将该城送给了威尼斯,请他们保护当地的基督徒,可惜威尼斯没有能力保住塞萨洛尼基,公元1430年,穆拉德二世率领10余万大军攻破城池,塞萨洛尼基失守。

常年的操劳和忧虑透支着皇帝的身体,公元1423年9月,曼努埃尔二世突然中风瘫痪,从此只能躺卧在床上痛苦地呻吟,而穆拉德已成功平定国内的叛乱。战争还在继续,共治皇帝约翰终于体验到独自挑起帝国大梁的艰难。当年11月,约翰任命弟弟君士坦丁为帝国摄政王,自己率领使团前往西欧求援,可是在外奔波了一年后,约翰还是没有请来任何援兵,似乎约翰无法比父亲做得更好了。

公元1425年6月27日,75岁的勇者曼努埃尔二世驾崩,约翰成为唯一的皇帝,史称"约翰八世"。东罗马帝国的形势越来越艰难,穆拉德又拿回了送还东罗马的全部土地城池,君士坦丁堡遭到了封锁,西欧各国冷眼旁观,而皇帝又缺兵少将,除了向穆拉德称臣纳贡外,没有任何方法能结束这漫长的战争。罗马人该何去何从?

52

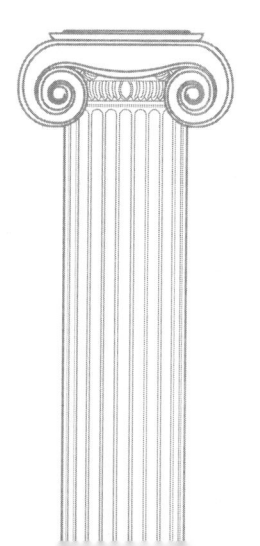

第五十二章 余晖入夜

最后的征伐

东罗马帝国的形势愈发危急，自塞萨洛尼基陷落后，皇帝只剩下两块可控制的领土，一是君士坦丁堡及黑海沿岸的墨森布尼亚，二是伯罗奔尼撒的摩里亚专制国，两块领土相距甚远，皇帝必须通过博斯普鲁斯海峡、马尔马拉海以及爱琴海，才能与摩里亚取得联系，这间接导致皇帝无法将这块飞地放心地交给任何一个外姓总督，所以在巴列奥略王朝时期，摩里亚专制公一直是由皇室成员出任，这样可以避免该地区独立出去。所幸，曼努埃尔二世子嗣众多，除了早年夭折的长子米海尔外，约翰、狄奥多尔、安德罗尼卡、君士坦丁、迪米特里乌斯、托马斯都已顺利成人，约翰八世丝毫不用担心皇室衰微的问题，他有足够多的选择。

摩里亚，原亚该亚公国，大概在约翰六世时并入东罗马帝国，它的地理位置得天独厚，伯罗奔尼撒半岛三面环海，只有一面是连接雅典的陆地，被称为科林斯地峡，而这唯一的陆地早已被帝国修起了一道长墙，专门用于抵御奥斯曼的入侵。如此一来，摩里亚犹如一个与世隔绝的小岛，看起来非常安全。事实上，从曼努埃尔二世起，东罗马帝国就在加强摩里亚的防卫力量，皇帝相信，一旦君士坦丁堡再次陷落，摩里亚有可能成为第二个尼西亚帝国，所以摩里亚在不知不觉中成了东罗马帝国的诺亚方舟，必要的时候，帝国将迁入该地区谋求自保。

按照曼努埃尔二世生前的安排，狄奥多尔·巴列奥略被封为摩里亚的专制公，坐镇米斯特拉斯城，伺机统一整个伯罗奔尼撒。但狄奥多尔缺乏雄才伟略，只喜欢艺术、文化，对征战之事毫无天赋，这样一个人实在不是摩里亚专制公的合适人选，所以约翰八世决定派更多的兄弟前往该地区，然而狄奥多尔并不愿意将领地分给其他兄弟。就在皇帝一筹莫展之时，伊庇鲁斯和凯法利尼亚的统治者卡洛·托科入侵了摩里亚，占领了西北部的克拉伦萨。

很明显，狄奥多尔是无法击退外敌的，于是约翰八世亲自率兵南下，还特意带上了最信任的兄弟君士坦丁。君士坦丁·巴列奥略，曼努埃尔二世的第四子，身强力壮且相貌出众，极富勇气，荣誉感极强，自幼精通骑术，是约翰八世不可多得的帮手。正所谓"兄弟同心其利断金",约翰八世和君士坦丁围攻克拉伦萨,在海战中击沉了卡洛·托科的旗舰,卡洛·托科被迫向约翰八世投降。

胜利后的约翰八世立即想到了一个让君士坦丁进入摩里亚的妙计,他让战败的卡洛·托科把女儿玛达莱娜嫁给君士坦丁,嫁妆就是克拉伦萨及伊利斯,君士坦丁就这样得到了一块属于自己的新封地。紧接着,约翰八世又以"从旁协助"为由,说服狄奥多尔把东北部的埃吉翁、卡拉夫里塔等地转让给另一个兄弟托马斯·巴列奥略。这样一来,该地区实际上被约翰八世一分为三,狄奥多尔统治着米斯特拉斯,君士坦丁统治着克拉伦萨,托马斯则统治着卡拉夫里塔。

不过,伯罗奔尼撒半岛并非全是东罗马帝国的土地,威尼斯在一些海港城市建立了殖民地,教皇也在该地区设置了一个主教区——帕特雷。约翰八世的目的是统一整个伯罗奔尼撒,帕特雷战略位置重要、钱粮丰富,如果不能并入东罗马帝国,摩里亚就不算完整,而狄奥多尔与主教关系暧昧,是不会支持皇帝的,所以皇帝让君士坦丁、托马斯进入摩里亚,也有绕开狄奥多尔之意。

然而这场战争被证明是极为困难的,皇帝损兵折将,却只能让对方缴纳500金币的年贡。约翰八世非常不甘心,但又不能长期留在摩里亚专制国,毕竟奥斯曼帝国对君士坦丁堡一直虎视眈眈,所以皇帝在离开摩里亚前留下话:"谁能夺取帕特雷,谁就是该地区的专制公。"

公元1429年3月,暗下决心的君士坦丁带着自己的军队匆匆启程,很快就包围了帕特雷。君士坦丁让士兵们昼夜猛攻城市,自己也身着铠甲、手持利刃,亲自前往战斗的一线指挥,战况最激烈时,君士坦丁的坐骑都被敌军射杀,本人险些阵亡,敌军士兵蜂拥而至时,君士坦丁全靠忠诚的幕僚才躲过被斩首的厄运。然而战争并没有失败,君士坦丁依然包围着城市,并不断挫败出城交战的守军。不久后,帕特雷的兵力和粮食均亮起红灯,主教马拉泰斯塔不得不前往意大利搬救兵。

主教走后,帕特雷守军的士气一落千丈,君士坦丁看准时机,主动与守军议和,终于迫使对方开城投降。到7月时,整个帕特雷地区均被君士坦丁并入了自己的封国。与此同时,托马斯·巴列奥略通过外交手段说服亚该亚前公爵之女卡特里娜嫁给他，嫁妆就是该公国剩余的土地。

至此，伯罗奔尼撒基本被东罗马帝国的皇子们瓜分，只有威尼斯还保留着沿海的少量港口，但对东罗马帝国来说这些港口已经无足轻重了。约翰八世对此非常自豪，他正一步一步把摩里亚打造成东罗马帝国的诺亚方舟，相信在最危险的时候，摩里亚能成为复兴罗马的种子。

约翰八世也非常清楚，无论摩里亚经营得好与坏，奥斯曼帝国所占据的压倒性优势依然没有改变，他必须请来一支新的十字军，因为只有西欧国家才有实力与奥斯曼帝国对抗，也只有西欧骑士的介入才能打破巴尔干半岛的僵局。经过反复权衡后，约翰八世决定再次前往西欧。

公元 1437 年，约翰八世再次任命君士坦丁为帝国摄政王，自己率领一支 700 人的庞大使团前往西欧。罗马教皇对约翰八世的高规格来访表示了热烈的欢迎，双方签署了《统一敕令》(又称《天主欢庆》)，宣布东、西教会合并到一起，承认罗马教皇是基督教的唯一精神领袖，拥有最高的宗教权威。

公元 1440 年，约翰八世回到君士坦丁堡时，国家却发生了分裂，绝大多数东正教信徒反对东、西方教会的合并，他们认为约翰八世的行为是对基督的背叛，是对罗马帝国千年传统的背叛，因此首都爆发了小规模的骚乱，约翰八世麾下的主教们也纷纷倒戈相向，皇帝第一次感到了被民众抛弃的无奈。

公元 1442 年夏，迪米特里乌斯在封地墨森布里亚公开谋反，以东正教守护者自居，打着恢复东正教独立的旗帜，试图推翻兄长的政权。不过，约翰八世始终不肯妥协，叛乱者迪米特里乌斯被软禁，其余人均遭到不同程度的惩处。

好在约翰八世的坚持没有白费。彼时的匈牙利频频被奥斯曼帝国入侵，西吉斯蒙德死后无男性子嗣，王位由女婿奥地利公爵阿尔布雷希特继承，但在奥斯曼帝国的进攻下，阿尔布雷希特也战死疆场，只留下了遗腹子拉洛斯，匈牙利为了抵御奥斯曼的入侵，决心迎立波兰国王瓦迪斯瓦夫三世。有了波兰的加入，教皇遂号召组建新的十字军反击奥斯曼帝国，这也是给约翰八世的承诺。

公元 1443 年夏，奥斯曼苏丹穆拉德前往亚洲镇压卡拉曼叛乱时，匈牙利国王瓦迪斯瓦夫亲率 2.5 万人入侵奥斯曼帝国，夺取了尼什、塞尔迪卡，兵锋直指奥斯曼帝都阿德里安堡。原本静如止水的巴尔干半岛躁动起来，斯坎德培突然发动叛乱，聚兵占领了克罗地亚一带，打得奥斯曼人晕头转向。返回摩里亚的君士坦丁见北方陷入混乱，立即率领数千名士兵组成的封国军队越过科林斯地峡的长墙，聚兵攻打北面的雅典公国。

君士坦丁的远征大获成功，他的数千军队士气高昂，逼得雅典守军举手投降，承认君士坦丁是他的新宗主，接着他又一口气攻到色萨利的品都斯山脉，亚该亚的底比斯投降，奥斯曼的利多里基开城。君士坦丁在不知不觉中控制了原亚该亚公国的绝大多数土地，从伯罗奔尼撒到色萨利均落入君士坦丁之手。

巴尔干的混乱和亚洲地区的叛乱让穆拉德二世第一次感到了局势的危急，他必须集中力量消灭叛乱的卡拉曼，因为奥斯曼帝国的发源地就在小亚细亚，如果失去了亚洲，单靠欧洲的土地难以延续奥斯曼国祚，所以穆拉德制订了"先平内乱，再逐外敌"的策略。为了安抚西欧基督教王国，穆拉德狠下血本，以各种让步为条件，又是停战又是割地，这种低姿态在奥斯曼史上还属首次。十字军对此非常满意，立即与穆拉德签订了10年和约，穆拉德如释重负，旋即前往小亚细亚镇压卡拉曼叛军，终将其吞入口中。

由于有10年和约在手，穆拉德将苏丹大位传给了12岁的儿子穆罕默德，目的是让他在欧洲监国，自己专心攻略小亚细亚。消息传到教廷，教皇尤金勃然大怒，指责十字军错过了赶走奥斯曼人的最佳时机，单方面推翻了10年和约，命令十字军赶紧去"欺负"小苏丹。

兵者，自古重义者胜多败少，背信者胜少败多。此时的十字军以为战争已经结束，不少骑士和士兵早已返回家乡，留在前线的军队很少，教皇的命令传来时，瓦迪斯瓦夫能利用的军队并不多，士气也不高，而奥斯曼军队的情况却完全相反，从苏丹到士兵都被十字军的反复无常激怒，呼战的声音很高。

公元1444年9月，十字军挺进瓦尔纳，穆拉德也引兵8万返回欧洲。当年11月，穆拉德将两国签署的和约钉在战旗上，猛攻十字军，国王瓦迪斯瓦夫当场阵亡，除了少数贵族骑马逃离了战场，大部分士兵被奥斯曼军斩杀殆尽。

瓦迪斯瓦夫的失败给君士坦丁带来了前所未有的压力。公元1446年11月，穆拉德南下摩里亚，身后是5万奥斯曼精锐之师，而君士坦丁依然只有数千人的军队。苏丹的军队立即攻克了数座被君士坦丁占据的要塞，切断了君士坦丁与大后方的联系。君士坦丁知道自己无法坚守雅典，急忙退守科林斯长墙，企图把奥斯曼挡在科林斯地峡外。然而君士坦丁怎么都没想到，穆拉德此行特地带来了一种新型武器——铜铸重型管火炮。这种火炮的威力比东罗马帝国之前见过的火炮都要强大，长墙根本无法抵御这种火炮。

连续轰击5天后，君士坦丁引以为傲的塔楼和墙壁均已坍塌，不少士兵死于火炮的猛烈射击，防线濒临崩溃。穆拉德见状，旋即发动最后的总攻，歼灭了残余的守军，君士坦丁只能紧急撤退到米斯特拉斯。奥斯曼帝国的军队随即越过了断壁残垣，如洪水决堤一般侵入摩里亚地区。

苏丹让军队竭尽所能地破坏城市和村庄，缺乏守军的城市相继沦陷，除了主动投降的人能保留些许财产外，凡是反抗的村镇均被奥斯曼人屠戮一空，大量的居民被贩卖为奴，其中有6万人被掳掠到了北方，2万人死于屠杀，摩里亚变成了一片废墟，只有米斯特拉斯因地理位置优越且冬季来临，逃过了一劫。得胜后的穆拉德满载着战利品和俘虏，浩浩荡荡地返回了阿德里安堡，只留下一片废墟的摩里亚。

约翰八世的努力白费了，他顶着巨大压力推动的东、西教会合并，却换来了瓦尔纳的惨败，君士坦丁的北伐也白费了，好不容易才收复的土地全部被奥斯曼帝国夺了回去，科林斯的长墙也已不复存在，摩里亚专制国也在战争里被摧毁，一切努力都付诸东流。骄傲的苏丹随后下令，禁止东罗马帝国重建长墙。东罗马帝国只能俯首听命，继续当奥斯曼苏丹的附庸。惨重的失败让约翰八世心力交瘁，公元1448年10月31日，56岁的约翰八世于君士坦丁堡病逝，他无法做得比父皇更好了，这恐怕是他最大的遗憾。

命运的降临

公元1448年，巴尔干半岛作为抵御奥斯曼帝国入侵的前沿阵地，可谓阴云密布。瓦尔纳之战后，以匈牙利为主的西欧十字军再遭重创，连续失去了两位国王后，名将匈雅提被推举为摄政王，总领军国大政。新的摄政王常年与奥斯曼帝国交战，是坚定的反奥斯曼斗士，有"白衣骑士"的美誉，人们相信他终将击败奥斯曼人，把奥斯曼帝国逐出欧洲。

奥斯曼帝国一方，穆拉德二世以为高枕无忧，再次让位给儿子穆罕默德，这一举动引起了朝中大臣的担忧，因为新的苏丹年少且性格执拗、冲动，根本不听大臣们的建议，在匈牙利等国虎视眈眈之际，穆罕默德却打算进攻君士坦丁堡，这更让首辅大臣大维齐尔（奥斯曼帝国对大臣的称呼，宰相是"大维齐尔"）哈利勒担忧不已，于是他煽动近卫军发动兵变，废黜了穆罕默德，重新迎回了穆拉德二世。

奥斯曼帝国高层的动荡，激起了匈雅提复仇的决心，经过几年的准备，匈雅提组建了一支3万人的新十字军，而这时的奥斯曼帝国在巴尔干的统治并不稳固，一些地方发生了小规模的起义，如果匈牙利与叛军联合入侵奥斯曼，奥斯曼帝国将被重创，东罗马帝国也能得到拯救。

公元1448年9月，匈雅提亲率3万军队穿越塞尔维亚，穆拉德二世也引兵至科索沃，又一次科索沃之战爆发。10月17日，摄政王匈雅提率先猛攻奥斯曼人的阵地，一度逼近敌军大营，但后继乏力，奥斯曼军队趁势反击，盟友也在这关键时刻倒戈相向，20日，匈牙利军瞬间崩溃，摄政王匈雅提逃走，匈牙利最后一次抵抗奥斯曼帝国的十字军就此失败。

瓦尔纳之战和科索沃之战的失败，让东罗马帝国彻底失去了被西欧天主教拯救的可能，整个巴尔干半岛已无任何国家还敢挑战奥斯曼帝国，而西欧诸国都对拯救东方缺乏热情，整个基督教世界已经不可能再派出一支像样的援军。这就是东罗马帝国皇帝约翰八世病逝时的国际局势。

公元1448年，东罗马皇室只剩下了君士坦丁、迪米特里乌斯、托马斯三人，其中君士坦丁·巴列奥略两次担任帝国摄政王，是约翰八世最信任的兄弟，先帝生前曾欲立君士坦丁为共治皇帝，但专制君迪米特里乌斯同样想继承东罗马帝国，为避免兄弟阋墙，约翰八世未能将君士坦丁直接扶上皇位。

约翰八世死后无嗣，君士坦丁便成了下一任皇帝的最佳人选。然而同样觊觎皇位的迪米特里乌斯也自称是皇帝的不二人选，他的封地在君士坦丁堡不远处的色雷斯，比远在摩里亚的君士坦丁更有优势，于是迪米特里乌斯再次举起了恢复东正教独立的大旗，匆忙赶到君士坦丁堡夺位。

不过，三位皇子的母亲海伦娜更中意尚未赶来的君士坦丁，朝中大臣多赞同海伦娜的建议，托马斯也愿意拥护兄长君士坦丁，最重要的是，海伦娜抢先从穆拉德二世那里得到了批准君士坦丁继位的诏书。如此一来，缺乏人望的迪米特里乌斯不得不屈从于当前的大势。

公元1449年1月6日，来不及赶回君士坦丁堡的君士坦丁在摩里亚草草举行了登基仪式，虽然没有普世牧首为其加冕，但人们还是承认了他的皇帝身份，史称"君士坦丁十一世"。这一年，新皇帝已经40岁了，却没有子嗣。

君士坦丁十一世继位两年后，穆拉德二世驾崩于阿德里安堡，曾两次登上苏丹之位的穆罕默德得知这一消息后，立即从遥远的马格尼西亚赶到阿德里安堡，前后仅用了5天时间，这一雷霆般的行动避免了大位旁落的可能，因为他还有一个尚在襁褓中的弟弟。回到首都后，穆罕默德溺死了襁褓中的弟弟。穆罕默德以兄弟的生命拉开了其统治的大幕，史称"穆罕默德二世"。

穆罕默德二世是穆拉德的第三个儿子，他本是兄弟几人中最不起眼的，母亲也只是一个贱婢，而他的兄长们都出身高贵，且年长10岁以上。穆罕默德似乎很多余，自幼就不受宠爱，2岁时便被送往阿马西亚，交给长兄迈哈迈德监管，不过迈哈迈德在公元1437年病逝，另一个兄弟阿里也被刺杀身亡。如此一来，穆罕默德反而成了穆拉德的唯一继承人。

穆罕默德二世早年的经历让他变得阴鸷沉闷，善于隐藏真实感情，他微笑的脸庞后是一张可怖的嘴脸，他不顾亲情残忍溺死弟弟，登基后又刻意示好仇人哈利勒，这一切均证明穆罕默德二世是个伪善、固执、不守承诺且城府极深的人，但也不可否认，他又是一个勇敢、执着且胸怀抱负的人，此人做起事来雷厉风行，不达目的誓不罢休，更可怕的是，在他12岁登上苏丹之位时就已经发誓要征服君士坦丁堡，但由于哈利勒坚决反对，奥斯曼帝国才没有立即对东罗马帝国发动攻势，现在一切阻碍都已被扫除，穆罕默德二世是奥斯曼帝国唯一的苏丹。

基督教世界并不了解真实的穆罕默德二世，以为穆罕默德二世还是那个不谙世事、被大维齐尔废黜的固执少年，西欧甚至东罗马帝国均认为年仅19岁的穆罕默德二世年幼无知、不足为惧，更认为奥斯曼帝国会发生大维齐尔与新苏丹争权的内乱，但这一切均是基督教世界的一厢情愿。不过，穆罕默德二世非常高兴西欧世界看轻他，这是他伪装自己的绝好前提，更是他征服君士坦丁堡的有利条件。

穆罕默德二世登上苏丹之位的第一天就开始了征服君士坦丁堡的计划，但他并没有立即表露自己的想法，而是做出一副维持现状的姿态，对忌惮他的前朝维齐尔们示以友好，让他们站到离自己更近一点的位置上，其中就包括大维齐尔哈利勒。新苏丹在麻痹朝臣的同时，也在麻痹西欧天主教世界，为了免除进攻东罗马帝国的后顾之忧，穆罕默德二世立即与威尼斯、塞尔维亚、匈牙利、东罗马帝国签订和约，又是赔钱又是停战，西欧以为这是新苏丹软弱无力的表现，却不知这恰恰是穆罕默德二世避免两线作战的战略部署。

示好威尼斯、塞尔维亚、匈牙利、东罗马帝国后，穆罕默德二世基本免除了西线的后顾之忧，现在就只剩下东线的卡拉曼埃米尔国让人心存忌惮。恰在此时，卡拉曼埃米尔以为穆罕默德二世年少可欺，于公元1451年发动叛乱。穆罕默德二世终于露出了他的锋利獠牙，迅速出征卡拉曼，猝不及防的卡拉曼被杀得大败，这场叛乱可以说是被雷霆之势镇压。

卡拉曼的投降让穆罕默德二世全无后顾之忧，东罗马帝国已经在不知不觉中被孤立了起来。穆罕默德二世非常清楚，狄奥多西城墙的防御能力是地中海任何城市都无法比拟的，而要征服君士坦丁堡就必须完全控制军队，而要完全控制军队就必须掌控近卫军。换句话说，要征服君士坦丁堡，穆罕默德二世首先要免除内忧，而内忧无疑是掌握着近卫军的大维齐尔哈利勒。就在这时，近卫军以为穆罕默德二世软弱可欺，竟然要苏丹赏赐财宝官爵，理由是新继位的苏丹按传统理应赏赐近卫军，想必这是他们从罗马禁卫军那里学来的传统。

无理的要求让穆罕默德怒火中烧，但他没有马上发怒，而是毫不犹豫地同意了近卫军的要求，迅速搬来了成袋成袋的钱币。然而当一切归于平静后，穆罕默德二世却突然大规模地裁兵换将，用自己的7000名亲兵逐一替代了原来的近卫军。哈利勒此时才发现苏丹已经完全控制了军队，惊恐的他再也不敢像当初那样对穆罕默德指手画脚了。

控制近卫军后，穆罕默德二世无疑控制了帝国的陆军，但苏丹清楚，君士坦丁堡的海上防线同样令人生畏。除去阿拉伯帝国对君士坦丁堡的围攻外，奥斯曼帝国也曾两次大规模进攻君士坦丁堡，第一次是"雷霆"巴耶塞特时期，当时的策略是通过长久的围困拖垮君士坦丁堡，逼迫他们开城投降。这一策略本来没有任何问题，但缺乏强大海军的奥斯曼无法完全封锁海洋，不但来自西欧的船只可以自由出入，连曼努埃尔二世也可以轻易出海前往西欧求援，可见奥斯曼帝国极其缺乏海上力量。第二次围攻是穆拉德二世时，策略换成了强攻城墙的野蛮战术，不但死伤惨重，还没有任何成效。

经过两次围攻的失败，从穆拉德二世起，奥斯曼帝国开始重视海军建设，特别是聘用了来自西欧的拉丁工程师，奥斯曼帝国的海军力量开始成形，到穆罕默德二世时，奥斯曼帝国已经可以打造三列桨战舰，并陆续下海了6艘三列桨战舰、10艘两列桨战舰、15艘帆桨战船、75艘快速战船、20艘重型帆船、70~100艘各式小艇。

掌握了强大的陆军和海军后，穆罕默德二世依然不满足，他要征服君士坦丁堡的战争必须是毫无悬念的，必须是一战成功的，所以他经常对着地图比比画画，考虑作战时的路线、兵力、补给等问题，也时常挑灯夜战到日出，只为找出满意的进攻路线。在他平定了卡拉曼叛乱后，穆罕默德二世越发重视海峡的关键位置，也就是巴耶塞特修建安纳托利亚堡的峡口。峡口位于君士坦丁堡北侧不远处，只有640米宽，是奥斯曼军队屡次往返欧、亚的渡海口。

穆罕默德二世发现，如果东罗马帝国把军队部署在安纳托利亚堡对面的土地上，或者让威尼斯、热那亚的战船在此处巡航，奥斯曼军队将难以进入欧洲，但若奥斯曼能在东罗马帝国的土地上再修一座堡垒，两座隔海相望的要塞就能完全封锁住博斯普鲁斯海峡。这样一来，奥斯曼帝国就能拦截从黑海援助东罗马帝国的粮草物资。

打定主意后，穆罕默德二世立即行动起来。公元1451年冬，苏丹召集了6000名各式工匠，从各地运来大量的石料、木材和金属等，奥斯曼的陆军和海军也在这时赶往筑城峡口，摆出一副严阵以待的架势。工人从早忙到晚，筑城工地彻夜喧嚣、灯火通明，仅用了4个月时间便完工了。

公元1452年8月31日，堡垒修筑完毕，奥斯曼人称其为"割断海峡的堡垒"——如梅利堡。整座堡垒拥有4座大型塔楼和13座小型塔楼，城墙厚度约为7米，高度约15米，由400名士兵驻守，配备有3门重炮和若干小型火炮。穆罕默德二世下令，凡是经过如梅利堡的船只，无论属于哪个国家都必须停船接受检查，否则予以击沉。当年11月，3艘向君士坦丁堡运输粮食的威尼斯船只拒绝停船靠岸，如梅利堡上的火炮立即轰鸣起来，威尼斯人的船队沉没，生还者均被俘斩示众。

君士坦丁十一世明显感到了穆罕默德的敌意，他的使节无法见到苏丹，他的任何请求都不会被苏丹同意。此时的穆罕默德二世已经做好了进攻君士坦丁堡的准备，如梅利堡完全封锁了博斯普鲁斯海峡，各地陆军已经整装待发，近300艘战船也集结完毕，而西欧各国还沉浸在新苏丹年少无知的幻想里，殊不知阴云早已笼罩在君士坦丁堡上空。

鹰旗的坠落

有四种理由足以让人们慷慨赴死，为信仰、为祖国、为家人、为君主，现在我们将为这四个理由而死了。朕感谢你们，感谢你们的奋战，你们都无愧于罗马人的祖先，今天，朕将为罗马，为信仰，为你们而死，但罗马不会死去，我们必将在上帝的指引下击败所有异教徒。

——君士坦丁十一世

对东罗马帝国来说，公元1453年是黑暗的一年，更是绝望的一年。这一年，奥斯曼帝国苏丹穆罕默德二世在君士坦丁堡北侧修建了一座坚不可摧的堡垒，这一年，东罗马帝国民众对是否接受天主教统治争斗不休，这一年，西欧各国均以各种理由拒绝支援东罗马帝国：威尼斯人不愿意失去奥斯曼帝国的商业市场；阿拉贡的阿方索五世先派出了10艘战船后来又全部召回；神圣罗马帝国言而无信；匈牙利王国惊魂未定；罗马教皇财政窘迫，只能自费雇用了3艘战舰前往支援。帝国内部因天主教统一而纷争不断，外部的援助因前景堪忧也遥遥无期，东罗马帝国民众又一次感到了末日的来临。

君士坦丁十一世已经彻底放弃了与苏丹媾和的可能，他选择了为荣誉、为罗马而战，骄傲地遣使宣战："既然你舍弃和平选择战争，无论我用誓言还是恳求都不能让你回到和平的道路上来，那么好吧，遵循你的意愿吧，如果上帝已经决定把这座城市交给你，谁又能阻止这一命运呢？从今天起，我将封闭城门，竭尽全力为保卫罗马人而战。"

君士坦丁十一世还是那个充满勇气的斗士，他坚韧不拔，屡受挫折却不轻言放弃，他信仰坚定，屡败屡战但从不放弃荣誉。君士坦丁十一世也曾打算用奥尔汗挑起奥斯曼内战，但无济于事；他也曾提出割让墨森布里亚、利姆诺斯岛等地来换取援兵，但无人响应。然而皇帝依然是那个最不愿意放弃的人，他虽然心中倍感沉重，却还是不断鼓励罗马民众，并积极准备守城时所需的各种物资，如今他唯一能指望的援兵便只有摩里亚的兄弟们。然而皇帝很快就失望了，因为穆罕默德二世早已料到摩里亚可能支援君士坦丁堡，故而于当年1月派图拉汗率军攻打摩里亚，托马斯、迪米特里乌斯兄弟节节败退，自身尚且难保，更不要说支援君士坦丁堡了。

唯一让君士坦丁十一世欣慰的是，一支700个热那亚人组成的志愿军来到了君士坦丁堡，他们的领袖名叫乔瓦尼·朱斯蒂尼亚尼·隆哥，是一位资深的守城将领，这支人数欠缺的援兵全是朱斯蒂尼亚尼自费组建的，出征的费用也是由朱斯蒂尼亚尼出资的，他们都是富有作战经验的老兵，不仅装备了精良的铠甲，而且携带了重弩、火铳等杀伤性武器。同时，君士坦丁堡附近的威尼斯人带来了8艘战船，热那亚人则带来了5艘，加泰隆尼亚、安科纳和普罗旺斯也各有1艘战船，再加上东罗马帝国旧船坞里的船只，君士坦丁十一世勉强组建了一支26艘船只构成的海上防卫力量。

至于陆军的具体兵力，英国史学家罗杰·克劳利给出的数据是"4773名希腊人和200名外国人"，而约翰·朱利叶斯·诺威奇记录的数据是"4983名希腊人和约2000名外族人"，虽然数据上有些差距，但两人都是根据斯弗康奇斯记录的人数统计，可以基本确定君士坦丁堡的守军加上主动前来支援的外籍军队，总兵力不超过8000人，这一数字被君士坦丁十一世严格保密，只有皇帝和斯弗康奇斯两人知道。

当年3月，奥斯曼帝国正式开启对东罗马帝国的征服战争。传令官随即奔赴欧、亚各地宣布苏丹的命令，欧洲的军队在阿德里亚堡集结，亚洲的军队在布尔萨待命，穆罕默德二世征调了大量的人马车舟，包括用于修建工事的工程师和工匠，以及用于铸造火炮的工人，各地物资源源不断送往前线，苏丹就此集结了多达10万人马的野战军以及数量庞大的仆从和工匠，总人数可能达到了 15 万 ~25 万人。

4月2日，君士坦丁堡西面出现了奥斯曼帝国的先锋部队，东面的双柱港外也聚集了近 300 艘奥斯曼战舰，君士坦丁十一世立即拉起从加拉塔到海墙的巨大锁链，封锁了金角湾的入口，也紧急拆除了城外壕沟上的桥梁，紧闭城门，分兵驻守在狄奥多西城墙各处，君士坦丁堡最后的决战终于拉开了序幕。

穆罕默德二世将大营驻扎在地势较高的马尔佩拉山上，正对着罗曼努斯门和查瑞休斯门所在的里卡斯河谷，从这里可以俯视整个君士坦丁堡战场。他的左翼由欧洲基督徒军队组成，指挥官是卡拉加帕夏，右翼是来自亚洲的安纳托利亚军团，指挥官是伊萨克帕夏。奥斯曼军的营地覆盖了从布拉赫内宫到南部边墙的整条战线，其中与君士坦丁堡最近的距离只有 300~400 米，密密麻麻的奥斯曼营帐遍布在君士坦丁堡城外的土地上，远远望去竟看不到尽头。

奥斯曼的各式火炮也被运送到前沿阵地布置，其中一门被称为"巨兽"的超重型火炮，由 200 人运输、50 头牛拉拽着送抵了罗曼努斯门外的阵地。这门巨大的火炮长度为 8 米，口径是 0.8 米，可以发射 500 千克的炮弹，有效射程达 1600 米，它的设计者是来自匈牙利的乌尔班。此人本来在公元 1452 年效力于君士坦丁十一世，但皇帝无法提供铸炮所需的材料，也无法按时发放补贴，于是贪财的乌尔班改换门庭投奔了穆罕默德，并承诺铸造一门能击垮君士坦丁堡城墙的超级火炮，甚至称他的火炮连传说中的巴比伦也无法抵挡。

4月9日，穆罕默德二世下令攻城，数十门火炮朝着君士坦丁堡城墙猛烈轰击，巨大的爆炸声响彻云霄，其中"巨兽"喷出的巨大炮弹如一道闪电撞击在狄奥多西城墙上，随即发生剧烈的爆炸，散开的碎片击伤了大量的东罗马帝国守军，其间人们甚至能感到火炮带来的轻微地震，城内没有一杯水能保持平稳。所幸虽然乌尔班吹嘘其铸造的火炮能击垮巴比伦的城墙，但威力巨大的火炮并没有一炮击穿狄奥多西城墙，而是给城墙造成了不小的损坏。由于巨炮每发射一枚炮弹就要冷却几个小时，所以它一天只能发射几枚炮弹，东罗马帝国守军利用火炮发射的间隙紧急修补损坏的城墙，当巨炮再次发射时，狄奥多西城墙又恢复了往日的防御能力。

与此同时，穆罕默德二世的陆、海两军也积极行动起来，前者攻克了塞拉皮亚和斯托狄奥斯两处孤立的要塞，守军全数被杀，后者夺下了王子群岛并首次尝试突破横海铁索，这些都给守军带来了巨大的压力。所有人都能感受到末日的来临，城外的军队仿佛是一群从地狱逃出的恶魔，除了杀戮，还是杀戮，死亡似乎是守军唯一的结局，没有人能得到怜悯，也没有人能逃离城市。

连续数天的炮击让人感到恐惧，火炮轰击过的城墙千疮百孔，所幸没有伤及城墙的根本。穆罕默德二世并不意外，他本就没指望火炮能轻易击垮狄奥多西城墙，苏丹所采用的攻城战术是火炮与步兵的交替进攻，当火炮停止后，奥斯曼疯狂的步兵便举着云梯、推着攻城塔朝城墙发动近乎自杀式的强攻。东罗马帝国守军分布在狄奥多西城墙各处，其中朱斯蒂尼亚尼在查瑞修斯门指挥，君士坦丁十一世驻守在罗曼努斯门，威尼斯市政官负责防守布拉赫内宫墙，苏格兰佣兵约翰镇守在卡里加利亚门，他们充分利用了城墙各处的巨大塔楼，不断用弓箭射击杀来的奥斯曼人，一旦敌军跑到城墙下，守军便用早已准备好的滚木礌石予以攻击，同时用滚烫的热油泼洒试图登上城墙的奥斯曼人。

战斗进行得非常激烈，奥斯曼人集中力量猛攻里卡斯河谷附近的城墙，这里是狄奥多西城墙公认的软肋，地势由北向南逐渐降低，里卡斯河从城墙下流过，皇帝亲自坐镇该处，调集了近一半的守军。朱斯蒂尼亚尼亲率热那亚雇佣兵出城袭击奥斯曼人，他们挥舞着巨大的双手剑，将前来送死的奥斯曼人尽数砍杀至死，战场上到处都是敌人的断臂残肢。得胜的热那亚勇士疯狂追砍逃跑的奥斯曼人，直到他们的援军前来阻挡，朱斯蒂尼亚尼才率部撤回城内。

见强攻不成，穆罕默德二世改换策略，组建了一支工兵队伍挖掘地道，试图用炸药炸毁狄奥多西城墙的地基，但谨慎的君士坦丁十一世察觉到了异样，罗马工程师找到了奥斯曼人挖掘地道的位置，用火药炸毁了地道，洞中的奥斯曼人均被坍塌的坑道埋葬，地道攻势也被化解了。

接下来，穆罕默德二世恢复了火炮的轰击，并令士兵冒着被东罗马帝国守军射杀的危险，冲到城墙前填埋壕沟。这一行动堪称自杀，不少奥斯曼人被东罗马帝国守军射来的弓矢击杀，地上到处都是奥斯曼人的尸体，但穆罕默德二世完全不为所动，依然命士兵们反复冲击，似乎是在用尸体来填埋城外的壕沟。这期间，乌尔班的火炮继续吞吐巨大的火舌，猛烈的炮击和奥斯曼勇士的呐喊声响彻了整个天空。恐惧与疲惫让每一个东罗马士兵惶恐不安，可每当他们看到君士坦丁十一世巡视战场的身影时，此前的惊慌与疲劳便一扫而空，随之而来的是振奋，是捍卫罗马文明的骄傲与不屈。

4月18日，经过连续9天的猛攻，奥斯曼帝国引以为傲的"巨兽"出现了裂痕，乌尔班请求苏丹重新铸造火炮，但苏丹怎么可能为此再等待数月之久，乌尔班被命令继续发射火炮，结果"轰"的一声巨响，巨炮发生炸膛，周围的奥斯曼士兵被当场炸死，乌尔班也因此身受重伤，这算是他背弃信仰、背叛皇帝所应得的惩罚。只可惜此人后来痊愈并享受了苏丹给他的厚禄，罗马人怕是死不瞑目吧！

然而情况并不乐观，即使没了巨炮，50~60门其他火炮依然不断轰击着城墙。奥斯曼人采用了西欧先进的炮射战术，常常把3门火炮编成一个小组，先由两门火炮在等高位置击伤城墙，然后再用另一门火炮在较高或较低的位置射击，从而形成一个三角形的炮射伤，这时的城墙更容易坍塌。基于这一战术，受损与坍塌的地方越来越多，疲惫的守军只能拆毁房屋，用仅剩的石料和木材修补受损的地方。君士坦丁十一世和朱斯蒂尼亚尼都明白，长此以往，城墙最终难逃坍塌的厄运。

18日夜，穆罕默德二世判断东罗马帝国守军连续作战后已经极为疲惫，决定发动一场海陆联合夜袭。奥斯曼帝国军队突然高举火把疯狂地冲到城墙下，士兵们不顾守军的箭矢、热油和滚木礌石，拼命越过壕沟搭起云梯朝城墙上爬。火光照亮了天空，喊杀声惊醒了睡梦中的人，这一夜如同白昼一样明亮，人们丝毫感觉不到睡意。

东侧的海面上，奥斯曼海军也朝巨型锁链附近的东罗马帝国海军发动进攻，虽然双方数量差距很大，但东罗马帝国的威尼斯和热那亚战舰为克拉克帆船，船身高于奥斯曼人的战舰，因此奥斯曼海军强行登上船只的难度非常大。东罗马帝国海军官兵拼命用长矛和弓箭击杀每一个试图登船的奥斯曼人，希腊火也烧毁了不少奥斯曼船只，战斗直到朝阳升起时才停下。双方均疲惫不堪，奥斯曼的夜袭无疑失败了。

两天后，教皇援助的3艘热那亚战船以及1艘东罗马帝国运粮船出现在海平面上，君士坦丁十一世得到消息后，立即策马赶到最近的海墙处，援军的到来令东罗马帝国守军士气大振。

同样，穆罕默德二世也发现了这支援军，苏丹立即赶到双柱港的海军驻地，命海军提督巴尔托格鲁全力截杀这支援兵。

巴尔托格鲁立即率领上百艘战船出海拦截，数量庞大的奥斯曼海军从三面围住了几艘热那亚战船，试图强行登船，而热那亚战船用火炮予以反击，并借着南风拼命朝北面冲去，双方在海面上展开了一场犹如野兽与猎犬的搏斗。

忽然间，南风停了下来，热那亚战船失去了风动力，逐渐慢了下来，奥斯曼海军紧紧追了上来，又一次围住了热那亚战船，激烈的登船战爆发，热那亚水手拼命抵挡着试图登船的奥斯曼人，战斗激烈异常。眼看热那亚人就要坚持不住了，远在城墙上观战的君士坦丁十一世双拳紧握，他紧张得浑身都被汗水湿透，焦急地注视着这场结局似乎已经注定的战斗。

这是一场以一挡百的惨烈海战，每一艘热那亚船都会遭到10~30艘敌船的围攻，奥斯曼人携带了不少弓矢、投石，还有一些小型火炮，它们纷纷落在热那亚船的甲板上，造成的损失虽然不大，但震慑效果确实惊人。然而热那亚人毫不畏惧，勇敢地砍死、推翻一个又一个试图登船的敌人。高大的帆船在最危险时被紧急收拢，它们的侧舷紧紧贴靠在一起，像一座被围攻的要塞，远远望去，更像一头被鬣狗包围的雄狮，艰难地寻找着脱身的可能。激烈的战斗持续了4个小时，所有人都以为援军会有一个悲壮的结局时，突然间，之前停止的南风突然又吹了起来，热那亚人立即挂起了巨大的风帆。有了海风的助力，热那亚战船朝着金角湾方向满舵冲锋，巨大的船头不管不顾地撞开了奥斯曼人的舰船，刀剑和弓箭击退了一个又一个登上船只的敌人。两艘威尼斯战船立即从金角湾冲出，用绳索拖上热那亚友舰，朝着港口一路疾驰。终于，4艘战船被海风推着冲出了上百艘战舰的包围，安全地抵达了金角湾的港口。

这一幕令东罗马帝国守军热泪盈眶，他们骄傲地欢呼起来，唱起了胜利的歌谣，君士坦丁十一世哽咽着拥抱每一个勇士，虽然热那亚的战船只有4艘，但他们带来了大量的粮食，更重要的是，对陷入绝境的君士坦丁堡来说，4艘战船的英勇战斗极大地鼓舞了东罗马帝国守军的士气，更震撼了围城的奥斯曼人。

穆罕默德二世看到这一幕后无比愤怒，他跳下马冲到海滩边咒骂失败的海军提督，若不是卫兵急忙把他拉了回来，苏丹恐怕会跌入水中。事后，穆罕默德二世带着1万名士兵包围了双柱港，将战败的海军提督巴尔托格鲁押到帐前，愤怒地咒骂他的无能，并命卫兵将其推出斩首。惊恐的众将赶紧跪下替巴尔托格鲁求情，苏丹这才免除了他的死罪，但革除了他的职务并抄没了全部家产。

接连的失败让奥斯曼军的士气跌落，疲惫、伤亡、疾病反复困扰着奥斯曼人，士兵们开始质疑苏丹的决定，认为进攻君士坦丁堡的决定完全是为了苏丹儿时的梦想，并不符合奥斯曼帝国的利益，甚至有些人认为苏丹是在屠杀自己的子民。

这一刻，东罗马帝国几乎胜利了，大多数将领劝苏丹退兵，若在过去，退兵是必然的结果，可惜，今日的苏丹不是穆阿维叶，不是穆拉德，而是执着、残暴、歇斯底里的穆罕默德二世，他不会退兵，哪怕10万奥斯曼人全数战死，他也要拿下君士坦丁堡。

穆罕默德知道久战不利的后果，若是任由局势这般发展下去，军队恐怕会发生哗变，这场战役便会失败。深夜，穆罕默德二世辗转反侧，他起身看着君士坦丁堡的地图，反复揣摩着不同策略的可行性，最终他产生了一个大胆的想法：把海军战舰开到陆地上去。

穆罕默德二世秘密传令各营，让体力最好的士兵通通集中到双柱港，然后命他们到加拉塔北侧的森林里砍伐树木，从双柱港朝着金角湾泉源谷方向开辟新路。整个工程进行得极为隐蔽，其间奥斯曼人用各种方式分散东罗马帝国驻军和加拉塔的注意力。经过数日的伐林开路，奥斯曼人开辟了一条从双柱港到金角湾内侧的道路，海军战舰则被拖上了岸，用制作好的圆木铺在战舰通行的道路上，工人们拖拽着缆绳，把数十艘战舰一一拖进森林。

在加拉塔毫无察觉的情况下，奥斯曼人的战舰突然绕过了巨型铁索出现在金角湾内。这让君士坦丁十一世大惊失色，皇帝立即联络威尼斯和热那亚的海军，命他们夜袭从天而降的奥斯曼海军舰队。4月28日，东罗马帝国海军与奥斯曼海军爆发了激战，双方均用火炮互射对方的船舰。这本来是君士坦丁十一世策划的突然袭击，但被叛徒出卖，奥斯曼海军才提前做好了应对。东罗马帝国战舰被击沉，奇袭之策失败了。君士坦丁十一世意识到金角湾已经失守，无奈地从狄奥多西城墙抽调了部分兵力防御海墙一侧，这严重削弱了狄奥多西城墙的防御力量，是穆罕默德二世计划之内的事情。

5月来临后,双方继续围绕狄奥多西城墙和海墙展开战斗。12日,罗曼努斯门被火炮轰出了一个缺口,奥斯曼士兵如饿狼看见了猎物一样,疯狂朝缺口拥了过去,东罗马帝国守军立即集中到缺口处抵挡。紧急时刻,罗马人来不及修补城墙,只能用身体抵挡奥斯曼人的进攻,但于事无补,大量的奥斯曼士兵冲过了城墙,驻军一度败退后撤。

眼看城墙就要失守了,君士坦丁十一世亲率一队卫兵赶了过来。皇帝高举长剑,振臂一呼,身后的双头鹰旗在风中猎猎作响,东罗马帝国的守军看到皇帝亲临,士气为之一振,纷纷拥着皇帝朝缺口杀了回去,奥斯曼人被东罗马守军惊人的士气给吓蒙了,纷纷逃出城去,若不是卫兵拉住了君士坦丁十一世,皇帝恐怕也会追杀出城。5月的战斗激烈无比,炮战、海战、攻墙战、地道战轮番上演,双方的神经都已绷到了最紧,疲惫与伤病同时折磨着两军士兵,现在就看谁更有毅力,谁就能赢得战役的胜利。

24日,天空发生了月食,黑暗侵袭了这片大地,君士坦丁十一世绝望地注视着这突然降临的黑暗,他的士兵们都惊恐无比,短暂的黑暗暗合了人们悲观的情绪,仿佛末日真的要来临了。究竟是君士坦丁堡即将陷落的预示,还是奥斯曼人土崩瓦解的警告?没人能给出答案。

25日,更可怕的事情发生了,当人们抬着引路圣母像游行时,圣像突然倒塌,怎么也捡不起来,随后暴风雨和冰雹袭击了君士坦丁堡,原定的仪式被迫终止。难道圣母也拒绝保护她的子民吗?罗马人不禁沮丧地问道。

26日,满城弥漫着令人不安的大雾,圣索菲亚大教堂的穹顶却散发了怪异的光芒,人们能清楚地看见如火一样的光芒飞离城市。这意味着什么?上帝已经不再庇佑君士坦丁堡了吗?

27日,奥斯曼人的火炮再次轰击狄奥多西城墙,炮击持续了整整两天,苏丹穆罕默德二世召集了全部将领,决定于29日对狄奥多西城墙发动最后的总攻。为此,苏丹承诺破城之后任由士兵们抢掠3天。激动的奥斯曼人立即准备起来,几乎是彻夜不眠。

28日夜,仿佛感受到最后一战的来临,君士坦丁堡的人民无人入睡,他们走向街头相互告别,无论是天主教徒,还是东正教捍卫者,如今都摒弃了昔日的成见,相互拥抱,唱着神圣的歌谣,一起前往圣索菲亚大教堂祈祷。这座罗马帝国的圣地在约翰八世强行合并东、西教会后便被东正教信徒摒弃，人们曾发誓不会再踏入被玷污的圣索菲亚大教堂，但现在已经没人在乎微不足道的教义争论了，人们纷纷拥入大教堂祈祷，灯火彻夜不息，仿佛回到了帝国最繁荣的时代。

城头上，双头鹰的旗帜猎猎作响，身披铠甲的君士坦丁十一世缓缓走向演讲台，将军、士兵、妇女、老人纷纷聚在他的周围，悠悠长夜安静得可怕，人们仿佛能听到自己的心跳声。皇帝有些哽咽，眼眶中翻滚着泪花，看着这些坚持作战的勇士，他很快收起了悲伤，感谢并鼓舞每一个人，随后便登上城墙，安静地凝视着夜的黑暗，享受暴风雨前片刻的宁静。

29日清晨，天色尚早，奥斯曼人总攻的号角突然响起，火把犹如漫天繁星一般照亮了大地，喧嚣声、祈祷声交织在空气中，教堂的钟声也跟着响起，紧张的气氛让君士坦丁十一世意识到最终之战的来临，他紧急召集了守城的士兵。决战开始了。

穆罕默德二世把军队分成两个阶梯，第一波攻击将由各路杂牌军担任，他们疯狂地朝城墙冲了过去。罗马皇帝、朱斯蒂尼亚尼均率部搏杀在战斗的第一线，激烈的战斗持续了近2个小时，一个又一个奥斯曼士兵被守军砍死、砍伤，付出极大努力后，东罗马帝国驻军于凌晨4点击退了奥斯曼人的第一波进攻。可惜这只是开始，奥斯曼还有足够多的军队可以轮番上阵，而皇帝和他的子民无法休息。

第二波攻击由最精锐的安纳托利亚军团担任主攻。苏丹故意让战力较弱的杂牌军拖垮东罗马守军，待他们精疲力竭时，再由最精锐的突厥人发动最后的总攻。疯狂的突厥士兵连同近卫军一起大吼着冲锋，奥斯曼人似乎已经疯狂了，他们根本不顾刀枪剑戟，一个劲儿地朝城墙上冲，死者倒在路上，生者踏着尸体补了上去，而火炮也在这时反复轰击着城墙，不少奥斯曼士兵被己方的火炮击得粉身碎骨。胶着的战斗整整持续了4个小时，伤亡令人震惊。眼前这一幕激发了穆罕默德二世的狼性，他严令任何人不得后退，要么登上城墙，要么战死在城下。

终于，天空破晓后，一枚重炮击中了城墙，弹片击中了正在不远处指挥作战的朱斯蒂尼亚尼，指挥官当即瘫倒在地，胸口染满了鲜血。剧烈的疼痛让他的勇气骤然消散，皇帝求他留下来，但朱斯蒂尼亚尼还是让随从将他送上了港口的战船。当恐惧侵蚀人心后，勇敢的朱斯蒂尼亚尼也放弃了，毫不犹豫地登上了战船，他的士兵也纷纷逃向港口。君士坦丁十一世立即前往港口阻止逃兵，但为时已晚，朱斯蒂尼亚尼最终起航撤离。

这一变故令城墙上的守军战斗力大减，穆罕默德二世急令士兵发动更疯狂的进攻，由热那亚人坚守的城墙变得混乱不堪，约50个突厥士兵发现塔楼下的暗门已经无人镇守，这些人强行撞开了门，沿着昏暗的楼道登上了塔楼。一名奥斯曼旗手冒死冲上了塔顶，竟然看不到一个士兵，于是他将一面奥斯曼国旗插在了塔楼上，旗帜迎风招展，城下的奥斯曼士兵集体欢呼，越来越多的奥斯曼士兵拥向城墙缺口，边跑边大声叫嚣道："君士坦丁堡陷落了！"

东罗马帝国守军纷纷望向城墙方向，心理防线在这一刻崩溃了。

惨烈的死伤和无尽的敌军终于击垮了这支奋战多时的军队，城门从内部被打开了。奥斯曼人终于突破了传奇的城墙，战火迅速蔓延至城内各处。火焰燃烧的声音，哭喊求饶的声音，刀剑碰撞的声音，君士坦丁十一世已经无法分清这些了，他看着绝望的守军纷纷朝港口逃亡，深吸了一口气，脱下了身上的披风，高举着长剑朝着人们逃跑的反方向冲了过去，迎面是密密麻麻的奥斯曼士兵。皇帝独自冲到了敌军中间，吼叫着消失在茫茫人海中，从此再也没人见过皇帝，毫无疑问，君士坦丁十一世已为罗马帝国光荣战死了。

鹰旗坠落的那一天，十余万奥斯曼人拥入君士坦丁堡抢掠，逢人就杀，见钱就抢，雕像被推倒，教堂被焚烧，男子被屠杀，女子被强暴，鲜血与大火是这座城市仅剩的符号，逃亡的罗马人拼命争抢可以出航的船只，但更多的人被追上的奥斯曼士兵杀死。城内一片混乱，哭喊声、诅咒声、狂笑声、哀求声不绝于耳，若是奥德修斯还在世，一定分不清这究竟是特洛伊还是君士坦丁堡，若是西庇阿在天有灵，一定会哀叹此时的君士坦丁堡犹如当年的迦太基。

屠杀与抢掠持续了整整一天，这一天是罗马历史上最悲惨的时刻，5万罗马人在这一天见识了何谓地狱。然而奥斯曼人很快就发现这座伟大的城市如今已无继续掠劫的价值，城内的财富在一天之内就被洗劫一空，城内的市民少得可怜，他们不是被杀就是被俘，穆罕默德二世原定的三日掠夺似乎没有必要了。

事实上，穆罕默德二世想在君士坦丁堡上建立一个伊斯兰教的帝国，所以当他得知自己的士兵在肆意毁灭城市的时候，立即下令结束抢掠，并禁止损坏任何残存的建筑，一个不听军令的士兵以信仰为由继续破坏圣索菲亚大教堂的地砖，苏丹亲自拔剑砍倒了他，其他人噤若寒蝉，立即停止了一切掠劫和破坏。

穆罕默德二世纵马入城，抓起一捧尘土撒到头上，宣布君士坦丁堡从此属于他穆罕默德二世，属于奥斯曼帝国。这座城市从此被更名为"伊斯坦布尔"，并被定为奥斯曼帝国的新首都。苏丹象征性地饶恕了活着的人，随后便开始了对城市的重建，传奇的圣索菲亚大教堂最后被改造成清真寺，但毫无疑问，重建的伊斯坦布尔已然不是君士坦丁堡了。

公元1453年5月29日，君士坦丁堡陷落，罗马帝国最后一任皇帝君士坦丁十一世壮烈殉国。作为罗马最后一位皇帝，君士坦丁十一世死得光荣，死得骄傲，他无愧于君士坦丁之名，无愧于罗马人的祖先，无愧于两千年的罗马文明，这是"天子守国门，君王死社稷"最好的诠释。

鹰旗在这一天永远地坠落了，罗马帝国的名号永远消失了，自埃涅阿斯率领特洛伊人流亡意大利，到君士坦丁堡陷落于奥斯曼帝国，罗马文明持续了两千多年，这两千余年的传奇历史记录了一个又一个奇迹，但传奇终有写下结局的那一天，这一天，罗马人的传奇终究迎来了它的终曲，也宣告了整个中世纪的结束。但对它的子民来说，罗马并未消失，这个震撼人心的名字依然在后世子孙的心中激荡。

后裔的结局

君士坦丁堡陷落标志着罗马帝国的终结，虽然还有诸如神圣罗马帝国的君主自封为罗马人的皇帝，但清楚罗马史的人都知道，神圣罗马帝国既不神圣更不罗马，他们与罗马帝国没有任何联系，罗马皇帝之名从此消失。然而，罗马帝国虽然灭亡了，但罗马文明的残余政权依然存在，那便是摩里亚专制国和特拉布宗帝国。

摩里亚专制国是东罗马帝国晚期唯一能控制的海外行省,由于特殊的地理环境,摩里亚曾是东罗马帝国治下最繁荣的地方,不仅经济发展良好,文化发展同样很快。君士坦丁堡陷落时,摩里亚专制国由君士坦丁十一世的两个兄弟统治,其中迪米特里乌斯统治着帕特拉,托马斯统治着米斯特拉斯,流亡的东罗马帝国难民有不少人逃到摩里亚,巴列奥略兄弟收留了他们,摩里亚因而接过了"罗马人之国"的名号。

穆罕默德二世在攻克君士坦丁堡后自称"征服者",这个称号足以让奥斯曼帝国的邻国警惕和担忧。"征服者"苏丹对东罗马帝国的征服并不只局限于攻占君士坦丁堡,统一整个巴尔干半岛才是他的目标,而罗马人硕果仅存的摩里亚专制国便成了他的下一个目标。

当时的摩里亚专制国早已俯首称臣,而且一分为二,但苏丹仍不满意,他不想看到第二个尼西亚帝国的出现,征服摩里亚的计划在他心中早已形成。如果巴列奥略兄弟团结一心,也许还能裂土封疆,割据一方,然而两兄弟此时竟忙于内斗,纷争不断。

公元1458年,穆罕默德二世终于对摩里亚开刀了,十余万奥斯曼大军南下希腊地区,轻易穿过了没有长墙的科林斯地峡,摩里亚的军队根本不是奥斯曼人的对手,被杀得节节败退,坚固的科林斯城被奥斯曼的火炮击毁,身后的城市和乡村也尽数投降奥斯曼人。巴列奥略兄弟只能躲在堡垒里,并派使臣向穆罕默德二世投降。苏丹接受了两兄弟的投降,摩里亚西部、北部大多数地区均被割让给了奥斯曼帝国。

内战似乎是巴列奥略王室永远也治不好的顽疾,苏丹的大军刚一撤走,托马斯与迪米特里乌斯再次爆发冲突,托马斯积极联络罗马教皇,请来了一支300人的十字军,妄想吞并兄弟的领地,并赶走苏丹的总督。迪米特里乌斯坚决反对西欧势力介入摩里亚,不惜向奥斯曼总督借兵反击,明显是要与弟弟划清界限,彻底覆灭罗马人的政权。托马斯怒不可遏却没能消灭迪米特里乌斯,混乱持续了很长时间,耗尽了两人的精力。

苏丹意识到摩里亚不可能真正臣服后,决心彻底吞并伯罗奔尼撒半岛,他于公元1460年再次南下,所到之处势如破竹,迪米特里乌斯几乎是瞬间便投降了苏丹。基于之前的"诚意",迪米特里乌斯得到了穆罕默德二世的宽恕,最终以修士的身份了却残生。

至于试图反抗的托马斯，他同样没能创造奇迹，他的军队溃败，甚至是不战而降，托马斯陷入绝望，只好抛弃了仅剩的领土，带着家人紧急逃往科孚岛，后又辗转至意大利，得到了罗马教廷的庇护。如此一来，整个摩里亚专制国均被穆罕默德二世占领，巴列奥略皇室的统治彻底结束了。

摩里亚专制国灭亡后，特拉布宗帝国便成了穆罕默德二世的下一个目标。统治特拉布宗的君主是科穆宁皇室后裔，他们的第一代君主是亚历克修斯和大卫兄弟，当年安德罗尼卡一世流亡格鲁吉亚的时候，积极促成了儿子与格鲁吉亚的联姻，他的两个孙子便在那里长大，由于两兄弟有格鲁吉亚血统，格鲁吉亚女王便积极扶持两兄弟夺取特拉布宗。

两兄弟没有让女王失望，亚历克修斯·科穆宁主理内政、坐镇大后方，大卫·科穆宁则继承了先辈的军事才能，借助格鲁吉亚的军队，科穆宁兄弟轻松征服了特拉布宗及周围的要塞、村庄，从此扎根在这个与世隔绝的小帝国里。

米海尔·巴列奥略光复君士坦丁堡后，科穆宁迫于巴列奥略的军事实力，放弃了"巴西琉斯"的头衔，改称专制君主，米海尔也默认了特拉布宗的独立地位。科穆宁事实上脱离了东罗马帝国，先是臣服于突厥人，后来又投降蒙古帝国、帖木儿帝国，奥斯曼崛起后又听命于奥斯曼人。总体来讲，特拉布宗虽然无力扩张，但三面环山一面临海的地理优势让它得以长期保持独立，特拉布宗因而偏安一隅，无人注意。

公元1461年，穆罕默德二世起步兵8万、骑兵6万，大举讨伐特拉布宗，海军舰队从黑海袭击了特拉布宗的北部港口，阻断了特拉布宗人出海逃亡的可能，陆军则在穆罕默德二世的率领下声东击西，假装去攻打东部，实际却突然折返特拉布宗。大卫·科穆宁毫无准备，他惊恐不安，只好安慰自己："投降是让我的子民活命的唯一方式！"

公元1461年8月15日，奥斯曼军队占领特拉布宗，最后一个罗马流亡政权被消灭。大卫·科穆宁带着家眷迁入了阿德里安堡，而他的臣民则被奥斯曼人全部变卖为奴，老人被处死，少女被蹂躏，小孩被阉割，特拉布宗人仿佛跌入地狱。大卫以为自己是幸运的，但他并不知道厄运很快降临。两年后，穆罕默德二世终于把科穆宁家族的所有成员通通斩首，科穆宁家族绝嗣。

科穆宁家族的结局可谓悲哀，但穆罕默德二世没能杀掉罗马帝国的所有皇族。托马斯·巴列奥略逃到意大利后，不断劝说教皇派十字军助其复国，可惜西欧各国都没有实力干涉奥斯曼帝国。流亡5年后，托马斯·巴列奥略病逝，留下了4个孩子：海伦娜、佐伊、安德烈和曼努埃尔。

长女海伦娜成为塞尔维亚的王后，可随着穆罕默德二世吞并塞尔维亚，海伦娜被迫进入修道院，她这一脉没有后嗣；曼努埃尔厌倦了无休止的流亡生活，竟离开意大利投降了苏丹并皈依了伊斯兰教，从此作为奥斯曼帝国的官僚苟延残喘；安德烈则继续他的流亡生活，虽然也想收复君士坦丁堡，但根本没人支持他，加上安德烈性格轻佻、挥金如土，因此债台高筑、生活潦倒，为了享受人生，他不惜将帝国"巴西琉斯"的称号卖给法国查理八世，又把摩里亚专制公的头衔打包给了西班牙的斐迪南，卑微的安德烈在公元1502年去世，有资料说他死的时候连葬礼的费用都筹不齐，最后还是教会出手相助才得以体面安葬。

罗马帝国真的就此终结了吗？这个传奇的文明难道没有后裔延续下来吗？当所有人都以为罗马帝国不复存在时，君士坦丁十一世的侄女、托马斯·巴列奥略的小女儿佐伊·巴列奥略已经渐渐长大。16岁的佐伊相貌出众、聪明伶俐、举止优雅，颇具贵族气质，继承了先辈的优秀基因，佐伊心思深沉、志向远大，在兄长安德烈放弃一切努力并游戏人生的时候，佐伊依旧怀念着先辈们誓死捍卫的罗马帝国，她虽然屈从于教皇，却始终怀着恢复东正教信仰的愿望，可惜她不是男孩，不能领导光复东罗马帝国的伟大事业。

所幸不久以后，教皇西克斯图斯萌生了与罗斯人的莫斯科公国结盟的想法，他的目的很可能是为了彻底结束教会分裂的历史，也有可能是想利用莫斯科公国从北面牵制奥斯曼帝国，从而避免意大利被奥斯曼人入侵。但要让罗斯人接受教廷的安排并不容易，为此，教皇提议将东罗马后裔佐伊·巴列奥略嫁给莫斯科大公伊凡，要知道，佐伊的罗马皇室身份令无数贵族倾慕不已。

莫斯科公国信仰东正教，东罗马帝国灭亡时，莫斯科大公伊凡刚刚丧偶，如今教皇愿意送来一个血统高贵的罗马公主，这自然是他梦寐以求的事情，于是大公立即接受了教皇的全部条件，并派人前往意大利迎接佐伊。

对佐伊要嫁到北欧荒原的遭遇，人们无不叹息，纷纷劝公主拒绝联姻，但佐伊不这么认为，她明白，要光复罗马帝国就必须嫁给一个强大的君主，莫斯科虽然遥远、荒凉，但那里的君主远比西欧的贵族更富进取心，而且罗斯人信仰东正教，嫁到莫斯科未尝不是一个正确的选择。为此，连一向穷困潦倒的安德烈也凑了6000金币作为姐姐的嫁妆，他似乎明白自己不可能光复罗马，远嫁莫斯科的佐伊也许还会有一线希望。

公元1472年11月12日，在经历了近5个月的艰难旅途后，佐伊终于抵达了冰天雪地的莫斯科。教皇临行前曾让佐伊把天主教信仰带到莫斯科，并暗示她要劝说大公接受罗马教廷的权威，然而佐伊却在莫斯科重新洗礼为东正教信徒，改教名为"索菲亚"。据说，在她与莫斯科大公的婚礼上，索菲亚·巴列奥略将随身携带的双头鹰徽章高高举起，郑重其事地交到丈夫伊凡的手中，她告诉伊凡："从今以后，您不仅是罗斯人的君主，更是罗马帝国的继承人，请珍惜您手中的双头鹰，并让它再次翱翔吧！"

索菲亚的话震撼了在场的所有人，大公伊凡庄重地接过双头鹰的徽章，从此以罗马帝国继承者自居，宣称莫斯科公国为"第三罗马"。大公还接受了索菲亚带来的罗马文化和礼节仪式，莫斯科公国在索菲亚的影响下，逐步变成了另一个罗马帝国。

后来，索菲亚为伊凡生下了4个男孩，长子瓦西里（巴西尔俄语音）继承了伊凡的大公之位，史称"瓦西里三世"。瓦西里三世能征善战，连续兼并周边的国家，到他死的时候，莫斯科大公国的领土已经达到了280万平方千米，他的儿子伊凡四世正式启用罗马帝国的"恺撒"称号，成为俄罗斯帝国的第一任沙皇，绰号"伊凡雷帝"。

参考文献

[1] 李维. 自建城以来：第一至第十卷选段[M]. 王焕生, 译. 北京：中国政法大学出版社, 2009.

[2] 李维. 李维《罗马史》选[M]. 王敦书, 译. 北京：商务印书馆, 1962.

[3] 维吉尔. 埃涅阿斯纪[M]. 杨周翰, 译. 江苏：译林出版社, 2018.

[4] 盐野七生. 罗马人的故事I-XV[M]. 计丽屏, 徐越, 刘锐, 等, 译. 北京：中信出版社, 2011-2013.

[5] 阿庇安. 罗马史[M]. 谢德风, 译. 北京：商务印书馆, 2016.

[6] 波里比阿. 罗马帝国的崛起[M]. 翁嘉声, 译. 北京：社会科学文献出版社, 2013.

[7] 普鲁塔克. 希腊罗马名人传[M]. 席代岳, 译. 北京：北京时代华文书局, 2020.

[8] 特奥多尔·蒙森. 罗马史[M]. 李稼年, 译. 北京：商务印书馆, 2004.

[9] 安东尼·艾福瑞特. 罗马的崛起：帝国的建立[M]. 翁嘉声, 译. 北京：中信出版社, 2019.

[10] A.H.比斯利. 罗马共和国的衰落[M]. 黄苏敏, 译. 北京：中国画报出版社, 2019.

[11] 理查德·迈尔斯. 迦太基必须毁灭：古文明的兴衰[M]. 孟驰, 译. 北京：社会科学文献出版社, 2016.

[12] 鲍勃·本尼特, 麦克·罗伯茨. 亚历山大继业者战争[M]. 张晓媛, 译. 江苏：江苏凤凰文艺出版社, 2019.

[13] 指文烽火工作室, 编. 枭雄录：古代欧洲卷[M]. 北京：中国长安

出版社，2015.

［14］王钻忠，吴畋.征服：罗马人的故事［M］.武汉：华中科技大学出版社，2015.

［15］撒路斯提乌斯.喀提林阴谋朱古达战争［M］.王以铸，崔妙因，译.北京：商务印书馆，1996.

［16］阿德里安·戈兹沃西.恺撒：巨人的一生［M］.陆大鹏，译.北京：社会科学文献出版社，2016.

［17］阿德里安·戈兹沃西.奥古斯都：从革命者到皇帝［M］.陆大鹏，译.北京：社会科学文献出版社，2016.

［18］恺撒.高卢战记［M］.任炳湘，译.北京：商务印书馆，1997.

［19］恺撒.内战记［M］.任炳湘，王士俊，译.北京：商务印书馆，1996.

［20］塔西佗.编年史［M］.王以铸，崔妙因，译.北京：商务印书馆，2002.

［21］塔西佗.历史［M］.王以铸，崔妙因，译.北京：商务印书馆，1985.

［22］保罗·梅尔.约瑟夫著作精选［M］.王志勇，译.北京：北京大学出版社，2004.

［23］塔西佗.阿古利可拉传：日耳曼尼亚志［M］.马雍，傅正元，译.北京：商务印书馆，1959.

［24］爱德华·吉本.罗马帝国衰亡史［M］.席代岳，译.杭州：浙江大学出版社，2018.

［25］苏维托尼乌斯.罗马十二帝王传［M］.张竹明，王乃新，蒋平，等，译.北京：商务印书馆，2015.

［26］埃利乌斯·斯巴提亚努斯，等.罗马君王传［M］.谢品巍，译.杭州：浙江大学出版社，2018.

［27］佐西莫斯.罗马新史［M］.谢品巍，译.上海：上海人民出版社，2013.

［28］安德林·戈德斯沃司.非常三百年：罗马帝国衰落记［M］.郭凯声，

杨抒娟,译.重庆:重庆出版社,2010.

[29]西蒙·贝克.帝国兴亡:罗马帝国的六大转折点[M].李俊,杨帆,译.广东:新世纪出版社,2013.

[30]尤特罗庇乌斯.罗马国史大纲[M].谢品巍,译.上海:上海人民出版社,2011.

[31]彼得·希瑟.罗马帝国的陨落:一部新历史[M].向俊,译.北京:中信出版社,2016.

[32]拉尔斯·布朗沃思.拜占庭帝国:拯救西方文明的东罗马千年史[M].吴斯雅,译.北京:中信出版社,2016.

[33]陈志强.拜占庭帝国史[M].北京:商务印书馆,2003.

[34]乔治·奥斯特洛格尔斯基.拜占庭帝国[M].陈志强,译.青海:青海人民出版社,2006.

[35]普罗柯比.战史[M].崔艳红,译.河南:大象出版社,2010.

[36]帕特里克·贝尔福.奥斯曼帝国六百年:土耳其帝国的兴衰[M].栾力夫,译.北京:中信出版社,2018.

[37]约翰·朱利叶斯·诺里奇.拜占庭的新生:从拉丁世界到东方帝国[M].李达,译.北京:社会科学文献出版社,2020.

[38]约翰·朱利叶斯·诺里奇.拜占庭的巅峰:从光复时代到曼齐刻尔特[M].李达,译.北京:社会科学文献出版社,2020.

[39]约翰·朱利叶斯·诺里奇.拜占庭的衰亡:从希腊君主到苏丹附庸[M].李达,译.北京:社会科学文献出版社,2020.

[40]龙语者.战神的竞技场:拜占庭统军帝王传[M]//指文烽火编委会.战争事典007.北京:中国长安出版社,2014.

[41]龙语者.马其顿王朝的最后荣光:拜占庭统军帝王传(终结篇)[M]//指文烽火工作室.战争事典013.北京:中国长安出版社,2015.

[42]Heinrish.昙花一现的东方霸业:罗马皇帝图拉真的帕提亚战争[M]//指文烽火工作室.战争事典019.北京:台海出版社,2016.

[43]不朽如梦.从罗马的利剑到诺曼的铁蹄:不列颠被征服史[M]//指文烽火工作室.战争事典022.北京:台海出版社,2016.

［44］李楠.最后的拜占庭帝国：1461年奥斯曼征服特拉布宗始末［M］//指文烽火工作室.战争事典032.北京：台海出版社，2017.

［45］李楠.东欧的第一位沙皇与霸主：保加利亚帝国西美昂一世征战史［M］//指文烽火工作室.战争事典035.北京：台海出版社，2017.

［46］查尔斯·欧曼.拜占庭帝国史［M］.齐建晓，译.北京：华文出版社，2019.

［47］龙语者.战场决胜者：重骑兵千年战史［M］.吉林：吉林文史出版社，2018.

［48］提摩西·E.格里高利.拜占庭简史［M］.刘智，译.上海：华东师范大学出版社，2018.

［49］米肖.十字军东征简史［M］.杨小雪，译.北京：北京时代华文书局，2014.

［50］查尔斯·威廉·欧曼.中世纪战争艺术史（第一卷）［M］.王子午，译.北京：台海出版社，2018.

［51］陈志强.拜占庭帝国通史［M］.上海：上海社会科学院出版社，2013.

［52］朱迪斯·赫林.拜占庭：一个中世纪帝国的传奇历史［M］.李潇阳，译.上海：上海社会科学院出版社，2020.

［53］A.A.瓦西列夫.拜占庭帝国史［M］.徐家玲，译.北京：商务印书馆，2019.

［54］罗杰·克劳利.1453：君士坦丁堡之战［M］.陆大鹏，译.北京：社会科学文献出版社，2014.

［55］威廉·穆尔.阿拉伯帝国［M］.周术情，吴彦，李靖，郑丽君，译.青海：青海人民出版社，2006

［56］尚劝余.阿拉伯帝国［M］.中国国际广播出版社，2017年

［57］卡韦赫·法鲁赫.伊朗前传：波斯千年战争［M］.高万博，李达，译.南京：江苏凤凰文艺出版社，2020

［58］罗三洋.欧洲民族大迁徙史话[M].北京：文化艺术出版社，2007.

［59］Donald M. Nicol.The Immortal Emperor:The Life and Legend of Constantine

Palaiologos, Last Emperor of the Romans[M].Cambridge University Press, 2002.

[60] George Akropolites. *The History* [M].Ruth Macrides, trans. Oxford: Oxford University Press, 2007.

[61] Leo. *The History of Leo the Deacon: Byzantine Military Expansion in the Tenth Century* [M]. Alice-Mary Talbot, Denis F. Sullivan, trans. Washington: Dumbarton Oaks, 2005.

[62] John Skylitzes. *John Skylitzes: A Synopsis of Byzantine History, 811-1057* [M].Cambridge: Cambridge University Press, 2010.

[63] Theophanes. *The Chronicle Of Theophanes* [M].Philadelphia: University of Pennsylvania Press, 1982.

[64] John Zonaras. *The History of Zonaras: From Alexander Severus to the Death of Theodosius the Great* [M]. Thomas M. Banchich, Eugene N. Lane, trans. London: Routledge, 2009.

[65] Livius. *Titus Livius: Römische Geschichte Buch I-III* [M].Germany: Oldenbourg Akademieverlag, 2011.

[66] Theophylact Simocatta. *The History of Theophylact Simocatta* [M]. Michael & Mary Whitby, trans. New York: Oxford University Press, 1986.

[67] Cassius Dio. *Roman History* [M].Earnest Cary, trans. Cambridge, MA: Harvard University Press, 1927.